Rechts- und Sozialkunde

W0054333

Tanja von Langen

Rechts- und Sozialkunde
für Erzieherinnen und pädagogische Fachkräfte

Ein praxisbezogenes Lehr- und Arbeitsbuch

HERDER

FREIBURG · BASEL · WIEN

Für Leonie, Emilia und Caspar

Umschlagkonzeption und -gestaltung: Schwarzwaldmadel, Simonswald
Titelbild: ufotopix110 – Fotolia.com
Fotos im Innenteil: Hartmut W. Schmidt, Freiburg

Satz und Gestaltung: post scriptum, Emmendingen / Hinterzarten
Herstellung: Graspo CZ, Zlín

Printed in the Czech Republic

ISBN 978-3-451-32665-3

Inhalt

Vorwort

Ausbildung und Qualifikation von Erzieherinnen und Erziehern bilden einen der wichtigsten Schwerpunkte in der alles beherrschenden Bildungsdebatte. Die umwälzende Ausbildungsreform, die seit dem Jahr 2003 in allen Bundesländern stattfindet und in deren Zuge die Ausbildungsordnungen – häufig parallel zur Erstellung des jeweiligen Bildungsplanes – grundlegend überarbeitet wurden, hat weitreichende Folgen: Gab es im Jahr 2004 noch vier Vertiefungsstudiengänge, sind es heute rund 70 Ausbildungsgänge an ebenso vielen unterschiedlichen Hochschulen.

Eine Neuordnung der Ausbildung erfordert auch eine zeitgerechte Neusetzung der Standards hinsichtlich ihrer Inhalte. Dieses Lehr- und Arbeitsbuch orientiert sich an den amtlichen Lehrplänen der Fachschulen und Fachakademien für Sozialpädagogik und umfasst die jüngsten Entwicklungen des Rechtes, wie beispielsweise das neue Bundeskinderschutzgesetz, die Verfassungswidrigkeit des § 1626 a BGB, die Maßnahmen bei Gefährdung des Kindeswohles nach § 8 a SGB VIII, Ausführungen zur erziehungsbeauftragten Person nach § 1 Abs. 1 Nr. 4 JuSchG und den neugefassten § 42 SGB VIII. Es behandelt aktuelle Problemlagen wie die Stärkung der UN-Kinderrechte, Partizipation von Kindern in den sozialpädagogischen Feldern, Warnschussarrest und die nachträgliche Sicherungsverwahrung straffälliger Jugendlicher. Es stellt die Grundzüge des Qualitätsmanagements genauso dar wie die der Finanzierung einer sozialpädagogischen Einrichtung und eignet sich nicht zuletzt auch zur fundierten Weiterbildung für Praktikerinnen und Praktiker – allein oder im Team.

In Anbetracht der gegenwärtig bereits hohen und noch immer stetig steigenden Anforderungen an die Qualifikationen der Erzieherinnen und Erzieher im Bereich der Kindertagesbetreuung ist der Schwerpunkt der Darstellung in der Elementarpädagogik beheimatet, jedoch ist selbstverständlich auch die Heimerziehung berücksichtigt.

Das Lehr- und Arbeitsbuch nutzt dabei den Synergieeffekt von Recht und Sozialkunde und ermöglicht so eine praxiserprobte Zusammenführung der beiden Disziplinen, um die Informationen lebensnah und komprimiert zu gestalten.

Besonderer Wert wurde darauf gelegt, die Leserinnen und Leser vom Grundsatz zum Detail zu führen und mithilfe einer aussagefähigen Gliederung und anschaulicher Grafiken die Materie komprimiert und leicht fasslich zu vermitteln. Sie prägt sich auf diese Weise rasch ein und lässt sich gut repetieren, weil eben auch visualisieren. Wo immer erforderlich, fördern Beispiele den Transfer des Stoffes in den Praxisalltag. Für die schnelle Wiederholung zwischendurch ist jedes Kapitel am Ende in seinen wesentlichen Aussagen zusammengefasst, zum Erkenntnisgewinn durch pragmatischen Einsatz des Internets wird immer wieder angeregt.

Zahlreiche Praxisübungen, die teilweise interaktiv ausgestaltet sind, helfen dabei, sich den Stoff zu erschließen oder vertiefend einzuprägen, ihn erfühl- und erfahrbar zu machen. Durchgängig liegt der wesentliche Schwerpunkt der Praxisübungen auf dem kooperativen und kreativen Lernen, denn es schult in ausgezeichneter Weise Basiskompetenzen von Erzieherinnen und Erziehern – wie:

- Teamfähigkeit
- Solidarität mit Schwachen
- Aktives Zuhören-Können
- Lösungsorientiertes Denken
- Kompetenz zu sachlicher Auseinandersetzung
- Fähigkeit zur Analyse, Reflexion und wertfreier Kritik
- Fähigkeit zum Perspektivenwechsel / Empathie
- Verhandlungsführung
- Präsentation
- Sprachkompetenz.

So kann es nicht zuletzt gelingen, an der Fähigkeit zur Selbstbeobachtung, an Selbstvertrauen und Selbstwirksamkeit zu gewinnen.

Mein herzlicher Dank gilt den Teilnehmerinnen meiner Kurse in Rechts- und Sozialkunde im Rahmen des Kolping-Ausbildungsganges zur staatlich geprüften Erzieherin der Studiengänge 2009–2013, die die Texte dieses Buches auf Verständlichkeit und Praxistauglichkeit getestet und mit zahlreichen Anregungen optimiert haben. Für weitere Anregungen, Hinweise und Kritik bin ich stets dankbar.

München, im Januar 2013   Tanja von Langen

Abkürzungsverzeichnis

Abs.	Absatz
a.F.	alte Fassung
AG	Aktiengesellschaft
AGG	Allgemeines Gleichbehandlungsgesetz
ArbMedVV	Verordnung zur arbeitsmedizinischen Vorsorge
ArbSchG	Arbeitsschutzgesetz
Art.	Artikel
ASD	Allgemeiner Sozialer Dienst
AV	Ausführungsverordnung
AVR	Arbeitsvertragsrichtlinien
Az.	Aktenzeichen
BAG	Bundesarbeitsgericht
BAT	Bundes-Angestellten-Tarifvertrag
BayGO	Bayerische Gemeindeordnung
BayKiBiG	Bayerisches Kinderbildungs- und -betreuungsgesetz
BayObLG	Bayerisches Oberstes Landesgericht
BayVGH	Bayerischer Verwaltungsgerichtshof
BBiG	Berufsbildungsgesetz
Beschl.	Beschluss
BETA	Bundesverband evangelischer Tageseinrichtungen für Kinder
BGB	Bürgerliches Gesetzbuch
BGH	Bundesgerichtshof
BGV	Vorschriften der Berufsgenossenschaften
BImSchG	Bundesimmissionsschutzgesetz
BioStoffV	Biostoffverordnung
bpb	Bundesanstalt für politische Bildung
BPjM	Bundesprüfstelle für jugendgefährdende Medien
BR	Bundesrat
BRD	Bundesrepublik Deutschland
BT	Bundestag
BuReg	Bundesregierung
BUrlG	Bundesurlaubsgesetz
BV	Verfassung des Freistaates Bayern

BVerfG	Bundesverfassungsgericht
BVerfGE	Entscheidungen des Bundesverfassungsgerichtes
BVerfGG	Bundesverfassungsgerichtsgesetz
BVerwG	Bundesverwaltungsgericht
BVerwGE	Entscheidungen des Bundesverwaltungsgerichtes
DIN	Deutsche Industrienorm
DIW	Deutsches Institut für Wirtschaftsforschung
DRiG	Deutsches Richtergesetz
DSG-EKD	Kirchengesetz über den Sozialdatenschutz der EKD
e.G.	eingetragene Genossenschaft
e.V.	eingetragener Verein
EFQM	European Foundation for Quality Management
EGMR	Europäischer Gerichtshof für Menschenrechte
EKD	Evangelische Kirche Deutschlands
EN	Euro-Norm
FamFG	Gesetz über das Verfahren in Familiensachen und in den Angelegenheiten der freiwilligen Gerichtsbarkeit
FamRZ	Zeitschrift für das gesamte Familienrecht
GewO	Gewerbeordnung
GG	Grundgesetz
GmbH	Gesellschaft mit beschränkter Haftung
GR	Gemeinderat
GTK	Gesetze über Tageseinrichtungen für Kinder
GVG	Gerichtsverfassungsgesetz
HACCP	Hazard Analysis and Critical Control Point
HGB	Handelsgesetzbuch
HS	Halbsatz
i.e.S.	im engeren Sinne
i.S.d.	im Sinne des
i.V.m.	in Verbindung mit
i.w.S.	im weiteren Sinne
ISO	International Organisation for Standardization
JA	Jugendamt
JAmt	Das Jugendamt – Zeitschrift für Jugendhilfe und Familienrecht
JArbSchG	Jugendarbeitsschutzgesetz
JGG	Jugendgerichtsgesetz

JH	Jugendhilfe
JMStV	Jugend-Medienschutz-Staatsvertrag
JuSchG	Jugendschutzgesetz
KArbSchVO	Kinderarbeitsschutzverordnung
K.I.E.L.	Kieler Instrumentarium für Elementarpädagogik und Leistungsqualität
KES	Kindergarten-Einschätz-Skala
KICK	Gesetz zur Weiterentwicklung der Kinder- und Jugendhilfe
KiföG	Kinderförderungsgesetz
KindRG	Kindschaftsrechtsreformgesetz
KiTaG	Kindertagesstättengesetz
KJHG	Kinder- und Jugendhilfegesetz
KSchG	Kündigungsschutzgesetz
KunstUrhG	Kunsturhebergesetz
LT	Landtag
MAV	Mitarbeitervertretung
MAVO	Mitarbeitervertretungsordnung
MuSchArb	Europäische Verordnung zum Schutz der Mütter am Arbeitsplatz
MuSchG	Mutterschutzgesetz
MuSchRiV	Mutterschutzrichtlinienverordnung
MVG	Mitarbeitervertretungsgesetz
NachweisG	Nachweisgesetz
NJW	Neue Juristische Wochenschrift
Nr.	Nummer
NVwZ	Neue Zeitschrift für Verwaltungsrecht
NZV	Neue Zeitschrift für Verkehrsrecht
OLG	Oberlandesgericht
OVerwG	Oberverwaltungsgericht
PKS	Polizeiliche Kriminalstatistik
QMS	Qualitätsmanagement-System
RVO	Rechtsverordnung
Rz.	Randziffer
SGB	Sozialgesetzbuch
SGB I	Erstes Buch Sozialgesetzbuch
SGB III	Drittes Buch Sozialgesetzbuch

SGB V	Fünftes Buch Sozialgesetzbuch
SGB VI	Sechstes Buch Sozialgesetzbuch
SGB VII	Siebtes Buch Sozialgesetzbuch
SGB VIII	Achtes Buch Sozialgesetzbuch
SGB IX	Neuntes Buch Sozialgesetzbuch
SGB X	Zehntes Buch Sozialgesetzbuch
SGB XI	Elftes Buch Sozialgesetzbuch
StGB	Strafgesetzbuch
StPO	Strafprozessordnung
SVE	Schulvorbereitende Einrichtung
TMG	Telemediengesetz
TQM	Total Quality Management
TVöD	Tarifvertrag für den öffentlichen Dienst
UN	United Nations
Urt.	Urteil
UVV	Unfallverhütungsvorschriften
VA	Verwaltungsakt
VG	Verwaltungsgericht
VGH	Verwaltungsgerichtshof
VO	Verordnung
VwGO	Verwaltungsgerichtsordnung
WRV	Weimarer Reichsverfassung
ZPO	Zivilprozessordnung

»Der wichtigste und schwerwiegendste Irrtum über die Natur der demographischen Veränderungen ist der Glaube, dass uns ein rascher Wiederanstieg der Geburtenrate von 1,6 oder 1,8 oder zwei Kinder pro Frau vor dem Schlimmsten bewahren könnte. Aber es ist dreißig Jahre nach Zwölf, heute kann selbst ein Anstieg der Geburtenrate auf die ideale Zahl von zwei Kindern je Frau die Alterung für Jahrzehnte nicht abwenden. Dass es ein demographisches Monstrum mit irreversiblen Folgen gibt, ist vielleicht die wichtigste Erkenntnis der Demographie. Wenn ein demographischer Prozess ein Vierteljahrhundert in die falsche Richtung läuft, dauert es ein Dreivierteljahrhundert, um ihn zu stoppen.«

Herwig Birg, Bevölkerungsforscher

»Was ein Mensch wirklich ist – so pathetisch dieser Satz klingen mag –, was also ein geborener Mensch wirklich wert ist, das werden wir alle erst jetzt erfahren. Es müsste uns gelingen, über etwas ganz Einfaches und Naheliegendes zu reden, etwas, was nicht jeder hat, aber jeder einmal war. Reden wir über Kinder.«

Frank Schirrmacher, Herausgeber FAZ

Beide Zitate sind entnommen aus »Grundkurs für Staatsbürger: Dreißig Jahre nach Zwölf« (www.faz.net 21.02.2005).

1. Das Recht: Eine Einführung

»Der freiheitliche säkularisierte Staat lebt von Voraussetzungen, die er selbst nicht garantieren kann ... Als freiheitlicher Staat kann er einerseits nur bestehen, wenn sich die Freiheit, die er seinen Bürgern gewährt, von

innen her, aus der moralischen Substanz des einzelnen und der Homogenität der Gesellschaft reguliert. Andererseits kann er diese inneren Regulierungskräfte nicht von sich aus, das heißt mit den Mitteln des Rechtszwangs und autoritativen Gebots, zu garantieren suchen, ohne seine Freiheitlichkeit aufzugeben ...«

(Böckenförde 1991, S. 112)

1.1   Planspiel: Die Insel

Stellen Sie sich folgende Situation vor: Sie machen mit Ihrem Team eine Schiffsreise. Unterwegs kommen Sie in einen verheerenden Sturm. Das Schiff kentert und Sie landen auf einer unbewohnten Insel. Dort finden Sie Bäume und Sträucher, die genügend Früchte für alle tragen, auch eine Süßwasserquelle ist vorhanden. Sie können also überleben, aber wie soll es weitergehen?

Praxisübung

1. Überlegen Sie zunächst allein, welche Aufgaben die Gruppe auf der einsamen Insel als erste Schritte angehen sollte.
2. Stellen Sie nun Ihre Vorschläge im Team vor.
3. Sammeln Sie in der Runde einerseits gleiche oder ähnliche Interessen und andererseits Interessen, die stark voneinander abweichen.
4. Diskutieren Sie die abweichenden Interessen und versuchen Sie hierüber eine möglichst breite Einigkeit zu erreichen.
5. Erarbeiten Sie einen Verfassungsentwurf für Ihren Inselstaat.
6. Stimmen Sie nun ab: Wird diese Verfassung angenommen oder abgelehnt? Einigen Sie sich hierfür zunächst auf ein Abstimmungsverfahren.

Abstimmungsverfahren
- Einstimmigkeit
- 2/3-Mehrheit
- Absolute Mehrheit: Mehr als die Hälfte stimmt zu, also mehr Pro-Stimmen als Gegenstimmen und Enthaltungen zusammen.
- Einfache Mehrheit: Mehr Ja-Stimmen als Nein-Stimmen, Enthaltungen zählen nicht.

Bei Annahme: Sie haben eine Inselstaatsverfassung verabschiedet. Nach welchen übergeordneten Kriterien organisiert diese ein Zusammenleben? Woraus lassen sich diese Kriterien ableiten und wie lassen sie sich legitimieren?

Bei Ablehnung: Es kommt keine Inselverfassung zustande. Was wird wahrscheinlich passieren?

1.2　Garant der Rechtsordnung: Der Staat

Die Aufgaben des Staates

Der Staat ist eine Herrschaftsordnung, durch die ein Personenverband – das Volk – auf abgegrenztem Gebiet durch hoheitliche Gewalt zur Wahrung gemeinsamer Güter verbunden ist. Diese menschliche Gemeinschaft ist eine Schicksalsgemeinschaft: Der Einzelne ist mit den jeweils anderen ungefragt und gezwungenermaßen verbunden. Zwar stellt diese Schicksalsgemeinschaft in unserer fortschrittlichen Zeit der wachsenden Individualisierung nicht die einzige und nicht einmal die wichtigste Gemeinschaft dar, sie bildet aber doch für jedes Individuum einen unverzichtbaren Teil seiner Existenz. Denn in unserer hochtechnisierten und arbeitsteilig organisierten Gesellschaft von Autarkie weit entfernt, braucht der Einzelne zu seiner Existenz immer auch die Gemeinschaft.

Der Begriff »Staat« wird in der Staatsphilosophie und in der allgemeinen Staatslehre sehr unterschiedlich definiert. In seiner einfachsten Form versteht man darunter:

Ein **Staat** ist eine Personengemeinschaft in ihrer politischen Organisation, die ein Staatsgebiet, ein Staatsvolk und eine Staatsgewalt voraussetzt.

Der Staat hat eine Reihe elementarer – gleichsam überzeitlicher – Aufgaben, die ihm sein typisches Gepräge geben:

- Herstellung und Erhaltung der Äußeren Sicherheit, also die Abwehr von Bedrohungen und Angriffen auf das Staatsgebiet von außen. Dies wird bewirkt durch Landesverteidigung, Entwicklungszusammenarbeit und friedenssichernde Maßnahmen (z. B. im Rahmen von Bündnissen).
- Herstellung und Erhaltung der Inneren Sicherheit, also der Gewährleistung einer Rechts- und Friedensordnung im Inneren. Dies wird bewirkt durch Institutionen wie Verwaltung, Gerichte, Polizei, Bundeswehr, Bundesgrenzschutz etc.
- Die Herstellung und Erhaltung einer sozial gerechten Ordnung.
- Die Förderung kultureller Bestrebungen.
- Die Vorsorge gegen Risiken, die sich aus der wissenschaftlichen und technischen Entwicklung ergeben.
- Der Schutz der natürlichen Lebensgrundlagen.
- Die Mitwirkung bei internationalen Einsätzen zum Schutz der Menschenrechte in Krisengebieten entsprechend der UN-Charta.

■ Die stetige Anpassung der Rechtsordnung an veränderte gesellschaftliche Verhältnisse. Denn das Recht ist unabdingbares Steuerungsinstrument des Staates: Es bändigt die staatliche Macht, es lenkt die Erbringung sozialer Leistungen, stellt einen sozialen Ausgleich unter den Bürgern her und regelt den gesellschaftlichen Bereich. Diese Aufgaben kann es jedoch nur dann effizient erfüllen, wenn es ständig an die gesellschaftlichen Entwicklungen angepasst wird.

Praxisübung

Kennen Sie technische oder wissenschaftliche Entwicklungen, die in jüngster Zeit Einfluss auf die Rechtsordnung der BRD hatten?

Das Gewaltmonopol

Die Anwendung von Gewalt ist prinzipiell dem Staat vorbehalten. Nur er darf Gewalt einsetzen: zur Erfüllung seiner Aufgaben, insbesondere zur Gewährleistung der Rechts- und Friedensordnung, und stets unter Einhaltung der rechtsstaatlichen Voraussetzungen. Mit dem Gewaltmonopol des Staates korrespondiert das Gewaltverbot für den Bürger: Er darf seine vermeintlichen oder tatsächlichen Rechte nicht auf eigene Faust durchsetzen, sondern muss hierfür die Hilfe des Staates in Anspruch nehmen. Das Ordnungsgefüge von Gewaltmonopol des Staates, Friedenspflicht des Bürgers und Durchsetzung der Rechte des Bürgers durch vom Staat geschaffene Institutionen beruht auf einem engen, wechselseitigen Zusammenhang. Denn wie lange lässt sich ein Staat aufrecht erhalten, wenn er nicht (mehr) bereit oder imstande ist, die Rechte seiner Bürger zu schützen?

Praxisübung

Recherchieren Sie im Internet zum Thema »failed states«. Wann ist ein Staat gescheitert?

Wurde im 17. und 18. Jahrhundert der Staat weitgehend mit dem regierenden Monarchen gleichgesetzt (man denke an den berühmten Satz von Ludwig XIV.: »L'état c'est moi!«), bildet nach unserem heutigen Rechtsverständnis der Staat eine selbstständige Rechtsperson, eine sogenannte juristische Person des öffentlichen

Rechtes. Als solche kann er selbst Inhaber von Rechten und Pflichten sein und über seine Organe handeln.

Unser freiheitlich demokratischer Staat beruht auf politischen und ethischen Voraussetzungen, die er nicht selbst schaffen oder gar erzwingen kann, die jedoch für seine Existenz unverzichtbar sind. Dazu gehören u. a.:

- die Akzeptanz des Staates und seiner Grundlagen durch die Mehrheit der Bevölkerung
- die Anerkennung gemeinsamer ethisch-sittlicher Grundwerte
- die Toleranz gegenüber Andersdenkenden und
- die Verantwortung für die Erhaltung der künftigen Lebensgrundlagen.

Die Ziele des Staates

Unter einem Staatsziel versteht man nach der von der »Sachverständigenkommission Staatszielbestimmungen / Gesetzgebungsaufträge« vorgeschlagenen und allgemein anerkannten Definition:

Staatsziele sind Verfassungsnormen mit rechtlich bindender Wirkung, die der Staatstätigkeit die fortdauernde Beachtung oder Erfüllung bestimmter Aufgaben sachlich umschriebener Ziele vorschreiben.

Staatsziele werden in der jeweiligen Verfassung von Bund und Ländern festgeschrieben und beschreiben die Aufgaben eines Staates, regeln aber nicht, wie diese Ziele konkret erreicht werden sollen. Zu ihrer konkreten Umsetzung bedarf es Gesetze, Verordnungen und Satzungen, bei deren Erlass der Gesetzgeber einen weiten Einschätzungsspielraum ausüben kann. Meist werden ohnehin als allgemein anerkannte Forderungen in ihnen festgeschrieben. Ihre Verankerung in den jeweiligen Verfassungen erhebt sie jedoch zur Verfassungsnorm und verleiht ihnen damit besonderes Gewicht, da sie damit zur verfassungsrechtlichen Pflicht gemacht werden.

Kann der einzelne Bürger die Verwirklichung einer Staatszielbestimmung einklagen? Nein, denn sie verleiht keine subjektiven Rechte. Eine gerichtliche Überprüfung ist aber dennoch im Wege der sogenannten abstrakten Normenkontrolle möglich. Dies ist ein Verfahren vor dem Bundesverfassungsgericht, bei der Antragsteller entweder die Bundesregierung, eine Landesregierung oder ein Drittel der Abgeordneten des Bundestages ist.

Staatsziele und Staatsstrukturprinzipien: Eine Abgrenzung

Keinesfalls zu verwechseln sind die Staatszielbestimmungen mit den verfassungsrechtlichen Grundentscheidungen, die die BRD in ihrer Verfassung festgeschrieben hat. Hierzu gehören u. a. das Sozialstaatsprinzip, das Rechtsstaatsprinzip und das Demokratieprinzip (siehe dazu Kapitel 2.1). Von ihnen unterscheiden sich Staatsziele grundlegend. Während verfassungsrechtliche Grundentscheidungen das Wesen unserer Bundesrepublik bestimmen und ihr ihr Gepräge geben, sind Staatszielbestimmungen volatil (= unbeständig): Fiele die eine oder andere Zielbestimmung – beispielsweise der Umweltschutz oder Art. 20 a Grundgesetz – weg, bliebe die BRD doch die BRD, wie wir sie kennen. Würde jedoch die eine oder andere verfassungsrechtliche Grundentscheidung – beispielsweise das Sozialstaatsprinzip – aufgegeben, wäre die BRD nicht mehr dieselbe (vgl. auch Art. 79 III GG).

Allerdings ist zu beachten: Die (Staats-)Strukturprinzipien des Art. 20 GG, also Republik (Abs. 1), Demokratieprinzip (Abs. 1), Sozialstaatsprinzip (Abs. 1), Bundesstaatsprinzip (Abs. 1) und Rechtsstaatsprinzip (Abs. 3) haben eine gemeinsame Schnittmenge mit den Staatszielbestimmungen; denn von diesen sind die Sozialstaatlichkeit und die Rechtsstaatlichkeit zugleich als Staatsziele anerkannt.

Staatsziele und Grundrechte: Eine Abgrenzung

Die Staatsziele sind von Staat zu Staat verschieden, sogar innerhalb eines Staates divergieren sie. So unterscheiden sich die Staatsziele der einzelnen Bundesländer; insbesondere die der neuen Bundesländer sind sehr großzügig ausgelegt: Nicht nur enthalten sie eine ganze Reihe von Staatszielbestimmungen sozialen Inhalts, sondern auch soziale Grundrechte mit leistungsstaatlicher Zielrichtung wie »Arbeit«, »angemessene Wohnung«, »Förderung der Jugend und der Bildung« etc. Besonders ergiebig ist insoweit die Landesverfassung von Brandenburg, wobei dort nicht immer eindeutig ist, ob im konkreten Fall eine Staatszielbestimmung oder ein Grundrecht (soziales Grundrecht) gemeint ist. Vorbildlich ist hier die Verfassung von Sachsen-Anhalt: Diese unterscheidet nicht nur klar, sondern legt in Art. 3 Legaldefinitionen (gesetzliche Definitionen) für Grundrechte, Einrichtungsgarantien und Staatsziel fest. Wenn aber Staatsziele in ihrer Ausgestaltung sogar innerhalb eines Staates dermaßen stark divergieren, können sie kein subjektives Recht des Einzelnen begründen. Andernfalls würde es vom Wohnort abhängen, auf welche »Grundrechte« man sich berufen kann.

Staatsziele sind daher kein subjektiv einklagbares Recht. Soweit manche Landesverfassungen die im Grundgesetz festgelegten Staatsziele als Grundrecht garantieren, ist dies gemäß Art. 142 GG zulässig, soweit diese Grundrechte deckungsgleich mit dem im Grundrechtskatalog der Art. 1–18 GG stehenden Grundrechte sind. Der Grundsatz »Bundesrecht bricht Landesrecht«, den Art. 31 GG festschreibt, ist insoweit unbeachtlich.

Staatsziele und Staatszweck: Eine Abgrenzung

Bisweilen werden auch die Lehre vom Staatsziel und die vom Staatszweck verwechselt. Dazu ist zu sagen: Die Lehre vom Staatszweck ist die ältere Lehre; sie entstammt dem Bereich der Staatsphilosophie und bezieht sich auf grundsätzliche Zwecke des Staates. Sie fragt nach der Rechtfertigung und Legitimation eines Staates und seiner Tätigkeit. Die Lehre von den Staatszielbestimmungen hingegen entwickelt einen Katalog von lediglich punktuellen Aufgaben des Staates, wie beispielsweise:

- Förderung der Gleichberechtigung von Frauen und Männern sowie Beseitigung bestehender Nachteile
- Umwelt- und Tierschutz
- Minderheitenschutz
- Europäische Integration
- Gesamtwirtschaftliches Gleichgewicht etc.

1.3 Das Recht: Begriff, Aufgaben und Funktionen

Das Planspiel zur Inselstaatsverfassung hat gezeigt: Überall dort, wo Menschen zusammenleben, sind Regeln notwendig. Solche Regeln zum Zusammenleben werden auch soziale Normen genannt. Was geschieht, wenn solche soziale Normen fehlen? Einzelne werden ihre Interessen auf Kosten der anderen durchsetzen, was wiederum zu Unfrieden und Streit in der Bevölkerung – der Gesellschaft – führt. Dementsprechend ist Recht definiert als:

Recht im objektiven Sinne ist die Rechtsordnung, das heißt die Gesamtheit der Rechtsvorschriften, durch die das Verhältnis einer Gruppe von Menschen zueinander oder zu den übergeordneten Hoheitsträgern oder zwischen diesen geregelt ist. Diese Regeln können ausdrücklich gesetzt sein (gesetztes Recht oder Rechtsnorm) oder sich in langjähriger Übung herausgebildet haben (Gewohnheitsrecht).

Recht im subjektiven Sinne ist eine Befugnis, die sich für den Berechtigten aus dem objektiven Recht unmittelbar ergibt.

Auch wenn wir selten darüber nachdenken, erwarten wir doch täglich von dem Staat, in dem wir leben, ein »funktionierendes Recht«: Wir wollen beispielsweise unser Eigentum geschützt, unsere freie Meinungsäußerung gewährleistet, unsere vermeintlichen oder tatsächlichen Ansprüche gegen andere in einem effizienten und gerechten Rechtsweg durchgesetzt, eben »unsere Rechte gewahrt« wissen. Wir erwarten von unserem Rechtssystem Gerechtigkeit, Sicherheit und Ordnung.

Rechtsverhältnis ist eine rechtlich bedeutsame, durch Normen des objektiven Rechtes geregelte Lebensbeziehung zwischen (natürlichen oder juristischen) Personen untereinander (z. B. Eltern-Kind-Verhältnis, Arbeitsverhältnis einer Kita-Leitung mit der Kommune als Träger) oder zwischen Personen und Sachen (z. B. Mietvertrag über Hortraum). Aus dem Rechtsverhältnis entspringen subjektive Rechte und Ansprüche.

Die umfassende Bedeutung des Rechtes für uns alle wird dann offensichtlich, wenn man es sich wegdenkt. Erinnern Sie sich an Ihre Existenz auf der Insel … Oder wenn das Recht tatsächlich keinen Einfluss mehr besitzt, denken Sie hier an Ihre Recherchen zum Thema »failed states«. Zwar beschränkt das Recht jeden Einzelnen in seinem Tun, es schafft aber damit für die Gemeinschaft der Menschen Sicherheit und Ordnung und ermöglicht so ein friedliches Zusammenleben aller.

Ist aber die Festschreibung von Gesetzen, Verordnungen oder anderen Rechtsnormen allein schon eine Garantie für Ordnung, Sicherheit und Frieden? Selbstverständlich nicht: Erst indem das Recht durch Institutionen mit staatlicher Autorität nachhaltig durchgesetzt wird, kann es seine friedenssichernden Aufgaben auch entfalten. Der Staat setzt Recht, setzt es aufgrund weiterer Rechtsvorschriften nachvollziehbar und berechenbar durch, hat das Gewaltmonopol inne und stellt die von ihm unabhängigen Einrichtungen, die für die Rechtsprechung zuständig sind. Der Staat garantiert somit weiterhin die Rechtsordnung (siehe Kapitel 1.2 & 2).

Das Recht schützt die Freiheit

Resultierend aus der engen Beziehung zur Menschenwürde als dem höchsten Wert unserer Verfassung ist die prinzipielle Freiheitsvermutung der Dreh- und Angelpunkt unserer Rechtsordnung. Alle staatliche Gewalt und die von ihr hervorgebrachte Rechtsordnung sind ihr verpflichtet; auf sie gründet maßgeblich unser Recht. Und so gilt das Recht, das der Staat setzt, auch für ihn: Verfassungs- wie Verwaltungsrecht schreiben ihm vor, wie er es auszuüben und zu gewährleisten hat und schränken die staatliche Gewalt ein. Das Grundgesetz garantiert dem Einzelnen seine Freiheit gegenüber dem Staat, aber auch gegenüber den Mitbürgern (siehe dazu Kapitel 3).

Das Recht ordnet das Gemeinwesen

Die Freiheit des einzelnen Bürgers kann nach dem Grundsatz »Gemeinnutz geht vor Eigennutz« durch Gesetze oder Verordnungen eingeschränkt werden. Denn manche Aufgaben kann der Staat nur gesamtgesellschaftlich lösen, denken Sie nur an die Gewährleistung eines Mindestmaßes an Schulbildung oder die Regelung eines gerechten Steueraufkommens. Indem das Recht somit regelnd bzw. regulierend in die Gesellschaft eingreift, dient es der Ordnung des Gemeinwesens.

Das Recht fördert das Gemeinwohl

Art. 20 GG schreibt als verfassungsrechtliche Grundentscheidung das Sozialstaatsprinzip fest: Dementsprechend soll eine Vielzahl von Gesetzen, wie beispielsweise zum Rechtsanspruch auf einen Kindergartenplatz oder zum Elterngeld, Gemeinwohlziele fördern. Indem das Recht soziale Gegensätze mildert und soziale Sicherheit gewährleistet, dient es dem Gemeinwohl.

Das Recht gewährt Rechtssicherheit

Logische Folge der Maxime der Menschenwürde und der daraus resultierenden Freiheit jedes Einzelnen ist das Prinzip der Gleichheit. Und so verwundert es nicht, wenn die Grundidee und das oberste Ziel des Rechtes die Gerechtigkeit, oft in der Ausprägung der sozialen Gerechtigkeit, ist. Allerdings stößt das Gerechtigkeitsprinzip nicht selten an verschiedene Grenzen: Nicht jede gesellschaftliche Gruppe empfindet sich bei angedachten oder beschlossenen Gesetzen angemessen berücksichtigt, eben gerecht behandelt. Darüber hinaus sind Gesetze immer auch Ausdruck der politischen Mehrheitsverhältnisse in einem Land und regeln oft nur einen vorübergehenden Zustand. Aber auch dann, wenn das Recht geändert wird, müssen sich die Menschen auf das Recht verlassen können. Das Vertrauen der Bürger in ihr Recht darf nicht durch willkürliche Rechtsänderungen erschüttert werden.

Der Grundsatz der Rechtssicherheit kommt vor allem in der Begrenzung und der Bindung aller staatlichen Gewalten an die Verfassung zum Ausdruck. Darüber hinaus gewährt das Recht Rechtssicherheit, indem es eine Garantie des Rechtsschutzes gegen jede hoheitliche Gewalt (Art. 19 IV GG) festschreibt und den Anspruch auf rechtliches Gehör (Art. 103 I GG) normiert.

1.4 Privatrecht und Öffentliches Recht

Regelt ein Rechtsverhältnis die Rechte und Pflichten der Beteiligten »auf Augenhöhe«, also auf der Grundlage von Autonomie und Gleichberechtigung, befinden wir uns im Privatrecht.

Das **Privatrecht** ist der Teil der Rechtsordnung, der die Rechtsbeziehungen der Bürger untereinander und der privatrechtlichen Verbände sowie Gesellschaften auf der Grundlage der Privatautonomie regelt.
Privatautonomie meint die dem Einzelnen von der Rechtsordnung eingeräumte Möglichkeit, seine Rechtsverhältnisse durch Rechtsgeschäfte nach eigenem Willen zu gestalten.

Wichtigste Ausprägung der Privatautonomie ist die Vertragsfreiheit, die als Bestandteil der allgemeinen Handlungsfreiheit unter dem verfassungsrechtlichen Schutz des Art. 2 Abs. 1 GG steht (siehe dazu Kapitel 3.3). Danach können die Parteien von Vertragsverhandlungen prinzipiell selbst entscheiden, ob sie den Vertrag eingehen (Abschlussfreiheit) und welchen Inhalt er haben soll (Gestaltungsfreiheit).

Besteht diese Freiheit grenzenlos? Nein, denn ihre Grenze findet die Vertragsfreiheit dort, wo Regelungen des Vertrages gesetzes- oder sittenwidrig sind (§§ 134, 138 BGB) und in zwingenden gesetzlichen Verbraucherschutzvorschriften wie beispielsweise die zu Allgemeinen Geschäftsbedingungen. Zum Privatrecht gehören vornehmlich:

- Bürgerliches Recht
- Handelsrecht
- Gesellschaftsrecht
- Wertpapierrecht
- Urheberrecht
- (Privat-)Versicherungsrecht.

Befinden sich die Parteien eines Rechtsverhältnisses hingegen in einem Verhältnis der Über- und Unterordnung, ist der zu regelnde Sachverhalt Element des Öffentlichen Rechtes.

Öffentliches Recht ist Sonderrecht des Staates und ermöglicht einerseits staatliche Tätigkeit im Allgemeininteresse, andererseits aber auch die Gewährleistung des Schutzes der Bürger vor Missbrauch der Staatsmacht.

Zum öffentlichen Recht gehören:
- Völkerrecht
- Europarecht
- Verfassungsrecht
- Verwaltungsrecht (z. B. Jugendhilferecht, Jugendstrafrecht, Jugendschutzrecht)
- Steuerrecht
- Strafrecht
- Gerichtsverfassungsrecht und Prozessrecht.

Insbesondere das Zivilprozessrecht macht deutlich, was Über- und Unterordnung meint: Zwar ist die Zivilprozessordnung (ZPO) Teil des Zivilrechtes, schreibt aber den Parteien vor, sich zur Durchsetzung ihrer privatrechtlichen Ansprüche der staatlichen Gerichtsbarkeit zu unterwerfen.

Wesentliches Kennzeichen des Privatrechtes ist die Privatautonomie. Demgegenüber ist das Öffentliche Recht durch die einseitige Anordnungsgewalt des Staates gekennzeichnet. Seine Handlungsformen sind Gesetzgebung und Verwaltungsakt. Er hat dabei jederzeit die rechtsstaatlichen Anforderungen (Art. 20 Abs. 3 GG) und die Grundrechte (Art. 1–19 GG) zu wahren. Besonders deutlich wird dies im Polizei- und Ordnungsrecht sowie im Strafrecht.

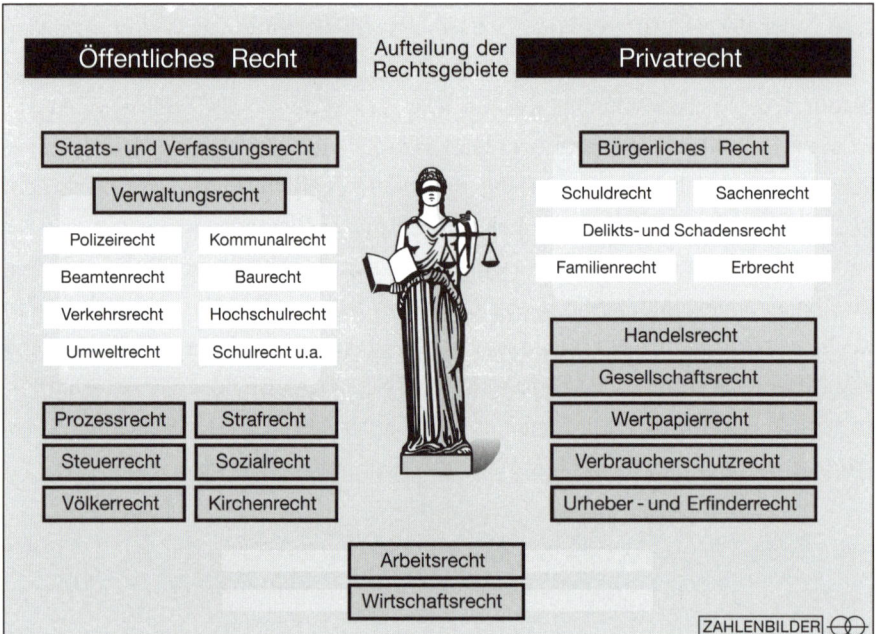

© Bergmoser + Höller Verlag AG

ZAHLENBILDER
128 020

Art. 1 Abs. 3 GG

Die nachfolgenden Grundrechte binden Gesetzgebung, vollziehende Gewalt und Rechtsprechung als unmittelbar geltendes Recht.

Art. 20 Abs. 3 GG

Die Gesetzgebung ist an die verfassungsmäßige Ordnung, die vollziehende Gewalt und die Rechtsprechung sind an Gesetz und Recht gebunden.

Spricht der Staat zum Bürger und tut ihm seinen Willen kund, bedient er sich hier in aller Regel des Mittels des Verwaltungsaktes (VA).

Ein **Verwaltungsakt** ist eine hoheitliche Maßnahme (Verfügung, Entscheidung, Anordnung), die eine Behörde zur Regelung eines Einzelfalles auf dem Gebiet des Öffentlichen Rechtes trifft und die auf unmittelbare Rechtswirkung nach außen gerichtet ist.

Der Verwaltungsakt ist die mit Abstand wichtigste Handlungsform der Verwaltung. Die Behörde legt mit ihm im Einzelfall verbindlich fest, was für den Adressaten oder den Drittbetroffenen (z. B. den Nachbarn eines Adressaten in Bausachen) rechtens ist. Der Verwaltungsakt schafft hierdurch Rechtssicherheit für alle Beteiligten. Wird er nicht angefochten, kann er von der Behörde selbst vollstreckt werden. Gerichtlich überprüft werden kann der Verwaltungsakt i. d. R. vor dem Verwaltungsgericht mit der Anfechtungs- oder Verpflichtungsklage, der stets ein Widerspruchsverfahren bei der Behörde vorauszugehen hat.

Ausnahmsweise kann ein Verwaltungsakt auch mit unmittelbarem Zwang durchgesetzt werden, ohne dass der Bürger vorab die Möglichkeit hat, den Rechtsweg zu beschreiten und den durchzusetzenden Verwaltungsakt auf seine Rechtmäßigkeit hin prüfen zu lassen. Dieses Zwangsmittel der Verwaltungsvollstreckung kommt in erster Linie im Bereich der Gefahrenabwehr, der Strafverfolgung und der Strafvollstreckung zum Zuge.

Unmittelbarer Zwang ist ein Zwangsmittel zur Durchsetzung eines Verwaltungsaktes, der ein Ge- oder Verbot ausspricht. Unmittelbarer Zwang kann sowohl im gewaltsamen Einwirken auf Personen oder Sachen, beispielsweise im Schlag mit dem Gummiknüppel oder im Schusswaffengebrauch, als auch darin bestehen, dass die Behörde die durch den Verwaltungsakt geforderte Handlung selbst vornimmt.

Das Familiengericht hat angeordnet, dass der fünfjährige Tim aus der Wohnung der Mutter geholt werden und in die Wohnung des Vaters, dem das Sorgerecht zugesprochen wurde, verbracht werden soll. Der Gerichtsvollzieher kommt in Begleitung eines Beamten des Jugendamtes und zwei Polizistinnen zur Wohnung der Mutter, um die Anordnung zu vollstrecken. Weigert sie sich, das Kind herauszugeben, ist unmittelbarer Zwang unter den Voraussetzungen des § 90 FamFG zulässig.

Öffentliches und Privates Recht: Eine Abgrenzung

Bis heute ist es der Rechtslehre nicht vollständig gelungen, die beiden Rechtsgebiete »Öffentliches und Privates Recht« zweifelsfrei voneinander abzugrenzen. Eine Erschwerung besteht auch darin, dass der Staat sich traditionell des Privatrechtes bedienen und auch in privatrechtlichen Organisationsformen (AG, GmbH) tätig werden kann. Nimmt er hierbei öffentliche Aufgaben wahr, handelt es sich um das Teilgebiet des Verwaltungsprivatrechtes. In vielen Gesetzen, nicht zuletzt auch im Bürgerlichen Gesetzbuch (BGB), finden sich gleichermaßen privatrechtliche wie auch öffentlich-rechtliche Normen. So bestimmt beispielsweise § 839 BGB i.V.m. Art. 34 GG den sogenannten Amtshaftungsanspruch, nach dem bei einem in öffentlicher Trägerschaft stehenden Kindergarten unter Umständen der Träger für einen Schaden haftet, den eine pädagogische Fachkraft durch Verletzung ihrer Aufsichtspflicht verursacht hat (siehe zur Haftung Kapitel 10.3).

Dennoch ist die sorgsame Unterscheidung zwischen Öffentlichem und Privatem Recht von erheblicher praktischer Bedeutung, weil von ihr der Rechtsweg abhängt: Ist das strittige Rechtsverhältnis privatrechtlicher Natur, sind die Amtsgerichte bzw. ab einem Streitwert von 5.000 Euro die Landgerichte zuständig, soweit das Gesetz nicht zwingend einen Sonderrechtsweg (z. B. für Arbeitsrechtssachen die Arbeitsgerichte) vorschreibt. Für öffentlich-rechtliche Streitigkeiten sind die Verwaltungsgerichte zuständig, soweit das Gesetz nicht andere speziellere Gerichte (z. B. Finanz- oder Sozialgerichte) benennt.

1.5 Rechtsträgerschaft: Natürliche und Juristische Personen

Träger von Rechten und Pflichten eines Rechtsverhältnisses können nur Menschen oder juristische Personen sein.

Natürliche Person ist jeder Mensch als Träger von Rechten. **Juristische Personen** sind Personenvereinigungen (z. B. eingetragener Verein) oder Vermögensmassen (z. B. Stiftung) mit rechtlicher Selbstständigkeit.

Eine juristische Person ist rechtsfähig und wird im Rechtsverkehr wie eine natürliche Person behandelt, das heißt sie kann grundsätzlich alle Rechte einer natürlichen Person innehaben. So ist sie im Prozess parteifähig, kann also klagen oder verklagt werden, ferner ist sie handlungs- und deliktfähig, denn sie handelt durch ihre Organe.

Es gibt juristische Personen des Privatrechtes und solche des Öffentlichen Rechtes. Juristische Personen des Privatrechtes können nicht durch bloßen Willen ihrer Mitglieder entstehen, vielmehr bedarf es dazu eines Gründungsaktes und Eintragung in ein Register (z. B. Vereinsregister). Juristische Personen des

Privatrechtes sind: Verein (e. V.), Stiftung des Privatrechtes, Gesellschaft mit beschränkter Haftung (GmbH), Aktiengesellschaft (AG), eingetragene Genossenschaft (e.G.). Juristische Personen des Öffentlichen Rechtes entstehen durch Hoheitsakt (Gesetz), um öffentliche Aufgaben zu erfüllen. Es handelt sich um Körperschaften, Anstalten und Stiftungen des Öffentlichen Rechtes (z. B. Bund, Bundesländer, Bezirke, Landkreise, Städte, Gemeinden, Sozialversicherungsträger, Rundfunkanstalten).

> Die Stadt Berlin, vertreten durch den Oberbürgermeister, schließt einen Arbeitsvertrag mit Claudia N. über die Leiterinnenstelle der in kommunaler Trägerschaft stehenden Kita »Knirpsenland«. Arbeitgeber von Claudia N. ist daher die Stadt Berlin, nicht etwa jeder einzelne Berliner Bürger. Das »Knirpsenland« selbst ist jedoch keine juristische Person, sondern eine sogenannte rechtlich unselbstständige Einrichtung ihres Rechtsträgers Stadt Berlin.

Einigen Kirchen, so u. a. der Katholischen Kirche und der Evangelischen Kirche Deutschlands, wurde aufgrund der nach Art. 140 GG fortgeltenden Bestimmungen der Art. 136–139 und Art. 141 WRV der sogenannte Körperschaftsstatus verliehen. Es handelt sich bei ihnen um Körperschaften des Öffentlichen Rechtes.

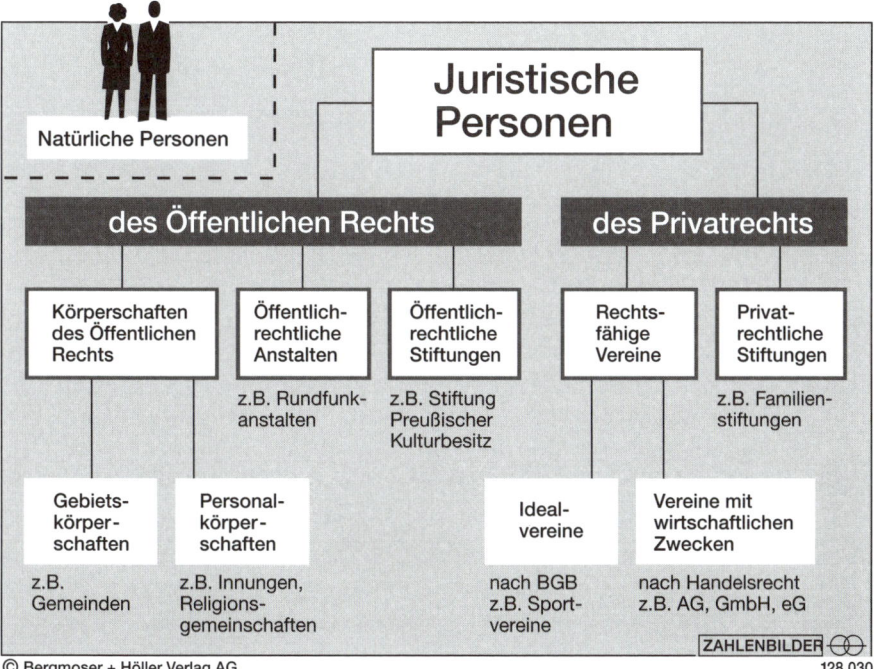

© Bergmoser + Höller Verlag AG   128 030

1.6 Rechtsquellen: Der Ursprung unseres Rechtes

Unsere heutige Rechtsordnung hält eine unüberschaubare Anzahl an einzelnen Vorschriften bereit. Steht man dieser Masse an Normen gegenüber, ist es bisweilen hilfreich, sich darauf zu besinnen, dass viele von ihnen auf allgemein gültige Leitlinien zurückzuführen sind. Diese Leitlinien – Naturrecht, Gewohnheitsrecht, Sitte und Moral – erwuchsen aus unabänderlichen Naturgesetzen, aus gewachsenen Wertvorstellungen oder geschichtlichen Erfahrungen. Sie stellen die Grundlage und die Ursprungsorte unseres Rechtes dar.

Naturrecht

Die Rechtsphilosophie diskutiert seit dem Altertum das Naturrecht als eine Quelle des Rechtes.

Naturrecht ist das Recht, das sich aus der menschlichen Natur ableitet und das demgemäß aus der reinen Vernunft, die allen Menschen eigen ist, erkennbar ist. Das Naturrecht ist daher für alle Zeiten gültig, von Raum und Zeit unabhängig.

Naturrecht ist also nicht durch staatliche Rechtssetzung entstanden, sondern »von Natur aus« vorgegeben. Als Ursache für dieses Recht gelten drei Quellen:

1. Die Natur selbst – Recht ist, was der Natur des Menschen entspricht.
2. Die Religion – Recht ist, was Gott gefällt.
3. Die menschliche Vernunft – Recht ist, was der menschlichen Vernunft entspricht.

Viele Werte unserer Verfassung werden zum Naturrecht gezählt, wie beispielsweise die Menschenwürde, die Gerechtigkeit oder die Gleichheit aller Menschen (siehe dazu Kapitel 3.3). Auch das Verbot, einen anderen Menschen zu töten oder zu verletzen, hat unzweifelhaft naturrechtlichen Ursprung.

Doch nicht alle Inhalte des Naturrechtes gelten überzeitlich. Problematisch wird es dann, wenn Teile der Gesellschaft ein Recht als Naturrecht begreifen, was dem Rechtsempfinden der großen Mehrheit nicht (mehr) entspricht. So zeigen beispielsweise die Reaktionen auf immer wiederkehrende Fälle von »Ehrenmorden« in Deutschland, dass die Vorherrschaft des Mannes in seiner Familie, die bei vielen Muslimen noch als sein Naturrecht empfunden wird, unserem heutigen westlichen Rechtsempfinden widerspricht. Nach einer modifizierten Auffassung des Naturrechtsbegriffs bedarf es daher zu seiner Wirksamkeit eines Rechtssetzungsaktes aufgrund der jeweiligen Volksüberzeugung und ist somit wandelbar.

Praxisübung

Analysieren Sie folgende Proklamationen:
- Römische Konvention zum Schutz der Menschenrechte und der Grundfreiheiten
- Allgemeine Erklärung der Menschenrechte
- Konvention über die Rechte des Kindes der Vereinten Nationen.

Welche Artikel legen naturrechtliche Werte fest?

Gewohnheitsrecht

Eine weitere Quelle unseres Rechtes ist das Gewohnheitsrecht. Dabei handelt es sich nicht um geschriebenes Recht, sondern um stetige von Rechtsüberzeugung getragene Übung in einer Rechtsgemeinschaft.

Gewohnheitsrecht entsteht dort, wo eine zentralisierte und staatlich garantierte Rechtserzeugung in Form von niedergeschriebenen Gesetzen nicht oder noch nicht zur Wirksamkeit gelangt ist. Dies war besonders in älteren Kulturstufen vor Ausbildung der neuzeitlichen europäischen Staaten der Fall. Heute spielt Gewohnheitsrecht eigentlich nur noch im Völkerrecht eine Rolle, da dies weitgehend ohne eine institutionalisierte Rechtserzeugung auskommen muss. Denkbar wäre in unserer modernen Zeit darüber hinaus auch die Herausbildung von Gewohnheitsrecht im Bereich des Internet. Erforderlich für die Ausbildung von Gewohnheitsrecht ist eine längere gleichmäßige Übung, verbunden mit der Überzeugung, dass diese Übung notwendig und richtig ist.

Das sogenannte elterliche Züchtigungsrecht war bis zum Ende des vorigen Jahrhunderts gewohnheitsrechtlich anerkannt. Nunmehr hat der Gesetzgeber dieses Gewohnheitsrecht aufgehoben, indem er Recht gesetzt hat: § 1631 Abs. 2 BGB bestimmt, dass körperliche Bestrafungen, seelische Verletzungen und andere entwürdigende Maßnahmen unzulässig sind.

Richterrecht

Eine Sonderform des Gewohnheitsrechtes ist das sogenannte Richterrecht. Dies liegt vor, wenn die Gerichte in übereinstimmender und ständiger Rechtsprechung im Wege der Rechtsfortbildung abstrakte Rechtssätze entwickeln und diese bei ihrer Entscheidungsfindung regelmäßig (mit-)berücksichtigen. Besonders in Bereichen, die nur wenige gesetzliche Regelungen aufweisen, wie beispielsweise das Miet- oder Arbeitsrecht, hat sich Richterrecht etabliert.

Umfang und Grenzen sind allerdings umstritten, da Richterrecht weder durch die Legislative (per Gesetz) noch durch die Exekutive (per Rechtsverordnung, Satzung) gesetzt wird, in letzter Konsequenz also nicht verfassungsrechtlich legitimiert ist. Da in der Praxis die Entscheidungen der Obergerichte (Bundesgerichtshof, Oberverwaltungsgerichte etc.) eine richtungsweisende Bedeutung für die nachgeordneten Gerichte haben, bildet sich Richterrecht auch relativ rasch und auf breiter Basis heraus. Denn zwar ist jeder Richter in der BRD unabhängig und kann von den Entscheidungen der Obergerichte abweichen (eine Ausnahme bilden die Entscheidungen des Bundesverfassungsgerichtes und der Landesverfassungsgerichte), jedoch wird dies kaum praktiziert: Es dient der Rechtssicherheit des Bürgers und schont seinen Geldbeutel, wenn ein unnötiger Weg durch die Instanzen vermieden werden kann.

Sitte und Moral

Rechtliche Bedeutung erlangt der Begriff der Sitte an verschiedenen Stellen: So weist das Grundgesetz in Art. 2 Abs. 1 auf das »Sittengesetz« hin. § 138 BGB regelt, was als »sittenwidriges Rechtsgeschäft« verstanden werden muss und erklärt dieses für nichtig. Das Gesetz spricht dabei von einem »Verstoß gegen die guten Sitten«. § 817 BGB stellt die guten Sitten dem Gesetz gleich: »Verstoß gegen Gesetz oder gute Sitten«. Die Sitten, die im Rechtsverkehr üblich sind, werden auch Verkehrssitte genannt.

Der Begriff erscheint beispielsweise in § 157 BGB, wo es um die Auslegung von Verträgen geht, und in § 242 BGB, der bestimmt: »Die Leistung ist so zu bewirken, wie Treu und Glauben mit Rücksicht auf die Verkehrssitte« es erfordern.

Sitte sind die in der Gemeinschaft geltenden Anstandsregeln und Gebräuche. **Moral** regelt nicht direkt das Verhalten der Menschen zueinander, so wie es Gesetz und Sitte tun. Vielmehr wendet Moral sich an ihre Gesinnung und gibt

Motive für ein Verhalten, das an gesellschaftlichen, religiösen oder philosophischen Normen orientiert ist.

Die Frage danach, in welchem Verhältnis Recht und Moral zueinander stehen, beschäftigt seit jeher die Rechtsphilosophen. In weiten Teilen unserer Rechtsordnung stimmen Moral und Recht (z. B. das Tötungsverbot) überein. In der Nachkriegszeit wurde viel darüber diskutiert, ob moralisch verwerfliche Gesetze zu befolgen sind.

Praxisübung

Recherchieren Sie im Internet zum Stichwort Radbruch'sche Formel. Formulieren Sie in eigenen Worten: Wie soll nach Radbruch der Richter seinen Konflikt lösen?

In jüngster Zeit ist das Spannungsverhältnis zwischen Recht und Moral – unter einem ganz anderen Aspekt – in einem Beschluss des Bundesverfassungsgerichtes vom 26. Februar 2008 (2 BvR 392/07) offenbar geworden. Das Gericht hatte entschieden, dass das Inzestverbot des § 173 StGB (»Beischlaf zwischen Verwandten«) verfassungsgemäß sei. Der Vizepräsident des Gerichtes, Winfried Hassemer, stimmte gegen die Entscheidung seiner sieben Kollegen. Seiner Ansicht nach ist jedenfalls für den einvernehmlichen Inzest unter Erwachsenen – alle anderen denkbaren Möglichkeiten stehen ohnehin unter Strafandrohung anderer Vorschriften – das Verbot nicht zu halten, da kein konkret zu schützendes Rechtsgut gefährdet sei. Eine Bestrafung widerspreche daher dem Grundsatz der Verhältnismäßigkeit. Die Berücksichtigung eugenischer Gesichtspunkte – also der Möglichkeit von Genschäden bei Nachkommen aus dieser Beziehung – schließe sich von vornherein verfassungsrechtlich aus. Denn nach dem dort verankerten Grundsatz des absoluten Lebensschutzes gilt der Schutz menschlichen Lebens ohne Rücksicht auf Lebensfähigkeit, Lebenserwartung oder sonstige »Qualitätsmerkmale« (siehe dazu BVerfGE 39, 1; 88, 203). Auch der Schutz der Familie werde mit der Norm nicht erreicht, begründete Hassemer sein Minderheitenvotum und gab bekannt: »Es spricht viel dafür, dass die Vorschrift in der bestehenden Fassung lediglich Moralvorstellungen, nicht aber ein konkretes Rechtsgut im Auge hat« (Focus online vom 13.03.2008).

Recht, Sitte und Moral haben gemeinsam, dass sie das menschliche Zusammenleben regeln, doch nur das Recht kann mithilfe staatlicher Instanzen durchgesetzt werden. Verstöße gegen herrschende Sitten- und Moralvorstellungen haben i. d. R. nur gesellschaftliche oder wirtschaftliche Folgen. Die dargestellte Entscheidung des Bundesverfassungsgerichtes bzw. der Tatbestand des § 173 StGB sind eine beeindruckende Ausnahme von dieser Regel.

Gesetze

Von Naturrecht, Gewohnheitsrecht, Sitte und Moral unterscheiden sich die Gesetze, indem sie geschriebenes Recht und als solche die wichtigste Rechtsquelle sind. Im Rang stehen sie über allen anderen Formen des geschriebenen Rechtes und können selbst nur durch Gesetz aufgehoben oder geändert werden. Widerspricht eine Rechtsverordnung oder Satzung einem Gesetz, ist es verfassungswidrig. Der Begriff »Gesetz« wird in doppeltem Sinne verwendet:

Gesetz im materiellen Sinne ist jede Rechtsnorm, das heißt jede hoheitliche Anordnung, die für eine unbestimmte Vielzahl von Personen allgemein verbindliche Regelungen enthält.

Gesetz im formellen Sinne ist jeder Beschluss der zur Gesetzgebung zuständigen Organe, der im verfassungsmäßig vorgesehenen förmlichen Gesetzgebungsverfahren ergeht, ordnungsgemäß ausgefertigt und verkündet ist.

Gesetze werden unterschieden in Bundes- und Landesgesetze – je nachdem, welcher Lebensbereich durch sie geregelt ist, und die danach zu entscheidende Frage, wer die sogenannte Gesetzgebungskompetenz für diesen Lebensbereich innehat (siehe dazu Kapitel 2.3).

Rechtsverordnungen

Darüber hinaus gibt es eine Reihe von Vorschriften, die nicht im förmlichen Gesetzgebungsverfahren beschlossen werden, sondern von Organen der vollziehenden Gewalt (Bundes-, Landesregierung, staatliche Verwaltungsbehörden, auch Selbstverwaltungskörperschaften) gesetzt werden. Diese Vorschriften nennt man Rechtsverordnungen. Auch sie sind allgemein verbindliche Anordnungen für eine unbestimmte Vielzahl von Personen.

Die genannten Organe der vollziehenden Gewalt (= Exekutivorgane) dürfen aber nur dann Gesetze erlassen, wenn sie durch ein Gesetz hierzu ermächtigt wurden; dies schreiben Art. 80 Abs. 1 GG sowie die entsprechenden Vorschriften der Landesverfassungen vor. Diese sogenannte Ermächtigungsgrundlage darf zudem nicht blankettartig gefasst, sondern muss nach Inhalt, Zweck und Ausmaß hinreichend bestimmt und begrenzt sein. Darüber hinaus ist die Ermächtigungsgrundlage in der erlassenen Rechtsverordnung anzugeben. Eine Rechtsverordnung dient immer zur Ausführung der allgemeinen Regelungen des Gesetzes. Sie ist in der Regel tituliert als Ausführungs- oder Durchführungsverordnung und steht im Rang unterhalb des förmlichen Gesetzes. Nicht verwechselt werden darf die Rechtsverordnung mit der Verwaltungsvorschrift. Diese – oft auch Verwaltungsverordnung genannte – Vorschrift hat lediglich verwaltungsinterne Bedeutung (z. B. TA-Lärm, Einkommensteuer-Richtlinien und Nichtanwendungserlasse der Finanzbehörden).

Der Vorteil von Rechtsverordnungen gegenüber Gesetzen besteht in ihrer Flexibilität: Wo ein Gesetz das förmliche Gesetzgebungsverfahren durchlaufen muss, sind Rechtsverordnungen schnell beschlossen, geändert und aufgehoben. Sie können daher auf örtliche, gesellschaftliche und wirtschaftliche Verhältnisse rasch reagieren.

> Die Gesetzlichen Unfallkassen der Länder sind ausweislich § 15 I SGB VII zum Erlass von Unfallverhütungsvorschriften ermächtigt, haben also sogenannte »Rechtssetzungsbefugnis«. Die früher UVV, nun BGV genannten Verordnungen haben Gesetzescharakter.

Praxisübung

Recherchieren und bookmarken Sie im Internet folgende für die Tätigkeit in Kindertageseinrichtungen wichtige Verordnungen:

- Lastenhandhabungsverordnung
- Bildschirmarbeitsverordnung
- Gefahrstoffverordnung
- Biostoffverordnung
- Unfallverhütungsvorschriften für Kindertagesstätten Ihres Bundeslandes

Autonome Satzungen

Die unterste Stufe der Rechtsnormen stellen die Satzungen dar.

Satzungen sind Rechtsvorschriften, die von juristischen Personen des Öffentlichen Rechtes mit Selbstverwaltungsrecht zur Regelung ihrer eigenen Angelegenheiten erlassen werden.

Ebenso wie die Rechtsverordnung bedarf auch die Satzung einer Ermächtigungsgrundlage. Diese wird durch Gesetz verliehen. Ein Unterschied zur Rechtsverordnung besteht darin, dass die staatliche Rechtsetzungsgewalt nicht (wie bei der VO) delegiert wird, sondern ein Raum für Rechtssetzung aus eigenem Recht geschaffen wird. Dies nennt man Satzungsautonomie. Der wichtigste Anwendungsbereich ist hier das Selbstverwaltungsrecht der kommunalen Gebietskörperschaften, also der Gemeinden.

> Die Gemeinde ist befugt, für die Kindergärten, die in ihrer Trägerschaft stehen, eine Benutzungs- und Beitragssatzung zu erlassen. In dieser kann sie beispielsweise auch Strafgebühren festlegen für Eltern, die ihre Kinder nach Ablauf der vereinbarten Buchungszeit abholen.

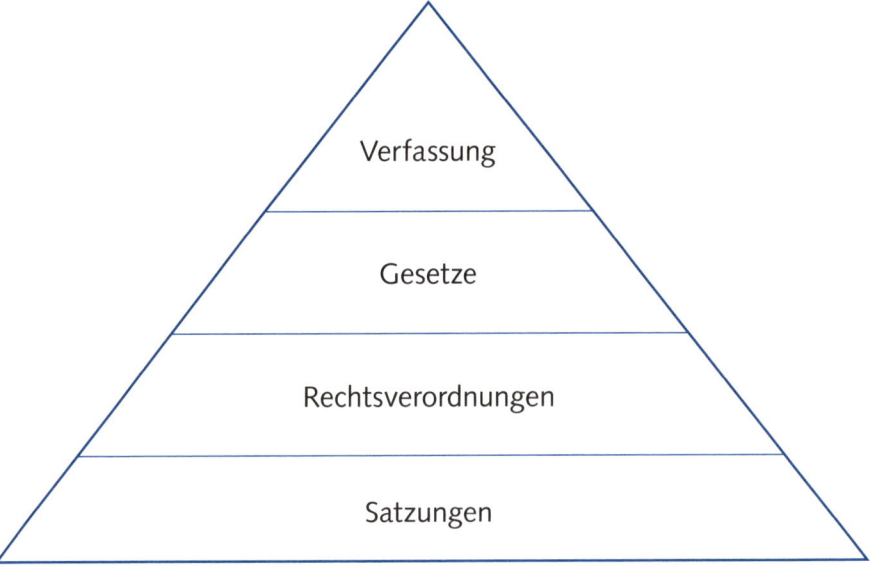

Die Hierarchie der Rechtsnormen

1.7 Das Recht: Anwendung und Auslegung

Die Anwendung

Wendet ein Jurist Recht an, spricht er von Subsumtion: Er prüft, ob der ihm vorliegende Sachverhalt einer Norm untergeordnet – subsumiert – werden kann. Dies ist kein Vorgang im formal-logischen Sinne, sondern ein wechselseitiger Annäherungs- und Abwägungsprozess, den jeder kennt und täglich x-fach vornimmt: im Straßenverkehr, bei der Arbeit, in der Kindererziehung, beim Einkaufen etc.

Gesetze sind oft schwierig zu verstehen, weil sie eine spezielle Sprache haben. Hier eine Auflistung immer wiederkehrender juristischer Begriffe, die häufig falsch verstanden werden, weil sie in unserer Umgangssprache eine andere Bedeutung haben:

»Grundsätzlich«: In unserer Umgangssprache bedeutet dieses Wort »immer« oder »prinzipiell«, das heißt, es werden keinerlei Ausnahmen zugelassen. Juristisch ist dieses Wort genau gegenteilig zu verstehen. Es bedeutet »in der Regel«, sodass Ausnahmen möglich und sogar ziemlich wahrscheinlich sind. Wenn Sie das Wort »grundsätzlich« lesen, können Sie ganz sicher sein, dass es eine lange Reihe von Ausnahmen gibt, unter die vermutlich auch Ihr Sachverhalt fällt. Meint der Jurist »ausnahmslos«, sagt er »stets«.

»Regelmäßig«: Ähnlich verhält es sich mit dem Begriff »regelmäßig«. In der Umgangssprache wird er eher im Sinne von »immer wiederkehrend« gemeint. Juristisch meint »regelmäßig« dasselbe wie »ausnahmslos«. »Regelmäßig keine Haftung wird begründet durch …« bedeutet: »Ausnahmen gibt es nicht.«

»Vorbehaltlich«: Dieser Ausdruck findet sich häufig in Gesetzen und stellt die Rangordnung her. »Vorbehaltlich spezieller Regelungen gilt …« bedeutet: Nur wenn man – fleißige Suche vorausgesetzt – keine spezielleren Regelungen gefunden hat, gilt die vorliegende.

»Abweichend«: Der Begriff »abweichend« bedeutet, dass diese Vorschrift vorgeht. Hier sagt man im Alltag »trotz« oder »obwohl«.

»Unverzüglich«: Dieser Begriff meint in der Umgangssprache »sofort«. Der Jurist hingegen übersetzt ihn mit »ohne schuldhaftes Zögern«. Das kann also auch bei einer Reaktionszeit von mehreren Tagen Überlegung noch gegeben sein. Eine Legaldefinition des Begriffes – das ist eine Definition, die sich im Gesetz selbst findet – steht in § 121 Bürgerliches Gesetzbuch (BGB).

»Gefahr im Verzug«: Dieser Begriff wird in der Umgangssprache oft missverstanden im Sinne von »Gefahr im Anzug = drohende Gefahr«. Juristisch ist aber eher das Gegenteil gemeint: Die Gefahr besteht gerade in der Verzögerung, im Nichtstun, eben im Verzug. Daher ist dringendes Handeln erforderlich.

»Besitz«: Besitz ist rechtlich gesehen die tatsächliche Herrschaft einer Person über eine Sache und kann daher mit dem »Eigentum« an einer Sache auseinanderfallen. So ist eine gestohlene Sache nach wie vor Eigentum des Bestohlenen, jedoch im Besitz des Diebes.

»ff«: Diese Abkürzung meint »fortfolgende« und findet sich häufig nach genannten Paragraphen. »Die Regelungen zur elterlichen Sorge finden sich in den §§ 1626 ff BGB.« Das bedeutet, die elterliche Sorge ist dort beginnend geregelt. Wie weit man liest, bestimmt sich nach dem konkret zu lösenden Problem. Spätestens, wenn das Gesetz selbst einen Themenwechsel vornimmt, sollte Schluss sein.

i.V.m.: »In Verbindung mit …« Die gesetzliche Regelung ist nur zu erschließen, indem man zwei Paragraphen miteinander verbindet. Beispielsweise ergibt sich das Allgemeine Persönlichkeitsrecht aus Art. 2 Abs. 1 i.V.m. Art. 1 Abs. 1 GG.

Die Auslegung

Ist die anzuwendende Vorschrift unklar, was nicht selten vorkommt, ist der juristische Laie versucht, den Text auszulegen. Von Gesetzesauslegung jeglicher Art ist jedoch unbedingt abzuraten. Juristische Voraussetzung einer Gesetzesauslegung ist zunächst einmal das Vorhandensein einer Gesetzeslücke, ein Umstand, den ein juristischer Laie kaum erkennen kann. Tatsächlich sind in unserem Rechtssystem Gesetzeslücken höchst selten und eher in »Orchideengebieten« zu finden. So wird beispielsweise ein Anwalt in seiner Berufspraxis kaum je in die Verlegenheit kommen, ein Gesetz auslegen zu müssen.

Ute M. ist QM-Beraterin für Kindertageseinrichtungen. In dieser Eigenschaft wird sie von Eva K., Leiterin der Kindertageseinrichtung »Kinderland«, gefragt, ob die Einrichtung, die 50 Kinder betreut, eine Sicherheitsbeauftragte haben müsse. Ute M. ist mit dieser Frage zunächst überfordert, weiß sich aber zu helfen: Ein Blick ins Gesetz verrät ihr, dass Unternehmen mit mehr als 20 Beschäftigten einen Sicherheitsbeauftragten benötigen. Ute M. beginnt nun, den Gesetzestext auszulegen. Beschäftigte, so ihre Auslegung nach dem Wortlaut, sind keine Kinder. Also, so ihre Schlussfolgerung, gelte in negativer Hinsicht, dass mehr als 20 Kinder keinen

Sicherheitsbeauftragten erforderlich machen. Schließlich, so ihre ganz persönliche Meinung, könne das Gegenteil vom Gesetzgeber ja auch gar nicht gewollt sein! In diesem Sinne »berät« sie Eva K. und macht sich wegen Falschberatung schadensersatzpflichtig.

Der juristische Laie neigt dazu, Gesetze so »auszulegen«, dass sie ihm in den Kram passen und ein gewünschtes Ergebnis zu einer bereits gefassten Rechtsmeinung liefern. Mit juristisch korrekter Auslegung hat dies aber überhaupt nichts zu tun! Für eine korrekte Auslegung sind ganz andere Maßstäbe anzusetzen als das eigene subjektive Empfinden oder Wünschen. Es werden beispielsweise die Gesetzessystematik analysiert, Sinn und Zweck der Norm analysiert, die Motive des jeweiligen Gesetzgebers anhand von Parlamentsprotokollen ermittelt etc. Und letztlich wird das gewonnene Ergebnis – die Auslegung – daraufhin überprüft, ob es mit dem Grundgesetz vereinbar ist oder etwa gegen den Gleichbehandlungsgrundsatz des Art. 3 GG verstößt. Gesetzesauslegung ist also eine sehr komplizierte Sache, die man in jedem Fall den Richtern überlassen sollte.

Der Staat ist der Garant der Rechtsordnung. Das Recht schützt die Freiheit, ordnet das Gemeinwesen, fördert das Gemeinwohl und gewährt dem Bürger Rechtssicherheit. Es hat eine Friedens-, Ausgleichs-, Ordnungs- und Schutzfunktion. Staatlich gesetztes Recht wird als positives Recht bezeichnet. Dieses wird unterschieden in Privatrecht, wo sich die Partner auf gleich geordneter Ebene begegnen, und Öffentliches Recht, wenn ein Verhältnis der Über- und Unterordnung besteht. Das geschriebene Recht ist die wichtigste Rechtsquelle und steht in Form von Gesetzen, Rechtsverordnungen und Satzungen über dem ungeschriebenen Recht wie Gewohnheits- und Richterrecht sowie Sitte und Moral. Über allem steht als vorpositives bzw. überpositives Recht das Naturrecht, wenngleich auch dieses nicht überzeitlich gelten muss.

Weiterführende Links

www.bpb.de
www.deutschland.de
www.politik-digital.de
www.politische-bildung.de

2. Der Staat – Wie er organisiert ist

»Die freiheitliche demokratische Grundordnung lässt sich als eine Ordnung bestimmen, die unter Ausschluss jeglicher Gewalt- und Willkürherrschaft eine rechtsstaatliche Herrschaftsordnung auf der Grundlage der Selbstbestimmung des Volkes nach dem Willen der jeweiligen Mehrheit und der Freiheit und Gleichheit darstellt. Zu den grundlegenden Prinzipien dieser Ordnung sind mindestens zu rechnen: Die Achtung vor den im Grundgesetz konkretisierten Menschenrechten, vor allem vor dem Recht der Persönlichkeit auf Leben und freie Entfaltung, die Volkssouveränität, die Gewaltenteilung, die Verantwortlichkeit der Regierung, die Gesetzmäßigkeit der Verwaltung, die Unabhängigkeit der Gerichte, das Mehrparteienprinzip und die Chancengleichheit für alle politischen Parteien mit dem Recht auf verfassungsmäßige Bildung und Ausübung einer Opposition.«

(BVerfGE 2, 1, 12 ff)

Praxisübung

Was fällt Ihnen zum Thema »Staat« ein? Fertigen Sie dazu eine Mind Map an.

2.1   Die verfassungsrechtlichen Grundentscheidungen

Unsere Verfassung ist geprägt von vier verfassungsrechtlichen Grundentscheidungen, auch Verfassungsprinzipen oder Verfassungsgrundsätze genannt. Verfassungsgrundsätze sind bestimmte Grundlagen der demokratischen Staatsordnung, deren Schutz besonders gewährleistet ist. Sie lassen Geist und Charakter der Verfassung erkennen und prägen somit den Staat, dessen Ordnung auf ihr beruht. Diese verfassungsrechtlichen Grundentscheidungen betreffen insbesondere die Staats- und Regierungsform, Rechtsstaatlichkeit, Demokratie und Gewaltenteilung. Unsere freiheitlich-demokratische Grundordnung beruht nach dem Grundgesetz auf den Verfassungsprinzipien der

- Demokratie
- Rechtsstaatlichkeit
- Sozialstaatlichkeit und
- Bundesstaatlichkeit.

Demokratie

Wörtlich übersetzt bedeutet Demokratie Volksherrschaft. Eine echte bzw. freiheitliche Demokratie liegt jedoch immer nur dann vor, wenn bestimmte Mindestanforderungen erfüllt sind; anderenfalls ist lediglich eine Schein-Demokratie gegeben.

Die Prinzipien einer echten Demokratie

Die Mindestanforderungen an eine echte bzw. freiheitliche Demokratie lauten:

- Die Staatsgewalt muss tatsächlich und nicht nur scheinbar vom Volk ausgehen. Es muss entweder selbst entscheiden (unmittelbare Demokratie) oder eine Volksvertretung wählen, die an seiner Stelle entscheidet (repräsentative Demokratie). Da die unmittelbare Demokratie aus verschiedensten Gründen in modernen demokratischen Staaten nicht zu praktizieren ist, haben sich die meisten westlichen Länder für eine repräsentative Demokratie entschieden.

- Die Volksvertretung einer repräsentativen Demokratie muss nach den Grundsätzen der allgemeinen, gleichen, freien, unmittelbaren und geheimen Wahl gewählt werden (Wahlprinzip). Durch die Wahl überträgt der Bürger seinen politischen Willen auf Volksvertreter (Abgeordnete). Diese Abgeordneten sollen den Willen des Volkes durch Gesetze zum Ausdruck bringen.
- Eine Wahl kann nur dann ihren Wert entfalten, wenn es auch eine echte Auswahl gibt. Daher müssen mehrere, mindestens zwei regierungsfähige Parteien oder Koalitionen mit alternativen Wahlprogrammen zur Wahl antreten (Mehrparteiensystem).
- Sämtliche Staatsorgane und Amtsträger einer Demokratie, die staatliche Aufgaben wahrzunehmen haben, müssen demokratisch legitimiert sein, indem sie entweder unmittelbar vom Volk oder von einem – seinerseits demokratisch legitimierten – Organ bestellt werden (Prinzip der demokratischen Legitimation).
- Die Amtszeit der maßgeblichen Verfassungsorgane muss zeitlich begrenzt sein, damit in bestimmten Abschnitten erneut über ihr Mandat entschieden werden kann (Prinzip der Herrschaft auf Zeit).
- Die Entscheidungen der Mehrheit sind maßgebend und müssen von der Minderheit akzeptiert werden. Die Minderheit hat eine reelle Chance, ihre Argumente vorzutragen und in den Entscheidungsprozeß einfließen zu lassen (Mehrheitsprinzip und Minderheitenschutz).
- Bereits im Vorfeld des staatlichen Entscheidungsprozesses haben alle Bürger und Gruppierungen die Möglichkeit, ihre Vorstellungen und Interessen geltend zu machen und für sie zu werben. Die Grundrechte der Meinungsfreiheit, der Informationsfreiheit, der Versammlungsfreiheit und Vereinigungsfreiheit sind damit nicht nur liberale Freiheitsrechte, sondern auch demokratische Mitwirkungsrechte (Prinzip der politischen Meinungs- und Betätigungsfreiheit).

Erklärt Art. 79 Abs. 3 i.V.m. Art. 20 GG das Demokratieprinzip für unantastbar, sind damit diese Prinzipien gemeint, die zeigen, dass Demokratie und Rechtsstaat in untrennbarem Zusammenhang stehen, sich ergänzen und stützen: Es gibt keine Demokratie ohne rechtsstaatliche Ordnung und ohne Gewährleistung der Freiheitsrechte. Umgekehrt ist ein Rechtsstaat ohne Gewährleistung der demokratischen Freiheitsrechte nicht denkbar.

Demokratie, Republik, Monarchie: Eine Abgrenzung

Immer wieder zu Schwierigkeiten führt die Abgrenzung von Demokratie zur Republik und zur Monarchie. Hier sind zwei Bedeutungsebenen zu unterscheiden: Die Begriffe Monarchie und Republik geben Auskunft über das Oberhaupt eines Staates, also das Organ, das an seiner Spitze steht. Die Monarchie bestimmt das Staatsoberhaupt nach familien- und erbrechtlichen Regelungen, also nach dynastischen Gesichtspunkten (z. B. Großbritannien, Belgien, Niederlande, Luxemburg, Spanien, Schweden). Die Republik hat keinen Monarchen, ist also in erster Linie eine »Nicht-Monarchie«. An ihrer Spitze steht ein Präsident – gewählt oder selbst ernannt (z. B. BRD, Frankreich, Schweiz, USA, Russland).

Die zweite Bedeutungsebene betrifft die Frage, wer Inhaber der Staatsgewalt ist: Geht die Staatsgewalt vom Volke aus, handelt es sich um eine Demokratie. Tut sie dies nicht, handelt es sich um eine Schein-Demokratie, um Diktatur. Demokratie und Monarchie sind daher kein Gegensatz, sondern können sich überschneiden. So ist beispielsweise England eine Monarchie, weil das Staatsoberhaupt dynastisch bestimmt wird, zugleich aber auch eine Demokratie, weil die Staatsgewalt beim Volk, vertreten durch das Parlament, liegt. Man spricht in diesem Fall auch von parlamentarischer Monarchie.

Zur besseren Veranschaulichung kann es helfen, sich die Begriffe Monarchie und Republik als Häuser vorzustellen, weil sie gleichsam die Statik eines Staates bilden. Demokratie und Diktatur sind demgegenüber vergleichbar mit dem Geist, der – vielleicht nur vorübergehend – in ihnen wohnt.

Praxisübung

Finden Sie für jedes Kästchen drei Beispiele bestehender oder ehemaliger Staaten:

	Republik	Monarchie
Demokratie		
Diktatur		

Rechtsstaatlichkeit

Das Rechtsstaatsprinzip wird in Art. 20 Abs. 1 GG, der die verfassungsrechtlichen Grundentscheidungen benennt, nicht ausdrücklich erwähnt. Allerdings findet sich seine Erwähnung oder seine Ausprägung in vielen anderen Normen des Grundgesetzes – in:

- Art. 28 Abs. 1 Satz 1 GG (Bindung der Länder an die Grundentscheidungen des Grundgesetzes)
- Art. 23 Abs. 1 Satz 1 GG (Mitwirkung der BRD in der EU)
- Art. 1 ff GG (Grundrechte mit Menschenwürdegarantie)
- Art. 20 Abs. 3 GG (Rechtsbindung der gesamten Staatsgewalt)
- Art. 20 Abs. 2 GG (Gewaltenteilung)
- Art. 19 Abs. 4 GG (Rechtsschutzgarantie)
- Art. 34 GG (Staatshaftung)
- Art. 101 ff GG (prozessuale Grundrechte).

Zum einen ist das Rechtsstaatsprinzip der Sammelbegriff für all diese Einzelnormen, zum anderen hat der Begriff aber auch seine eigenständige Bedeutung: So ist er Auslegungsrichtlinie für die gesamte Verfassungs- und Rechtsordnung und kommt auch im konkreten Fall immer dann zur Anwendung, wenn und soweit konkrete Regelungen fehlen.

Der Grundsatz der Verhältnismäßigkeit

Aus dem Rechtsstaatsprinzip wird außerdem das wichtige Verhältnismäßigkeitsprinzip – auch Übermaßverbot genannt – abgeleitet. Für alle Eingriffe der öffentlichen Gewalt in Rechte des Einzelnen gilt der Grundsatz der Verhältnismäßigkeit. Gesetzgebende Gewalt, öffentliche Verwaltung und Justiz sind an ihn gebunden. Alle Gesetze, gerichtlichen Entscheidungen und Verwaltungsakte müssen dem Verhältnismäßigkeitsgrundsatz entsprechen.

Verhältnismäßigkeitsgrundsatz i.w.S. bedeutet, dass all diese Maßnahmen geeignet, erforderlich und verhältnismäßig i.e.S. (= angemessen) sein müssen.

Was bedeutet das genau? Eine Maßnahme muss zunächst geeignet sein, das angestrebte Ziel zu erreichen (Grundsatz der Geeignetheit). Ferner hat die öffentliche Gewalt unter mehreren geeigneten Maßnahmen diejenige zu treffen, die den Einzelnen und die Allgemeinheit am wenigsten beeinträchtigt (Grundsatz der

Erforderlichkeit oder Notwendigkeit). Ferner muss eine Maßnahme, obwohl sie geeignet und erforderlich wäre, dennoch unterbleiben, wenn die dadurch zu erwartenden Nachteile für den Betroffenen außer Verhältnis zu dem beabsichtigten Erfolg stehen, wenn sie also nicht angemessen ist. Ein Verstoß gegen den Verhältnismäßigkeitsgrundsatz führt zur Rechtswidrigkeit der betreffenden Maßnahme, bei Gesetzen zur Nichtigkeit.

Praxisübung

Wäre ein Gesetz, demzufolge alle Kinder ab dem sechsten Lebensmonat zur Förderung von gleichen Bildungschancen der Pflicht zum Besuch einer Kinderkrippe unterliegen, verhältnismäßig?

Sozialstaatlichkeit

Das Sozialstaatsprinzip ist verankert in Art. 20 Abs. 1 GG und garantiert, dass jeder Bürger einen Anspruch auf einen angemessenen Lebensstandard und ein menschenwürdiges Leben hat. Vorrangige Ziele eines Sozialstaates sind die Hilfen gegen Not und Armut, die Vorhaltung einer angemessen Daseinsvorsorge, die Mehrung sozialer Gerechtigkeit durch Verminderung großer Wohlstandsdifferenzen und die Sicherung gegen die typischen Risiken einer arbeitsteiligen Gesellschaft wie Alter, Krankheit, Invalidität, Pflegebedürftigkeit und Arbeitslosigkeit.

Weitere Ziele sind: Chancengleichheit, Anhebung und Verbreitung des Wohlstandes sowie Stützung der Selbsthilfe- und Selbstregulierungsfähigkeit der am Wirtschaftsprozess Beteiligten vor allem durch gesetzgeberische Gestaltung des kollektiven Arbeitsrechtes. Einige Länder und Gemeinden führen den sozialen Gedanken noch weiter, wie es der Bereich der Familienpolitik zeigt: Sie gewähren Familien beispielsweise ein beitragsfreies Kita-Jahr.

Das 5-Säulen-Modell der sozialen Sicherung in der BRD

	Kranken-versicherung	Unfall-versicherung	Renten-versicherung	Arbeitslosen-versicherung	Pflege-versicherung
Gegründet	1883	1884	1889	1927	1995
Träger	Kranken-kassen	Berufsgenos-senschaften, Unfallkassen	Versicherungs-anstalten	Bundesagen-tur für Arbeit	Pflegekassen
Gesetzliche Grundlage	SGB V sowie die mehrfach geänderte RVO von 1911	SGB VII vom 07.08.1996	SGB VI vom 01.01.1992	Arbeitsförde-rungs-Reform-gesetz vom 01.01.1998 (SGB III)	SGB XI
Finanziert durch	Beiträge von Arbeitnehmer und Arbeitge-ber grundsätz-lich zu glei-chen Teilen, sonstige Ein-nahmen	Arbeitgeber im Umlage-verfahren	Beiträge von Arbeitnehmer und Arbeit-geber zu glei-chen Teilen im Umlagever-fahren, außer-dem Bundes-zuschuss	Beiträge von Arbeitnehmer und Arbeit-geber zu glei-chen Teilen, Zuschüsse	Beiträge von Arbeitnehmer und Arbeit-geber zu glei-chen Teilen

Bundesstaatlichkeit

Ein Bundesstaat ist nach herkömmlicher Definition ein Staat, der sich aus meh-reren Staaten zusammensetzt. Kennzeichnend ist, dass sowohl der Bund als auch seine Glieder Staatscharakter besitzen. Es gibt also im Bundesstaat eine doppelte Staatlichkeit, denn beide – Bund als Gesamtstaat und Länder als Gliedstaaten – haben eine eigene staatliche Organisation: Bundes- bzw. Landesparlament, Bun-des- bzw. Landesregierung, Bundes- bzw. Landesgerichte. Der Bürger ist somit einer doppelten Staatsgewalt unterworfen, er hat aber auch – jedenfalls in einem demokratischen Bundesstaat – das Recht, an der Staatswillensbildung auf Bun-des- und Landesebene durch Teilnahme an Wahlen zum Bundesparlament und Landesparlament mitzuwirken.

Die Konzipierung der BRD als Bundesstaat ist verfassungsrechtlich durch Art. 79 Abs. 3 GG geschützt (sog. Bestandsgarantie) und beruht auf der Politik der alliierten Westmächte nach dem Ende des Zweiten Weltkrieges. Bei Gründung am 23. Mai 1949 bestand die BRD aus zehn Bundesländern und Berlin (West). Durch die Wiedervereinigung am 3. Oktober 1990 kamen sechs weitere Bundesländer hinzu, sodass die BRD derzeit aus 16 Bundesländern besteht.

Der verfassungsrechtliche Schutz bezieht sich jedoch nur auf die Bundesstaatlichkeit als solche, nicht aber auf die Länder. Art. 29 GG lässt ausdrücklich die Neugliederung des Bundesgebietes zu, falls dies erforderlich ist, damit die Länder nach Größe und Leistungsfähigkeit die ihnen obliegenden Aufgaben wirksam erfüllen können. Da bereits zwei Länder für die Bundesstaatlichkeit ausreichend wären, wäre es demnach zulässig, bis zu 14 Länder der BRD aufzulösen. Die komplette Auflösung zugunsten eines Zentralstaates hingegen ist nicht möglich.

2.2 Föderalismus und Subsidiarität

Die Verteilung der Kompetenzen

In einem Bundesstaat sind sowohl der Bund als auch die Länder Staaten. Und so ist das Hauptproblem jeder bundesstaatlichen Verfassung die Frage nach der Kompetenzverteilung: Wer darf Was? In der BRD bildet die Grundsatzregelung dieser Frage Art. 30 GG. Danach sind die Ausübung der staatlichen Befugnisse und die Erfüllung der staatlichen Aufgaben Sache der Länder. Der Bund darf nur tätig werden, wenn eine entsprechende Zuständigkeitsregelung besteht. Eine Reihe weiterer Vorschriften legt die Kompetenzen nach Sachbereichen fest.

Gesetzgebung: Art. 70 Abs. 1 GG weist die Gesetzgebungskompetenz im Grundsatz den Ländern zu. Die dann folgenden Art. 71–74 GG enthalten jedoch derart viele Vorbehalte zugunsten des Bundes, dass der weitaus überwiegende Schwerpunkt der Gesetzgebung beim Bund liegt. Die Möglichkeiten zur landeseigenen Gesetzgebung bestehen tatsächlich in sehr engen Grenzen, es bleibt letztlich nur der Bereich, für den das Grundgesetz keine (Sonder-)Regelung trifft, wie beispielsweise Gesetze für das Kommunalrecht, die Landesverwaltung, das allgemeine Polizeirecht und das Schulwesen.

Verwaltung: Hier ist es ähnlich. Art. 83 GG verweist auf die Grundsatznorm des Art. 30 GG und legt sodann eine Reihe von Kompetenzen und Einwirkungsmöglichkeiten des Bundes fest. Zu einer Schwerpunktverschiebung führt dies aber – anders als im Bereich der Gesetzgebung – nicht.

Rechtsprechung: Nach Art. 92 ff GG darf der Bund nur bestimmte – meist oberste – Gerichte ernennen. Daraus folgt im Umkehrschluss, dass im Übrigen die Rechtsprechung bei den Ländern verbleibt.

Finanzwesen: Die Steuergesetzgebung liegt fast ausschließlich beim Bund (Art. 105 GG), die Finanzverwaltung ist zwischen Bund und Ländern aufgeteilt (Art. 106 GG).

Darüber hinaus kennen Literatur und Rechtsprechung noch eine Reihe weiterer Bundeskompetenzen wie beispielsweise die Rahmenkompetenz, Bundeskompetenz kraft Sachzusammenhang, die Bundeskompetenz als Annexkompetenz sowie die Bundeskompetenz kraft Natur der Sache.

Der Vorrang des Bundesrechtes

Landesrechtliche Vorschriften, die inhaltlich dem Bundesrecht widersprechen, sind nichtig. Dies besagt Art. 31 GG mit den Worten: »Bundesrecht bricht Landesrecht.« Durch Art. 31 GG wird bisheriges Landesrecht aufgehoben und künftiges verhindert.

Der Grundsatz der Subsidiarität

Nach dem aus dem Naturrecht abgeleiteten Grundsatz der Subsidiarität steht Eigeninitiative vor staatlichem Handeln. Da Staat und Gesellschaft ein Gesamtsystem darstellen, das in unterschiedliche Ebenen (Einzelner, Familie, Nachbarschaft, Kommune, Landkreis, Land, Bund) gegliedert ist, begründet Subsidiarität Verantwortung und Zuständigkeit für die Erledigung einer bestimmten Aufgabe für die jeweils niedrigste Ebene. Das bedeutet für die Erledigung staatlicher Aufgaben in unserem föderativen Staatsaufbau, dass zuerst die untergeordneten, lokalen Glieder wie Stadt, Gemeinde oder Kommune für die Lösung und Umsetzung zuständig sind, während übergeordnete Glieder zurückzutreten haben.

Subsidiarität findet ihre Grenzen in der Leistungsfähigkeit der jeweiligen Ebene: Ist sie nicht in der Lage, die Probleme und Aufgaben eigenständig zu lösen, tritt die nächst höhere Ebene ein.

Die Gemeinden sind gesetzlich verpflichtet, ihr Angebot an Krippenplätzen bis zum Jahr 2013 auf 35 Prozent auszubauen. Die Baukosten für diese Plätze werden mit bis zu 80 Prozent von den Ländern bezuschusst.

Probleme des Föderalismus

Die BRD als Bundesstaat ist kein Idealstaat. Seine Ziele wie Förderung der Eigenständigkeit der Länder, Verstärkung der Gewaltenteilung (siehe dazu Kapitel 2.3), die optimale Aufgabenerledigung durch sachorientierte Zuweisungen, die Förderung des Wettbewerbes unter den Ländern im Bemühen um die beste Lösung werden nur allzu oft erschwert, indem seit Gründung der BRD eine deutliche Zentralisierung der Macht eingetreten ist.

Die Veränderung der politischen Verhältnisse in Deutschland und Europa, die Entwicklung hin zu einer modernen Industriegesellschaft und einem modernen Sozialstaat haben dazu geführt, dass die Länder heute mehr oder weniger zu Vollzugsorganen des Bundes degradiert sind – mit allen Nachteilen vor allem im finanziellen Bereich, wie nicht zuletzt die politische Diskussion um den Krippenausbau gezeigt hat. Gerade mit Blick auf die Entwicklungen in der EU ist es jedoch von unabdingbarer Wichtigkeit, die Eigenständigkeit der Länder zu bewahren, um nicht eine weitere Verlagerung der Zuständigkeiten in Kernbereichen der Politik auf die EU hinnehmen zu müssen.

Praxisübung

Welche Vor- und Nachteile hat die Organisation eines Staates in einen Bundesstaat? Führen Sie zu dieser Frage eine Pro- und Contra-Debatte in Ihrem Team.

»Länderfinanzausgleich: Geben, nehmen, streiten
Mit der Klagedrohung der Hauptzahlerländer beginnt die Debatte um den künftigen Finanzausgleich. 2019 läuft das bisherige System samt Solidarpakt aus, ein neuer Finanzausgleich muss vereinbart werden.

Es geht nicht um Peanuts: Allein der Finanzausgleich zwischen den Ländern im engeren Sinne, also der Ausgleich unterschiedlicher Steuerkraft bei Einkommen und Unternehmen, hat ein Volumen von knapp sieben Milliarden Euro. Dafür kommen praktisch alleine Baden-Württemberg, Bayern und Hessen auf, ein wenig steuert auch Hamburg bei. Nimmt man den Umsatzsteuerausgleich noch dazu, der dem Länderfinanzausgleich vorgeschaltet wird, dann erhöht sich die Finanzmasse nochmals um 6,6 Milliarden Euro. Wobei in diesem regionalen Kaufkraftausgleich auch Nordrhein-Westfalen und – in geringerem Maß – Rheinland-Pfalz, Schleswig-Holstein und sogar Bremen Zahlerländer sind.

Aber damit hat das föderale Ausgleichswesen noch kein Ende: Denn der Bund spielt über die Bundesergänzungszuweisungen (BEZ) auch noch mit. Sie summierten sich 2010 auf 12,8 Milliarden Euro. Die gibt es, für den Osten und Berlin, wegen teilungsbedingter Lasten – immer noch 8,7 Milliarden Euro. Dazu kommen allgemeine BEZ (2,6 Milliarden), BEZ wegen struktureller Arbeitslosigkeit (auch nur für den Osten – eine Milliarde). Und dann gibt es noch, im Umfang von einer halben Milliarde Euro, jene BEZ ›wegen Kosten politischer Führung‹, die regelmäßig für Erheiterung bei den Politikern der Zahlerländer sorgen und außer in den Osten auch nach Rheinland-Pfalz, Bremen, das Saarland und Schleswig-Holstein fließen.

Den Zahlerländern ist die Summe zu hoch, die ihnen über diesen Finanzausgleich abhanden kommt. Der Standortwettbewerb ist in den letzten 20 Jahren weltweit härter geworden, man würde gerne mehr Förderung betreiben oder in die Hochschulen investieren, ohne dafür beim Bund anklopfen zu müssen. Und man hat ein wachsendes Problem aus besseren Zeiten: Immer mehr relativ gut bezahlte Beamte gehen in Pension, die Versorgungslasten schwellen an.

Die angekündigte Klage der schwarz-gelben Regierungen in Stuttgart, München und Wiesbaden zielt auf eine Teilrevision des Systems. Die Umsatzsteuerverteilung zwischen den Ländern ist ihnen zu starr – offenbar sehen die Klagewilligen sich hier vom Bund übervorteilt. Zudem wird die ›Einwohnerveredelung‹ zugunsten der Stadtstaaten angezweifelt – Berliner, Hamburger und Bremer werden im Finanzausgleich mit 135 Prozent gewichtet, was die Last der Hamburger reduziert und den beiden anderen

Stadtstaaten höhere Einnahmen beschert. Drittens sehen die Kritiker im Süden eine ungute Gesamtwirkung des Finanzausgleichs – das Maß an Umverteilung sei zu hoch, der Stuttgarter Finanzminister Willi Stächele (CDU) befürchtet eine Übernivellierung. ›Eigenverantwortung und föderale Solidarität stehen nicht mehr in einem angemessenen Verhältnis‹, meint er.

Vor der Klage wollen die drei Zahler nun den übrigen Ländern Gelegenheit geben, den Verhandlungsweg zu beschreiten. Dazu wird es aber ohnehin kommen: 2019 läuft das bisherige System samt Solidarpakt aus, ein neuer Finanzausgleich muss vereinbart werden. Im Süden hätte man gerne einen, in dem zum Beispiel die Haushaltspolitik eine stärkere Rolle spielt. Länder, die nicht genügend sparen oder weiter zu hohe Schulden auftürmen, könnten dann weniger Geld bekommen. So würde eine Verbindung hergestellt zwischen der Schuldengrenze im Grundgesetz und dem Finanzausgleich. Bayerns Finanzminister Georg Fahrenschon (CSU) plädierte auch für mehr Länderautonomie bei den Steuern als Ausgleich.

Hessens Ministerpräsident Volker Bouffier (CDU) nahm gezielt Berlin in den Blick – bezogen auf die Einwohner das Hauptnehmerland. Die Zahlungen dorthin müssten überdacht werden. Der Regierende Bürgermeister wies das Anliegen der Südländer zurück – vor allem will sich Klaus Wowereit nicht vorschreiben lassen, wofür sein Senat Geld ausgibt. ›Wir bestehen darauf, unsere politischen Schwerpunkte selber zu setzen.‹ Gerade die Verknüpfung von Finanzausgleich und Ausgabenkontrolle gehört aber zu den Kernargumenten der Zahlerländer. Denen missfällt, dass etwa Berlin und das Saarland kostenlose Kita-Plätze schaffen, was es in dem Umfang in Baden-Württemberg oder Bayern nicht gibt« (Tagesspiegel online vom 24.01.2011).

Praxisübung

Führen Sie eine Pro- und Contra-Diskussion zu der Frage, ob Nehmerländer wie Berlin kostenlose Kita-Plätze schaffen sollten.

2.3 Gewaltenteilung

Das Grundprinzip unserer demokratischen Gesellschaftsordnung ist die Gewaltenteilung, bei der die Staatsgewalt auf die drei voneinander unabhängigen »Säulen« Legislative, Exekutive und Judikative verteilt ist. Das Gewaltenteilungsprinzip ist in der Verfassung der BRD in Art. 20 Abs. 2 und 3 GG verankert. Darin ist festgelegt, dass die Staatsgewalt durch »besondere Organe der Gesetzgebung, der vollziehenden Gewalt und der Rechtsprechung ausgeübt« wird.

Sinn und Zweck der Gewaltenteilung ist es, einen inneren Kontrollmechanismus innerhalb der staatlichen Organe zu schaffen, um einen Machtmissbrauch zu verhindern. Die einzelnen »Säulen« sind aufeinander angewiesen und können ihre Macht nicht allein ausüben. Sie kontrollieren sich gegenseitig:

- Die Legislative (gesetzgebende Gewalt) beschließt die Gesetze.
- Die Exekutive (vollziehende Gewalt) führt die Gesetze aus.
- Die Judikative (Rechtsprechung) überwacht die Einhaltung der Gesetze.

Der Gedanke der Gewaltenteilung wurde bereits im 17. Jahrhundert von dem englischen Rechtsphilosophen John Locke entwickelt. Später formulierte der Franzose Montesquieu erstmals die klassische Dreiteilung. Als politisches Programm verkündet wurde die Gewaltenteilung zum ersten Mal in der Unabhängigkeitserklärung der USA im Jahr 1776.

Die in Deutschland existierende parlamentarische Demokratie verzichtet auf eine strenge Gewaltenteilung zwischen Exekutive und Legislative (Gewaltenverschränkung). So ist es beispielsweise dem Bundestag als Legislativorgan möglich, den Bundeskanzler, der Teil der Exekutive ist, per konstruktivem Misstrauensvotum abzuberufen. Durch die Verteilung der Staatsgewalt auf den Bund und die Länder wird neben der klassischen horizontalen Gewaltenteilung in Deutschland von einer zweiten, vertikalen Gewaltenteilung gesprochen.

Die Staatsgewalt ist nach Art. 20 Abs. 3 GG an die Grundrechte und an Recht und Gesetz gebunden. Das bedeutet für

- die Gesetzgebung (Legislative): Gesetze, die gegen das Grundgesetz verstoßen, sind unwirksam
- die vollziehende Gewalt (Exekutive): Staat, Verwaltung und Behörden sind in ihrem Zuständigkeitsbereich an bestehende Gesetze gebunden
- die rechtsprechende Gewalt (Judikative): Die Rechtsprechung findet im Rahmen bestehender Gesetze statt. Die Auslegung eines Gesetzes muss sich an seinem Wesensgehalt orientieren.

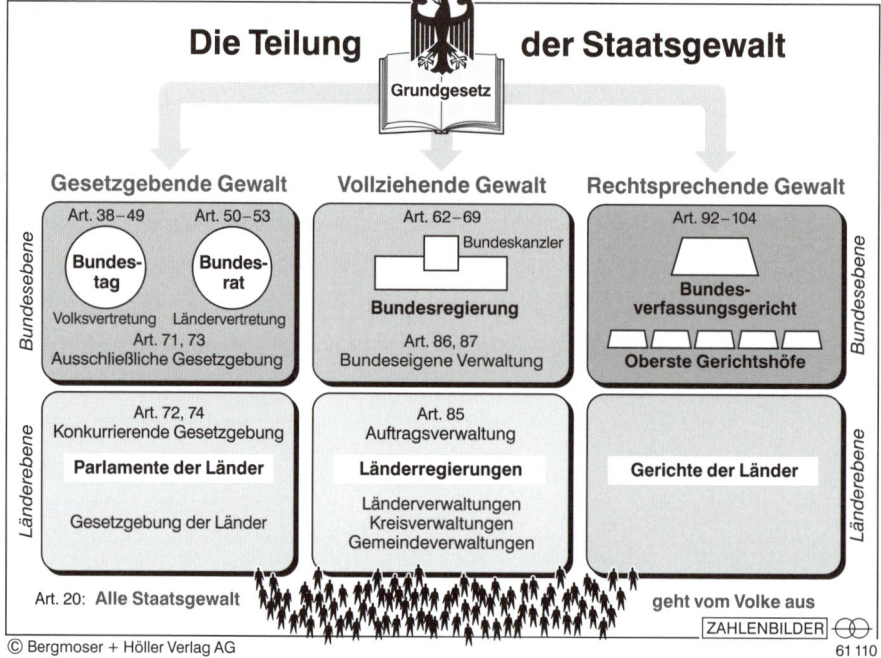

Die Teilung der Staatsgewalt

© Bergmoser + Höller Verlag AG   61 110

Die Legislative

Die Aufgaben und Kompetenzen sind zwischen Bund und Land aufgeteilt. Wer die jeweilige Kompetenz zum Erlass von Gesetzen – die Gesetzgebungskompetenz – innehat, bestimmt sich im Einzelnen nach den Art. 70 ff GG nach dem Prinzip von Grundsatz und Ausnahme. Grundsätzlich gilt: »Die Ausübung der staatlichen Befugnisse und die Erfüllung der staatlichen Aufgaben ist Sache der Länder …« (Art. 30 GG).

Eine Ausnahme von diesem Grundsatz bildet die ausschließliche Gesetzgebung des Bundes: Sollen Angelegenheiten geregelt werden, die im Interesse des Gesamtstaates bzw. seiner Bürger liegen, hat der Bund die ausschließliche Gesetzgebung. Hierunter fallen beispielsweise die auswärtigen Angelegenheiten, die Freizügigkeit, das Währungs- und Geldwesen und die Staatsangehörigkeit.

Konkurrierende Gesetzgebungskompetenz für die öffentliche Fürsorge

Nicht selten konkurrieren die Gesetzgebung des Bundes und die der Länder. Zur sogenannten konkurrierenden Gesetzgebungskompetenz gehören u. a. das Bürgerliche Recht, die öffentliche Fürsorge, das Arbeitsrecht und die Regelung der

Ausbildungsbeihilfen. Bei Gesetzen, die hierunter fallen, gilt grundsätzlich: »Bundesrecht bricht Landesrecht.«

Für das Kindertagesbetreuungsrecht, das im SGB VIII geregelt ist, hat das Bundesverfassungsgericht bereits 1998 festgestellt, dass dieses Gebiet der Gesetzgebungskompetenz des Bundes nicht entzogen ist: Zwar sei eine Kita Bildungseinrichtung im elementaren Bereich (was nach dem Grundsatz des Art. 70 GG eine Zuständigkeit der Länder begründen würde, Anm. der Verf.), diene aber zugleich auch der Jugendpflege, da im Kindergartenbereich der Betreuungsaspekt den Aufgabenschwerpunkt bilde. Die Jugendpflege wiederum ist Bestandteil der »öffentlichen Fürsorge« nach Art. 74 Nr. 7 GG und damit der konkurrierenden Gesetzgebungskompetenz des Bundes nach Art. 70 Abs. 2 i.V.m. Art. 74 Nr. 7 GG zuzuordnen.

Das SGB VIII als Bundesgesetz ist somit Umsetzung der konkurrierenden Gesetzgebungskompetenz des Bundes im Bereich der Kindertagesbetreuung. Nicht selten trifft der Bundesgesetzgeber lediglich grundsätzliche Regelungen und ermächtigt die Länder, in Ausführungsgesetzen Näheres zu bestimmen. So ist auch das Kindertagesbetreuungsrecht im SGB VIII nicht abschließend geregelt; vielmehr soll nach § 26 SGB VIII »Näheres über Inhalt und Umfang der Förderung von Kindern in Kindertageseinrichtungen das jeweilige Landesrecht regeln«.

Der Weg der Gesetzgebung

Im Folgenden wird dargestellt, welchen Weg ein Gesetz von der Idee – dem Entwurf – bis zur Verkündung zurücklegt.

Die Gesetzesinitiative

Der Weg, den ein Gesetzesentwurf nimmt, ist kompliziert und für viele Bürger oft wenig durchschaubar. Wer das Recht hat, einen Gesetzesentwurf beim Bundestag einzubringen, bestimmt Art. 76 GG. Er regelt das Recht zur sogenannten Gesetzesinitiative. Danach können Gesetzesentwürfe

- von den Fraktionen oder aus der Mitte des Parlamentes,
- vom Bundesrat und
- von der Bundesregierung

im Bundestag eingebracht werden. Was die »Mitte des Parlamentes« ist, bestimmt § 76 der Geschäftsordnung des Bundestages. Danach muss ein Gesetzesentwurf von einer Fraktion oder mindestens fünf Prozent der Mitglieder des Bundestages unterzeichnet sein. Die weitaus überwiegende Zahl der Gesetzesentwürfe wird von der Bundesregierung eingebracht (ca. 80 %), was nicht verwundert, besitzt sie doch mit den Bundesministerien und der Ministerialbürokratie den erforderlichen Apparat zur Ausarbeitung der Entwürfe.

Vom Entwurf bis zur Ausfertigung

Ein Regierungsentwurf beispielsweise durchläuft bis zur Verabschiedung, das heißt der Schlussabstimmung, folgende Stationen:

1. Der zuständige Sachbearbeiter (Referent) des zuständigen Bundesministeriums arbeitet einen Entwurf aus und versieht ihn mit einer eingehenden Begründung (Referentenentwurf). Hierzu hört er betroffene Interessenverbände und Sachverständige an und stimmt sich mit anderen Ministerien sowie Behörden der Länder und Gemeinden ab.

2. Der Referentenentwurf erfordert sodann einen Beschluss der Bundesregierung, denn er ist nicht nur eine Angelegenheit des zuständigen Ressortministers, sondern muss zumindest von der Mehrheit des Kabinetts getragen sein. Dazu geht er als sogenannte Kabinettsvorlage in das Kabinett. Der Gesetzentwurf wird sodann vom Kabinett als Regierungsentwurf beschlossen.

3. Der Regierungsentwurf wird nun nicht direkt dem Bundestag zugeleitet, sondern geht zunächst an den Bundesrat, der prüft, inwieweit Interessen der Länder betroffen sind, dazu Stellung nimmt und häufig Änderungsvorschläge unterbreitet. Sodann wird der Gesetzesentwurf wieder zurück zur Bundesregierung geleitet, die zu der Stellungnahme des Bundesrates eine Äußerung abgibt (sog. erster Durchgang im Bundesrat). Die Stellungnahme des Bundesrates ist nicht verbindlich, weder für ihn noch andere Organe. Die Bundesregierung kann sie auch nicht zum Anlass nehmen, den Entwurf entsprechend abzuändern. Tut sie es dennoch, beginnt das Verfahren von vorne.

4. Anschließend wird der Gesetzesentwurf samt Regierungsbegründung, Stellungnahme des Bundesrates und Gegenäußerung der Bundesregierung an den Bundestag gegeben. Dies ist die sogenannte erste Lesung im Bundestag. In ihr wird der Gesetzesentwurf – entweder nach einer allgemeinen Aussprache oder ohne eine solche – sofort an einen oder mehrere Ausschüsse überwiesen, wobei im letzteren Fall ein Ausschuss als »federführend«, die übrigen als »mitberatend« zu bestimmen sind.

5. Die sogenannte Ausschussberatung stellt die wichtigste Phase im Gesetzgebungsverfahren dar. Hier wird die Vorlage eingehend geprüft und beraten, in der Regel sind auch Regierungsvertreter sowie Mitglieder des Bundesrates und

Vertreter der zuständigen Ministerialbeamten anwesend. Auch Hearings können abgehalten werden. Am Ende der Beratungen erteilt der Ausschuss dem Bundestag eine Beschlussempfehlung.

6. Der Gesetzesentwurf in der Fassung, die er durch den federführenden Ausschuss erhalten hat, wird nun in zweiter Lesung im Bundestag beraten; diese beginnt in der Regel mit einer allgemeinen Aussprache. Die einzelnen Bestimmungen werden dann nacheinander beraten und beschlossen. Jeder Abgeordnete kann Änderungsanträge stellen.

7. Die sogenannte dritte Lesung im Bundestag schließt sich in der Regel der zweiten Lesung unmittelbar an. Änderungsanträge können nun nur noch von einer Fraktion oder von einer Gruppe von Abgeordneten in Fraktionsstärke (5 %) gestellt werden, und auch nur hinsichtlich der Bestimmungen, die in der zweiten Lesung geändert worden sind. Die dritte Lesung endet mit der Schlussabstimmung. Der Gesetzesentwurf heißt nun Gesetzesbeschluss.

8. Nun folgt der zweite Durchgang im Bundesrat: Jedes vom Bundestag beschlossene Gesetz wird nun noch einmal vom Bundesrat intensiv geprüft. Droht der Gesetzesbeschluss des Bundestages im Bundesrat zu scheitern, kann ein Vermittlungsausschuss angerufen werden, der paritätisch mit Mitgliedern des Bundestages und des Bundesrates besetzt ist und einen Kompromissvorschlag ausarbeitet. Der Erfolg des Vermittlungsverfahrens hängt davon ab, ob Bundestag und Bundesrat den Vermittlungsvorschlag akzeptieren. Unabhängig vom Ausgang des Vermittlungsverfahrens gilt jedoch: Gesetze, die die Rechte und Interessen der Länder berühren, bedürfen der ausdrücklichen Zustimmung des Bundesrates, sind sogenannte Zustimmungsgesetze. Alle anderen sind sogenannte Einspruchsgesetze. Handelt es sich um ein Einspruchsgesetz, kann der Bundesrat durch Einspruch das Zustandekommen des Gesetzes verhindern; der Einspruch kann aber vom Bundestag überwunden werden, indem er ihn zurückweist. Für die Zurückweisung ist allerdings nicht die einfache, sondern die absolute Mehrheit notwendig, und sogar eine 2/3-Mehrheit, falls der Bundesrat den Einspruch ebenfalls mit 2/3-Mehrheit beschlossen hat. Handelt es sich um ein Zustimmungsgesetz, ist die Stellung des Bundesrates stärker: Erteilt er seine Zustimmung nicht, ist das Gesetzesvorhaben endgültig gescheitert. Ob ein Gesetz zustimmungsbedürftig ist, richtig sich nach dem Grundgesetz; die diesbezüglichen Vorschriften sind über das gesamte Gesetz verstreut (z.B. Art. 84 Abs. 1 GG, Art. 87 III GG, Art. 91 a Abs. 2 GG).

9. Ausfertigung und Verkündung: Das beschlossene Gesetz wird von der Bundesregierung (vom Bundeskanzler oder vom fachlich zuständigen Minister) unterschrieben und danach vom Bundespräsidenten ausgefertigt, indem er die Originalurkunde datiert und unterzeichnet und anschließend das neue Gesetz im Bundesgesetzblatt verkündet. Bei der Ausfertigung prüft der Bundespräsident das Gesetz auf formelle und materielle Rechtmäßigkeit, wobei dieses Prüfungsrecht im materiellen Bereich allerdings auf offensichtliche Fehler beschränkt ist (sog. Evidenzkontrolle). Ein sachliches oder politisches Prüfungsrecht steht ihm laut Art. 82 I Satz 1 GG nicht zu. Wird ein Gesetz vom Bundespräsidenten nicht unterschrieben, so kommt es nicht zustande. Der Politik verbleiben in diesem Fall als Möglichkeiten:
   - die Änderung des Gesetzes
   - die Änderung des Artikels des Grundgesetzes, der als verletzt beanstandet wird
   - ein sogenanntes Organstreitverfahren vor dem Bundesverfassungsgericht mit dem Ziel, die Verfassungsmäßigkeit des Gesetzes und damit die Unrechtmäßigkeit der Verweigerung festzustellen.

Praxisübung

In der Geschichte der BRD wurde bislang acht Mal die Ausfertigung eines Gesetzes vom Bundespräsidenten verweigert. Recherchieren Sie im Internet, wann das war und worum es jeweils ging.

Am **Gesetzgebungsverfahren** sind das Plenum, die Fraktionen und Ausschüsse in jeweils unterschiedlicher Funktion beteiligt.

Plenum = die Gesamtheit der Mitglieder des Bundestages.

Fraktion = Arbeitsgemeinschaft der Abgeordneten einer Partei zum Zwecke der gemeinsamen politischen Willensbildung im Parlament und der Vorbereitung der parlamentarischen Arbeit. Fraktionen gibt es auf allen politischen Ebenen (Bundestag, Landtag, Gemeinderat bzw. Stadtrat).

Ausschüsse = Parlamentarische Einrichtungen, die Aufgaben – zumeist vorbereitender Art – für das gesamte Parlament wahrnehmen. Die Zusammensetzung der Ausschüsse richtet sich nach dem Verhältnis, wie die einzelnen Parteien im Bundestag vertreten sind.

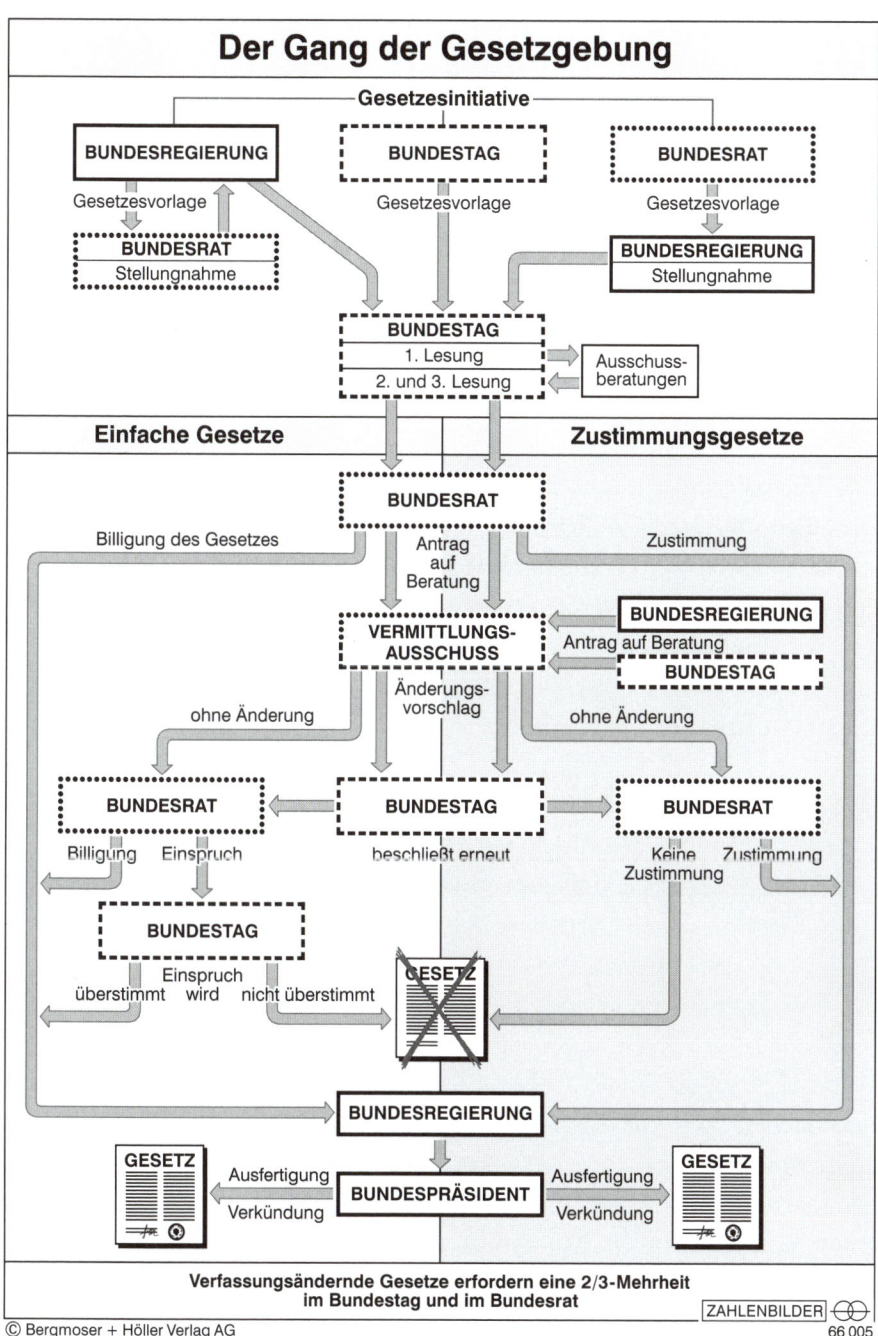

Der Gang der Gesetzgebung

Gesetzesinitiative

BUNDESREGIERUNG — BUNDESTAG — BUNDESRAT

Gesetzesvorlage — Gesetzesvorlage — Gesetzesvorlage

BUNDESRAT — Stellungnahme

BUNDESREGIERUNG — Stellungnahme

BUNDESTAG — 1. Lesung — 2. und 3. Lesung — Ausschussberatungen

Einfache Gesetze — Zustimmungsgesetze

BUNDESRAT

Billigung des Gesetzes — Antrag auf Beratung — Zustimmung

VERMITTLUNGS-AUSSCHUSS — Antrag auf Beratung — BUNDESREGIERUNG — BUNDESTAG

ohne Änderung — Änderungsvorschlag — ohne Änderung

BUNDESRAT — BUNDESTAG — BUNDESRAT

Billigung — Einspruch — beschließt erneut — Keine Zustimmung — Zustimmung

BUNDESTAG

Einspruch — überstimmt wird — nicht überstimmt

GESETZ

BUNDESREGIERUNG

GESETZ — Ausfertigung — BUNDESPRÄSIDENT — Ausfertigung — GESETZ

Verkündung — Verkündung

Verfassungsändernde Gesetze erfordern eine 2/3-Mehrheit im Bundestag und im Bundesrat

ZAHLENBILDER

© Bergmoser + Höller Verlag AG

66 005

Einflussnahme auf die Gesetzgebung

Unsere Verfassungen besagen, dass Gesetze von den Parlamenten beschlossen werden. Auf Bundesebene ist das der Bundestag (Bundesgesetze) und in den Ländern sind es die Landtage (Ländergesetze). Nur die Parlamente sind in der BRD verfassungsrechtlich legitimiert, Gesetze zu beschließen. Dessen ungeachtet nehmen aber eine ganze Reihe von gesellschaftlichen Gruppierungen und Instanzen Einfluss auf die Gesetzgebung:

Parteien

Will der einzelne Bürger den politischen Entscheidungsprozess beeinflussen, kann er dies in unserer modernen Demokratie am effektivsten durch Mitarbeit in einer Partei verwirklichen. Parteien bündeln und filtern die unterschiedlichen politischen Interessen, Wert- und Ordnungsvorstellungen und bieten interessierten Bürgern eine Plattform, an der Gestaltung des politischen Lebens teilzunehmen. So vertritt beispielsweise eine sozialdemokratische Partei bei der Frage nach der gesellschaftlichen Organisation frühkindlicher Betreuung einen anderen Lösungsansatz als eine konservative Partei. Der Pluralismus der Wert- und Ordnungsvorstellungen bestimmt die Vorbereitung und Durchsetzung von Gesetzesvorschlägen deutlich mit.

Praxisübung

Durchlaufen Sie den Wahl-O-Maten unter www.bpb.de. Erarbeiten Sie anschließend in Ihrer Gruppe die unterschiedlichen Positionen der Parteien zur Frage der frühkindlichen Betreuung. Diskutieren Sie dann im Gesamtteam: Welche Position kommt Ihrer Meinung am nächsten?

Lobbyisten

Unsere Gesellschaft ist pluralistisch ausgerichtet: Bewusst lässt unser Grundgesetz Pluralismus (= Vielfalt) zu – in Form von Vielfalt der Religionen, Vielfalt der Meinungen, Vielfalt der politischen Willensbildung, Vielfalt der Parteien etc. Pluralismus im engeren Sinne ist definiert als »gleichberechtigtes Nebeneinanderstehen verschiedener sozialer Gruppen, mit dem Anrecht, am politischen Leben mitzuwirken«. Es wäre naiv zu glauben, dass diese verschiedenen gesellschaftlichen Gruppen nicht auch versuchen, am politischen Leben mitzuwirken, indem sie Einfluss auf die Gesetzgebung nehmen.

So werden Gesetzesentwürfe nicht selten durch Interessenverbände angeregt und formuliert. Sie entsenden ihre Vertreter – die Lobbyisten – zu den Beratungen im Plenum und in den Ausschüssen. Dort wirken diese oft als Berater mit und werden zu Hearings eingeladen. Eine Hauptaufgabe von Lobbyisten ist es auch, intensiven Kontakt zu den Parlamentariern zu pflegen, sie zu »Parlamentarischen Essen« einzuladen, bei denen sie sie mit wichtigen Detailinformationen versorgen und eingehend beraten. Eine wichtige Einflussnahme findet auch durch verbandsangehörige Abgeordnete statt, die in den jeweils maßgeblichen Ausschüssen vertreten sind. Rund 1.500 Organisationen haben sich in der »Lobbyliste« des Deutschen Bundestages registrieren lassen.

Praxisübung

Recherchieren Sie im Internet die Lobbyliste des Deutschen Bundestages. Welche der Verbände sind Ihnen bekannt? In welchen könnten Sie Mitglied werden, in welchen vermutlich nicht?

Medien und öffentliche Meinung

In einem demokratischen System haben Massenmedien die Aufgabe, die Bürger zu informieren, die Politik und ihre Institutionen, gesellschaftliche Gruppen und ihre Repräsentanten zu kontrollieren und zu kritisieren. Die politische Beteiligung Einzelner wäre ohne Presse, Funk und Fernsehen in unserer freiheitlichen Demokratie gar nicht möglich, denn ohne umfassende Information kann der einzelne Bürger politische Entscheidungen über nicht selten hochkomplexe Teilfragen nicht treffen. Er ist darauf angewiesen, unterschiedliche Meinungen kennenzulernen und gegeneinander abzuwägen.

Ihre Aufgaben der Informationsvermittlung, Meinungsbildung, Kritik und Kontrolle haben den Medien auch die Bezeichnung als sogenannte »vierte Gewalt« eingetragen. Durch eine kritische Berichterstattung über Politik und Wirtschaft soll Missbrauch staatlicher Ämter aufgedeckt, besser noch verhindert werden. Dienstwagenaffären, moralische Verfehlungen, Vorteilsnahmen etc. werden öffentlich diskutiert. Die einmal veröffentlichte Meinung wird nicht selten zur öffentlichen Meinung. Öffentliche Meinung wiederum beeinflusst die Gesetzgebung in einem nicht unbeträchtlichen Ausmaß: Wer (wieder-)gewählt werden will, tut gut daran, sich an ihr auszurichten …

Den Medien steht nach Art. 5 GG das Grundrecht auf Meinungs- und Informationsfreiheit und als wesentliches Element daraus die Pressefreiheit zu. Das Grundrecht gewährleistet die Freiheit der Berichterstattung und verbietet Zensur. Boulevardisierung der Berichterstattung und die Entwicklung hin zum Infotainment bilden die Kehrseite der Medaille, zu der auch die Machtbündelung, die mit einer Konzentration der Medien in einzelnen Konzernen regelrechte Medien-Tycoons erschaffen hat, gehört.

Die Exekutive

Die Exekutive ist die gesetzesausführende, die vollziehende Gewalt, also die Verwaltung, auch Administration genannt. Der Bund bedient sich zur Ausführung seiner Gesetze teilweise einer eigenen Verwaltung. Hierzu zählen der Auswärtige Dienst, die Bundesfinanzverwaltung sowie die Verwaltung der Bundeswasserstraßen und der Schifffahrt.

Viele Bundesgesetze werden aber auch durch die Verwaltung der Länder und Gemeinden umgesetzt, wobei ihnen ein breiter Handlungsspielraum eingeräumt wird. Von jeher wird die Regierung ebenfalls zur Exekutive hinzugezählt, eine modernere Lehre bezeichnet die regierende Gewalt hingegen als »Gubernative«, die ein Teilelement der Exekutive sei.

Die Judikative

Die rechtsprechende Gewalt, die Judikative, steht in der BRD als Ausdruck des Gewaltmonopols ausschließlich dem Staat zu. Von diesem Rechtssprechungsmonopol macht er umfassend Gebrauch, allerdings gilt im kirchlichen Bereich eine Ausnahme: Staatliche Gerichte werden hier nur dann tätig, wenn und soweit hierüber von Staat und Kirche eine Vereinbarung geschlossen wurde. Eine weitere Ausnahme vom Rechtssprechungsmonopol bildet die Schiedsgerichtsbarkeit, also die Möglichkeit, bestimmte privatrechtliche Streitigkeiten durch einen Schiedsrichter entscheiden zu lassen (§§ 1025 ff ZPO).

Der Staat vertraut nach Art. 92 GG die rechtsprechende Gewalt wiederum ausschließlich den Richtern an. Der Richter ist bei seiner Entscheidungsfindung an Recht und Gesetz gebunden (Art. 20 Abs. 3, Art. 97 Abs. 1 GG) aber ansons-

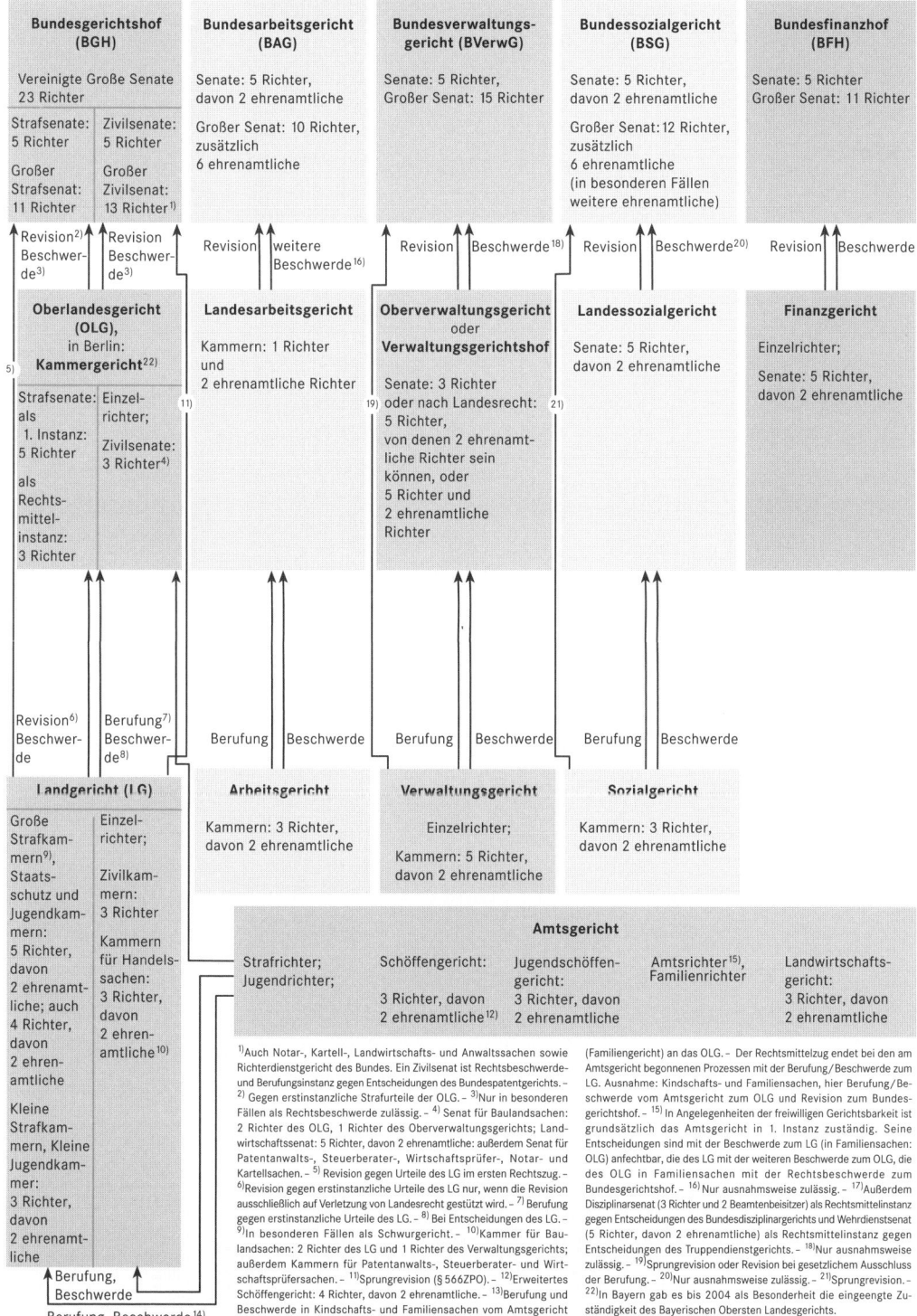

Gemeinsamer Senat der obersten Gerichtshöfe des Bundes:
9 Richter

Bundesgerichtshof (BGH)

Vereinigte Große Senate 23 Richter

Strafsenate: 5 Richter
Zivilsenate: 5 Richter

Großer Strafsenat: 11 Richter
Großer Zivilsenat: 13 Richter[1]

Revision[2]
Beschwerde[3]
Revision
Beschwerde[3]

Bundesarbeitsgericht (BAG)

Senate: 5 Richter, davon 2 ehrenamtliche

Großer Senat: 10 Richter, zusätzlich 6 ehrenamtliche

Revision
weitere Beschwerde[16]

Bundesverwaltungsgericht (BVerwG)

Senate: 5 Richter,
Großer Senat: 15 Richter

Revision
Beschwerde[18]

Bundessozialgericht (BSG)

Senate: 5 Richter, davon 2 ehrenamtliche

Großer Senat: 12 Richter, zusätzlich 6 ehrenamtliche (in besonderen Fällen weitere ehrenamtliche)

Revision
Beschwerde[20]

Bundesfinanzhof (BFH)

Senate: 5 Richter
Großer Senat: 11 Richter

Revision
Beschwerde

Oberlandesgericht (OLG), in Berlin: **Kammergericht**[22]

[5]

Strafsenate: als 1. Instanz: 5 Richter
als Rechtsmittelinstanz: 3 Richter

Einzelrichter;
Zivilsenate: 3 Richter[4]
[11]

Landesarbeitsgericht

Kammern: 1 Richter und 2 ehrenamtliche Richter

Oberverwaltungsgericht oder Verwaltungsgerichtshof

Senate: 3 Richter oder nach Landesrecht 5 Richter, von denen 2 ehrenamtliche Richter sein können, oder 5 Richter und 2 ehrenamtliche Richter
[19]   [21]

Landessozialgericht

Senate: 5 Richter, davon 2 ehrenamtliche

Finanzgericht

Einzelrichter;
Senate: 5 Richter, davon 2 ehrenamtliche

Revision[6]
Beschwerde
Berufung[7]
Beschwerde[8]
Berufung
Beschwerde
Berufung
Beschwerde
Berufung
Beschwerde

Landgericht (LG)

Große Strafkammern[9], Staatsschutz und Jugendkammern: 5 Richter, davon 2 ehrenamtliche; auch 4 Richter, davon 2 ehrenamtliche

Kleine Strafkammern, Kleine Jugendkammer: 3 Richter, davon 2 ehrenamtliche

Einzelrichter;
Zivilkammern: 3 Richter
Kammern für Handelssachen: 3 Richter, davon 2 ehrenamtliche[10]

Arbeitsgericht

Kammern: 3 Richter, davon 2 ehrenamtliche

Verwaltungsgericht

Einzelrichter;
Kammern: 5 Richter, davon 2 ehrenamtliche

Sozialgericht

Kammern: 3 Richter, davon 2 ehrenamtliche

Amtsgericht

Strafrichter; Jugendrichter;

Schöffengericht: 3 Richter, davon 2 ehrenamtliche[12]

Jugendschöffengericht: 3 Richter, davon 2 ehrenamtliche

Amtsrichter[15], Familienrichter

Landwirtschaftsgericht: 3 Richter, davon 2 ehrenamtliche

Berufung, Beschwerde
Berufung, Beschwerde[14]

[1] Auch Notar-, Kartell-, Landwirtschafts- und Anwaltssachen sowie Richterdienstgericht des Bundes. Ein Zivilsenat ist Rechtsbeschwerde- und Berufungsinstanz gegen Entscheidungen des Bundespatentgerichts. – [2] Gegen erstinstanzliche Strafurteile der OLG. – [3] Nur in besonderen Fällen als Rechtsbeschwerde zulässig. – [4] Senat für Baulandsachen: 2 Richter des OLG, 1 Richter des Oberverwaltungsgerichts; Landwirtschaftssenat: 5 Richter, davon 2 ehrenamtliche: außerdem Senat für Patentanwalts-, Steuerberater-, Wirtschaftsprüfer-, Notar- und Kartellsachen. – [5] Revision gegen Urteile des LG im ersten Rechtszug. – [6] Revision gegen erstinstanzliche Urteile des LG nur, wenn die Revision ausschließlich auf Verletzung von Landesrecht gestützt wird. – [7] Berufung gegen erstinstanzliche Urteile des LG. – [8] Bei Entscheidungen des LG. – [9] In besonderen Fällen als Schwurgericht. – [10] Kammer für Baulandsachen: 2 Richter des LG und 1 Richter des Verwaltungsgerichts; außerdem Kammern für Patentanwalts-, Steuerberater- und Wirtschaftsprüfersachen. – [11] Sprungrevision (§ 566ZPO). – [12] Erweitertes Schöffengericht: 4 Richter, davon 2 ehrenamtliche. – [13] Berufung und Beschwerde in Kindschafts- und Familiensachen vom Amtsgericht

(Familiengericht) an das OLG. – Der Rechtsmittelzug endet bei den am Amtsgericht begonnenen Prozessen mit der Berufung/Beschwerde zum LG. Ausnahme: Kindschafts- und Familiensachen, hier Berufung/Beschwerde vom Amtsgericht zum OLG und Revision zum Bundesgerichtshof. – [15] In Angelegenheiten der freiwilligen Gerichtsbarkeit ist grundsätzlich das Amtsgericht in 1. Instanz zuständig. Seine Entscheidungen sind mit der Beschwerde zum LG (in Familiensachen: OLG) anfechtbar, die des LG mit der weiteren Beschwerde zum OLG, die des OLG in Familiensachen mit der Rechtsbeschwerde zum Bundesgerichtshof. – [16] Nur ausnahmsweise zulässig. – [17] Außerdem Disziplinarsenat (3 Richter und 2 Beamtenbeisitzer) als Rechtsmittelinstanz gegen Entscheidungen des Bundesdisziplinargerichts und Wehrdienstsenat (5 Richter, davon 2 ehrenamtliche) als Rechtsmittelinstanz gegen Entscheidungen des Truppendienstgerichts. – [18] Nur ausnahmsweise zulässig. – [19] Sprungrevision oder Revision bei gesetzlichem Ausschluss der Berufung. – [20] Nur ausnahmsweise zulässig. – [21] Sprungrevision. – [22] In Bayern gab es bis 2004 als Besonderheit die eingeengte Zuständigkeit des Bayerischen Obersten Landesgerichts.

Gericht: Gerichtsorganisation, Instanzenzug und Besetzung der Spruchkörper

Aus: Duden Recht A–Z,
© 2007 Bibliographisches Institut, Mannheim

ten unabhängig (§ 1 GVG, § 25 DRiG), auch der Präsident seines Gerichtes kann ihm nicht vorschreiben, wie er zu urteilen hat! Denn zwar führt der Gerichtspräsident die Dienstaufsicht über die Richter am jeweiligen Gericht, diese bezieht sich jedoch nur auf die Organisation der richterlichen Tätigkeit, nicht auf deren Inhalt. Wegen der Vielfalt und Verschiedenartigkeit der Rechtsnormen haben sich unterschiedliche Gerichte mit unterschiedlichen Aufgaben entwickelt, man spricht von verschiedenen Arten oder Zweigen der Gerichtsbarkeit. Organisatorisch wird Gerichtsbarkeit gegliedert in

1. die ordentliche Gerichtsbarkeit (d.h. streitige und freiwillige Zivilgerichtsbarkeit sowie Strafgerichtsbarkeit)
2. die Arbeitsgerichtsbarkeit
3. die allgemeine Verwaltungsgerichtsbarkeit
4. die Sozial- und Finanzgerichtsbarkeit
5. die Verfassungsgerichtsbarkeit von Bund und Ländern.

Aufgaben, Organisation und Besetzung der ordentlichen Gerichte und ihrer Geschäftsstellen regelt das Gerichtsverfassungsrecht mit seinem Gerichtsverfassungsgesetz als Ausdruck des Gewaltenteilungsprinzips des GG. Die übrigen Zweige der Gerichtsbarkeit haben jeweils eigene Verfahrensordnungen.

Für die Tätigkeit der Gerichte gilt mit jeweils wenigen Ausnahmen grundsätzlich: Die Gerichtssprache ist deutsch (§ 184 GVG). Als Sitz des Gerichtes gilt die Gemeinde, in der das Gericht errichtet ist und in der es eine Gerichtsstelle (Gerichtsgebäude) hat. Ein Gericht darf nur im Bereich seines Gerichtsbezirkes tätig werden.

Für die mündliche Verhandlung eines Gerichtes gilt (wiederum mit wenigen Ausnahmen) der Grundsatz der Öffentlichkeit: Geheimprozesse gibt es nicht. Der Zugang zu einer Verhandlung ist für jedermann garantiert!

Praxisübung

Informieren Sie sich bei dem nächsten Amtsgericht über die in den kommenden Tagen anstehenden Prozesse. Die tagesaktuellen Prozesse sind am jeweiligen Gerichtssaal angeschlagen. Über weitere informieren bei Bedarf die Geschäftsstellen. Soweit die Öffentlichkeit nicht ausgeschlossen ist (auch das ist angeschlagen) können Sie mit Ihrem Team jede Verhandlung besuchen!

2.4 Die wichtigsten Begriffe der Staatsorganisation auf einen Blick

Bundesstaat bezeichnet allgemein die Vereinigung souveräner, also selbstständiger Staaten zu einem Bund, auf den bestimmte Rechte und Aufgaben übertragen werden. In der BRD haben deswegen die Bundesländer einerseits eigene
Länderparlamente, Länderregierungen und Ländergerichte, andererseits wirken
sie über den Bundesrat an der Bundespolitik mit. Man nennt dieses staatliche
Organisationsprinzip auch Föderalismus.

Demokratie bedeutet, dass die Staatsgewalt vom Volke ausgehen soll. Durch
Wahlen und Abstimmungen wird diese Staatsgewalt ausgeübt bzw. Repräsen-
tantinnen und Repräsentanten auf Zeit übertragen. Diese sollen dann im Auftrag des Volkes politische Entscheidungen treffen.

Gewaltenteilung bedeutet, dass die Gesetzgebung, die Ausführung der Gesetze
und die Rechtsprechung von verschiedenen, voneinander unabhängigen Personen und Personengruppen durchgeführt werden sollen:

- Gesetzgebung / Legislative = Parlament
- Gesetzesausführung / Exekutive = Regierung und Verwaltung
- Rechtsprechung / Judikative = Gerichte.

Rechtsstaat besagt, dass die staatliche Gewalt an die Verfassung und die Rechtsprechung gebunden ist. Alle Maßnahmen der Staatsorgane können von unabhängigen Richterinnen und Richtern überprüft werden. Voraussetzungen für
dieses Prinzip sind die in der Verfassung zugesicherten Grundrechte, die Gewaltenteilung und die Gesetzmäßigkeit der Verwaltung.

Republik ist abgeleitet aus dem lateinischen Begriff »res publica«, der wörtlich
übersetzt »die Sache der Allgemeinheit« bedeutet. Er meint eine Staatsform, in
der das Staatsoberhaupt gewählt wird. Der Gegensatz hierzu ist die Monarchie,
in der das Amt des Staatsoberhauptes in der Regel von einer Königin oder einem
König auf ihren/seinen Erben übergeht, also vererbt wird.

Sozialstaat bedeutet, dass der Staat verpflichtet ist, die sozialen gesellschaftlichen Verhältnisse zu gestalten. Dazu gehören wirtschaftspolitische Aktivitäten,
um beispielsweise die Entwicklung der Wirtschaft zu ermöglichen oder Arbeitslosigkeit abzubauen. Ebenso müssen soziale Maßnahmen ergriffen werden, um
in Not geratenen Bürgerinnen und Bürgern das Existenzminimum zu sichern. Mit
Vorsorgeeinrichtungen sollen Menschen im Alter, bei Krankheiten oder Unfällen
geschützt werden (Sozialversicherungen, Renten etc.).

Unsere freiheitlich-demokratische Grundordnung beruht nach dem Grundgesetz auf den Verfassungsprinzipien der Demokratie, Rechtsstaatlichkeit, Sozialstaatlichkeit und Bundesstaatlichkeit. Wörtlich übersetzt bedeutet Demokratie Volksherrschaft. Eine echte bzw. freiheitliche Demokratie liegt jedoch immer nur dann vor, wenn bestimmte Mindestanforderungen erfüllt sind. Anderenfalls ist lediglich eine Schein-Demokratie gegeben. Demokratie und Monarchie sind kein Gegensatz, sondern können sich überschneiden.

Das Prinzip der Rechtsstaatlichkeit ist Auslegungsrichtlinie für die gesamte Verfassungs- und Rechtsordnung und kommt auch im konkreten Fall immer dann zur Anwendung, wenn und soweit konkrete Regelungen fehlen. Aus dem Rechtsstaatsprinzip wird außerdem das wichtige Verhältnismäßigkeitsprinzip – auch Übermaßverbot – abgeleitet.

Das Sozialstaatsprinzip ist verankert in Art. 20 Abs. 1 GG und garantiert, dass jeder Bürger einen Anspruch auf einen angemessenen Lebensstandard und ein menschenwürdiges Leben hat.

Ein Bundesstaat ist ein Staat, der sich aus mehreren Staaten zusammensetzt, wobei sowohl der Bund als auch seine Glieder Staatscharakter besitzen. In der BRD sind nach Art. 30 GG die Ausübung der staatlichen Befugnisse und die Erfüllung der staatlichen Aufgaben Sache der Länder.

Art. 70 Abs. 1 GG weist die Gesetzgebungskompetenz den Länder zu. Die dann folgenden Art. 71–74 GG enthalten jedoch derart viele Vorbehalte zugunsten des Bundes, dass der weitaus überwiegende Schwerpunkt der Gesetzgebung beim Bund liegt. Nach Art. 31 GG bricht Bundesrecht das Landesrecht.

Die Jugendpflege ist Bestandteil der »öffentlichen Fürsorge« nach Art. 74 Nr. 7 GG und damit der konkurrierenden Gesetzgebungskompetenz des Bundes nach Art. 70 Abs. 2 i.V.m. Art. 74 Nr. 7 GG zuzuordnen.

Unsere Verfassungen besagen, dass Gesetze von den Parlamenten beschlossen werden. Auf Bundesebene ist das der Bundestag (Bundesgesetze) und in den Ländern sind es die Landtage (Ländergesetze). Nur die Parlamente sind in der BRD verfassungsrechtlich legitimiert, Gesetze zu beschließen.

Dessen ungeachtet nehmen aber eine ganze Reihe von gesellschaftlichen Gruppierungen und Instanzen wie Parteien, Lobbyisten und Medien Einfluss auf die Gesetzgebung.

Das Grundprinzip unserer demokratischen Gesellschaftsordnung ist die Gewaltenteilung, bei der die Staatsgewalt auf die drei voneinander unabhängigen Säulen Legislative, Exekutive und Judikative verteilt ist. Das Gewaltenteilungsprinzip ist in der Verfassung der BRD in Art. 20 Abs. 2 und 3 GG verankert.

Weiterführende Links

www.cdu.de
www.csu.de
www.die-linke.de
www.fdp.de
www.gruene.de
www.sozialpolitik.com
www.sozialpolitik-aktuell.de
www.spd.de

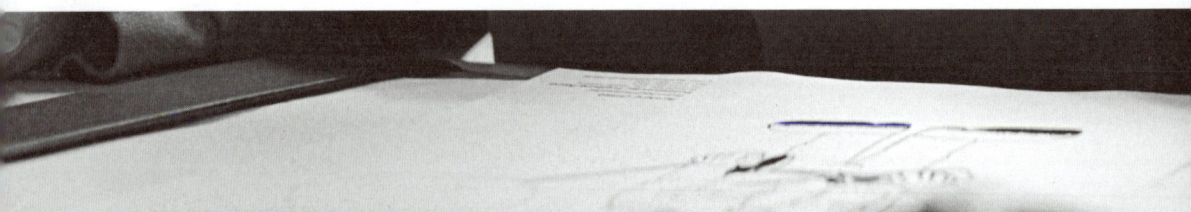

3. Unser Grundgesetz – Oberste Richtschnur in der politischen Ordnung der BRD

»Es ist nicht die Absicht der Alliierten, das deutsche Volk zu vernichten oder zu versklaven. Die Alliierten wollen dem deutschen Volke die

Möglichkeit geben, sich darauf vorzubereiten, sein Leben auf einer demokratischen und friedlichen Grundlage von neuem wiederaufzubauen. Wenn die eigenen Anstrengungen des deutschen Volkes unablässig auf die Erreichung dieses Zieles gerichtet sein werden, wird es ihm möglich sein, zu gegebener Zeit seinen Platz unter den freien und friedlichen Völkern der Welt einzunehmen.«

(Protokoll der Dreimächtekonferenz von Berlin,
sog. »Potsdamer Protokoll« vom 2. August 1945)

3.1   Die Historie des Grundgesetzes

Die Verfassung eines jeden Staates drückt die politischen Grundentscheidungen des jeweiligen Volkes aus. Stets ist sie Ausdruck von Erfahrungen und birgt Hoffnungen wie Erwartungen. In besonderem Maße gilt dies für unser Grundgesetz. Im Jahr 1947 zeigten die beiden Außenministerkonferenzen der vier Siegermächte endgültig: Eine Einigung über die Zukunft Deutschlands war nicht zu erreichen. Daraufhin wurden auf Initiative der Westalliierten unter Einbeziehung von Belgien, der Niederlande und Luxemburg die Ministerpräsidenten der elf westdeutdeutschen Länder am 1. Juli 1948 ermächtigt bzw. beauftragt, eine verfassungsgebende Versammlung einzuberufen. Das überreichte Dokument enthielt inhaltliche Vorgaben für die zu erlassende Verfassung: Die verfassungsgebende Versammlung sollte »eine demokratische Verfassung ausarbeiten, die für die beteiligten Länder eine Regierungsform des föderalistischen Typs schafft, die am besten geeignet ist, die gegenwärtig zerrissene deutsche Einheit schließlich wiederherzustellen, und die Rechte der beteiligten Länder schützt, eine angemessene Zentralinstanz schafft und die Garantien der individuellen Rechte und Freiheiten enthält.«

Die beauftragten Ministerpräsidenten gerieten durch dieses Angebot in einen unlösbaren Zwiespalt. Einerseits war das Angebot zur Staatsbildung eine historische Chance, die man keinesfalls vergeben wollte, andererseits würde durch die Bildung eines westdeutschen Staates die bereits vorhandene Spaltung unweigerlich vertieft. Man entschloss sich nach langen Beratungen daher zu einem Kompromiss:

1. Statt einer vom Volk zu wählenden verfassungsgebenden Versammlung sollte lediglich ein von den Landtagen zu wählender Parlamentarischer Rat einberufen werden.
2. Statt Annahme durch Volksabstimmung sollten nur die Landtage entscheiden.
3. Statt der Bezeichnung »Verfassung« sollte nur vom »Grundgesetz« gesprochen werden.

Man wollte mit diesen Einschränkungen zum Ausdruck bringen, dass die zu gründende BRD zwei gravierende Mängel hätte: Zum einen würden ihr durch das geltende Besatzungsrecht wichtige Merkmale eines sich selbst bestimmenden Staates bis auf weiteres fehlen, zweitens würde das Staatsgebiet nicht ganz Deutschland umfassen, denn dieses galt es erst wiederherzustellen.

Die 65 Abgeordneten des Parlamentarischen Rates wurden im August 1948 von den Landtagen gewählt. Ihren Beratungen lag der sogenannte Herrenchiemseer Verfassungsentwurf zugrunde. Der Parlamentarische Rat legte in Art. 144 GG auch fest, dass für das Inkrafttreten der Verfassung die Annahme durch die Volksvertretungen in zwei Dritteln der Länder genügt. Eine Annahme durch das Volk war also nicht vorgesehen! Dies ist ein deutlicher Widerspruch zu unserer heutigen Auffassung von idealer demokratischer Willensbildung, die als selbstverständlich voraussetzt, dass ein Grundgesetz vom souveränen deutschen Volk in freier Entscheidung beschlossen wird. Indes: Nach dem verlorenen Krieg fehlte den Deutschen die Souveränität, sie waren nicht einmal ein Bundesvolk, denn eine Bundesrepublik gab es (noch) nicht. Angesichts der besonderen Lebensumstände der Nachkriegszeit, die von Not, Entbehrung und Trauer geprägt war, waren sie (anders als z. B. die Gründungsväter der USA bei Abfassung der Bill of Rights am 12. Juni 1776) auch nicht von einem Verfassungsgründungswillen durchdrungen.

Die Verfassungsberatungen wurden aufmerksam von den Westalliierten verfolgt. Sie intervenierten auch mehrfach, da nach ihrer Auffassung vor allem die geplanten bundesstaatlichen und finanzverfassungsrechtlichen Regelungen die Zentralgewalt zu sehr stärkten. Es kam zu teilweise heftigen Auseinandersetzungen, die erst beendet wurden, als die Alliierten nachgaben. Trotz dieser Differenzen gingen die Verhandlungen zügig voran. Und obwohl die Verfassung eine nur vorläufige bis zur Herstellung der deutschen Einheit sein sollte, war man bestrebt, auch diese Übergangsphase rechtsstaatlich stabil zu gestalten, weshalb man auch Grundrechte festschrieb. Dem Verfassungsentwurf stimmten zehn der vorhandenen elf Länder mit Ausnahme von Bayern zu.

Am Nachmittag des 23. Mai 1949 fand die vorgesehene öffentliche Sitzung statt. Mit Ausnahme der Abgeordneten Reimann und Renner von der KPD unterschrieben sämtliche Mitglieder des Parlamentarischen Rates das Grundgesetz. Da Berlin damals nicht zur BRD gehörte, unterschrieben die fünf Berliner Abgeordneten getrennt. Konrad Adenauer, der Präsident des Parlamentarischen Rates, verkündete im Anschluss daran das Grundgesetz. Es trat dann formell am 23. Mai 1949 um 24.00 Uhr in Kraft. Zu diesem Zeitpunkt war der Parlamentarische Rat das einzige Organ der BRD. Erst im September 1949 kam es mit der ersten Bundestagswahl zur Bildung der Verfassungsorgane, die das Grundgesetz vorsieht.

3.2   Das Menschenbild des Grundgesetzes

Das Menschenbild des Grundgesetzes ist ein anthropozentrisches: Es stellt den Menschen in das Zentrum unserer Verfassung und verpflichtet die gesamte Staatsgewalt zur Achtung und zum Schutz der Menschenwürde. Weil nach dem Grundgesetz der Staat für den Menschen da ist – nicht etwa umgekehrt –, determiniert es auf dieser Basis das gesamte Staatsleben.

Der Grundsatz der Menschenwürde, erstmals postuliert in der UN-Charta von 1945, ist als oberstes Konstitutionsprinzip des deutschen Volkes relativ neu: Unter dem Eindruck der Entrechtung und Erniedrigung der Menschen in der NS-Diktatur fand er erstmals Eingang in die deutsche Gesetzgebung als Thema der deutschen Verfassungsgebung. Die Menschenwürde existiert unabhängig davon, ob mit ihr eine Gegenleistung korrespondiert; sie hängt nicht einmal davon ab, ob der Einzelne sie überhaupt verwirklichen kann. Auch selbst Toten und auch dem Nasciturus (= dem noch zu Gebärenden) steht das Recht auf Achtung seiner Menschenwürde zu.

Die Würde des Menschen ist vorstaatliches, überpositives Recht, sie braucht zu ihrer Existenz keine Rechtsnorm. Unser Grundgesetz erkennt sie daher nicht zu, sondern an. In diesem Sinne ist auch Art. 1 Abs. 3 GG zu verstehen, der von den »nachfolgenden Grundrechten« spricht. Das bedeutet: Im Verständnis des Grundgesetzes ist die Menschenwürde kein Grundrecht, sondern vielmehr die oberste Prämisse aller Grundrechte, ihre Grundlage oder Voraussetzung.

Aus dieser Anerkennung der Menschenwürde folgt, dass die Menschen, also das Volk, das beherrschende Element des Staatswesens bilden. So bildet die Menschenwürde die vereinende Klammer zwischen den Prinzipien des Rechtsstaates und des Sozialstaates, sie verlangt den sozialen Rechtsstaat.

3.3   Das Grundgesetz als Werteordnung

Das Bundesverfassungsgericht hat bereits 1958 festgestellt, dass das Grundgesetz keine wertneutrale Ordnung sein will. Es hat vielmehr im Grundrechtsteil eine objektive Werteordnung erstellt, die als verfassungsrechtliche Grundentscheidung auf alle Bereiche des Rechtes ausstrahlt (BVerfGE 7, 198, 205).

Dass die BRD ein wertegebundener Staat ist, bedeutet aber noch lange nicht, dass etwa eine Staatsideologie geschaffen werden soll: Eine Staatsideologie versucht, mit dogmatischer Verbindlichkeit das gesellschaftliche und politische Leben zu prägen, zu steuern und zu kontrollieren. Demgegenüber lassen Werte Spielräume und Kompromisse zu und haben eher regulativen Charakter. Die unsere Verfassung prägenden Werte werden im Folgenden kurz beleuchtet.

Werte, die das Fundament unserer Verfassung bilden

Menschenwürde

Wie bereits in Kapitel 3.2 dargestellt, stellt die Menschenwürde den obersten Wert unseres Grundgesetzes dar. Wenn es in Art. 1 Abs. 1 S. 1 GG heißt »Die Würde des Menschen ist unantastbar«, so ist dies als Forderung zu verstehen, nicht als Bestandsaufnahme. Die Menschenwürde ist keiner Anwendung/Abwägung zugänglich wie alle anderen Grundrechte, denn das Rechtsgut der Menschenwürde weicht im Kollisionsfall keinem anderen Wert. Art. 1 GG hat im Gefüge der Grundrechte eine Sonderstellung inne, weil er (wie z. B. auch Art. 102 GG) zu den Gesetzen gehört, an denen selbst der verfassungsändernde Gesetzgeber nichts ändern darf, wie sich aus Art. 79 Abs. 3 GG ergibt (sog. Ewigkeitsgarantie).

Damit ist die Menschenwürde in einer Rechtsordnung der relativen Werte der einzig absolute Wert. Ob er verletzt ist, beurteilt sich nach der Objektformel von Immanuel Kant: Der Mensch muss als Zweck an sich begriffen werden, er darf nicht zum Objekt und beliebigen Gebrauch nach einem fremden Willen degradiert werden.

Der verfassungsrechtliche Gehalt der Menschenwürde erlangte in jüngster Zeit vor allem Bedeutung bei den Fragen nach Zulässigkeit und Umfang der Embryonenforschung und der Geständniserzwingung durch Folterandrohung.

Leben und körperliche Unversehrtheit

Dieser wohl elementarste Wert des Grundgesetzes ist verankert in Art. 2 Abs. 2 GG und ein Resultat der Erfahrungen aus der NS-Diktatur, in der Euthanasie, Zwangssterilisation, Experimente am Menschen etc. an der Tagesordnung waren. Sein hoher Rang lässt sich bereits daran erkennen, dass nach Art. 13 Abs. 4, 7 GG zum Schutz des Lebens Wohnungen überwacht werden dürfen. Eine deutliche Ausprägung dieses Wertes findet sich auch in Art. 102 GG, der die Todesstrafe abschafft, und im Folterverbot des Art. 104 Abs. 1 GG. Dem Lebensschutz dienen weiterhin Art. 73 Abs. 1 Nr. 1, 14 GG; Art. 74 Abs. 1 Nr. 19, 20, 24 GG.

Anders als die Menschenwürde kann dieser Wert jedoch durchaus gegen andere abgewogen werden, beispielsweise beim sogenannten finalen Rettungsschuss der Polizei, bei militärischen Einsätzen oder dem Notwehrrecht gegen Entführer oder Vergewaltiger. Das bekannteste Beispiel hierfür ist wohl die Schleyer-Entführung: Der Staat ließ sich durch die Geiselhaft Schleyers nicht zur Herausgabe von Gefangenen der RAF erpressen und machte damit deutlich: Das Leben eines Einzelnen steht hinter dem Sicherheitsbedürfnis aller Bürger zurück.

Der Verfassungswert der körperlichen Unversehrtheit wurde in jüngster Zeit vor allem diskutiert hinsichtlich Fragen wie Rauchverbot in der Öffentlichkeit, Ausstieg aus der Atomenergie, Aufhebung des elterlichen Züchtigungsrechtes und Abschuss von entführten Flugzeugen.

Innere Sicherheit

Nur derjenige, der vor Bedrohungen für Leib und Leben sicher ist, kann seine ihm gewährten Grundrechte verwirklichen; daher ist Voraussetzung für Menschenwürde und Leben die Innere Sicherheit. Zwar wird dieser Wert im Grundgesetz nicht explizit genannt, aber viele GG-Artikel dienen seiner Gewährleistung: Art. 8 GG, Art. 13 Abs. 4, Abs. 7 GG, Art. 35 Abs. 2 GG (Beistandspflichten der Länder und des Bundes), Art. 73 Abs. 1 Nr. 9 a, 10, 12 GG (Innere Sicherheit als Feld der Gesetzgebung). Darüber hinaus auch Art. 74 GG, soweit er das Strafrecht regelt, denn dieses verfolgt Straftaten gegen die Innere Sicherheit wie Widerstand gegen die Staatsgewalt, gegen die öffentliche Ordnung oder auch Straftaten, welche sich auf Religion und Weltanschauung beziehen.

Individuelle Freiheit

Die wichtigste Konkretisierung der Menschenwürde ist die individuelle Freiheit, denn ohne Freiheit ist keine Würde möglich. Mit dem Begriff ist sowohl die Handlungsfreiheit als auch die Bewegungsfreiheit gemeint. Dabei meint Handlungsfreiheit die freie Entfaltung der Persönlichkeit, also die Möglichkeit, sich nach eigenen Vorstellungen zu entwickeln, und Bewegungsfreiheit die Freiheit, sich da aufzuhalten, wo man möchte.

Geregelt ist die individuelle Freiheit in Art. 2 Abs. 1 GG. Sie umfasst den ganzen Umfang persönlicher Betätigung: geistig, künstlerisch, sportlich, wirtschaftlich. Der Staat macht keine religiösen oder weltanschaulichen Vorgaben zur

Persönlichkeitsentwicklung und gewährt Selbstbestimmung im Rechtsleben in Form der Vertragsfreiheit sowie Freiheit der wirtschaftlichen Betätigung (unternehmerische Dispositionsfreiheit).

Das Recht auf individuelle Freiheit ist ein typisches Freiheitsrecht: Es gibt in erster Linie ein Abwehrrecht gegen Eingriffe des Staates und gilt nicht unbeschränkt. Und es findet seine Grenzen in den Rechten anderer, in der verfassungsmäßigen Ordnung und im Sittengesetz. Als sogenanntes Auffanggrundrecht kommt es immer dann zur Geltung, wenn kein spezielleres greift.

Eingriffe in dieses Recht können nur auf Grundlage des Art. 104 GG vorgenommen werden. Zu unterscheiden ist die Freiheitsbeschränkung von der Freiheitsentziehung: Während eine Freiheitsbeschränkung die Bewegungsfreiheit nicht in jeder, sondern nur in einer bestimmten Richtung eingrenzt (z. B. Spielhallenverbot für unter 18-Jährige), bedeutet Freiheitsentziehung den völligen Entzug in unterschiedlicher Stärke und Länge und steht unter Richtervorbehalt.

Rechtliche Gleichheit

Die Gleichheit im Recht ist Bedingung der Würde und Freiheit für alle. Sie ist verankert in Art. 3 Abs. 1, 2 und 3 GG. Verlangt also nun dieses Grundrecht die generelle Gleichstellung aller Menschen ohne Ansehen der Person? Nein, es ist komplizierter: Es verbietet die ungerechtfertigte Verschiedenbehandlung von Personen. Nach ständiger Rechtsprechung des Bundesverfassungsgerichtes gebietet der Gleichheitsgrundsatz, »wesentlich Gleiches gleich und wesentlich Ungleiches ungleich zu behandeln« (siehe hierzu nur beispielhaft: BVerfGE 1, 14 (52); 65, 141 (148); 74, 182 (200); 76, 256 (329)).

Die progressive Steuer macht Unterschiede in der steuerlichen Belastung für Einkommensstarke und Einkommensschwache (sog. »proportionale Gleichheit«).

Im Grundgesetz wird Gleichheit gewährt vor allem in Art. 33 und Art. 38 (allgemein und gleich). Auch das Allgemeine Gleichbehandlungsgesetz (AGG) ist Ausdruck dieses Wertes.

Da die Idee der Gleichheit aber die spezifische Schwierigkeit in sich trägt, dass es weder zwei Menschen noch zwei Sachverhalte gibt, die exakt gleich sind, ist es naturgemäß schwierig, jedem das Seine zu geben und dennoch alle gleich zu behandeln. In diesem Spannungsverhältnis muss der Gesetzgeber die Gerechtigkeit erst einmal suchen. Der Einzelne wird die bestehende Rechtsordnung umso mehr anerkennen, je mehr er sich in ihr mit seiner jeweiligen Lebenswirklichkeit wiedererkennt, eben gerecht behandelt fühlt.

Soziale Gerechtigkeit

Dieser Wert meint den Ausgleich und die Verminderung sozialer Ungleichheiten und ist verankert in Art. 20 GG. Zwar gibt es keine sozialen Grundrechte in unserer Rechtsordnung. Das Bundesverfassungsgericht hat aber in ständiger Rechtsprechung vier wichtige Ziele des Sozialstaates formuliert:

- Hilfe gegen Not und Armut
- Menschenwürdiges Existenzminimum für jeden
- Ein gewisses Maß an Sicherheit gegen die Wechselfälle des Lebens wie Krankheit, Unfälle etc.
- Abbau von Wohlstandsdifferenzen und Abhängigkeitsverhältnissen.

Wichtigste Ausprägungen dieses Wertes sind Art. 73 Abs. 1 Nr. 13 GG; Art. 74 I Abs. Nr. 6, 7, 9, 10, 12, 16, 18, 19 a GG; Art. 6 Abs. 4 GG.

Volkssouveränität

Volkssouveränität bedeutet die Herleitung aller staatlichen Gewalt vom Volke. Dieser Wert findet sich zum einen in der Präambel des Grundgesetzes, zum anderen in Art. 20 Abs. 2 S. 1 GG.

Demokratie

Demokratie ist die Ausübung der Staatsgewalt durch das Volk oder von ihm bestellte Organe. Eine Demokratie organisiert die Staatsgewalt stets so, dass diese sich vom Volkswillen herleitet. Normen, die den demokratischen Wert des Grundgesetzes verankern, sind über das ganze Gesetz verstreut: Art. 20 Abs. 1, Abs. 2 S. 2 GG; Art. 29 Abs. 2–6 GG; Art. 38 Abs. 1 GG; Art. 42 Abs. 2 GG; Art. 52 Abs. 3 GG; Art. 54 Abs. 1 und 6 GG; Art. 63 Abs. 1–4 GG; Art. 67 Abs. 1 GG; Art. 68 Abs. 1 GG; Art. 77 Abs. 1 GG; Art. 92 GG; Art. 121 GG.

Werte, die auf die Gesellschaft ausstrahlen

Privatsphäre

Die Privatsphäre, also die Gewährleistung individueller Rückzugsräume, wird zwar im Grundgesetz nirgends erwähnt, jedoch hat die Rechtsprechung das Allgemeine Persönlichkeitsrecht entwickelt, das sich aus einer Kombination aus dem Recht auf freie Entfaltung der Persönlichkeit (Art. 2 Abs. 1 GG) und der Achtung der Menschenwürde (Art. 1 Abs. 1 GG) ergibt: Danach geht es um »die Gewährleistung eines Innenraumes, in dem der Mensch sich selbst besitzt und in den er sich zurückziehen kann, zu dem die Umwelt keinen Zutritt hat, in dem man in Ruhe gelassen wird und ein Recht auf Einsamkeit genießt« (BVerfGE 27, 1).

Ebenfalls hierher gehört das Recht auf informationelle Selbstbestimmung, also das Recht, selbst über die Preisgabe und Verwendung persönlicher Daten zu befinden, sowie Art. 13 und Art. 10 GG, wobei letzterer nicht nur den Briefinhalt schützt, sondern auch den brieflichen Verkehr als solchen.

Ehe und Familie

Der herausragende Wert von Ehe und Familie wird in Art. 6 GG besonders betont. Ihr kommt ausdrücklich ein »besonderer Schutz« zu, was bemerkenswert ist: An keiner anderen Stelle im Grundgesetz gebraucht der Verfassungsgeber eine solche Formulierung.

Das Bundesverfassungsgericht hat in seiner Entscheidung (BVerfGE 24, 119) hierzu ausgeführt: »Das GG sieht in der Familie die Keimzelle jeder menschlichen Gemeinschaft, deren Bedeutung mit keiner anderen menschlichen Bindung verglichen werden kann; es erkennt ihre Funktion für die Pflege und Erziehung der Kinder an und sichert ihr den Vorrang vor kollektiven Erziehungsformen.«

Wichtigste Ausgestaltung dieser verfassungsrechtlichen Wertesetzung sind die familienrechtlichen Normen des BGB, das Familienerbrecht, die Gewährung eines steuerlichen Existenzminimums, die Gewährung von Kinderfreibeträgen bzw. Kindergeld und Erziehungsgeld. Die Familie entscheidet selbst, wie sie ihr Zusammenleben gestaltet und wie sie die familiäre und berufliche Arbeit teilt. Sie entscheidet auch selbst, wie sie ihren religiösen oder weltanschaulichen Pflichten nachgehen will.

Praxisübung

Überlegen Sie vor dem aktuellen Hintergrund des Ausbaus von Ganztagesplätzen und der öffentlichen Debatte um die »Herdprämie« folgende zwei Aussagen des Bundesverfassungsgerichtes:

1. »Der Verfassungsgesetzgeber geht davon aus, dass diejenigen, die einem Kind das Leben geben, von Natur aus bereit und berufen sind, die Verantwortung für seine Pflege und Erziehung zu übernehmen« (BVerfGE 24, 119).
2. »Das Elternrecht beruht auf der Erfahrung, dass in aller Regel Eltern das Wohl des Kindes mehr am Herzen liegt als irgendeiner anderen Person oder Institution« (BVerfGE 59, 360).

Religiöse und weltanschauliche Überzeugungsfreiheit

Dieser Wert sichert dem Einzelnen die Ausrichtung seines Lebens nach selbst gewählten Gewissheiten. Das bedeutet, nicht nur religiöse Weltanschauungen, auch nichtreligiöse sind geschützt. Art. 4 GG schützt insoweit die Glaubens-, Gewissens- und Bekenntnisfreiheit. Während Glaube nach innen gerichtet ist, meint Bekenntnis das Tun nach außen. Die Glaubensfreiheit schützt die Freiheit, einen Glauben zu haben (positive Religionsfreiheit) oder auch keinen zu haben (negative Religionsfreiheit), den Glauben zu wechseln oder aufzugeben.

Was aber, wenn negative und positive Religionsfreiheit in einem Spannungsverhältnis zueinander stehen, etwa weil aus der negativen Freiheit das Recht abgeleitet wird, die positive religiöse Betätigung zu unterbinden? Dies wird wie im sogenannten »Kruzifix-Fall« dann virulent, wenn verlangt wird, vor der Begegnung mit religiösen Handlungen oder Symbolen im öffentlichen Raum geschützt zu werden. Besondere Bedeutung kommt dieser Problematik immer wieder auch bei der Frage zu, wie und in welcher Ausprägung in einem kommunalen Kindergarten religiöse Inhalte vermittelt werden.

Der Fall

Der im Jahre 1997 geborene Kläger besuchte an seinem Wohnort einen kommunalen Kindergarten. In diesem ist es üblich, vor dem gemeinsamen Frühstück ein

Tischgebet zu sprechen. Das Tischgebet ist Bestandteil des Erziehungskonzeptes. Dem Kläger wurde es jedoch freigestellt, mitzubeten oder den Raum zu verlassen. Hiergegen wandte sich der Kläger, der sich in seinem Grundrecht auf negative Religionsfreiheit verletzt sah. Das Gericht ist dieser Auffassung gefolgt.

Die Begründung der Richter

Die vom Bundesverfassungsgericht in seinen Beschlüssen zum Kruzifix und zum Schulgebet entwickelten Grundsätze zur positiven und negativen Religionsfreiheit in der Schule, die der Schüler verpflichtet ist, zu besuchen, gelten erst recht im Bereich des freiwilligen Kindergartenbesuches. Hier wie dort geht es um das Gebot des schonenden Interessenausgleiches, das gerade dazu dienen soll, das unvermeidliche Spannungsverhältnis zwischen negativer und positiver Religionsfreiheit – die beide im Rahmen des Art. 4 I GG grundsätzlich vorbehaltlos gewährt werden – zu lösen und so im Rahmen des Toleranzgebotes einen für alle zumutbaren Kompromiss zu suchen.

Dementsprechend verstößt das in einem kommunalen Kindergarten gesprochene Tischgebet nicht gegen die Verpflichtung des Staates zur Neutralität. Aber auch bei freiwilligen staatlichen Veranstaltungen wie Gebete in staatlichen Kindergärten ist der negativen Bekenntnisfreiheit dadurch Rechnung zu tragen, dass auch die Teilnahme am Gebet als solchem freiwillig ist und dass für den Widersprechenden zumutbare, nicht diskriminierende Ausweichmöglichkeiten bestehen. Es ist daher zu prüfen, ob zusätzliche Möglichkeiten denkbar sind, die Vorphase und den Ablauf des im Kindergarten gereichten Frühstücks anders zu organisieren. Dies gilt besonders im Hinblick auf das freiwillig gesprochene Tischgebet. Sofern eine Sonderbehandlung des nicht daran teilnehmenden Kindes nicht zu vermeiden ist, muss es das Ziel sein, das Kind so wenig wie möglich in seiner Andersartigkeit herauszustellen.

VG Gießen, Beschl. vom 31.01.2003, NJW 2003, 1265
sowie VGH Kassel, Beschl. vom 30.06.2003, NJW 2003, 2826

Praxisübung

Was bedeutet das Urteil für andere Angebote mit religiösem Bezug im Kita-Bereich, wie etwa das Feiern christlicher Feste, beispielsweise Weihnachten, Ostern oder St. Martin?

Gewissen ist eine ethische Kategorie – es kann, muss aber nicht religiös motiviert sein.

Das **Gewissen** ist eine dem Menschen innewohnende innere Instanz, die ihm sagt, wie er sich in einer bestimmten Situation richtig zu verhalten hat, eine an den Kategorien von »Gut« und »Böse« orientierte Entscheidung, die der Einzelne als für sich bindend und unbedingt innerlich verpflichtend erfährt.

Bekenntnisfreiheit umfasst das Recht auszusprechen und nach außen zu tragen, was man glaubt oder nicht; sie schließt auch das Recht ein, darüber zu schweigen. Ebenfalls geschützt ist die Freiheit der Mission und Propaganda. Weitere Ausprägung erhält der Wert durch die religiöse Vereinigungsfreiheit (Art 140/137 WRV und Art. 140 GG i.V.m. 136 Abs. 1 WRV).

Wirtschaftliche Handlungsfreiheit

In diesem Wert manifestiert sich die Ablehnung einer staatszentrierten Wirtschaftsordnung; die wirtschaftliche Handlungsfreiheit wird geschützt durch Art. 2 Abs. 1 GG sowie Art. 12 GG, die alle gewerblichen und unternehmerischen Betätigungen schützt – mögen sie auch noch so aussichtslos sein. Die wirtschaftliche Handlungsfreiheit umfasst die Freiheit der Berufswahl, der Beraufsausübung, die Freiheit der Wahl des Ausbildungsplatzes und des Arbeitsplatzes.

Beschränkungen bestehen in subjektiven Zulassungsvoraussetzungen, also beispielsweise bestandenen Prüfungen, Straflosigkeit, Einhaltung von Höchstaltersgrenzen oder hinsichtlich der Berufsausübung (z. B. Ladenschlussgesetz, Einschränkungen des Fernlastverkehrs an Wochenenden, Vorschriften hinsichtlich Berufskleidung).

Ausprägung dieses Wertes ist auch die Eigentumsgarantie in Art. 14 GG und eng verbunden damit das Erbrecht und die Vorschriften zur Stabilisierungspolitik (Art. 104 b GG; Art. 109 Abs. 2 GG).

Kommunikationsfreiheit

Bedingung der Verwirklichung geistiger Freiheit ist die Kommunikationsfreiheit. Sie ist in Art. 5 GG umfassend geschützt:

- Die individuelle Kommunikationsfreiheit umfasst die Meinungsäußerungsfreiheit, Meinungsverbreitungsfreiheit und Informationsfreiheit.

- Die massenmediale Kommunikationsfreiheit schützt die Freiheit der Presse, des Rundfunks und des Films.

Als Meinungen im Sinne von Art. 5 GG gelten alle Ansichten, Urteile, Einschätzungen und Auffassungen. Eingeschlossen sind insbesondere Werturteile, also wertende Betrachtungen von Tatsachen, Verhaltensweisen oder Verhältnissen sowie Stellungnahmen im Rahmen der geistigen Auseinandersetzung. Auf die Erfüllung irgendwelcher Qualitätsmaßstäbe kommt es nicht an. Es spielt keine Rolle, ob eine Äußerung objektiv richtig oder falsch ist, ob sie emotional oder rational begründet ist, ob sie überzeugend oder töricht, grundsätzlich oder belanglos ist, ob sie sozial verantwortlich ist oder nicht.

Informationsfreiheit umfasst die Freiheit, sich aus allgemein zugänglichen Quellen informieren zu dürfen. Die Schranken der Kommunikationsfreiheit sind in Art. 5 Abs. 2 GG genannt.

Pluralismus

Der Verfassungswert des Pluralismus wird im Grundgesetz nicht explizit genannt, jedoch geht es von einer Vielheit der Überzeugungen, Meinungen, Interessen und politischen Willensrichtungen aus. So seien nur beispielhaft genannt: Art. 4 GG, Art. 140 GG i. V. m. 137 WRV, Art. 5 GG, Art. 9 GG, Art. 21 GG.

Das Bundesverfassungsgericht führt dazu aus: »… denn es ist eine der Grundanschauungen der freiheitlichen Demokratie, dass nur die ständige geistige Auseinandersetzung zwischen den einander begegnenden sozialen Kräften und Interessen, den politischen Ideen und damit auch den sie vertretenden politischen Parteien der richtige Weg zur Bildung des Staatswillens ist, nicht in dem Sinne, dass er immer objektiv richtige Ergebnisse liefere, denn dieser Weg ist a process of trial and error (J. L. Talmon), aber doch so, dass er durch die ständige gegenseitige Kontrolle und Kritik die beste Gewähr für eine relativ richtige politische Linie als Resultante und Ausgleich zwischen den im Staat wirksamen politischen Kräften gibt« (BVerfGE 5, 85).

Politische Partizipation

Der Einzelne wird an verschiedenen Stellen des Grundgesetzes zur Mitwirkung an der Politik aufgefordert. So regelt Art. 8 GG, dass Versammlungen friedlich sein müssen. Sie sind Mittel der geistigen Auseinandersetzung, nicht der gewaltsamen Durchsetzung. Art. 17 GG regelt das Petitionsrecht. Petitionen sind Bitten und Beschwerden; sie können einzeln oder mit anderen zusammen formlos und fristlos verfasst werden. Der Bürger hat ein Recht auf Bewertung der Petition, die zuständige Stelle ist gezwungen, in der Sache Farbe zu bekennen und dem Petenten darüber Auskunft zu erteilen, ob und inwieweit das vorgebrachte Anliegen als berechtigt angesehen wird oder nicht. Weitere Partizipationsnormen sind Art. 9 GG (Vereinsrecht) und Art. 21 GG (Parteien).

Bürgerverantwortung

Bürgerverantwortung meint die Gesamtheit aller rechtlichen und moralischen Verpflichtungen des Einzelnen dem Gemeinwesen gegenüber. Dazu gehören:

- die Rechtsgehorsamspflicht (meint auch die Friedenspflicht im Sinne des Verzichtes auf Selbstjustiz)
- die Steuerpflicht
- die Dienstleistungspflicht (Art 12 Abs. 2 GG, Deichhilfe, Hand- und Spanndienste – z. B. Art. 24 Abs. 1 Nr. 4 BayGO – Feuerwehrdienstpflicht)
- die Wehrpflicht (Art. 12 a GG), seit Juli 2011 ausgesetzt
- die Eigentumsabtretungspflicht (Art. 14 Abs. 2, 3 GG – Sozialbindung des Eigentums)
- die moralischen Pflichten: Achtung der Menschenwürde, Toleranz gegenüber Mitmenschen, Verlässlichkeit im Verhältnis zu den Behörden, Rücksichtnahme beim Empfang staatlicher Leistungen, Schöffen- und Wahlhelferdienst.

Werte, die Staat und Politik prägen

Gemäßigte Herrschaft

Der Wert der gemäßigten Herrschaft wird verwirklicht durch Herrschaftsaufteilung und Herrschaftskontrolle: eben durch Gewaltenteilung (siehe Kapitel 2.3). Verankert ist dieser Wert in Art. 1 Abs. 3 GG sowie Art. 20 Abs. 2 GG. Ausdruck dieser Gewaltenteilung ist beispielsweise auch das Inkompatibilitätsgebot: Es ist nicht erlaubt, dass jemand zur gleichen Zeit Ämter in Organen verschiedener Gewalten in Personalunion innehat, damit es nicht zu Interessenkollisionen kommt (Art. 94, 55 GG). Hingegen besteht Kompatibilität zwischen Parlamentsmandant und Regierungsamt: Ein Abgeordneter darf also gleichzeitig auch Außenminister sein. Begründet wird dies damit, dass die Regierung durch die Aufnahme von

Abgeordneten an Sachkunde und Stabilität gewinnt. Ziel der gemäßigten Herrschaft ist stets, ein Übergewicht eines Verfassungsorgans zu verhindern.

Weltanschauliche Neutralität

Die BRD ist ein wertegebundener Staat, und dennoch verhält sie sich weltanschaulich neutral. Wenngleich in der Präambel deutlich der christliche Boden des Grundgesetzes ersichtlich ist, verbietet sich der Staat dennoch die Identifikation mit einer Religions- oder Weltanschauungsgemeinschaft. Ausprägung dieser Haltung ist eine Reihe von Verfassungsnormen, wie beispielsweise Art. 140 GG / 137 WRV; Art. 4 Abs. 1 GG; Art. 3 Abs. 3 GG; Art. 33 Abs. 2 GG; Art. 140 GG / 136 WRV; Art. 140 GG / 141 WRV; Art. 140 GG / 139 WRV.

Die Besonderheit hinsichtlich des in Art. 7 Abs. 3 GG geregelten Religionsunterrichtes besteht darin, dass er einerseits eine staatliche Veranstaltung ist, deren Kosten folglich auch der Staat trägt, seine Inhalte aber von den Religionsgemeinschaften bestimmt werden. Das Grundgesetz beschränkt den Religionsunterricht auch nicht etwa auf die beiden großen christlichen Konfessionen: Ist eine entsprechend große Schülerzahl vorhanden, haben Eltern, Schülerinnen und Schüler sowie Religionsgemeinschaften nach dem Grundgesetz auch Anspruch auf zum Beispiel islamischen Religionsunterricht.

Rechtsschutz

Der Rechtsschutz ist umfassend gewährleistet durch die Institute des Verhältnismäßigkeitsprinzips, der Rechtsweggarantie und der Verfassungsbeschwerde. Das Verhältnismäßigkeitsprinzip bindet die gesamte Staatsgewalt und besagt, dass die Schwere des Eingriffs in die Rechtsstellung des Einzelnen auf der einen und der Nutzen für die Allgemeinheit auf der anderen Seite in einem angemessenen Verhältnis stehen müssen. Der Nutzen muss also den Nachteil überwiegen, und die Maßnahme muss geeignet, erforderlich und angemessen sein (siehe auch Kap. 2.1).

Ausdruck des Rechtsschutzes ist weiterhin die Justizgewährung (jedermann hat Zugang zu gerichtlichen Entscheidungen und ein Recht auf ein gerechtes Verfahren), die Rechtsweggarantie (Art. 19 Abs. 4 GG) und die Verfassungsbeschwerde (Art. 93 Abs. 1 Nr. 4 a GG).

Wehrhafte Ordnung

Die BRD räumt ihren Bürgern viele Freiheiten ein, das macht sie angreifbar. Die gewährleisteten Freiheiten können zum Kampf gegen die Verfassungsordnung missbraucht werden. Daher ist die BRD eine abwehrbereite Demokratie: Sie ist in der Lage, ihre Verfassungsordnung gegenüber ihren Feinden zu verteidigen. Ausdruck dieser wehrhaften Ordnung sind Art. 9 Abs. 2 GG; Art. 10 Abs. 2 GG; Art. 11 Abs. 2 GG; Art. 18 GG; Art. 20 Abs. 4 GG; Art. 21 Abs. 2 GG; Art. 91 GG.

Gemeinwohl

Das Gemeinwohl ist der gemeinsame Nenner aller politischen Anstrengung. Art. 56 GG enthält ein umfassendes Gemeinwohlprogramm. Darüber hinaus sichern auch Art. 14 II GG, Art. 64 GG und Art. 87 e IV GG diesen Wert.

Frieden

Der Friedenswille der BRD steht auf zwei Säulen: zum einen internationale Kooperationsbereitschaft, zum anderen europäische Integrationsbereitschaft. Neben der Präambel (»vereintes Europa«; »Frieden der Welt«) sind die Art. 1 II GG, Art. 24 Abs. 2 und 3 GG sowie Art. 26 GG Ausdruck dieses Wertes.

Umwelt

Ziel des Grundgesetzes ist die Sorge für die zukünftigen Generationen. Art. 20 a GG schreibt insoweit Zukunftsverantwortung mit Verhaltenskonsequenzen fest. Besonders Augenmerk gilt hier der Belastung von Umweltgütern mit Schadstoffen. Es darf nicht nur auf aktuelle Auswirkungen von Schadstoffen abgestellt werden, sondern es müssen Anreicherungen beachtet werden. Außerdem gilt es, mit Ressourcen sparsam umzugehen und erneuerbare Energien nachhaltig zu nutzen: Die geernteten Rohstoffe müssen in gleicher Menge wieder nachwachsen. Weitere Ausprägung des Umweltschutzgedankens ist Art. 74 Nr. 28–32 GG.

Bildung und Kultur

Bildung und Kultur umfassen die Förderung und Pflege der menschlichen Anlagen. Die BRD verfolgt dabei kein inhaltlich geschlossenes Kulturideal, sondern auch hier ist der Grundsatz der Pluralität vorherrschend; der Schulbesuch kann also nicht aus religiösen oder grundsätzlichen Gründen verweigert werden. Ausprägungen sind Art. 5 Abs. 3 GG, Art. 7 GG, Art. 73 Abs. 1 Nr. 5 a GG, Art. 74 Abs. 1 Nr. 13 GG. Soweit Art. 7 Abs. 5 GG private Volksschulen verbietet, liegt die Absicht des Verfassungsgebers zugrunde, dass grundsätzlich die Kinder aller Volksschichten zumindest in den ersten Klassen zusammen erzogen werden sollen und die soziale Herkunft ohne Einfluss bleiben soll. Eine Ausnahme besteht nur in Form von Bekenntnisschulen oder Erprobung neuer pädagogischer Konzepte.

Vorschulen im Sinne des Art. 7 Abs. 6 GG sind Einrichtungen zur Vorbereitung auf den Besuch weiterführender Schulen. Sie sind verboten, weil sie den chancengleichen Zugang zu höheren Schulen gefährden könnten. Eine schulvorbereitende Einrichtung (SVE) unterliegt allerdings nicht dem Verbot des Abs. 6.

Praxisübung

Fertigen Sie ein Schaubild zu den Werten unserer Verfassung an und geben Sie für jeden Wert ein Beispiel aus der aktuellen politischen Debatte.

3.4 Die Grundrechte des GG

Einige, aber längst nicht alle Werte, die wir kennengelernt haben, sind als Grundrechte im Katalog der Art. 1–19 GG verankert. So ist das Recht auf Leben in Art. 2 GG, der Gleichheitsgrundsatz in Art. 3 GG festgeschrieben. Die Grundrechte werden in drei Gruppen unterschieden:

1. Abwehr- oder Unverletzlichkeitsrechte: Diese Grundrechte schützen den Einzelnen vor dem willkürlichen Zugriff durch staatliche Behörden, beispielsweise Art. 13 GG (Unverletzlichkeit der Wohnung).
2. Freiheitsrechte: Diese Grundrechte schützen die Freiheit des Einzelnen, beispielsweise Art. 5 GG (Meinungsfreiheit), Art. 4 GG (Religionsfreiheit), Art. 12 GG (Berufsfreiheit).
3. Gleichheits- und Teilhaberechte: Niemand darf von staatlichen Stellen bevorzugt oder benachteiligt werden, beispielsweise Art. 3 GG (Gleichheitsgrundsatz).

Praxisübung

1. Lesen Sie die Grundrechte der Art. 1–19 GG. Welche sind Abwehrrechte, welche Freiheits-, welche Gleichheitsrechte?

2. Nennen Sie aktuelle Beispiele dafür, inwiefern das jeweilige Grundrecht in der politischen Diskussion betroffen ist – insbesondere durch technische oder wissenschaftliche Entwicklungen.

Die Grundrechte
Grundgesetz für die Bundesrepublik Deutschland, Artikel 1 bis 19

Schutz der (1) Menschenwürde		
Freiheit der Person (2)	(3) Gleichheit vor dem Gesetz	
Glaubens- und Gewissensfreiheit (4)	(5) Freie Meinungsäußerung	
Schutz der Ehe und Familie (6)	(7) Elternrechte, staatliche Schulaufsicht	
Versammlungsfreiheit (8)	(9) Vereinigungsfreiheit	
Brief- und Telefongeheimnis (10)	(11) Recht der Freizügigkeit	
Freie Berufswahl (12)	(12a) Wehrdienst/Zivildienst	
Unverletzlichkeit der Wohnung (13)	(14) Eigentumsgarantie	
Überführung in Gemeineigentum (15)	(16) Staatsangehörigkeit, Auslieferung	
Asylrecht (16a)	(17) Petitionsrecht	
Aberkennung von Grundrechten (18)	(19) Rechtsweggarantie	
Volkssouveränität, Widerstandsrecht (20)	(101) Anspruch auf den gesetzlichen Richter	
Gleicher Zugang zu öffentlichen Ämtern (33)	(103) Anspruch auf rechtliches Gehör vor Gericht	
Wahlrecht (38)	(104) Schutz vor willkürlicher Verhaftung	

ZAHLENBILDER
60 110   © Bergmoser + Höller Verlag AG

Grundrechte sind einklagbares Recht. Wer sich von staatlichen Stellen in seinen Grundrechten verletzt sieht, kann dies vor dem Bundesverfassungsgericht mit der Verfassungsbeschwerde rügen. Seit das Bundesverfassungsgericht im Jahr 1951 seine Arbeit aufgenommen hat, hatte es bis 2008 mehr als 160.000 Verfassungsbeschwerden zu entscheiden. Davon waren knapp drei Prozent erfolgreich.

Praxisübung

Suchen Sie auf der Internetseite des Bundesverfassungsgerichtes zu den jeweiligen Grundrechten erfolgreiche Verfassungsbeschwerden, in denen die Verletzung eines Grundrechtes festgestellt wurde. Worum ging es?

Was waren die Hauptargumente des Klägers? Worin sah das Bundes-verfassungsgericht den Verstoß gegen das Grundrecht?

Menschenrechte und Bürgerrechte: Eine Abgrenzung

Die Grundrechte enthalten sowohl Menschenrechte als auch sogenannte Bürgerrechte. Eine diesbezügliche Unterscheidung findet sich bereits in Art. 1 GG: Während der dortige Abs. 2 die Menschenrechte zum Thema hat, spricht Abs. 3 von den Grundrechten. Hierin ist auch eine Hierarchie zu sehen, die das Grundgesetz vornimmt. Den Grundrechten des Abs. 3 sind die Menschenrechte des Abs. 2 vorgeschaltet. Menschenrechte sind also nicht durch das Grundgesetz geschaffen, sondern liegen ihm voraus, sind vorpositives Recht. Und es existiert ein weiterer Unterschied: Das Grundgesetz nennt keinen genauen Umfang der Menschenrechte, die Grundrechte hingegen sind aufgezählt.

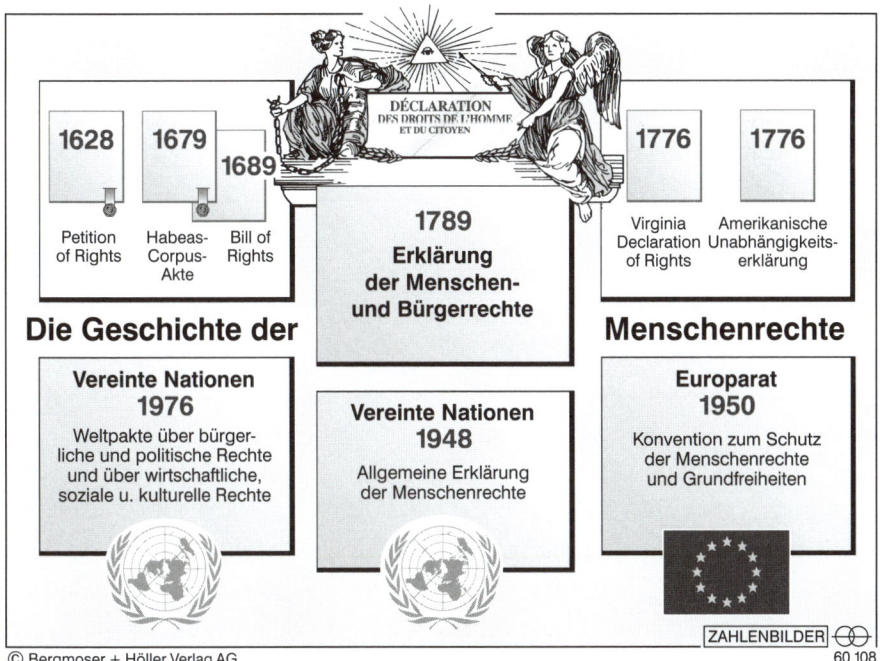

© Bergmoser + Höller Verlag AG

Praxisübung

Recherchieren Sie im Internet zur Geschichte der Menschenrechte und setzen Sie sich dabei mit den Begriffen des vorhergehenden Schaubildes auseinander.

Die Grundrechte werden in Abschnitt I des Grundgesetzes allen anderen grundgesetzlichen Regelungen vorangestellt. Dabei bestätigen die in Art. 1–7, 10, 13, 14, 16 a, 17 GG genannten Rechte die Menschenrechte, sie gelten »für alle Menschen«. Die in Art. 8, 9, 11, 12, 16 GG genannten Rechte beziehen sich dagegen ausschließlich auf die deutschen Staatsbürger, sie sind »Bürgerrechte«. Wer deutscher Staatsbürger ist, bestimmt sich nach Art. 116 GG.

Freiheitsrechte und Gleichheitsrechte: Das Verhältnis zueinander

Wer die Grundrechte liest, wird ihnen beipflichten. In einem abstrakten Verständnis kann man ihnen nur zustimmen. Wird es aber konkret, entstehen nicht selten Konflikte über das richtige Maß der Ausübung. Denn die im Grundgesetz verankerten Grundrechte schließen sich keineswegs zu einem widerspruchsfreien System zusammen. Es bestehen Spannungen und Gegensätze zwischen den einzelnen Werten. Insbesondere Freiheits- und Gleichheitsrechte treten nicht selten in Kollision zueinander, denn die Ausübung von Freiheit schafft immer Ungleichheit:

Das dreigliedrige Schulsystem in der BRD unterscheidet zwischen Hauptschülern, Realschülern und Gymnasiasten. Wer sich die Freiheit nimmt, Abitur zu machen, ist dem Hauptschüler im Hinblick auf die Chancen bei der Berufswahl ungleich.

Kollidieren Werte unserer Verfassung im Einzelfall miteinander, führt an einer Abwägung – auch einer Gewichtung – kein Weg vorbei. Keinesfalls darf es aber dabei geschehen, dass der eine Wert auf Kosten des anderen verwirklicht wird. Jeder Wert muss in der Gesellschaft Wirklichkeit werden und angemessen berücksichtigt sein. Das vorhergehende Beispiel aus dem Ausbildungsbereich zeigt: Gleichheit muss dabei verstanden werden als Chancengleichheit und Angemessenheit im Sinne von »Jedem das Seine«, nicht aber als Herstellung von Ergebnisgleichheit im Sinne von »Jedem das Gleiche«. Denn die Menschen sind von Natur aus ungleich; sie gleich machen zu wollen hieße, ihnen unrecht zu tun.

Allerdings kann sich Freiheit ohne ein Mindestmaß an Gleichheit gar nicht erst entfalten. Besondere Bedeutung bekommt dies bei der Frage nach Chancengleichheit auf Bildung.

> Ayshe, vier Jahre, ist das Kind einer türkischen Migrantenfamilie. Weil ihr Vater als Familienoberhaupt prinzipiell und aus religiösen Überlegungen heraus dagegen ist, dass sie einen Kindergarten besucht, verbringt sie den ganzen Tag in der Wohnung bei ihrer Mutter, die ausschließlich türkisch mit ihr spricht.

Praxisübung

Diskutieren Sie das Beispiel von Ayshe anhand einer Streitlinie. Die These lautet: Jeder ist seines Glückes Schmied. Wenn man sich wirklich anstrengt, bringt man es auch zu etwas! Die Antithese besagt: Die einen sind oben, die anderen sind unten. Die, die unten sind, können sich anstrengen, wie sie wollen: Sie kommen nicht hoch.

Einschränkungsmöglichkeiten eines Grundrechtes

Um die Frage zu klären, wie ein konkretes Grundrecht eingeschränkt werden kann, ist es zunächst erforderlich, den persönlichen und sachlichen Schutzbereich der Vorschrift zu erfassen: Was ist von der Norm geschützt? Wer ist von der Norm geschützt? Ist beispielsweise Scientology eine Religionsgemeinschaft im Sinne des Art. 4 GG? Ist die Love-Parade eine Versammlung im Sinne des Art. 8 GG?

Schutzbereich kennzeichnet diejenigen Handlungen, Lebensräume und gegebenenfalls Einrichtungen, die durch ein Grundrecht geschützt und damit gegen ungerechtfertigte staatliche Eingriffe gesichert sind.

Ist der Schutzbereich betroffen und liegt ein staatlicher Eingriff in diesen vor, besteht darin noch nicht notwendigerweise eine Grundrechtsverletzung. Der Eingriff kann vielmehr durch die Verfassung selbst, durch Gesetz oder aufgrund eines Gesetzes gerechtfertigt sein.

> Die freie Entfaltung der Persönlichkeit ist durch Art. 2 GG geschützt. Regelt das Jugendschutzgesetz nun die Abgabe von Alkohol und Tabak an Kinder und Jugendliche und deren Aufenthalt in Gaststätten, liegt damit unzweifelhaft ein Eingriff in den grundrechtlich geschützten Bereich vor. Der Eingriff ist aber aufgrund eines Gesetzes gerechtfertigt.

Jedes Grundrecht kann durch die Verfassung selbst, nämlich durch ihre sogenannten verfassungsimmanenten Schranken, beschränkt werden. Verfassungsimmanente Schranken sind die Grundrechte anderer und wichtige Verfassungsgüter der Allgemeinheit. Ein staatlicher Eingriff ist aber nicht schon allein deshalb gerechtfertigt, weil das jeweilige Grundrecht nicht schrankenlos gewährt ist. Vielmehr muss jeder Eingriff dem Grundsatz der Verhältnismäßigkeit entsprechen. Die Rechtslehre spricht insoweit auch von der Schranke der Schranken: der »Schranken-Schranke« (zum Grundsatz der Verhältnismäßigkeit siehe Kapitel 2.1).

3.5   Die Organe des Grundgesetzes

Eine weitere wichtige Festschreibung, die das Grundgesetz neben den Grundrechten vornimmt, ist die Festlegung der Verfassungsorgane in den Art. 38 ff GG.

Der Bundestag

Der Bundestag kommt durch Wahl des Volkes zustande; er ist also direkt vom Volk legitimiert. Seine Hauptaufgaben sind:

- Gesetzgebung,
- Wahl des Bundeskanzlers und
- Kontrolle der Bundesregierung.

Die Abgeordneten des Bundestages sind auf Zeit (4 Jahre) gewählt. Sie sind an Aufträge und Weisungen ihrer Wähler nicht gebunden und nur ihrem Gewissen unterworfen (= freies Mandat).

Der Bundestag gibt sich eine Geschäftsordnung, die den ordentlichen Ablauf der parlamentarischen Arbeit gewährleistet. Spätestens am 30. Tag nach einer Bundestagswahl werden der Bundestagspräsident und dessen Stellvertreter gewählt. Zusammen bilden sie das Präsidium. In den öffentlichen Sitzungen des Parlamentes werden die anstehenden politischen Probleme diskutiert und bei Regelungsbedarf in Form von Gesetzen aufgearbeitet. Die zentrale Rolle bei diesen Diskussionen hat dabei die Opposition: Ihr obliegt es, die Regierung zu kritisieren, zu kontrollieren und Alternativen aufzuzeigen. Das ideale Ziel einer Opposition ist der Regierungswechsel. Die Opposition hat ein umfassendes Auskunftsrecht gegenüber der Regierung, so kann sie

- Große und Kleine Anfragen stellen
- Fragestunden wahrnehmen
- Aktuelle Stunden beantragen.

Praxisübung

Recherchieren Sie im Grundgesetz und im Internet und beantworten Sie die folgenden Fragen:
1. Welche Aufgaben hat der Bundespräsident?
2. Welche Aufgaben haben die Bundestagsausschüsse?
3. Welche Funktion hat der Ältestenrat?
4. Welche Funktion hat die Enquetekommission?
5. Welche Funktion hat der Vermittlungsausschuss?

Die Bundesregierung

Die Bundesregierung ist ein Kollegialorgan, dessen Mitglieder nicht nur Rechte, sondern auch weitere Aufgaben und eigene Befugnisse haben. Innerhalb der Bundesregierung gibt es zwei wichtige Prinzipien: Zum einen gilt das Kanzlerprinzip, das besagt, dass der Bundeskanzler die sogenannten Richtlinien der Politik bestimmt, dass er also vorgibt, »wo es lang geht«. Dies bestimmt Art. 65 S. 1 GG, indem er ihm die Richtlinienkompetenz zuschreibt. Darüber hinaus gilt das Ressortprinzip nach Art. 65 S. 2 GG: Innerhalb dieser Richtlinien leitet jeder Bundesminister seinen Geschäftsbereich selbstständig und unter eigener Verantwortung. Traditionell wird auch vom Bundeskabinett gesprochen, allerdings taucht dieser Begriff im Grundgesetz nicht auf.

Da eine Partei in der Regel nicht allein regieren kann – tatsächlich kam das in der Geschichte der BRD bislang nur ein einziges Mal vor (1957–1961: CDU/CSU unter Konrad Adenauer) – sind Koalitionsvereinbarungen, also Bündnisse mehrerer Parteien, von eminenter Bedeutung für das Regierungsgeschehen. In ihnen werden die Richtlinien für die gemeinsame Regierungszeit festgehalten.

Praxisübung

Führen Sie eine Pro- und Contra-Debatte zu den Vor- und Nachteilen einer langen Amtszeit als Bundeskanzler, wie Helmut Kohl sie in vier Legislaturperioden von 1982 bis 1998 hatte.

Der Bundespräsident

Der Bundespräsident ist das Staatsoberhaupt im parlamentarisch-demokratischen Staat. Er repräsentiert Deutschland nach außen und bildet ein Gegengewicht gegenüber Parlament und Parteien. Als Staatsoberhaupt hat er Gemeinsamkeiten der gesellschaftlichen Gruppierungen herauszustellen und die unterschiedlichen Gruppen und Meinungen im staatlichen und gesellschaftlichen Bereich zusammenzuführen. Oder, wie es Bundespräsident Theodor Heuss (1949–1959) in seiner Antrittsrede formuliert hat: »Mir scheint, dass dieses Amt, in das ich gestellt bin, keine Ellbogenveranstaltung ist, sondern, dass es den Sinn hat, über den Kämpfen, die kommen, die nötig sind, die ein Stück des politischen Lebens darstellen, nun als ausgleichende Kraft vorhanden zu sein.«

Gemäß Art. 54 GG wird der Bundespräsident von der Bundesversammlung gewählt. Sie besteht aus den Mitgliedern des Bundestages und einer gleich großen Anzahl von Mitgliedern, die von den Landtagen nach den Grundsätzen der Verhältniswahl gewählt werden. Nach Erfüllung der Aufgabe, den Bundespräsidenten zu wählen, tritt die Versammlung auseinander.

Zum Bundespräsidenten kann jeder gewählt werden, der das 40. Lebensjahr vollendet hat und das Wahlrecht zum Bundestag besitzt. Gewählt ist, wer die absolute Mehrheit oder im dritten Wahlgang die relative Mehrheit erreicht.

Der Bundesrat

Art. 51 GG bestimmt, dass der Bundesrat aus »Mitgliedern der Regierungen der Länder« besteht. Wer Regierungsmitglied ist, ergibt sich nach dem jeweiligen Landesverfassungsrecht. In den Flächenstaaten sind dies die Ministerpräsidenten und Minister, in den Stadtstaaten die Senatoren und Bürgermeister, außerdem Staatsekretäre und Staatsräte, wenn sie – wie in Baden-Württemberg, Bayern und Sachsen – Sitz und Stimme im Kabinett haben.

Die Mitglieder des Bundesrates werden nicht vom Volk gewählt, sondern von der jeweiligen Landesregierung bestellt. Die Länder haben – gestaffelt nach der Einwohnerzahl – drei bis sechs Stimmen im Bundesrat und können dementsprechend drei bis sechs Mitglieder dorthin entsenden. Charakteristisch für den Bundesrat ist die Regelung des Art. 51 Abs. 3 GG, der zufolge die Stimmen eines Landes nur einheitlich abgegeben werden können.

Der wohl wichtigste Unterschied zu den Bundestagsabgeordneten besteht darin, dass Bundesratsmitglieder weisungsgebunden stimmen müssen, um den politischen Willen ihres Landes in die Bundesratsentscheidungen einfließen zu lassen. Da sie also kein freies Mandat haben, gelten Grundsätze wie Indemnität, Immunität und Zeugnisverweigerungsrecht (siehe Kapitel 4) für sie nicht.

Das Bundesverfassungsgericht

Das Bundesverfassungsgericht ist Verfassungsorgan. Als solches ist es ein allen übrigen Verfassungsorganen gegenüber selbstständiger und unabhängiger Gerichtshof – insbesondere gegenüber Bundestag und Bundesregierung. Sein Sitz ist Karlsruhe. Die Entscheidungen, die dieses Verfassungsorgan trifft, binden die übrigen Verfassungsorgane des Bundes und der Länder sowie alle Gerichte und Behörden. In bestimmten Fällen haben seine Entscheidungen auch Gesetzeskraft. Das Bundesverfassungsgericht ist bei seinen Entscheidungen ausschließlich an die Verfassung gebunden, ansonsten sind seine Richter absolut frei. Das Bundesverfassungsgericht ist ein sogenanntes Zwillingsgericht, das bedeutet, es besteht aus zwei Senaten, von denen der erste hauptsächlich für die Grundrechte, der zweite hauptsächlich für staatsrechtliche Problembereiche zuständig ist. Die Verteilung der Zuständigkeiten zwischen den Senaten ist im Bundesverfassungsgerichtsgesetz geregelt. Will in einer bestimmten Rechtsfrage der eine Senat von der Rechtsprechung des anderen Senates abweichen, entscheiden die Richter im Plenum.

Die Mitglieder des Bundesverfassungsgerichtes werden je zur Hälfte durch den Wahlausschuss des Bundestages sowie den Bundesrat gewählt. Hierfür gelten fünf wichtige Grundsätze:

1. Bundestag wie Bundesrat benötigt eine 2/3-Mehrheit.
2. Ein Richter kann während seiner Amtszeit nicht abgesetzt werden. Diese dauert zwölf Jahre, längstens bis zur Erreichung der Altersgrenze von 68 Jahren.
3. Es gibt nur eine Amtszeit.
4. Jeder Richter kann jederzeit seine Entlassung beantragen.
5. Richter am Bundesverfassungsgericht dürfen keinen anderen Beruf ausüben.

© Bergmoser + Höller Verlag AG   129 015

Das Grundgesetz will keine wertneutrale Ordnung sein. Es hat vielmehr im Grundrechtsteil eine objektive Werteordnung erstellt, die als verfassungsrechtliche Grundentscheidung auf alle Bereiche des Rechtes ausstrahlt. Im Zentrum unserer Verfassung steht das Menschenbild und verpflichtet die gesamte Staatsgewalt zur Achtung und zum Schutz der Menschenwürde. Die Menschenwürde ist keiner Anwendung/Abwägung zugänglich wie alle anderen Grundrechte, das Rechtsgut der Menschenwürde weicht im Kollisionsfalle keinem anderen Wert. Damit ist die Menschenwürde in einer Rechtsordnung der relativen Werte der einzig absolute Wert.

Daneben erhebt das Grundgesetz eine Reihe von Werten zum Verfassungswert. Einige hiervon sind als Grundrechte im Katalog der Art. 1–19 GG verankert. Die Grundrechte werden in Abschnitt I des Grundgesetzes allen anderen grundgesetzlichen Regelungen vorangestellt. Dabei bestätigen die in Art. 1–7, 10, 13, 14, 16 a, 17 GG genannten Rechte die Menschenrechte, sie gelten »für alle Menschen«. Die in Art. 8, 9, 11, 12, 16 GG genannten Rechte beziehen sich dagegen ausschließlich auf die deutschen Staatsbürger, sie sind »Bürgerrechte«. Wer deutscher Staatsbürger ist, bestimmt sich nach Art. 116 GG.

Die Grundrechte lassen sich kategorisieren in Abwehr-, Freiheits- und Gleichheitsrechte. Ist der Schutzbereich eines Grundrechtes betroffen und liegt ein staatlicher Eingriff in diesen Schutzbereich vor, besteht darin noch nicht notwendigerweise eine Grundrechtsverletzung. Der Eingriff kann vielmehr durch die Verfassung selbst, durch Gesetz oder aufgrund eines Gesetzes gerechtfertigt sein. Unabhängig davon muss jeder Eingriff dem Verhältnismäßigkeitsgrundsatz entsprechen.

Eine weitere wichtige Festschreibung, die das Grundgesetz neben den Grundrechten vornimmt, ist die Festlegung der Verfassungsorgane in den Art. 38 ff GG. Hierzu zählen der Bundestag (Art. 38 ff GG), der Bundesrat (Art. 50 ff GG), der Bundespräsident (Art. 54 ff GG), die Bundesregierung (Art. 62 ff GG) sowie das Bundesverfassungsgericht (Art. 92 ff GG).

Weiterführende Links

www.amnesty.de
www.bundeskanzler.de
www.bundespraesident.de
www.bundesrat.de
www.bundesregierung.de
www.bundestag.de
www.bundesverfassungsgericht.de
www.bverfg.de
www.grundrechte-report.de

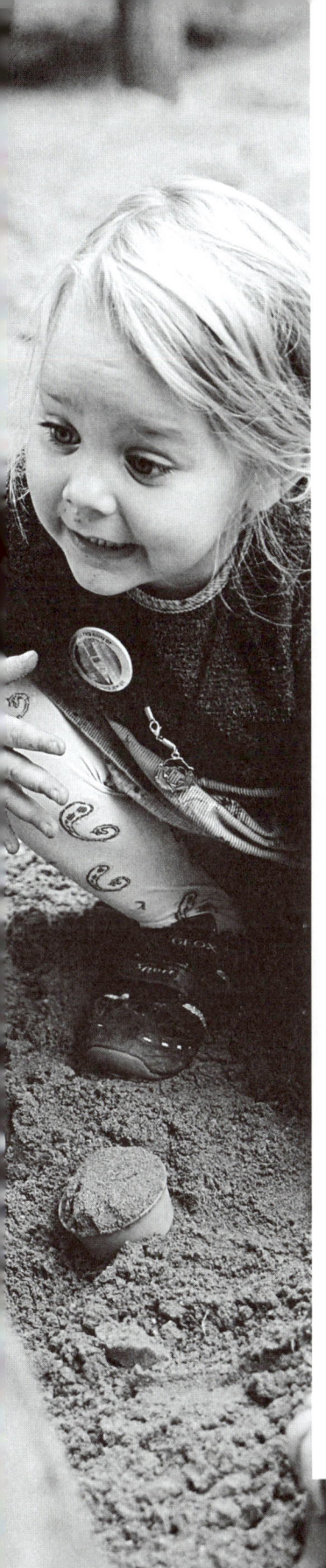

4. Repräsentation, Wahl und Partizipation

»Die überwiegende Mehrheit der Jugendlichen hält die Demokratie in Deutschland für eine gute Staatsform. Nur 8 % der Jugendlichen in den alten und 17 % in den neuen Ländern sind hier anderer Meinung. Auf Nachfrage sieht jedoch die überwiegende Mehrheit auch der ablehnenden Gruppe keine Alternative zur Demokratie. Für die Regierung eines ›starken Mannes‹ spricht sich nur eine verschwindend geringe Minderheit aus, genauso übrigens für einen sozialistischen Staat, etwa nach dem Vorbild der DDR. Das gilt sowohl für Jugendliche in den alten als auch in den neuen Ländern.

Dennoch sind in den neuen Bundesländern immerhin 52 % der Jugendlichen, in den alten 27 % kritisch gegenüber der demokratischen Praxis, so wie sie in Deutschland besteht, eingestellt. Insgesamt ist diese Kritik bei solchen Jugendlichen besonders hoch, die in prekären Lebensverhältnissen in Bildung und Beruf leben oder die mit ihren gesellschaftlichen Perspektiven nicht zufrieden sind. Die problematische Beurteilung der Demokratie in Deutschland entpuppt sich demnach bei diesen Jugendlichen als Kritik an den Lebensverhältnissen sowie als persönliche Reaktion auf fehlende Chancen in Beruf und Gesellschaft.« (14. Shell-Jugendstudie)

4.1   Repräsentative Demokratie

Wie in Kapitel 2.1 beschrieben, verwirklichen wir in der BRD die sogenannte repräsentative (= mittelbare) Demokratie. Das Volk wird durch die Abgeordneten des Bundestages vertreten, die nicht weisungsgebunden und nur ihrem Gewissen unterworfen sind. Sie üben ihre Macht auf Zeit aus, was Missbrauch verhindert. Für sie gelten die Grundsätze der Immunität und Indemnität.

Immunität ist die Beschränkung der Strafverfolgung gegenüber Abgeordneten. Ein Abgeordneter darf wegen einer mit Strafe bedrohten Handlung nur mit Einwilligung des Parlamentes, dem er angehört, zur Verantwortung gezogen werden, schützt aber den Abgeordneten nicht, der bei Begehung der Tat oder am folgenden Tag festgenommen wird. Die Immunität beginnt mit der Annahme der Wahl.

Da die Immunität primär das Interesse des Parlamentes auf Funktionsfähigkeit schützt und nicht die des einzelnen Abgeordneten, kann auch nur das Parlament die Immunität aufheben; der einzelne Abgeordnete kann nicht auf sie verzichten.

Während Immunität ein Prozesshindernis darstellt, ist die Indemnität ein Begriff des materiellen Strafrechtes:

Indemnität bedeutet die Straflosigkeit des Abgeordneten für Abstimmungen oder Äußerungen im Parlament.

Nach Art. 46 I GG und § 36 StGB dürfen Bundestagsabgeordnete wegen ihrer Abstimmung oder wegen einer Äußerung, die sie im Plenum oder in einem Ausschuss des Parlamentes getan haben, zu keiner Zeit – also auch nicht nach Ablauf des Mandats – zur Verantwortung gezogen werden. Die Indemnität kann im Gegensatz zur Immunität nicht vom Parlament aufgehoben werden. Verleumderische Beleidigungen (§ 187 StGB) sind in der Regel jedoch von ihr ausgenommen.

Die repräsentative Demokratie ist eine parlamentarische Demokratie. Ihre wesentlichen Elemente sind Wahlen und Parteien.

4.2 Wahlen

Die Repräsentanten des Volkes werden durch Wahlen ermittelt. Wahlen bedeuten zum einen die Legitimation der politischen Herrschaft, zum anderen aber auch ihre Kontrolle durch die Regelmäßigkeit, mit der gewählt wird. Weiterhin sind Wahlen ein Mittel, den einzelnen Wählerwillen zu einem politisch aktionsfähigen Gemeinwillen zu bündeln. Die wesentlichen Funktionen von Wahlen sind demnach:

- Legitimation
- Kontrolle
- Integration
- Partizipation
- Repräsentation.

Die Grundsätze, nach denen demokratische Wahlen abzulaufen haben, sind in Art. 38 GG geregelt und haben daher Verfassungsrang. Sie lassen sich plakativ formulieren mit:

1. Allgemeinheit der Wahl: Grundsätzlich können alle Staatsbürger wählen und gewählt werden.
2. Unmittelbarkeit der Wahl: Der Abgeordnete wird direkt und allein durch die Stimmabgabe der Wähler gewählt (anders z. B. in den USA, dort werden Wahlmänner zwischengeschaltet).
3. Freiheit der Wahl: Die Stimmabgabe erfolgt ohne Druck oder Zwang.
4. Gleichheit der Wahl: Jeder Wähler hat mit seiner Stimme denselben Einfluss auf den Wahlausgang.
5. Geheimheit der Wahl: Niemand kann feststellen, wie der einzelne Bürger gewählt hat.

Der föderative Aufbau der BRD bringt es mit sich, dass die Wahlen zu den einzelnen Volksvertretungen (Bundestag, Landtage, Kreistage, Gemeinderäte, Stadträte) unterschiedlich ablaufen. Wer wählt, wählt aber in aller Regel zwischen verschiedenen, fertig ausgearbeiteten Parteiprogrammen samt zugehöriger Kandidatenliste.

Bei einer Bundestagswahl hat der Wähler zwei Stimmen: Erst- und Zweitstimme. Mit ihnen entscheidet er über 598 Bundestagsmandate (ohne Überhangmandate). Mit der Erststimme wählt der Bürger einen Wahlkreiskandidaten. Das ist der Kandidat, den eine Partei in einem der 299 (598 : 2) Wahlkreise aufstellt. Ausgewertet werden diese Stimmen nach dem Mehrheitswahlsystem: Es gewinnt der Kandidat, der in seinem Wahlkreis die meisten Stimmen (= relative Mehrheit) erhalten hat. Er hat ein sogenanntes Direktmandant und zieht auf jeden Fall in den Bundestag ein. Die Stimmen für alle anderen Kandidaten gehen verloren. Der Vorteil dieser Verfahrensweise liegt auf der Hand: Der Bürger kann sicher sein, dass der Wahlkreis von einem Abgeordneten repräsentiert wird, der dessen Probleme und örtliche Gegebenheiten genau kennt. Weil hier der Bürger eine bestimmte Person wählt, ist dies der »personalisierte« Teil der Wahl.

Mit der Zweitstimme wählt der Bürger eine Partei. Diese Stimme wird nach dem Verhältniswahlsystem ausgewertet und ist maßgebend für die Verteilung der Sitze auf die einzelnen Parteien. Auf diese Weise ist gewährleistet, dass die Zusammensetzung des Parlamentes den Wählerwillen widerspiegelt. Nur diese Zweitstimme entscheidet über die Mehrheitsverhältnisse im Bundestag, also darüber, wie stark eine Partei dort vertreten ist.

Die Kombination von Personalisierung mit der Erststimme und Verhältniswahl mit der Zweitstimme gibt dem Wahlsystem der BRD seinen Namen: Wir haben ein personalisiertes Verhältniswahlsystem.

Bei der Sitzverteilung wird nun wie folgt verfahren: Parteien, die mit der Zweitstimme weniger als fünf Prozent erreicht haben, fallen aus dem Verfahren heraus, da eine Parteienzersplitterung aufgrund der Erfahrungen aus der Weimarer Republik verhindert werden soll. Auf die verbleibenden Parteien sind nun die 299 Sitze aufzuteilen.

Von der Gesamtzahl der Sitze, die danach einer Partei zustehen, werden die Direktmandate abgezogen, denn diejenigen ziehen ja ohnehin in den Bundestag ein. Sind dann noch Sitze übrig, werden die Kandidaten der Landeslisten in der dortigen Reihenfolge in den Bundestag geschickt. Stehen einer Partei weniger Sitze zu, als sie bereits Direktmandate errungen hat, so behält sie dennoch diese Direktmandate (sog. Überhangmandate). Allerdings gilt für Überhangmandate: Frei werdende Sitze (durch Tod oder Rücktritt) kann die Partei so lange nicht mit Nachrückern auffüllen, bis die Überhangmandate ausgeglichen sind.

Stimmzettel

für die Wahl zum Deutschen Bundestag im Wahlkreis 55 Bremen I
am 27. September 2009

Sie haben 2 Stimmen

hier 1 Stimme
für die Wahl
eines/einer Wahlkreisabgeordneten

hier 1 Stimme
für die Wahl
einer Landesliste (Partei)
- maßgebende Stimme für die Verteilung der
Sitze insgesamt auf die einzelnen Parteien -

Erststimme

1	**Dr. Sieling,** Carsten Diplom-Ökonom Fesenfeld 124 28203 Bremen	**SPD** Sozialdemokratische Partei Deutschlands	○
2	**Dr. Mohr-Lüllmann,** Rita-Maria Apothekerin Im Wiesengrund 9B 28329 Bremen	**CDU** Christlich Demokratische Union Deutschlands	○
3	**Beck,** Marieluise Lehrerin, MdB Wernigeroder Straße 10 28205 Bremen	**GRÜNE** BÜNDNIS 90/DIE GRÜNEN	○
4	**Rupp,** Klaus-Rainer Ingenieur Osterdeich 129 28205 Bremen	**DIE LINKE** DIE LINKE	○
5	**Staffeldt,** Torsten Diplom-Maschinenbauingenieur Am Lehester Deich 39 28357 Bremen	**FDP** Freie Demokratische Partei	○
6	**Baade,** Klaus Diplom-Ingenieur Jenaer Straße 5E 29439 Lüchow (Wendland)	**NPD** Nationaldemokratische Partei Deutschlands	○
8	**Lange,** Wolfgang Dreher Biebricher Straße 30 28199 Bremen	**MLPD** Marxistisch-Leninistische Partei Deutschlands	○
13	**Hövener,** Jan Wirtschaftsingenieur, Kunsttherapeut Joseph-Haydn-Straße 30 28209 Bremen	Elephant Grundeinkommen — Mehr Phantasie und Dialog	○
14	**Könnecke,** Wolf-Dieter Diplom-Ökonom Österstraße 12 28199 Bremen	Für Wechsel	○

Muster

Zweitstimme

○	**SPD**	**Sozialdemokratische Partei Deutschlands** Uwe Beckmeyer, Cornelia Wiedemeyer, Dr. Carsten Sieling, Sarah Ryglewski, Marika Büsing	1
○	**CDU**	**Christlich Demokratische Union Deutschlands** Bernd Neumann, Michael Teiser, Dr. Rita-Maria Mohr-Lüllmann, Claas Rohmeyer, Jessica Meyer	2
○	**GRÜNE**	**BÜNDNIS 90/DIE GRÜNEN** Marieluise Beck, Klaus-Dieter Möhle, Dr. Maike Schaefer, David Lukaßen	3
○	**DIE LINKE**	**DIE LINKE** Agnes Alpers, Günter Matthiessen, Thea Kleinert, Harald Gatermann, Heidemarie Behrens	4
○	**FDP**	**Freie Demokratische Partei** Torsten Staffeldt, Dr. Oliver Möllenstädt, Maren Noller, Marcus Rodewald, Holger Krupp	5
○	**NPD**	**Nationaldemokratische Partei Deutschlands** Horst Görmann, Klaus Baade, Peter Balnat, Sylvio Wolf, Hauke Koglin	6
○	**PBC**	**Partei Bibeltreuer Christen** Dietrich Baseler, Clemens Ceebone, Thomas Kloppe, Franz Burkowski, Rudolf Schmidt	7
○	**MLPD**	**Marxistisch-Leninistische Partei Deutschlands** Wolfgang Lange, Gabriele Georgiou, Wanja Lange, Bettina Buchta	8
○	**DVU**	**DEUTSCHE VOLKSUNION** Rudolf Bargmann, Steffen Krause, Marion Blohm, Ivette Fähnemann, Benjamin Brodnicki	9
○	**REP**	**DIE REPUBLIKANER** Peter Pricelius, Gerhard Einrauch	10
○	**PIRATEN**	**Piratenpartei Deutschland** Erich Sturm, Gwenn Dauen, Arend Vogtländer	11
○	**RRP**	**Rentnerinnen und Rentner Partei** Uwe Gäthje, Volker Menge, Hans Drewes	12

Praxisübung

Diskutieren Sie folgende Statements:

1. »Die gesellschaftliche Entwicklung wird doch letztlich nicht von der Politik, sondern von der Wirtschaft bestimmt.«
2. »Sind sie einmal gewählt, vergessen Abgeordnete ihre Wähler doch sowieso.«
3. »Mit einer Stimmenthaltung kann man unter Umständen die Politik mehr aufrütteln als mit einer Stimmabgabe.«
4. »Die Unterschiede zwischen den Parteien sind so gering, dass es ohnehin egal ist, wen man wählt.«
5. »Die Wahlbeteiligung sagt nichts über die Qualität der Demokratie aus: In der DDR gab es eine Wahlbeteiligung von 100 Prozent.«
6. »In anderen Ländern wird um ein freies Wahlrecht erbittert gekämpft und wir treten es mit Füßen. Das ist eine Schande!«
7. »Die Zahl der Abgeordneten im Parlament sollte von der Wahlbeteiligung abhängig sein: wenig Beteiligung, wenig Abgeordnete.«
8. »Irgendwo ein Kreuz zu machen reicht nicht; man muss in Bürgerinitiativen und Verbänden aktiv sein, da kann man noch etwas mitgestalten.«

4.3 Partizipation

Wer wählt, der wählt aus: zwischen Parteien und ihren Programmen, zwischen Kandidaten und ihren Versprechungen. Wer aber nicht nur wählen, sondern Lösungen zu gesellschaftlichen Fragestellungen aktiv mitgestalten will, der kommt an einer Übernahme von Ämtern nicht vorbei. Die Bereitschaft zur Übernahme politischer und gesellschaftlicher Verantwortung kann man durch Mitarbeit und Mitgliedschaft in politischen Parteien, Verbänden und Interessenvertretungen, in Vereinen, Kirchen, Schulen und im eigenen Betrieb kundtun. Diese Institutionen bündeln und filtern die verschiedenen Ansichten und setzen sie mit demokratischen Spielregeln wie Mehrheitsprinzip, Minderheitenschutz, Bereitschaft zu Kompromissen, Toleranzgebot, friedliche Regelung von Konflikten etc. durch.

Praxisübung

In der BRD ist nur eine Minderheit der Bevölkerung Mitglied einer Partei. Woran könnte das liegen? Wie können die Parteien neue Mitglieder gewinnen?

Direkte Demokratie

Weitere Formen politischer Mitwirkung sind Bürgerinitiative, Unterschriftensammlung, Demonstration, Bürgerbegehren, Volksbegehren, Bürgerentscheid sowie Volksentscheid. Insbesondere Bürgerbegehren und Bürgerentscheide auf kommunaler Ebene sowie Volksbegehren und Volksentscheid auf Landesebene sind eine wichtiges Element der direkten Demokratie:

Ein **Begehren** ist der Ausdruck des Volkswillens, dass ein bestimmter Sachverhalt durch Volksabstimmung entschieden werden soll. Das **Bürgerbegehren** hat Erfolg, wenn eine bestimmte Anzahl von Unterschriften (die genaue Zahl variiert je nach Bundesland von 3 bis 15 % der Wahlberechtigten) gesammelt wurde. In Berlin, Bremen und Thüringen geht dem Begehren ein Zulassungsantrag voraus. Ein **Volksbegehren** benötigt zum Erfolg fünf bis 20 Prozent der Wählerstimmen.

Zu einem **Volksentscheid** kommt es, wenn die Abgeordneten eines Landesparlamentes ein Volksbegehren nicht unterstützen. Für ein Bürgerbegehren gilt Entsprechendes.

Bei **Bürger- und Volksentscheiden** beziehen sich die Zustimmungsquoten auf die Gesamtzahl der Wahlberechtigten. **Bürgerentscheide** sind dann erfolgreich, wenn je nach Bundesland zwischen zehn und 30 Prozent aller Wahlberechtigten zustimmen. Bei **Volksentscheiden** liegt die Hürde bei 20 bis 50 Prozent.

4.4 Planspiel: Die Krümelkiste

Die »Krümelkiste« ist eine Kindertageseinrichtung mit 50 Plätzen für Kinder von zwei bis sechs Jahren. Vor zwei Jahren gegründet, befindet sie sich in Trägerschaft einer Elterninitiative und hat sich in einer alten Villa im Spatzenweg der Gemeinde Glücksstadt eingerichtet. Der Spatzenweg liegt zentral in einem

Viertel, das der Flächennutzungsplan der 10.000 Einwohner zählenden Gemeinde als sogenanntes »reines Wohngebiet« ausweist. Das 500 Quadratmeter große Freigelände ist mit einer circa zwei Meter hohen Buchenhecke umfriedet. Im Freigelände gibt es Sandkasten, Rutsche, Klettergerüste und ein Weidentipi.

Einige Anwohner des Spatzenweges und der angrenzenden Straßen fühlen sich durch den Kinderlärm während der Spielstunden im Freigelände und die an- und abfahrenden Autos in der Bring- und Abholzeit in ihrer Lebensqualität erheblich beeinträchtigt. Sie wollen, dass die Gemeinde der Kita die Betriebserlaubnis für diesen Standort entzieht und drohen damit, notfalls vor dem Verwaltungsgericht zu klagen.

Praxisübung

1. Welche Personen sind von der Situation rund um die Kita »Krümelkiste« betroffen? Bilden Sie für die einzelnen Interessenvertretungen Gruppen.
2. Erarbeiten Sie gruppenweise Ihre Argumentation.
3. Planen Sie Ihre weitere Vorgehensweise. Welche gesellschaftlichen und politischen Kräfte kann Ihre Gruppe mobilisieren?
4. Führen Sie ein Hearing durch, in dem alle Positionen zu Wort kommen. Diskutieren Sie diese Statements und legen Sie zwei Positionen fest – pro und contra.
5. Bilden Sie nun Gruppen entsprechend den politischen Verhältnissen in Ihrem Stadt- bzw. Gemeinderat.
6. Simulieren Sie eine Stadt- bzw. Gemeinderatssitzung und entscheiden Sie über den Fall unter Außerachtlassung spezieller landesrechtlicher Regelungen.
7. Recherchieren Sie im Internet zum Fall der Kita Marienkäfer in Hamburg-Wandsbek. Welche Länder haben unter dem Eindruck dieses Falles spezielle Regelungen zu Kita-Lärm erlassen?
8. Lesen Sie § 22 Abs. 1 a Bundesimmissionsschutzgesetz (BImschG). Hat diese Regelung Auswirkungen auf das in Ihrer Sitzung gefundene Ergebnis?

4.5 Partizipation von Kindern und Jugendlichen

Der Begriff der Partizipation (lat. particeps = teilhabend) bezeichnet verschiedene Formen der Beteiligung, Teilhabe und Mitbestimmung. Demokratische Spielregeln wie Einigung durch Verhandlung, Entscheidungen durch eine übergeordnete Instanz, Akzeptanz anderer Meinungen und Mehrheitsentscheidungen, Respektierung der Werteordnung etc. können Kinder nicht früh genug lernen. Nicht zuletzt fördert Mitspracheverantwortung auch Interesse: Die 14. Shell-Jugendstudie belegt, dass das allgemeine Interesse von Jugendlichen an Politik seit Jahren rückläufig ist. Danach bezeichnen sich nur noch 30 Prozent der Bevölkerung zwischen 12 und 25 Jahren als politisch interessiert.

Praxisübung

Im Grundgesetz ist festgelegt, dass nur Personen wahlberechtigt sind, die das 18. Lebensjahr vollendet haben (Art. 38 Abs. 2 GG). Das bedeutet, dass die Deutschen fast ein Viertel ihrer Lebenszeit auf ein Wahlrecht verzichten müssen. Führen Sie zu dieser Frage eine Pro- und Contra-Debatte.

Um Jugendlichen den Lebensbereich Politik wieder erfahrbar zu machen, sie an Organisationsformen demokratischer Prozesse heranzuführen, haben seit Mitte der 1980er Jahre zahlreiche Städte und Gemeinden regelmäßig tagende Gremien eingerichtet. Der klassische Beteiligungsfall ist in diesem Zusammenhang die Spielraumplanung (Spielplatzgestaltung, Projekt bespielbare Stadt, Spielleitplanung etc.). Aber auch im übrigen Freizeitbereich sind erfolgreiche Beteiligungsmodelle dokumentiert, etwa wenn es um die Planung und Ausgestaltung von Schwimmbädern, Sport- und Freizeitanlagen, Skaterbahnen, Events und Ferienprogrammen geht. Und sogar bei schwierigen politischen Aushandlungsprozessen ist Kinderpartizipation gelungen: Etwa bei der Beteiligung an Leitbildprozessen wie die »Kinderfreundliche Gemeinde« der Stadt Köln bis hin zur umfassenden Beteiligung von Jugendlichen an der Landesplanung (z. B. Projekt »Zeitsprung« in Schleswig-Holstein).

Auch Jugendparlamente, Jugendräte, Jugendgemeinderäte, Jugendbeiräte, Jugendkreistage etc. verwirklichen eine Beteiligung von Kindern und Jugendlichen an politischen Entscheidungsprozessen in ihrem unmittelbaren Umfeld. Nach diesen teilweise repräsentativen Modellen gibt es weitere Beteiligungsformen, die – offen bis projektorientiert – aus einem konkreten Anlass zusammengerufen werden und keine kontinuierliche Mitarbeit erfordern.

In der Kinder- und Jugendbeteiligung lassen sich zusammenfassend fünf Formen unterscheiden:

1. Jugendverbände
2. Direkt gewählte Vertretungen
3. Offene Formen wie Anhörung etc.
4. Projektbezogene Formen der Beteiligung
5. Beauftragten-Modelle.

Die häufigsten Modelle sind:

Jugendforum: Dieses Gremium bietet freien Zugang für alle Jugendlichen und Kinder einer Kommune. In ihm werden Arbeits- und Projektgruppen gebildet. Deren Ergebnisse und Lösungsvorschläge werden bei offiziellen politischen Veranstaltungen wie beispielsweise Gemeinderatssitzungen vorgestellt.

Jugendbeirat: Der Jugendbeirat besteht aus gewählten oder delegierten Vertretern unterschiedlicher Altersgruppen oder Schultypen. Er vertritt die Position von Kindern und Jugendlichen gegenüber der Verwaltung und den Politikern einer Kommune. Er stellt beispielsweise auch vor dem Stadtrat seine Ansichten zu einer bestimmten Problematik vor.

Zukunftswerkstatt: Bei der Zukunftswerkstatt handelt es sich um ein zeitlich begrenztes Projekt zu einem konkreten Problem oder einer konkreten Fragestellung. Die erarbeiteten Ergebnisse werden meist in einem eng definierten Kreis vorgeführt (z. B. Unternehmen).

Praxisübung

1. Recherchieren Sie im Internet zur »Bundesarbeitsgemeinschaft der kommunalen Kinderinteressenvertretungen«. Was sind ihre Ziele? Welche Angebote macht sie?
2. Erkundigen Sie sich, ob es auch in Ihrer Gemeinde Partizipationsangebote für Kinder und Jugendliche gibt.

4.6 Partizipation in der Kita

Mitmachen und Mitentscheiden sollten idealerweise bereits im Kindergarten beginnen.

Partizipation in der Kita ist die ernst gemeinte, altersgemäße Beteiligung der Kinder am Einrichtungsleben im Rahmen ihrer Bildung und Erziehung.

Denn bereits in der Kita ist eine umfassende Beteiligung der Kinder möglich, etwa an der Entscheidung über Themen und Arbeitsformen, Aktivitäten, Spiele, Aktionen, Projekte, Feste und Ausflüge. Erhalten die Kinder die Möglichkeit, sich in einen von Wertschätzung geprägten Dialog einzubringen und ihre Ideen, Meinungen, Empfindungen und Sichtweisen zu artikulieren, und haben sie eine echte, weil entscheidungserhebliche Stimme, lernen sie nicht »nur einfach Demokratie«: Sie erleben, dass ihre Ideen und Vorschläge ernst genommen und in die Tat umgesetzt werden. Sie entwickeln Strategien zu Problembewältigung und Konfliktlösung und erfahren auf diese Weise die Selbstwirksamkeit, die sie benötigen, um Resilienz aufzubauen.

Rechtsgrundlage aller Partizipation in der Kita ist zum einen § 8 Abs. 1 SGB VIII, in dem es heißt: »Kinder und Jugendliche sind entsprechend ihrem Entwicklungsstand an allen sie betreffenden Entscheidungen der öffentlichen Jugendhilfe zu beteiligen.«

Zum anderen bestimmt § 9 Nr. 2 SGB VIII: »Bei der Ausgestaltung der Leistungen und der Erfüllung der Aufgaben sind die wachsende Fähigkeit und das wachsende Bedürfnis des Kindes oder des Jugendlichen zu selbstständigem, verantwortungsbewusstem Handeln sowie die jeweiligen besonderen sozialen und kulturellen Bedürfnisse und Eigenarten junger Menschen und ihrer Familien zu berücksichtigen.«

Der durch das Bundeskinderschutzgesetz neu geschaffene § 8 b SGB VIII normiert darüber hinaus in seinem Absatz 4 einen Anspruch von Trägern von Kindertageseinrichtungen gegen die überörtlichen Träger der Jugendhilfe auf Beratung und Unterstützung beim Ausbau der Partizipation von Kindern (siehe Kapitel 12.1).

In Partizipationsprozessen können die Kinder erleben, dass

- Probleme zu bewältigen sind
- Probleme gemeinsam gelöst werden können
- sie sich bei anderen Hilfe holen können
- andere Kinder andere Bewältigungsstrategien haben
- Konflikte ausgetragen statt verdrängt werden
- sie unabhängig von Erwachsenen sind
- sie Gefühle zulassen und bewusst wahrnehmen können.

Ausgestaltung und Grenzen von Partizipation

Das Mindestmaß der Beteiligung besteht darin, den Kindern die Informationen, die sie zur Meinungsbildung benötigen, verständlich zu übermitteln. Können sie dann auch ihre Meinung äußern, ist dies ein erster Schritt hin zur Mitwirkung. Wird in der Einrichtung darüber hinaus eine Kultur des Austausches von Meinungen, Argumenten und Standpunkten gepflegt und können Kinder Entscheidungen durch ihr Stimmrecht beeinflussen, kann von echter Mitbestimmung gesprochen werden.

Die umfassendste Form der Beteiligung ist jedoch die Selbstbestimmung, indem die Kinder Fragen wie »Was mache ich als nächstes?«, »Wann und was möchte ich frühstücken?« etc. selbst entscheiden. Auf diesen verschiedenen Stufen können Kitas Partizipation ermöglichen – zeitlich begrenzt wie bei der Planung von Festen, Feiern und Ausflügen, der Gestaltung von Gruppenraum und Freigelände oder bei der Entwicklung von Regeln zu Dauerthemen wie »Hauen«, Benutzung der Laufräder, Turnraumnutzung, Gesprächsrunden etc.

Steht am Ende des Partizipationsverfahrens auch eine Abstimmung, ist dies sicher ein wichtiges, aber nicht das wichtigste Element des Partizipationsprozesses. Weit bedeutender ist der Weg dorthin gewesen: der Prozess der Meinungsbildung selbst. Eine Abstimmung kann auf unterschiedliche Weise durchgeführt werden: per Handzeichen, anschaulicher mit der Waagschale, mit Muggelsteinen, die auf Symbolkarten gelegt werden, oder mit Ampelkarten, die signalisieren »Ich bin dafür«, »Ich bin dagegen«, »Ich kann mich nicht entscheiden«. Auch verdeckte Abstimmungen mit Wahlurne und Wahlbeobachtern sind möglich.

Nicht unberücksichtigt dürfen aber auch die Grenzen der Partizipation bleiben. Denn wer mitgestaltet, berührt auch immer die Interessen seiner Mitmenschen.

Im Gesamtsystem der Partizipation einer Einrichtung ist daher auch konzeptionell festzuschreiben, wo sie endet.

Die Reflexion der eigenen Haltung als pädagogische Fachkraft

Da jede echte Partizipation Aushandlungsprozesse zwischen den Parteien mit sich bringt, ist es ausschlaggebend, eine »gemeinsame Augenhöhe« herzustellen. Kinder erhalten nur dann Entscheidungsspielräume, wenn die Erwachsenen freiwillig auf einen Teil ihrer Macht verzichten. Dies ist umso schwieriger, je weniger der Erwachsene die eigene Haltung zum Thema Partizipation reflektiert hat. Ausgangspunkt jeder Partizipation in der Kita ist daher zunächst die Auseinandersetzung mit der eigenen Haltung zu diesem Thema. Dazu gehören Überlegungen wie:

- Bin ich in der Lage, mein Erwachsenenwissen aus den Partizipationsprozessen der Kinder herauszuhalten?
- Kann ich die Lösungsideen der Kinder wahr- und annehmen?
- Traue ich den Kindern zu, Lösungen für ihre Probleme selbst zu finden?
- Kann ich es vermeiden, die Kinder zu korrigieren, wenn sie aus meiner Erwachsenensicht falsche Wege einschlagen?
- Kann ich es aushalten, den Kindern keine Lösungsmöglichkeiten vorzugeben?
- Kann ich damit umgehen, nicht mehr alles bis ins Kleinste planen und vorbereiten zu können?
- Inwiefern trägt meine pädagogische Arbeit dazu bei, dass die Kinder sich selbst und andere achten?
- Kann ich Auseinandersetzungen zwischen den Kindern aushalten?
- Höre ich wirklich zu und frage ergebnisoffen oder lege ich den Kindern die Antwort schon in den Mund?

Partizipation muss verlässlich sein

Ist die Mitbestimmung der Kinder von der Tagesform der pädagogischen Fachkräfte abhängig, wird sie unglaubwürdig. Daher ist es unabdingbar, dass eine Klärung im Team stattfindet, ob und in welchem Umfang den Kindern Mitbestimmung eingeräumt und darüber ein von allen getragener Konsens erzielt wird. Dabei sollte über die grundsätzliche Klärung der Frage, warum den Mitarbeiterinnen und Mitarbeitern die Beteiligung der Kinder wichtig ist, hinaus auch festgelegt werden, welche Beteiligungsrechte ihnen zugestanden werden sollen bzw. welche nicht. Sodann muss im Anschluss geklärt werden, welche Strukturen die Kita für die gewählte Form der Beteiligungskultur schaffen oder bereitstellen muss. Diese Vorüberlegungen verlangen vom Team ein erhebliches Maß an Dialogfähigkeit.

Darüber hinaus kommt der Leitung eine zentrale Rolle zu: Sie kann Partizipation ermöglichen, erschweren oder verhindern – nicht nur die der Kinder, sondern auch die des Teams. Ob es der jeweiligen Einrichtung gelingt, eine Beteiligungskultur zu entwickeln, lässt sich mit einiger Sicherheit voraussehen, betrachtet man die Transparenz von Entscheidungsprozessen im Team und damit die bereits gelebte Antwort der Leitung auf die Frage: »Wie viel Partizipation lasse ich zu?« Haben die Mitarbeiterinnen und Mitarbeiter keine Möglichkeit, ihre Interessen einzubringen, ihre Bedürfnisse auszuhandeln und Veränderungen zu bewirken, keine festgelegten Entscheidungsrechte und keine transparenten Entscheidungsstrukturen, wird dies vermutlich auch für die Kinder gelten.

Praxisübung

Analysieren Sie die bestehenden Strukturen von Partizipation in einer Ihnen bekannten Einrichtung und machen Sie eine Bestandsaufnahme anhand folgender Fragen:

- Haben die Kinder die Möglichkeit, sich an vielfältigen Entscheidungen im Alltag zu beteiligen, in Bezug auf Tagesablauf, Mahlzeiten, Bildungsangebote?
- Haben die Kinder über das Abfragen der Wünsche hinaus die Möglichkeit, Aushandlungsprozesse mit Erwachsenen zu führen?
- Werden die Regeln, die in einer Gruppe gelten, verordnet oder ausgehandelt?
- Können die Kinder die Strukturen in ihrer Gruppe verändern?
- Gibt es festgelegte Formen der Kinderbeteiligung in der Kita?
- Haben die Kinder festgelegte Entscheidungsrechte und wissen sie darüber Bescheid?

Das Volk wird durch die Abgeordneten des Bundestages vertreten, die nicht weisungsgebunden und nur ihrem Gewissen unterworfen sind. Für sie gelten die Grundsätze der Immunität und Indemnität. Die Repräsentanten des Volkes werden durch Wahlen ermittelt. Die Grundsätze, nach denen demokratische Wahlen abzulaufen haben, sind in Art. 38 GG geregelt und haben daher Verfassungsrang.

Bei einer Bundestagswahl hat der Wähler zwei Stimmen: Erst- und Zweitstimme. Mit ihnen entscheidet er über 598 Bundestagsmandate. Mit der Erststimme wählt der Bürger einen Wahlkreiskandidaten, mit der Zweitstimme eine Partei. Die Kombination von Personalisierung mit der Erststimme und Verhältniswahl mit der Zweitstimme gibt dem Wahlsystem der BRD seinen Namen: Personalisiertes Verhältniswahlsystem.

Formen politischer Mitwirkung sind Bürgerinitiative, Unterschriftensammlung, Demonstration, Bürgerbegehren, Volksbegehren, Bürgerentscheid sowie Volksentscheid. Insbesondere Bürgerbegehren und Bürgerentscheide auf kommunaler Ebene sowie Volksbegehren und Volksentscheid auf Landesebene sind ein wichtiges Element der direkten Demokratie. Jugendparlamente, Jugendräte, Jugendgemeinderäte, Jugendbeiräte, Jugendkreistage etc. ermöglichen Kindern und Jugendlichen, sich an politischen Entscheidungsprozessen in ihrem unmittelbaren Umfeld zu beteiligen.

Bereits in Kindertageseinrichtungen ist eine umfassende Beteiligung der Kinder an Entscheidungsprozessen möglich. Partizipation ist dabei in unterschiedlicher Intensität denkbar – vom bloßen Anhörungsrecht über Mitwirkung bis zur Mitbestimmung. Daher ist es unabdingbar, dass eine Klärung im Team stattfindet, ob und in welchem Umfang den Kindern Mitbestimmung eingeräumt und darüber ein von allen getragener Konsens erzielt wird.

Weiterführende Links

www.jugendgemeinderat.de
www.jugendparlament.de
www.kinderpolitik.de
www.wegweiser-buergergesellschaft.de

5. Kinderrechte und das Recht auf Bildung

»Eine Gesellschaft kann sich nicht entwickeln, wenn ihre jüngsten Mitglieder in Kinderheiraten gezwungen, sexuell ausgebeutet und ihrer grundlegenden Rechte beraubt werden. Das Ausmaß der Kinderrechtsverletzungen zu erfassen ist ein erster Schritt, um eine Umgebung für Kinder zu schaffen, in der sie geschützt aufwachsen und sich entwickeln können.« (Ann Veneman, Direktorin UNICEF)

5.1   Kinderrechte in Deutschland

Auch in Deutschland sind Kinderrechte in Zeiten von Kinderarmut und aufsehenerregenden Misshandlungs- und Tötungsfällen im öffentlichen Interesse so aktuell wie seit langem nicht mehr. Kinderrechte sollen die geistige und körperliche Entwicklung, die Bildung sowie die Einbettung der Kinder in das soziale Leben fördern. Die Vereinten Nationen (UN) haben in ihrer UN-Kinderrechtskonvention vom 20. November 1989 insgesamt 54 Kinderrechte festgehalten, leider in sehr komplizierter Sprache. Deswegen hat die UNICEF, die Kinderrechtsorganisation der UNO, den Text in zehn Grundrechten zusammengefasst:

> ### Die Rechte des Kindes
>
> 1. Recht auf Gleichheit
> 2. Recht auf Gesundheit
> 3. Recht auf Bildung
> 4. Recht auf elterliche Fürsorge
> 5. Recht auf Privatsphäre und persönliche Ehre
> 6. Recht auf Meinungsäußerung, Information und Gehör
> 7. Recht auf Schutz im Krieg und auf der Flucht
> 8. Recht auf Schutz vor Ausbeutung und Gewalt
> 9. Recht auf Spiel, Freizeit und Ruhe
> 10. Recht auf Betreuung bei Behinderung

Derzeit haben 193 Staaten, mit Ausnahme von Somalia und den USA, die UN-Kinderrechtskonvention unterzeichnet. In Deutschland ist sie – zunächst unter Vorbehalten – seit dem 5. April 1992 in Kraft. Am 15. Juli 2010 hat die Bundesregierung gegenüber dem Generalsekretär der Vereinten Nationen erklärt, dass sie die Vorbehalte zurücknimmt. Seitdem gilt die Kinderrechtskonvention vorbehaltlos für alle Kinder in Deutschland. Zwar ist ihre Lebenssituation verglichen mit der Lage der Kinder in vielen anderen Ländern relativ gut, doch gilt es zu beachten: Bei den in der Kinderrechtskonvention festgelegten Standards handelt es sich um Mindeststandards, deren Verwirklichung immer am möglichen Potenzial zu messen ist.

Die Debatte darüber, ob Kinderrechte ins Grundgesetz mit aufgenommen werden sollen, zeigt darüber hinaus: Kinder sind keine kleinen Erwachsenen, sie sind nicht bereits mit den geltenden Grundrechten des Grundgesetzes angemessen geschützt. Wer meint, die allgemeinen Menschenrechte gelten doch auch für Kinder, der verkennt, dass das Verhältnis zwischen Kindern und Erwachsenen ein ungleiches ist: Erwachsene tragen die Verantwortung für Kinder, umgekehrt gilt dies nicht einmal annähernd. Daher gibt es auch in unserem Land noch immer Anlass, bei der Umsetzung der Kinderrechte »Hausaufgaben« zu machen: Kinderrechte ermöglichen den Kindern faire, soziale, gerechte und sichere Entwicklungschancen. Eine Erziehung, die den Kindern keine Mitbestimmung, keinen Schutz vor Gewalt, keine Bildung vermittelt, missachtet ihre Rechte.

Indes: Die Kinderrechtskonvention der UN ist der einzige internationale Menschenrechtsvertrag, zu dem es keinerlei Regelungen darüber gibt, wie Beschwerden geäußert werden können und wie mit ihnen umzugehen ist. Im Jahr 2008 startete daher eine internationale Kampagne, mit dem Ziel des Entwurfs zur Schaffung eines Individualbeschwerdeverfahrens. Der UN-Menschenrechtsrat hat im Jahr 2009 eine Arbeitsgruppe ins Leben gerufen und sie beauftragt, die Vorarbeiten für einen entsprechenden Entwurf aufzunehmen. Die BRD will sich hier in besonderer Weise einbringen.

Kinderrechte: Handlungsfelder für die nahe Zukunft

Mit den »Impulsen für die dritte Dekade 2009–2019« benennt die National Coalition für die Umsetzung der UN-Kinderrechtskonvention in Deutschland die aus heutiger Sicht wichtigsten Handlungsfelder, in denen eine Verbesserung der Situation der Kinder in unserem Land in den kommenden Jahren dringend erforderlich ist:

1. Vorrang für Kinderrechte
2. Keine Kinderarmut in Deutschland
3. Chancengerechtigkeit in der Bildung
4. Mehr Beteiligung von Kindern
5. Gesundes Aufwachsen für jedes Kind
6. Neue Medien – Chancen bieten, Risiken vermeiden
7. Umwelt schützen und Generationengerechtigkeit schaffen
8. Schutz vor Gewalt und Ausbeutung
9. Kinderrechte weltweit umsetzen
10. Monitoring der Kinderrechte

Kinderrechte: Umsetzung in der Kita

Insbesondere Kindertageseinrichtungen sind dazu aufgerufen, ihre Angebote an den Kinderrechten auszurichten, insbesondere:

- die Selbstständigkeit der Kinder zu fördern
- Chancengleichheit zu bieten, beispielsweise durch Angebote wie Computerplatz und Sprachförderung
- Eltern in ihrer Erziehungsverantwortung zu unterstützen und zu beraten
- bei erkennbarem Nichtbeachten der Kinderrechte, wie etwa einer Verwahrlosung, selbst tätig zu werden (siehe Kapitel 12.4).

Wie lassen sich Kinderrechte in einer Kita pädagogisch umsetzen? Im Folgenden eine Auswahl an Ideen:

Das Recht auf Gesundheit (Recht 2): Kinder haben das Recht, gesund zu leben, Geborgenheit zu finden und keine Not zu leiden.

> In der Kita »Spatzennest« gilt einmal wöchentlich der Slogan »Bio-Brunch«. Auf dem Markt und im Bio-Supermarkt kaufen die Kinder mit den Erzieherinnen alles ein, was sie für ein solch gesundes Frühstück benötigen. Anschließend werden die frischen Zutaten gemeinsam zubereitet und verspeist.
>
> Die Kinder der Kita »Die Biber« beteiligen sich regelmäßig an Aktionen wie »Weihnachten in der Schuhschachtel« und »Stifte stiften«. Auch haben sie eine Kiste für gebrauchte Kleidungsstücke aufgestellt, die sie dann an eine Hilfsorganisation spenden.

Das Recht auf Bildung (Recht 3): Kinder haben das Recht zu lernen und eine Ausbildung zu machen, die ihren Fähigkeiten und Neigungen entspricht.

> Die Kinder der Einrichtung »Spreepiraten« gehen regelmäßig zur Uni. Die Hochschule ihrer Stadt bietet eigens konzipierte Kindervorlesungen zu besonderen, für Kinder interessante Themen an.
>
> Die Einrichtung »Lummerland« liegt in einem sozialen Brennpunkt. Sie sieht eine ihrer Aufgaben darin, nachhaltig kostenfreie Bildungsangebote zu machen, die Kinder aus sozial schwachen Familien zu Hause nicht erfahren.

Das Recht auf Privatsphäre (Recht 5): Kinder haben ein Recht darauf, dass ihre Privatsphäre und ihre Würde geachtet werden.

> In der Kita »Kichererbsen« wurden soeben »Eigentumskästen« angeschafft. Die Holzkisten sind mit einem Foto des jeweiligen Besitzers beklebt. Darin kann das Kind all seine Schätze aufbewahren. Das Eigentum in der Kiste muss von den anderen Kindern respektiert werden. Außerdem wurden Tischzelte gekauft, die über den Spieltisch gezogen werden können und den Kindern darunter einen ungestörten Spielraum bieten.

Das Recht auf Meinungsäußerung, Information und Gehör (Recht 6): Kinder haben das Recht, bei allen Fragen, die sie betreffen, mitzubestimmen und zu sagen, was sie denken. Sie haben das Recht, sich alle Informationen zu beschaffen, die sie brauchen, und ihre Meinung zu verbreiten.

> In der Kita »Pumuckl« wird Partizipation großgeschrieben. Seit langer Zeit finden dort Kinderkonferenzen statt. Dazu treffen sich alle Kinder einmal monatlich und können ihre Wünschen hinsichtlich Raumgestaltung, Anschaffungen, Ausflugszielen, Themenschwerpunkten etc. äußern. Die Kinder diskutieren die anstehenden Fragen und stimmen mit Muggelsteinen, die auf Symbolkarten gelegt werden, ab. Auch innerhalb der einzelnen Gruppen gibt es viel Gelegenheit zu Meinungsaustausch und Abstimmungen: Welches Spielmaterial soll für ein paar Monate verschwinden? Welches Frühstück soll es am Freitag sein? Wie regeln wir »das mit dem Hauen«, und wer darf wann in den Toberaum?

Praxisübung

Haben Sie weitere Ideen, wie Kinderrechte in der Kita umgesetzt werden können?

5.2 Das Kinderrecht auf Bildung nach §§ 22, 22 a SGB VIII

Das Recht des Kindes auf Bildung ist in der BRD als Bildungsauftrag der Kinder- und Jugendhilfe in § 22 Abs. 1–3 SGB VIII – einem Bundesgesetz – festgeschrieben. In den §§ 22 und 22 a SGB VIII heißt es:

»§ 22 Grundsätze der Förderung

(1) Tageseinrichtungen sind Einrichtungen, in denen sich Kinder für einen Teil des Tages oder ganztägig aufhalten und in Gruppen gefördert werden. Kindertagespflege wird von einer geeigneten Tagespflegeperson in ihrem Haushalt oder im Haushalt des Personensorgeberechtigten geleistet. Das Nähere über die Abgrenzung von Tageseinrichtungen und Kindertagespflege regelt das Landesrecht. Es kann auch regeln, dass Kindertagespflege in anderen geeigneten Räumen geleistet wird.

(2) Tageseinrichtungen für Kinder und Kindertagespflege sollen

1. die Entwicklung des Kindes zu einer eigenverantwortlichen und gemeinschaftsfähigen Persönlichkeit fördern,

2. die Erziehung und Bildung in der Familie unterstützen und ergänzen,

3. den Eltern dabei helfen, Erwerbstätigkeit und Kindererziehung besser miteinander vereinbaren zu können.

(3) Der Förderungsauftrag umfasst Erziehung, Bildung und Betreuung des Kindes und bezieht sich auf die soziale, emotionale, körperliche und geistige Entwicklung des Kindes. Er schließt die Vermittlung orientierender Werte und Regeln ein.

Die Förderung soll sich am Alter und Entwicklungsstand, den sprachlichen und sonstigen Fähigkeiten, der Lebenssituation sowie den Interessen und Bedürfnissen des einzelnen Kindes orientieren und seine ethnische Herkunft berücksichtigen.

§ 22 a Förderung in Tageseinrichtungen

(1) Die Träger der öffentlichen Jugendhilfe sollen die Qualität der Förderung in ihren Einrichtungen durch geeignete Maßnahmen sicherstellen und weiterentwickeln. Dazu gehören die Entwicklung und der Einsatz einer pädagogischen Kon-

zeption als Grundlage für die Erfüllung des Förderungsauftrags sowie der Einsatz von Instrumenten und Verfahren zur Evaluation der Arbeit in den Einrichtungen. (2) Die Träger der öffentlichen Jugendhilfe sollen sicherstellen, dass die Fachkräfte in ihren Einrichtungen zusammenarbeiten
1. mit den Erziehungsberechtigten und Tagespflegepersonen zum Wohl der Kinder und zur Sicherung der Kontinuität des Erziehungsprozesses,
2. mit anderen kinder- und familienbezogenen Institutionen und Initiativen im Gemeinwesen, insbesondere solchen der Familienbildung und -beratung,
3. mit den Schulen, um den Kindern einen guten Übergang in die Schule zu sichern und um die Arbeit mit Schulkindern in Horten und altersgemischten Gruppen zu unterstützen.
Die Erziehungsberechtigten sind an den Entscheidungen in wesentlichen Angelegenheiten der Erziehung, Bildung und Betreuung zu beteiligen.
(3) Das Angebot soll sich pädagogisch und organisatorisch an den Bedürfnissen der Kinder und ihrer Familien orientieren. Werden Einrichtungen in den Ferienzeiten geschlossen, so hat der Träger der öffentlichen Jugendhilfe für die Kinder, die nicht von den Erziehungsberechtigten betreut werden können, eine anderweitige Betreuungsmöglichkeit sicherzustellen.
(4) Kinder mit und ohne Behinderung sollen, sofern der Hilfebedarf dies zulässt, in Gruppen gemeinsam gefördert werden. Zu diesem Zweck sollen die Träger der öffentlichen Jugendhilfe mit den Trägern der Sozialhilfe bei der Planung, konzeptionellen Ausgestaltung und Finanzierung des Angebots zusammenarbeiten.
(5) Die Träger der öffentlichen Jugendhilfe sollen die Realisierung des Förderungsauftrages nach Maßgabe der Absätze 1 bis 4 in den Einrichtungen anderer Träger durch geeignete Maßnahmen sicherstellen.«

Die Norm ist vergleichsweise allgemein gehalten, die inhaltliche Ausgestaltung hat der Gesetzgeber den 16 Bundesländern überlassen. Diese haben einen allgemeinen Bildungsauftrag für die Kitas in ihre Gesetze aufgenommen – jedes Land geht dabei aber einen eigenen Weg.

5.3   Die gesetzliche Entwicklung des Bildungsauftrages seit 1990

Der Bildungsauftrag wurde bereits 1990 im SGB VIII festgeschrieben. Die Umsetzung allerdings kam nur schleppend voran, da im Jahr 1992 der Rechtsanspruch auf einen Kindergartenplatz ab dem dritten Lebensjahr eingeführt wurde und die Bundesländer und Träger infolgedessen vornehmlich mit dem quantitativen Ausbau des Angebots beschäftigt waren.

Der PISA-Schock der Jahre 2000 und 2003 entfachte dann jedoch eine neue allgemeine Bildungsdiskussion quer durch alle Lager: Der allgemeine Bildungsauftrag wurde nochmals in allen Landesgesetzen ausdrücklich verankert und häufig weitergehender als in § 22 SGB VIII ausformuliert (z. B. Niedersachsen).

Doch über die bloße Festschreibung hinaus erstrebte man nun in einem zweiten Schritt eine nähere Bestimmung des Bildungsauftrages sowie eine Klärung, in welcher Weise er in die Praxis umgesetzt werden sollte. Daher erging im Jahr 2004 ein gemeinsamer Beschluss der Jugendministerkonferenz und der Kultusministerkonferenz mit dem Inhalt, einen »Gemeinsamen Rahmen der Länder für die frühe Bildung in Kindertageseinrichtungen« zu erstellen. Dieser sollte den Bildungsauftrag der Kitas betonen und eine Vereinbarung enthalten dahingehend, dass durch die Erstellung von Bildungsplänen der Länder die Bildungsmöglichkeiten der Kinder in den Tageseinrichtungen verbessert werden sollen.

5.4   Die Bildungspläne im Vergleich

Entsprechend den föderalen Strukturen gingen die Länder bei der Umsetzung des Bildungsauftrages ihren jeweils eigenen Weg und setzten unterschiedliche Schwerpunkte: So divergieren bereits die Bezeichnungen (»Bildungs- und Erziehungsplan«, »Orientierungsplan«, »Rahmenplan« etc.) sowie die Zielgruppen. Die Bildungspläne der Länder sind auch unterschiedlich verbindlich: Unmittelbar verpflichtend sind sie in Thüringen und Mecklenburg-Vorpommern ausgestaltet, während Bayern, Berlin, Brandenburg und Nordrhein-Westfalen einen Mittelweg gehen. In Bayern ist der Bildungs- und Erziehungsplan mittelbar verpflichtend, indem er seine Beachtung zur Voraussetzung zum Bezug von Förderzuschüssen erklärt. In Berlin, Brandenburg und Nordrhein-Westfalen sind Bildungspläne die Grundlage für Qualitätsvereinbarungen über die Bildungsarbeit der Kitas zwischen den Ländern und den Spitzenverbänden der freien Wohlfahrtspflege sowie der kommunalen Spitzenverbände. In diesen Ländern ist also nicht der Bildungsplan verpflichtend, jedoch die auf ihm beruhenden Qualitäts- und Bildungsvereinbarungen.

Die Spitzenverbände der freien Wohlfahrtspflege

- Arbeiterwohlfahrt (AWO)
- Deutscher Caritasverband (DCV)
- Der Paritätische Wohlfahrtsverband (PARITÄTISCHER)
- Deutsches Rotes Kreuz (DRK)
- Diakonisches Werk der EKD
- Zentralwohlfahrtsstelle der Juden in Deutschland (ZWST)

Die kommunalen Spitzenverbände

- Deutscher Landkreistag
- Deutscher Städtetag
- Deutscher Städte- und Gemeindebund

In Niedersachsen und Rheinland-Pfalz wiederum sind Kitas ausdrücklich selbst dafür verantwortlich, Bildungskonzepte für die jeweilige Einrichtung zu erarbeiten. Ihre Träger werden durch Empfehlungen der Länder unterstützt.

Unabhängig vom Verpflichtungsgrad ist jedoch allen Plänen gemeinsam, dass sie die Stärkung u.a. folgender Bereiche zum Inhalt haben:
- Naturwissenschaftliche, mathematische und technische Bildung
- Sprachförderung bei allen Kindern
- Individuelle Beobachtung und Dokumentation (z.B. durch Portfolios, Lern- und Bildungsgeschichten)
- Intensivierung der Erziehungspartnerschaft mit den Eltern
- Verbesserung der Zusammenarbeit mit der Grundschule.

Eine weitere Schwerpunktsetzung geschah im Bereich der ministeriellen Zuständigkeit. So haben beispielsweise Mecklenburg-Vorpommern, Baden-Württemberg und Niedersachsen die Zuständigkeit für Kindertageseinrichtungen von den Sozial- auf die jeweiligen Kultusministerien verlagert. Die Länder Brandenburg, Rheinland-Pfalz sowie das Saarland hingegen haben die Zuständigkeit für den Kultusbereich und die Kinder- und Jugendhilfe in ein Bildungsministerium zusammengelegt.

Und schließlich wurde auch ein wichtiger Schwerpunkt im Bereich Weiterentwicklung der Ausbildung und Qualifikation der Erzieherinnen und Erzieher gesetzt: Ab 2003 wurden nahezu alle Ausbildungsordnungen aller Länder überarbeitet und es wurde – häufig parallel zur Erstellung des jeweiligen Bildungsplanes – eine Ausbildungsreform eingeleitet (z. B. Baden-Württemberg, Bayern). Gab es im Jahr 2004 noch vier Vertiefungsstudiengänge, sind es heute 70 Ausbildungsgänge an rund 60 unterschiedlichen Hochschulen – Tendenz steigend.

Der gesetzliche Förderungsauftrag und seine Umsetzung in den einzelnen Bundesländern

Bundesland	Gesetzliche Grundlage	Umsetzung	Aktuell zuständiges Ministerium
Baden-Württemberg	Gesetz über die Betreuung und Förderung von Kindern in Kindergärten, anderen Tageseinrichtungen und der Kindertagespflege (Kindertagesbetreuungsgesetz – KiTaG) vom 19.03.2009	Orientierungsplan für Bildung und Erziehung für die baden-württembergischen Kindergärten (2005): verbindlich	Ministerium für Kultus, Jugend und Sport www.km-bw.de
Bayern	Bayerisches Gesetz zur Bildung, Erziehung und Betreuung von Kindern in Kindergärten, anderen Kindertageseinrichtungen und in Tagespflege und zur Änderung anderer Gesetze vom 01.08.2005	Der Bayerische Bildungs- und Erziehungsplan für Kinder in Tageseinrichtungen bis zur Einschulung (BEP) (2006): verbindlich, wenn finanzielle Förderung beantragt wird	Bayerisches Staatsministerium für Arbeit und Sozialordnung, Familie und Frauen www.stmas.bayern.de
Berlin	Gesetz zur Förderung von Kindern in Tageseinrichtungen und Kindertagespflege (Kindertagesförderungsgesetz – KitaFöG) vom 23.06.2005	Berliner Bildungsprogramm für die Bildung, Erziehung und Betreuung von Kindern in Tageseinrichtungen bis zu ihrem Schuleintritt (BBP) (2004): verbindlich	Senatsverwaltung für Bildung, Wissenschaft und Forschung (Abteilung Jugend und Familie) www.berlin.de/sen/bwf/

Brandenburg	Zweites Gesetz zur Ausführung des Achten Buches des Sozialhilfegesetzbuches – Kinder- und Jugendhilfe – Kindertagesstättengesetz (KiTaG) vom 10.06.1992 in der Fassung vom 27.06.2004	Grundsätze elementarer Bildung in Einrichtungen der Kindertagesbetreuung im Land Brandenburg (2007): nicht verbindlich	Ministerium für Bildung, Jugend und Sport www.mbjs.brandenburg.de
Bremen	Bremisches Tageseinrichtungs- und Tagespflegegesetz – BremKTG – in Kraft seit 30.05.2006, Verkündungsstand 15.07.2010	Rahmenplan für Bildung und Erziehung im Elementarbereich: Frühkindliche Bildung in Bremen (2004): verbindlich	Senat für Arbeit, Frauen, Gesundheit, Jugend und Soziales www.soziales.bremen.de
Hamburg	Gesetz zur Neuregelung der Hamburger Kinderbetreuung (KibeG) vom 27.04.2004, zuletzt geändert durch Gesetz vom 03.11.2004	Hamburger Bildungsempfehlungen für die Bildung und Erziehung von Kindern in Tageseinrichtungen (2005): verbindlich	Behörde für Soziales, Familie, Gesundheit und Verbraucherschutz www.hamburg.de/bsg
Hessen	Hessisches Kinder- und Jugendhilfegesetzbuch (HKJGB) vom 18.12.2006	Bildung von Anfang an. Bildungs- und Erziehungsplan für Kinder von 0 bis 10 Jahren in Hessen (2007): verbindlich	Ministerium für Arbeit, Familie und Gesundheit www.hmafg.hessen.de
Mecklenburg-Vorpommern	Gesetz zur Förderung von Kindern in Tageseinrichtungen und Tagespflege vom 01.04.2004, zuletzt geändert durch Gesetz vom 10.07.2008 (KiFöG M-V)	Bildungskonzeption für 0- bis 10-jährige Kinder in Mecklenburg-Vorpommern (2010): verbindlich (§ 10 Abs. 3 KiFöG M-V)	Ministerium für Bildung, Wissenschaft und Kultur www.bm.regierung-mv.de
Niedersachsen	Gesetz über Tageseinrichtungen für Kinder (KiTaG) in der Fassung vom 07.02.2002, zuletzt geändert durch Gesetz vom 18.06.2009	Orientierungsplan für Bildung und Erziehung im Elementarbereich niedersächsischer Tageseinrichtungen für Kinder (2005): unverbindliche Empfehlung	Niedersächsisches Kultusministerium www.mk.niedersachsen.de
Nordrhein-Westfalen	Gesetz zur frühen Bildung und Förderung von Kindern (Kinderbildungsgesetz – KiBiz – Viertes Gesetz zur Ausführung des Kinder- und Jugendhilfegesetzes – SGB VIII) vom 30.10.2007	Bildungsvereinbarung NRW (2003): unverbindliche Empfehlung	Ministerium für Familie, Kinder, Jugend, Kultur und Sport www.mfkjks.nrw.de

Bundesland	Gesetzliche Grundlage	Umsetzung	Aktuell zuständiges Ministerium
Rheinland-Pfalz	Kindertagesstättengesetz (KitaG) vom 15.03.1991 in der Fassung vom 07.03.2008	Bildungs- und Erziehungsempfehlungen für Kindertagesstätten in Rheinland-Pfalz (2004): unverbindliche Empfehlungen	Ministerium für Bildung, Wissenschaft, Jugend und Kultur www.mbwjk.rlp.de
Saarland	Gesetz zur Förderung der vorschulischen Erziehung in der Fassung vom 18.06.2008 – Vorschulgesetz	Das Bildungsprogramm für saarländische Kindergärten (2006): verbindlich	Ministerium für Bildung www.bildung.saarland.de
Sachsen	Sächsisches Gesetz zur Förderung von Kindern in Tageseinrichtungen (Gesetz über Kindertageseinrichtungen – SächsKitaG) in der Fassung vom 17.12.2005	Der Sächsische Bildungsplan: Ein Leitfaden für pädagogische Fachkräfte in Krippen, Kindergärten und Horten sowie für Kindertagespflege (2007): verbindlich	Sächsisches Staatsministerium für Kultus und Sport www.sachsen-macht-schule.de/smk
Sachsen-Anhalt	Gesetz zur Förderung und Betreuung von Kindern in Tageseinrichtungen und in Tagespflege des Landes Sachsen-Anhalt (Kinderförderungsgesetz – KiFöG) vom 05.03.2003 in der Fassung vom 17.12.2008	Bildung: elementar – Bildung von Anfang an. Bildungsprogramm für Kindertageseinrichtungen in Sachsen-Anhalt (2004): verbindlich	Ministerium für Gesundheit und Soziales www.ms.sachsen-anhalt.de
Schleswig-Holstein	Gesetz zur Förderung von Kindern in Tageseinrichtungen und Tagespflegestellen (Kindertagesstättengesetz – KiTaG) vom 12.12.1991 in der Fassung vom 29.01.2009	Erfolgreich starten. Leitlinien zum Bildungsauftrag in Kindertageseinrichtungen (2004): unverbindliche Empfehlung	Ministerium für Bildung und Kultur www.schleswig-holstein.de/MBK/DE/MBK_node.html
Thüringen	Thüringer Gesetz über Tageseinrichtungen für Kinder (ThürKitaG) in der Fassung der Bekanntmachung vom 17.02.2006	Thüringer Bildungsplan für Kinder bis 10 Jahre (2008): verbindlich	Thüringer Ministerium für Bildung, Wissenschaft und Kultur www.thueringen.de/de/tmbwk

Praxisübung

Machen Sie sich mit dem Bildungsplan Ihres Bundeslandes in Bezug auf Gliederung, Ziele und Inhalte vertraut: Welche Kompetenzen sollen gestärkt werden? Ist der Plan verbindlich? Was sind die besonderen Stärken Ihres Bildungsplanes, welche Schwächen sehen Sie?

Eine unmittelbare rechtliche Bindung entfaltet der dreiteilige Förderungsauftrag des § 22 Abs. 2 Nr. 1–3 SGB VIII aufgrund der Gesetzessystematik gemäß § 3 Abs. 2 Satz 2 SGB VIII zwar lediglich für die Träger der öffentlichen Jugendhilfe, also beispielsweise die Landkreise und kreisfreien Städte als örtliche Träger (§ 69 SGB VIII) sowie die jeweiligen Landesjugendämter als überörtlicher Träger. Andere, insbesondere freigemeinnützige Träger werden aber mittelbar über § 22 a Abs. 5 SGB VIII ebenfalls dem Auftrag verpflichtet.

5.5 Die Kita als Bildungseinrichtung

Mit der Umsetzung des Förderauftrages in der institutionalisierten außerfamilialen Erziehung wird der Staat seinem aus Art. 6 Abs. 2 und 3 GG folgenden sogenannten Wächteramt gerecht, das ihm seit der Grundsatzentscheidung des Bundesverfassungsgerichtes das Recht und die Pflicht auferlegt, Pflege und Erziehung des Kindes sicherzustellen (siehe dazu Kapitel 6.3).

Anders als im Schulwesen, das einen eigenständigen Bildungsauftrag innehat, leitet sich der Bildungsauftrag von Kindertageseinrichtungen unmittelbar vom grundrechtlich geschützten elterlichen Erziehungs- und Bildungsprimat ab. Zugrunde liegende Prinzipien sind hier die Freiwilligkeit, die Nähe zur Familie und die Sicherung des Kindeswohles. Bildung wird als inklusiv, ganzheitlich verstanden – im Gegensatz zum Schulwesen, wo Bildung oft stark segregierend wirkt.

Bildung ist der Prozess der persönlichen Entwicklung, der Kultivierung und Integration der Persönlichkeit unter Einbeziehung kognitiver, sozialer, kultureller und ethischer Aspekte.

Mit Bildung ist damit die umfassende Aneignung derjenigen Fähigkeiten und Fertigkeiten, jenes Wissens und Können gemeint, das zu einer eigenständigen Lebensführung im Erwachsenenalter notwendig ist. Bildung im Elementarbereich stellt die Aktivität des Kindes in den Mittelpunkt. Das Kind ist der Ko-Konstrukteur seines Bildungsprozesses.

Bildung in Kitas ist somit etwas grundlegend anderes als Bildung in der Schule. Anhand der nebenstehenden Übersicht sind die wichtigsten Unterschiede erkennbar.

5.6   Soziale Ungleichheit und kompensatorische Erziehung

Führende deutsche Kindheitsforscher haben in Zusammenarbeit mit UNICEF geprüft, ob der in Politik und Gesellschaft formulierte Anspruch, allen Kindern in Deutschland ein verlässliches und förderndes Lebensumfeld zu schaffen, eingelöst wird. Sie vertiefen damit die Ergebnisse der internationalen UNICEF-Vergleichsstudie zum Wohlbefinden von Kindern in den OECD-Ländern von 2007. Diese hatte auf der Basis der UN-Konvention über die Rechte des Kindes erstmals umfassend die Situation von Kindern in reichen Ländern verglichen: die materielle Situation, Bildung, Gesundheit, persönliche Sicherheit, Beziehungen zu den Eltern und Freunden sowie das persönliche Wohlbefinden.

Das ernüchternde Ergebnis: Deutschland mag zwar eine der wichtigsten Exportnationen dieser Erde sein, in Bezug auf das Wohlbefinden der hier lebenden Kinder kann es jedoch in allen untersuchten Dimensionen allenfalls als Mittelmaß gelten – und dies, obwohl erhebliche Mittel für die Förderung von Kindern und Familien aufgebracht werden.

Der UNICEF-Bericht »Zur Lage von Kindern in Deutschland« kommt zu dem Ergebnis, dass sich das Wohlbefinden von Kindern durch Einzelmaßnahmen nicht nachhaltig verbessern lässt. Vielmehr müssen Bund, Länder und Gemeinden ihren zersplitterten, an einzelnen Ressorts orientierten Ansatz aufgeben und das Wohlergehen von Kindern in den Mittelpunkt ihrer Politik stellen.

Für die Zukunftsfähigkeit unserer Gesellschaft ist nach Einschätzung von UNICEF von entscheidender Bedeutung, dass die Lern- und Entwicklungschan-

Die Unterschiede zwischen Kita und Schule: Ein Überblick

Kindertageseinrichtungen	Schulwesen
Einrichtungen der Kinder- und Jugendhilfe	Kultushoheit der Länder (Art 70 GG)
Bund: Bundesministerium für Familie, Senioren, Frauen und Jugend Länder: 3 Mal Kultusministerium, 6 Mal Sozialministerium, 7 Mal Bildungsministerium	Kultusministerium des Landes
Keine Vorschule mit dem Ziel der effektiven Schulvorbereitung durch frühzeitige kognitive Wissensvermittlung	
Ziel: Verwirklichung § 1 SGB VIII – Förderung der Entwicklung des Kindes zu einer eigenverantwortlichen und gemeinschaftsfähigen Persönlichkeit	
Bildungsauftrag ist zwar im KJHG § 22 Abs. 2 SGB VIII festgeschrieben, leitet sich aber unmittelbar vom grundrechtlich geschützten elterlichen Erziehungs- und Bildungsprimat ab	Bildungsanspruch: Staatlicher Bildungsauftrag
Prinzip der Freiwilligkeit, der Nähe zur Familie und der Sicherung des Kindeswohles Grundlage schaffen für die gesellschaftliche Teilhabe eines jeden Kindes Sozialen Ungleichheiten frühzeitig entgegentreten	Bildungsauftrag wird notfalls auch gegen den Willen der Eltern im Rahmen der Schulpflicht durchgesetzt
Förderungsauftrag umfasst nach § 22 Abs. 3 SGB VIII die Trias aus Erziehung, Bildung und Betreuung	Vermittelt Bildung in erster Linie kognitiv über curricular aufgebaute Lehrpläne
Bezieht sich auf die soziale, emotionale, körperliche und geistige Entwicklung inklusive der Vermittlung orientierender Werte und Regeln	
Leistungsangebot soll sich pädagogisch und organisatorisch an den Bedürfnissen der Kinder und ihrer Familien orientieren	Kein entsprechender familiärer Bezug
Bildung inklusiv, ganzheitlich	Bildung eher segregierend

cen von benachteiligten Kindern verbessert und der Ausschluss von immer mehr Kindern verhindert wird. Politik für Kinder ist damit mehr als Familien- oder Bildungspolitik. Sie muss das Lebensumfeld der Kinder umfassend fördern und schützen. Kinder müssen von früh auf lernen, sich gegenseitig Vertrauen entgegenzubringen und sich für andere einzusetzen.

Einige Schlaglichter verdeutlichen die besonderen Probleme von Kindern in Deutschland:

- Kinder sind in Deutschland häufiger arm als Erwachsene. 35 bis 40 Prozent der Kinder in Ein-Eltern-Familien wachsen in relativer Armut auf. Sie bleiben auch länger in Armut als andere Kinder, die in diese Situation geraten.
- Kinder aus benachteiligten Familien profitieren besonders davon, wenn die Beschäftigungschancen ihrer Eltern verbessert und gleichzeitig Betreuungsmöglichkeiten angeboten werden. Gleichwohl ist Deutschland von dem Ziel, flächendeckend für mindestens ein Drittel aller Kinder unter drei Jahren Betreuungsplätze anzubieten, noch weit entfernt.
- Die Bildungschancen eines Kindes hängen in Deutschland viel stärker als in anderen Ländern davon ab, wo es lebt und wo es herkommt. Der Schulabschluss der Eltern, Arbeitslosigkeit im Wohnumfeld, die durchschnittliche Zahl der Bücher im Haushalt sowie der Migrantenanteil sind entscheidende Indikatoren.
- Kinder aus ausländischen Familien besuchen in den ersten Lebensjahren seltener eine Kindertageseinrichtung und sind in Sonder- und Hauptschulen stark überrepräsentiert. Etwa 17 Prozent der Jugendlichen mit Migrationshintergrund verlassen die Schule ohne einen Abschluss. In Baden-Württemberg sind es sogar 30 Prozent, in Hamburg und Berlin 25 Prozent.
- Chronische Krankheiten, Übergewicht und Verhaltensauffälligkeiten bei Kindern haben in den vergangenen Jahren stark zugenommen. Rund 13 Prozent der Kinder leiden an Bronchitis oder Neurodermitis; jeweils 15 Prozent sind übergewichtig, haben Verhaltensauffälligkeiten oder emotionale Probleme (Quelle: www.unicef.de).

Ungleiche private Verhältnisse prägen in besonderer Weise gerade die ersten Lebensjahre. Eltern in bildungsfernen Milieus fehlen nicht selten das Bewusstsein, der Wille und nicht zuletzt auch die Ressourcen – materielle, kulturelle und soziale –, um ihren Kindern ein anregendes Lernumfeld zur Verfügung zu stellen.

Diverse Milieustudien haben Kindheitsmuster in Abhängigkeit von Bildungsnähe erforscht. Danach bestehen deutliche milieuspezifische Unterschiede zwischen Kindern aus bildungsnahen und bildungsfernen Milieus.

	Kinder aus bildungsfernen Milieus	Kinder aus bildungsnahen Milieus
Freizeitbezogener Habitus	… bewegen sich in ihrer Freizeit häufiger in unorganisierten, nicht verplanten Kontexten	… bewegen sich häufig in verplanten und strukturierten Kontexten
	… verbringen ihre Freizeit typischerweise im freien Spielen auf dem Spielplatz	… sind tätig in verschiedenen organisierten, in klare Zeitstrukturen eingebundene Aktivitäten, die häufig durch Erwachsene angeleitet und beaufsichtigt sind
	… entscheiden häufig frei über ihre Freizeitaktivitäten	… machen hier die Erfahrung, mit fremdbestimmtem und von Erwachsenen definiertem Erfolg und Scheitern umzugehen: ein zentrales Element von Schule
	… sind selten in Vereine eingebunden	… sind häufig in Vereine eingebunden
	… nehmen selten oder nie Angebote außerschulischer Unterrichtsstunden an, die nicht der Kompensation schulischer Rückstände dienen	… haben eine durch außerschulische Unterrichtsstunden geprägte Freizeit
	… gehen Aktivitäten in informellen und nonformalen Kontexten nach, die primär dem Spaß und der Freude und nicht dem Lerngewinn im schulischen Bereich dienen	… erhalten häufig Musikunterricht, was dem System Schule anschlussfähig ist und dort zu guten Noten im Musikunterricht führt
Mediennutzung	… haben seltener Umgang mit dem Computer	… haben häufigen und sicheren Umgang mit dem Computer
	… schauen häufig Fernsehen und Video allein und mit den Eltern	… haben bedingt durch viele Freizeitaktivitäten weniger Fernseh- und Videokonsum
	… werden wenig durch die Eltern kontrolliert	… werden stark durch die Eltern kontrolliert
	… sehen häufig unbeaufsichtigt fern	… sehen selten unbeaufsichtigt fern
	… machen häufig die Erfahrung, dass Fernsehverbot von den Eltern als Strafe eingesetzt wird	… erhalten selten Fernsehverbot als Strafe
	… wählen Sendungen allein aus	… wählen Sendungen mit den Eltern aus

Familienbezogener Habitus	… wachsen in einem familienbezogenen Habitus auf, der wenig durch Stress und Hektik geprägt ist	… haben hohen Zeitdruck, bedingt durch zahlreiche Termine; dies führt zu Stresserleben und bereitet Kinder auf schulische und berufliche Anforderungen vor
	… verfügen nur zu geringen Teilen über festes Taschengeld und machen die Erfahrung, dass Taschengeld mit der finanziellen Gesamtsituation der Familie zusammenhängt	… erhalten in aller Regel Taschengeld, das überwiegend als fester regelmäßiger Betrag ausgezahlt wird
	… machen die Erfahrung, dass Geld mit Stress und Familienproblemen in Zusammenhang steht	… sind wenig durch Geldsorgen dominiert
	… nutzen Einrichtungen der Früherziehung seltener	… besuchen häufiger, früher und durchschnittlich länger eine vorschulische Bildungs- und Betreuungseinrichtung
Schulbezogener Habitus	… machen die Erfahrung, dass im Verständnis der Eltern die Schule für die Bildung der Kinder zuständig ist	… machen die Erfahrung, dass im Verständnis der Eltern die Schule lediglich ein Teilbereich der Bildung ist
	… machen die Erfahrung, dass Eltern guten Noten und Zeugnissen eine überdurchschnittliche Bedeutung beimessen	… erleben, dass Eltern sich weniger Sorgen um Schulnoten machen und gelassener damit umgehen
	… erhalten selten oder nie Hilfe durch die Eltern bei den Hausaufgaben	… erhalten häufig Hilfe bei den Hausaufgaben
	… machen die Erfahrung, dass Schule einen Problembereich innerhalb der Familie darstellt und schlechte Schulleistungen zu Familienproblemen führen können	… machen die Erfahrung, dass ihren Eltern die Schule sehr wichtig ist, aber diese dennoch gelassen mit den Anforderungen umgehen
	… haben Angst davor, in Unterricht und Schule Fehler zu machen	… haben weniger Angst davor, in der Schule Fehler zu machen und weniger Probleme, dem Unterricht zu folgen
	… bewegen sich im Kontext Schule oft unsicher, ängstlich und weniger bestimmt	… erleben, dass ihr Selbstbild im Kontext Schule mit den dort herrschenden Anforderungen konform geht

Die Aufstellung zeigt: Es ist unabdingbar, die Startbedingungen der Kinder aus bildungsfernen Milieus in außerfamilialen Institutionen zu verbessern. Die Kindertageseinrichtung ist die erste Bildungseinrichtung, mit der Kinder ihren privaten Familienrahmen verlassen und in das gesellschaftliche Leben eintreten.

Doch die Kita ist nicht nur für die Kinder da: »Eine zielgerichtete Förderung in der Altersphase von zwei bis vier Jahren kann unter Umständen spätere, zusätzliche Maßnahmen im Schulalter überflüssig machen. Integrationspolitisch muss sich das Augenmerk aber auch auf frühere Hilfe für benachteiligte Familien sowie auf Familien mit Migrationshintergrund richten. Förderangebote müssen früher ansetzen, um ungleiche familiäre und soziale Startbedingungen von Anfang an auszugleichen. Dabei ist auch die Familie direkt einzubeziehen. Insofern sind neue Formen der nicht-monetären Förderung von jungen Familien zu unterstützen« (DJI-Bulletin 76, 3/2006).

Praxisübung

Informieren Sie sich im Internet über Modellprojekte wie »Kulturarbeit mit Kindern« von der Stiftung Wohlfahrtspflege und »Mobile« vom Verein Basis und Woge. Benennen Sie Zielgruppen und Handlungsstrategien der Projekte.

Zahlreiche nationale und internationale Institutionen und Organisationen erstellen regelmäßig Bildungsberichte zum Stand der öffentlich finanzierten Bildung, Erziehung und Betreuung von Kindern. Hier eine Aufstellung:

	Studie/Bildungsbericht	Herausgeber/Auftraggeber/Förderer	Link
National	Bildung in Deutschland	Ständige Konferenz der Kultusminister der Länder	www.bildungsbericht.de
	Das Bildungswesen in der Bundesrepublik Deutschland	EURYPEDIA	www.kmk.org
	Bildungsbericht für Deutschland	Kultusministerkonferenz in Zusammenarbeit mit dem Bundesministerium für Bildung und Forschung	www.bildungsbericht.de
	Ländermonitor Frühkindliche Bildung	Bertelsmann-Stiftung	www.ländermonitor.de

	NUBBEK (Nationale Untersuchung zur Bildung, Betreuung und Erziehung in der frühen Kindheit)	Bundesministerium für Familie und Senioren, Frauen und Jugend	www.nubbek.de
	Delphi-Studien / Delphi-Methode	Bundesministerium für Bildung und Forschung	
International			
	IGLU-Studie (Internationale Grundschul-Lese-Untersuchung)	Progress in International Reading Literacy Study	www.iglu.ifs-dortmund.de
	PISA-Studie (Program for International Student Assessment)	OECD	www.pisa.oecd.org
	Starting strong	OECD	www.startstrong.de
	TIMSS (Third International Mathematics and Science Study)	Max-Planck-Institut	www.timss.mpg.de

5.7 Kinderarmut in Deutschland

»Was bedeutet Kinderarmut in Deutschland? Wann ist ein Kind überhaupt arm? Wie groß ist das Problem, geht es zurück oder nimmt es zu? Und wer ist besonders gefährdet?

Wie viele Kinder in Deutschland sind arm?

Dazu gibt es unterschiedliche Zahlen – was unter anderem daran liegt, dass es unterschiedliche Definitionen von Armut gibt. Sie beziehen sich nicht auf das einer Person oder Familie zur Verfügung stehende Geld, sondern auch auf andere Dimensionen wie Bildungschancen, Gesundheitsversorgung oder die Möglichkeit, am kulturellen Leben teilzunehmen. Außerdem wird in Statistiken und Presseberichten teilweise zwischen armen, armutsgefährdeten oder von Sozialleistungen abhängigen Kindern unterschieden, manchmal aber auch nicht.

Die materielle Situation wird in der Regel durch die Armutsrisikoquote beschrieben. Sie gibt, vereinfacht gesagt, den Anteil der Menschen an, die pro Kopf weniger als 60 Prozent des Durchschnittseinkommens der Bevölkerung zur Verfügung haben: Derzeit sind dies 870 Euro netto (manche Forscher setzen den Grenzwert auch bei 50 Prozent).

An der 60-Prozent-Grenze orientiert sich auch eine Studie, die das Bundesfamilienministerium herausgegeben hat. Laut dem ›Dossier Kinderarmut‹ genannten Bericht sind 2,4 Millionen Kinder, also jedes sechste Kind, armutsgefährdet. Diese Zahl nennt auch UNICEF in seinem ›Bericht zur Lage der Kinder in Deutschland‹ (2007). Nach Berechnung des Paritätischen Wohlfahrtsverbandes lebten 2007 mehr als 1,7 Millionen Kinder auf dem Niveau der Sozialhilfe. Weitere 200.000 Kinder hätten theoretisch Anspruch auf Hartz IV, nehmen aber keine Leistungen in Anspruch. Rund sechs Millionen Kinder lebten 2007 nach Schätzungen des Kinderhilfswerkes in Haushalten mit einem Jahreseinkommen von bis zu 15.300 Euro. Die Wohltätigkeitsorganisation ›Die Tafel‹ gibt an, dass unter 800.000 Bedürftigen, die von ihr 2007 regelmäßig kostenlos Essen und Lebensmitteltüten erhielten, ein Viertel Kinder waren.

Steigt die Kinderarmut?

Ja – das ist der überwiegende Tenor der Studien zum Thema. ›Das Armutsrisiko (60-Prozent-Schwelle) von Kindern und Jugendlichen in Deutschland ist seit Ende der 1990er Jahre der Tendenz nach angestiegen und lag im Jahr 2006 um 4,6 Prozentpunkte über dem Niveau von 1996‹, heißt es im ›Dossier Kinderarmut‹ des Bundesministeriums für Familie. Das Kinderhilfswerk gibt an, dass sich seit Einführung von Hartz IV Anfang 2005 bis 2007 die Zahl der Kinder, die von Sozialhilfe leben, auf gut 2,5 Millionen verdoppelt habe – mit weiter steigender Tendenz.

Sind Kinder ein Armutsrisiko?

Obwohl es für Eltern Leistungen vom Staat gibt: Kinder kosten Geld. ›Kinder brauchen jedes Jahr eine neue Jacke und Schreibmaterial für die Schule«, erinnerte etwa der Präsident des Deutschen Kinderschutzbundes, Heinz Hilgers, im Interview mit tagesschau.de. Alleinerziehende und Familien mit mehr Kindern sind durch geringeres Einkommen und höhere Ausgaben deshalb stärker von Armut gefährdet als der Rest der Bevölkerung. Wer sich um Kinder kümmern muss, kann bei der Arbeitssuche weniger flexibel sein als Kinderlose und ist deshalb häufig benachteiligt. Auch wer jung Kinder bekommt, verdient meist weniger als ältere Eltern.

Welche Folgen hat Kinderarmut?

Kinder aus armen oder armutsgefährdeten Familien leiden häufiger als ihre Altersgenossen auch unter anderen Problemen: Wissenschaftler und Sozialverbände beobachten, dass sie häufig schlecht und ungesund ernährt sind. ›Chronische Krankheiten, Übergewicht und Verhaltensauffälligkeiten haben bei benachteiligten Kindern stark zugenommen‹, schreibt UNICEF. Wenn arme Kinder nicht an Klassenfahrten teilnehmen können, kein Taschengeld bekommen und nur gebrauchte Kleidung bekommen, fühlen sie sich sozial ausgegrenzt.
›Teilweise tragen die Kinder kaputte Schuhe, schlechte Kleidung oder Kleidung, die nicht den Wetterverhältnissen angemessen ist‹, sagt die Berliner Sozialarbeiterin Mirjam Müller. ›Die größte Armut‹ sei aber die emotionale: ›Viele Kinder fühlen sich alleine gelassen und haben keine Bezugsperson.‹ Studien zeigen außerdem, dass Kinder aus ärmeren Familien schlechte Bildungschancen haben – und damit geringere Chancen als Erwachsene, selbst der Armut zu entkommen.

Was kann man gegen Kinderarmut tun?

Mehr Kindergeld, Hartz-IV-Sätze für Kinder erhöhen, Sachleistungen statt Steuerfreibeträge, bessere Kinderbetreuung, um die Jobchancen von Eltern zu erhöhen – Vorschläge gibt es viele. Ein Patentrezept hat noch niemand gefunden, geschweige denn durchgesetzt. Die Wissenschaftler des Bundesfamilienministeriums setzen als Leitziele: Die Situation von Kindern in einkommensschwachen Familien muss verbessert werden, das Armutsrisiko für Familien durch Vorbeugung und aktive Förderung reduziert werden« (www.tagesschau.de/inland/kinderarmut50.html).

Praxisübung

1. Was sind nach diesem Bericht die Merkmale von Kinderarmut? Erstellen Sie ein Ranking der Merkmale nach ihrer Gewichtigkeit.
2. Beschreiben Sie die Situation von armen Kindern mit drei Adjektiven.
3. Erstellen Sie einen Aktionsplan: Was sind die wichtigsten fünf Maßnahmen, um die Situation von Kindern in einkommensschwachen Familien zu verbessern?
4. Wählen Sie eine Maßnahme aus und erarbeiten Sie ein Strategiepapier zur Umsetzung dieser Maßnahme. Präsentieren Sie Ihre Kampagne mithilfe eines aussagekräftigen Slogans und eines Plakates.

Auch in unserem Land gibt es noch immer Anlass, bei der Umsetzung der Kinderrechte »Hausaufgaben« zu machen: Kinderrechte ermöglichen den Kindern faire, soziale, gerechte und sichere Entwicklungschancen. Eine Erziehung, die den Kindern keine Mitbestimmung, keinen Schutz vor Gewalt, keine Bildung vermittelt, missachtet ihre Rechte. Insbesondere Kindertageseinrichtungen sind dazu aufgerufen, ihre Angebote an den Kinderrechten auszurichten. Das Recht des Kindes auf Bildung ist in der BRD als Bildungsauftrag der Kinder- und Jugendhilfe in § 22 Abs. 1–3 SGB VIII – einem Bundesgesetz – festgeschrieben. Die Norm ist vergleichsweise allgemein gehalten, die inhaltliche Ausgestaltung hat der Gesetzgeber den 16 Bundesländern überlassen. Entsprechend den föderalen Strukturen gingen die Länder bei der Umsetzung des Bildungsauftrages ihren jeweils eigenen Weg und setzen unterschiedliche Schwerpunkte.

Der Förderungsauftrag des § 22 Abs. 2 Nr. 1–3 SGB VIII entfaltet aufgrund der Gesetzessystematik eine unmittelbare rechtliche Bindung gemäß § 3 Abs. 2 Satz 2 SGB VIII zwar lediglich für die Träger der öffentlichen Jugendhilfe – andere, insbesondere freigemeinnützige Träger werden jedoch mittelbar über § 22 a Abs. 5 SGB VIII ebenfalls dem Auftrag verpflichtet.

Mit der Umsetzung des Förderauftrages in der institutionalisierten außerfamilialen Erziehung wird der Staat seinem aus Artikel 6 Abs. 2 und 3 GG folgenden sogenannten Wächteramt gerecht, das ihm seit der Grundsatzentscheidung des Bundesverfassungsgerichtes das Recht und die Pflicht auferlegt, Pflege und Erziehung des Kindes sicherzustellen. Anders als im Schulwesen, das einen eigenständigen Bildungsauftrag innehat, leitet sich der Bildungsauftrag von Kindertageseinrichtungen unmittelbar vom grundrechtlich geschützten elterlichen Erziehungs- und Bildungsprimat ab. Allerdings prägen ungleiche private Lebensverhältnisse in besonderer Weise gerade die ersten Lebensjahre. Der Kindergarten ist die erste Bildungseinrichtung, mit der Kinder diesen privaten Familienrahmen verlassen und in das gesellschaftliche Leben eintreten.

Weiterführende Links

www.basisundwoge.de
www.bildungsserver.de
www.bmfsfj.de
www.bv-paed.de
www.dipf.de
www.ifp-bayern.de
www.kinderrechte-ins-grundgesetz.de
www.kmk.de
www.ku-ki.de
www.liga-kind.de
www.national-coalition.de
www.spi.nrw.de
www.unicef.de

6. Die Familie als Lebens- und Entfaltungsraum

»Als Lebens- und Entfaltungsraum für die Einheit von Erwachsenen und Kindern ist Familie ein Refugium gesellschaftlicher Freiheit, abgeschirmt von der Macht der Kollektive, dabei selbst eine ursprüngliche, erste und

sozial unabgeleitete Gemeinschaft. Mit den im familiären Zusammenhalt aufwachsenden Kindern sichert das politische Gemeinwesen zugleich seine Existenz in der Zeit und seine kulturelle Identität. Die intakte Familie prägt wie keine zweite Instanz den freien Menschen als zur moralischen Einsicht fähigen Bürger, Erziehung ist die Aufforderung zur freien Selbsttätigkeit: deshalb der klare Schutzauftrag an die staatlich organisierte Gemeinschaft.« (Di Fabio, NJW 2003, S. 994)

Praxisübung

1. Schreiben Sie zunächst die Begriffe auf, die Ihnen zum Thema »Familie« einfallen.
2. Führen Sie anschließend ein rotierendes Partnergespräch, in dem Sie die Begriffe austauschen.
3. Bilden Sie nun Kleingruppen, in denen Sie sich auf Begriffe einigen, die für das Thema von Bedeutung sind.

6.1   Familie: Definition und Erscheinungsformen

Die Familie wird zwar an prominenter Stelle des Art. 6 GG unter den »Schutz der staatlichen Ordnung« gestellt, doch erstaunlicherweise gibt es keine allgemeingültige gesetzliche Definition des Begriffs. Das Buch »Familienrecht« innerhalb des Bürgerlichen Gesetzbuches definiert in § 1589 nur den Begriff »Verwandtschaft« anhand der Abstammung, nicht jedoch den der Familie. Das Personenstandsgesetz erläutert in § 15, wen der Standesbeamte in das Familienbuch von Ehegatten einzutragen hat, nämlich:

1. die gemeinsamen Kinder der Ehegatten
2. die von den Ehegatten gemeinschaftlich als Kind angenommenen Kinder
3. die von einem Ehegatten als Kind angenommenen Kinder des anderen Ehegatten.

Das geschieht, ohne dass jedoch darin eine verbindliche Definition von »Familie« läge. Der Bundesgerichtshof hat deswegen festgestellt: Der Begriff des Familienangehörigen ist ein unbestimmter Rechtsbegriff. Eine einheitliche Definition in der deutschen Rechtsordnung fehlt. Und ableiten lässt sich eine Definition aus den vereinzelt bestehenden Vorschriften schon gar nicht.

Andere Gesetze ziehen den Kreis der Familienmitglieder jeweils »im Sinne dieses Gesetzes« wesentlich weiter. Das Wohngeldgesetz beispielsweise rechnet in § 4 Abs. 1 zu den Familienmitgliedern den Antragsteller selbst, den Ehegatten, Verwandte in gerader Linie sowie Verwandte zweiten und dritten Grades in der Seitenlinie, Verschwägerte in gerader Linie sowie Verschwägerte zweiten und dritten Grades in der Seitenlinie und schließlich Pflegekinder. Das Versicherungsrecht fasst demgegenüber unter den Begriff des »Familienangehörigen« nicht nur alle Personen, die miteinander verwandt, verschwägert oder verheiratet sind, sondern darüber hinaus auch Personen, die in einer Gemeinschaft zusammenleben, die einem Familienverband ähnelt – und dies ohne Rücksicht darauf, ob gesetzliche Unterhaltsverpflichtungen bestehen.

Im westlichen Kulturkreis wird heute unter »Familie« meist die sogenannte Kernfamilie verstanden, das heißt Vater, Mutter und deren Kinder. Die Kernfamilie erscheint in der Tat in den meisten modernen Gesellschaften als überwiegend vorkommendes Modell. Moderne Formen wie Wohngemeinschaften oder das Zusammenleben zweier Elternteile mit je eigenen Kindern (ob verheiratet oder nicht) bleiben minoritär. Begrifflich darf die »Kernfamilie« in diesem Sinn nicht mit der »Kleinfamilie« verwechselt werden, die wenig Mitglieder umfasst: Eine »Kernfamilie« mit zwölf ehelichen Kindern ist keine »Kleinfamilie«.

Eine Patchwork-Familie (engl. patchwork = Flickenteppich) ist im Sinne des Wortes ein »Flickenteppich« aus mehreren verschiedenen Familien. Dieser relativ neue Begriff bezeichnet Familien, bei denen die Eltern ihre jeweiligen Kinder aus vorhergehenden Ehen oder Lebenspartnerschaften in die neue Beziehung eingebracht haben. Die Kinder einer Patchwork-Familie sind also nicht zwangsläufig biologische Verwandte. Dabei kann es sogar vorkommen, dass Kinder eines solchen Haushaltes mit keinem der beiden Elternteile biologisch verwandt sind.

Als Ein-Elternfamilie oder auch Alleinerziehende bezeichnet man Elternteile, die Minderjährige, unter 18 Jahre alte Kinder und Jugendliche, alleine betreuen und erziehen.

Und zur nichtehelichen Lebensgemeinschaft, in der die Lebenspartner mit einem gemeinsamen Kind zusammenleben, hat das Bundesverfassungsgericht entschieden, dass diese gleichermaßen wie eine Familie im herkömmlichen Sinn enge soziale Bindungen mit familiärem Charakter aufweist. Das Verhältnis der Partner untereinander gehe nämlich über eine reine Zweckgemeinschaft zur Führung eines gemeinsamen Haushaltes und gemeinsamen Wirtschaftens hinaus.

Eine nicht rechtliche, sondern soziologische Definition des Begriffs »Familie« lautet:

Eine **Familie** (lat. familia = Hausgemeinschaft) ist eine soziale Gemeinschaft von mindestens zwei Personen, die verschiedenen Generationen angehören und füreinander Verantwortung übernehmen. Familie setzt nicht zwingend eine gemeinsame Abstammung (leibliche Elternschaft) oder eine Ehe zwischen Vater und Mutter voraus, sondern definiert sich vor allem über eine starke emotionale Bindung und gemeinsame Verantwortung. Die Familienmitglieder stehen in einem biologisch, rechtlich oder sozial begründeten Nachkommenschaftsverhältnis zueinander.

Die Familie stellt für ihre jeweiligen Kinder das primäre soziale System (= primäre Sozialisationsinstanz) dar und bietet ihnen Versorgung, Beziehung, Erziehung und nicht zuletzt auch Bildung. Die Familie ist der erste, umfassendste, am längsten und stärksten wirkende, einzig private Bildungsort eines Kindes – und in den ersten Lebensjahren der wichtigste. Eltern sind damit nicht nur die ersten Erzieher im chronologischen Sinne, sondern auch in der Wertigkeit. Ihre Verlässlichkeit ist entscheidend für die ganze weitere Entwicklung des Kindes. Was es in der Familie erlebt und erfährt, bestimmt nachhaltig sein späteres Leben, sein Wissen und letztlich seine Fähigkeit, in der Gesellschaft zurechtzukommen.

Staat und Gesellschaft haben daher ein vitales Interesse daran, dass das »Projekt Familie« gelingt: Zum einen sorgt die Familie durch Reproduktion für den Fortbestand der Gesellschaft, zum anderen macht sie die aus ihr erwachsenden Kinder fit für die Gesellschaft, indem sie deren menschliche Grundbedürfnisse befriedigt, ihnen den Wert von moralischen Normen und stabilen sozialen Beziehungen vorlebt. Doch nicht immer wird eine Familie diesen Erwartungen gerecht. Viele Ehen bleiben – gewollt oder ungewollt – kinderlos, vielen Eltern fehlt es gerade an der Kompetenz, ihre Kinder auf die Anforderungen des gesellschaftlichen und beruflichen Lebens vorzubereiten, und viele Ehen sind instabil.

Ergebnisse des Mikrozensus 2011

Im Jahr 2011 gab es in Deutschland 8,1 Millionen Familien mit minderjährigen Kindern. In diesen Familien lebten insgesamt 14,6 Millionen Kinder, darunter 13 Millionen Kinder unter 18 Jahren. Seit 1996 ging die Zahl der Familien mit minderjährigen Kindern in Deutschland zurück. Hinter diesen rückläufigen Familienzahlen stehen unterschiedliche Entwicklungen bei den Familienformen. Während die Zahl traditioneller Familien (Ehepaare) sank, stieg die Zahl alternativer Familienformen (Alleinerziehende und Lebensgemeinschaften).

Trotz der rückläufigen Entwicklung traditioneller Familien waren im Jahr 2011 die Ehepaare mit minderjährigen Kindern mit 71 % die häufigste Familienform. Alleinerziehende Mütter und Väter machten 20 % der Familien mit Kindern unter 18 Jahren aus, während 9 % aller Familien Lebensgemeinschaften mit minderjährigen Kindern waren. Im Jahr 1996 hatten diese Anteile noch 81 % (Ehepaare) bzw. 14 % (Alleinerziehende) und 5 % (Lebensgemeinschaften) betragen.

Familien mit minderjährigen Kindern 2011 nach der Zahl der minderjährigen Kinder und nach der Familienform[1]

Zahl der minderjährigen Kinder	Insgesamt	davon		
		Ehepaare	Lebens-gemein-schaften	Allein-erziehende
		in 1000		
Insgesamt	8 080	5 750	743	1 588
1 minderjähriges Kind	4 306	2 709	506	1 090
2 minderjährige Kinder	2 913	2 324	190	399
3 minderjährige Kinder und mehr	862	717	46	98
		in %		
Insgesamt	100	71,2	9,2	19,7
1 minderjähriges Kind	100	62,9	11,8	25,3
2 minderjährige Kinder	100	79,8	6,5	13,7
3 minderjährige Kinder und mehr	100	83,2	5,3	11,4

1 Ergebnisse des Mikrozensus – Bevölkerung in Familie/Lebensform am Hauptwohnsitz
Quelle: Statistisches Bundesamt

Praxisübung

1. Welche Entwicklung lässt sich aus dieser Statistik für die Lebensform Familie ersehen?
2. Welche Gründe könnten hinter dieser Entwicklung stehen?
3. Warum ist es ein gesellschaftliches Problem, wenn immer mehr Ehen kinderlos bleiben?
4. Viele sehen im Rückgang der Eheschließungen und Kinderzahlen ein Zeichen mangelnder Bereitschaft, Verantwortung zu übernehmen und Bindungen einzugehen. Wie sehen Sie das?

6.2 Lebenslagen von Familien und Kindern

»Für die große Mehrheit der Menschen ist die Familie mit ihren unterschiedlichen Formen des Zusammenlebens die attraktivste Lebensform. In Deutschland lebt über die Hälfte der Bevölkerung in Familien. Drei Viertel davon sind ›herkömmliche‹ Familien mit verheirateten Eltern oder Stiefeltern. Daneben wächst die Zahl der nichtehelichen Lebensgemeinschaften mit Kindern und der allein Erziehenden stetig an. Ost- und Westdeutschland weisen in der Entwicklung der Familienformen und Kinderzahlen teils beträchtliche Unterschiede auf. So leben Kinder in den neuen Ländern häufiger bei einem alleinerziehenden Elternteil. Unter den allein Erziehenden dominieren in Westdeutschland die Geschiedenen, in Ostdeutschland die Ledigen.

Insgesamt ist die Zahl der Geburten und der minderjährigen Kinder weiter rückläufig. Die Mehrzahl der Familien mit Kindern lebt in materiell sicheren Verhältnissen und ist mit ihrer Lebenssituation zufrieden. Prekäre Lebenslagen können jedoch durch externe Ereignisse und nicht bewältigte Übergänge im Familienleben gestört werden. Besonders alarmierend ist, dass Kinder die größte Gruppe unter den Sozialhilfebeziehern stellen: Ende 2003 bezogen insgesamt 1,1 Mio. Kinder unter 18 Jahren laufende Hilfe zum Lebensunterhalt.

Eine sozial gerechte und nachhaltige Familienpolitik muss daher die Menschen dabei unterstützen, dass sie ihre Lebensentwürfe mit Kindern verwirklichen können. Sie hat Rahmenbedingungen dafür zu schaffen, dass die Gründung einer Familie kein Armuts- und Ausgrenzungsrisiko birgt. Sozial gerechte Familienpolitik ist nachhaltig darauf ausgerichtet, Familien bei der Überwindung von Armut und sozialer Ausgrenzung durch Erwerbstätigkeit zu unterstützen, die Vereinbarkeit von Familie und Beruf zu fördern und dabei zu helfen, dass Lebensentwürfe mit Kindern realisiert werden können. Durch die Schaffung einer fördernden Betreuungs- und Bildungsinfrastruktur werden Familien dabei unterstützt, den Kindern gerechte Startchancen mitzugeben. Dies trägt dazu bei, dass Bildung und Teilhabechancen der Kinder von ihrer sozialen Herkunft entkoppelt werden.

Durch zielgerichtete Transferleistungen werden den besonderen finanziellen Belastungen und Risiken von Familien Rechnung getragen und Armutsrisiken verringert. Transferleistungen alleine können aber – auch abgesehen davon, dass sie an fiskalische Grenzen stoßen – strukturellen und individuellen Armutsrisiken von Familien nur unzureichend begegnen. (…) Über eine zielgerichtete

Gestaltung finanzieller Leistungen für Familien hinaus wird der Ausbau einer Infrastruktur vorangetrieben, die Familien unterstützt. So werden neue Teilhabe- und Verwirklichungschancen geschaffen. (…)

Im Vergleich zu 1998 ist die Armutsrisikoquote von Familien zwar von 12,6 % auf 13,9 % gestiegen. Sie stieg damit aber etwas geringer als bei den Haushalten ohne Kinder (von 11,6 % auf 13,1 %). Das Risiko für Einkommensarmut unter Kindern (bis unter 16 Jahre) liegt zwar 2003 (15 %) wie bereits 1998 (13,8 %) etwas höher als in der Gesamtbevölkerung (von 12,1 % auf 13,5 %), hat sich aber dem Gesamtdurchschnitt leicht angenähert. Die relative Einkommensarmut in Paarhaushalten mit Kindern ist also langsamer gestiegen als in der Gesamtbevölkerung. Für die allein Erziehenden ist das Armutsrisiko (35,4 %) gegenüber 1998 nicht angestiegen. Die Leistungen des Familienleistungsausgleichs im weiteren Sinne (Kindergeld, Erziehungsgeld, Unterhaltsvorschuss und BAföG) reduzieren die relative Einkommensarmut von Familien deutlich. Bei allein Erziehenden wird bereits durch die Familienleistungen eine Reduktion um 15 Prozentpunkte erreicht. Bei Kindern wird das Armutsrisiko um neun Prozentpunkte gesenkt. (…) Arbeitslosigkeit, niedrige Erwerbseinkommen und eine geringe Arbeitsmarktintegration von Müttern stellen wesentliche Armutsrisiken für Familien mit Kindern dar. Erwerbstätigkeit, insbesondere Frauenerwerbstätigkeit, hat deswegen eine hohe Bedeutung für die Armutsbekämpfung, aber auch für die individuellen Teilhabe- und Verwirklichungschancen der Frauen. Zudem würde die Gesellschaft einen der besten Wege zur Bekämpfung von Kinderarmut verstellen, wenn sie nicht in der Lage wäre, in Zukunft Elternschaft und Berufstätigkeit vereinbar zu machen. (…) Die niedrige Erwerbsbeteiligung beider Elternteile bzw. des allein erziehenden Elternteils in Familien mit Kindern ist insbesondere auf fehlende Betreuungsangebote zurückzuführen. Der deutliche Nachholbedarf vor allem bei der Kinderbetreuung für unter Dreijährige – hier liegt Deutschland mit einer Betreuungsquote von 8,6 % z. B. deutlich hinter Schweden, Dänemark oder Frankreich zurück – und die im europäischen Vergleich niedrige Erwerbstätigkeit von Müttern machen ein Umsteuern in der Familienpolitik notwendig. (…) Betreuungsplätze in Tageseinrichtungen und in Tagespflege sind vorrangig für Kinder unter 3 Jahren zur Verfügung zu stellen, deren Eltern erwerbstätig sind oder Arbeit suchen. (…)

Ein geringer Bildungsstand der Eltern, mangelnde Sprachkenntnisse, das Ausbleiben von Unterhaltszahlungen nach Trennung und Scheidung sowie mangelnde Kompetenzen im Haushalts- und Zeitmanagement sind weitere Risikofaktoren für Familien. Deshalb zählen neben der Integration insbesondere der Mütter in den Arbeitsmarkt sowie der Verfügbarkeit öffentlicher und privater Transferleistungen auch Bildung, Haushalts- und Familienkompetenzen, ein gutes Zeitmanagement sowie funktionierende soziale Netzwerke zu den wichtigen Ressourcen, mit denen Familien eine eigenverantwortliche Lebensgestaltung realisieren und Armut vorbeugen können. Gleichzeitig sollen Familien in ihrem Bemühen unterstützt werden, Kindern gute Start- und Zukunftschancen zu geben. Für Familien mit geringen Haushaltseinkommen ist dies oftmals besonders schwierig. Da Lernfähigkeit und -bereitschaft von Kindern mit den wirtschaftlichen und sozialen Verhältnissen zusammenhängen, in denen sie aufwachsen, sind Maßnahmen zugunsten der kindlichen Entwicklung soziale Investitionen, die den Bildungsinvestitionen im eigentlichen Sinn gleichrangig zur Seite stehen« (Aus dem 2. Armuts- und Reichtumsbericht der Bundesregierung 2005).

Praxisübung

1. Erarbeiten und diskutieren Sie: Was sind die zentralen Aussagen aus dem 2. Armuts- und Reichtumsbericht der Bundesregierung?
2. Recherchieren Sie die Formen staatlicher Unterstützung für Familien im Internet und erstellen Sie eine Dokumentation der Ergebnisse.
3. Erkundigen Sie sich, welche Angebote über die staatlichen Hilfsangebote hinaus Kirchen und andere gemeinnützige Organisationen in Ihrem Umfeld für Familien machen.
4. Prüfen Sie die Wahlprogramme der Parteien im Internet. Inwiefern haben Aspekte einer nachhaltigen Familienpolitik bereits Eingang gefunden?

Zahlreiche Berichte spiegeln die Situation von Familien in Deutschland in stets aktuellen Daten wider. Hier die wichtigsten:

Berichte zur Situation von Kindern und Familien

Titel	Herausgeber	Link
DJI-Kinderpanel	Deutsches Jugend-institut	www.dji.de/kinderpanel
Familienbericht	Bundesministerium für Familie, Senioren, Frauen und Jugend	www.bmfsfj.de/doku/Publikationen/familienbericht/archiv.html
Familienreport	Bundesministerium für Familie, Senioren, Frauen und Jugend	www.bmfsfj.de/BMFSFJ/Service
KiGGS-Studie zur Gesundheit von Kindern und Jugendlichen	Robert-Koch-Institut	www.kiggs.de
Kinder- und Jugendbericht	Sachverständigenkommission der Bundesregierung	www.bmfsfj.de/BMFSFJ/Service
Kinderreport Deutschland	Deutsches Kinderhilfswerk	www.dkhw.de
LBS-Kinderbarometer	Landesbausparkassen	www.lbs.de/west/die-lbs/initiative-junge-familie/lbs-kinderbarometer
UNICEF-Bericht zur Lage der Kinder in Industrieländern 2010	UNICEF	www.unicef.de
World Vision Kinderstudie: Kinder in Deutschland	World Vision	www.worldvisionkinderstudie.de

Im Blickpunkt: Der Ausbau der Betreuungsangebote

Nach Ansicht führender Wissenschaftler lässt eine Problemdiagnose die Identifikation von vier zentralen aktuellen und zukünftigen Aufgabenbereichen der Familienpolitik zu:

- Familienleistungen müssen finanziell anerkannt, Opportunitätskosten reduziert werden. Opportunitätskosten sind die Verzichtskosten, die Eltern leisten, um Kinder zu betreuen. Diese müssen weitgehend von der Gesellschaft getragen werden.
- Erwerbsleben und Elternschaft miteinander zu vereinbaren, muss unter dem Primat der Wahlfreiheit gewährleistet sein.

- Elternkompetenz ist kein naturgegebener Instinkt: Zunehmend können Defizite in der Erziehung von Kindern beobachtet werden. Zukünftige Familienpolitik muss daher auch zum Ziel haben, die Elternkompetenz breit zu unterstützen und zu entwickeln.
- In Zusammenhang mit diesen Handlungsfeldern und darüber hinaus, veranlasst durch die bildungspolitische Diskussion nach PISA, müssen Betreuung, Erziehung und Bildung stärker aufeinander abgestimmt sein.

Ein Ausbau der Betreuungsangebote käme in allen Bereichen positiv zum Tragen. Dennoch bleibt die Frage, welchem Leitbild sich zukünftige Familienpolitik verpflichten soll:

- Sollen Frauen verstärkt in den Arbeitsmarkt gebracht werden, indem der Konflikt zwischen Kind und Beruf entschärft werden soll? Dann wäre der Ausbau der Betreuungsangebote vorrangig.
- Oder soll die Babypause als Familienleistung finanziell anerkannt werden? Dann müsste ein Betreuungsgeld gezahlt werden.

Praxisübung

Welchem Leitbild stimmen Sie zu? Recherchieren Sie zum Thema Betreuungsgeld und diskutieren Sie diese Frage.

6.3 Die Familie in unserer Verfassung: Art. 6 GG

Die Familie kann dem Staat nicht gleichgültig sein. Daher hat er durch das Familienrecht im BGB umfangreiche Regelungen zu Themen wie Namensrecht, eheliches Güterrecht, Familienunterhalt, Gleichstellung von ehelichen und nichtehelichen Kindern, elterliche Sorge etc. getroffen. All diese Vorschriften sind Ausprägung des verfassungsrechtlich festgeschriebenen Schutzes von Ehe und Familie des Art. 6 GG als wertentscheidende Grundsatznorm des Grundgesetzes für den gesamten Lebensbereich Familie. In dieser Vorschrift hat das Grundgesetz eine Reihe von Grundentscheidungen über Ehe, Familie, Elternschaft und Kindeswohl festgeschrieben.

Art. 6 Abs. 1 GG wendet sich direkt an den Staat: »Ehe und Familie stehen unter dem besonderen Schutz der staatlichen Ordnung.«

Der Verfassungsgeber garantiert damit die Familie als Institution (Institutsgarantie): Ihre Belange und ihr Bestand sind bei jeder Ausübung öffentlicher Gewalt zu achten; der Gesetzgeber hat ihren Wertgehalt positiv zu verwirklichen, beispielsweise im Privat-, Steuer- und Sozialrecht. Selbst in der Untersuchungshaft und im Strafvollzug muss die besondere Bedeutung der Ehe im Hinblick auf Besuchsregelungen Beachtung finden. Außerdem stellt der Verfassungsgeber sie unter den »besonderen Schutz« der staatlichen Ordnung. Bemerkenswert ist, dass eine solche Zusage verfassungsrechtlich singulär ist: An keiner anderen Stelle des Grundgesetzes wird ein »besonderer« Schutz zugesagt.

Nicht alle Lebensformen, die dem Begriff der Familie aus der Definition in Kapitel 6.1 entsprechen, stehen aber auch unter dem Schutz des Art. 6 Abs. 1 GG: Die nichtehelichen Lebensgemeinschaften und Lebenspartnerschaften nach dem Lebenspartnerschaftsgesetz können sich nicht auf den Grundrechtsschutz des Art. 6 GG berufen.

Das mit Art. 6 Abs. 1 GG anerkannte Elternrecht wird durch Art. 7 Abs. 2 GG ergänzt, wonach Eltern über die Teilnahme eines Kindes am Religionsunterricht entscheiden.

Art. 6 Abs. 2 S. 1 GG wendet sich an die Eltern: »Pflege und Erziehung der Kinder sind das natürliche Recht der Eltern und die zuvörderst ihnen obliegende Pflicht.«

Eltern im Sinne dieser Norm sind Eltern ehelich geborener Kinder, Eltern nichtehelich geborener Kinder sowie Adoptiveltern. Kinder sind alle noch nicht Volljährigen.

»Natürliches« Recht bedeutet in diesem Zusammenhang, dass das Elternrecht vorstaatlichen Charakter hat und daher überpositives Recht ist. Es gibt den Eltern das Recht, die Entwicklung und Lebensrichtung ihrer Kinder nach ihren eigenen Vorstellungen frei zu bestimmen und zu gestalten, sofern sie dadurch nicht gegen die Rechte anderer (z. B. das Schulrecht), das Sittengesetz (z. B. die Erziehung zu Bettlern oder Dieben) oder die verfassungsmäßige Ordnung verstoßen. Insbesondere hinsichtlich des letzten Punktes ist die Forderung nach einem Verbot der Scientology-Sekte bedeutsam. Indem diese Norm den Eltern eine Pflicht zur Pflege und Erziehung zuschreibt, gibt es den Kindern mittelbar ein Recht darauf.

Diese können dieses Recht allerdings nicht eigenständig einklagen, es ist lediglich ein sogenanntes »Reflexrecht«.

Was aber ist nun genau unter »Pflege und Erziehung« als Kernbereich der den Eltern zustehenden Rechte und Pflichten zu verstehen? Pädagogen, Psychologen, Soziologen, Juristen haben jeweils unterschiedliche Definitionen. Rechtsprechung und Rechtslehre erklären wie folgt:

Erziehung bedeutet, jemandes Geist und Charakter zu bilden und seine Entwicklung zu fördern.

Pflege ist die Sorge für die körperliche Existenz und für die angemessene geistige und seelische Entwicklung.

Art. 6 Abs. 2 S. 2 GG postuliert das sogenannte Wächteramt des Staates: »Über ihre Betätigung wacht die staatliche Gemeinschaft.«

Art. 6 Abs. 3 GG regelt die zwangsweise Trennung von Eltern und Kindern. Dem Grundgesetzgeber war diese Thematik so wichtig, dass er ihr einen eigenen Absatz widmete und das Elternrecht unter einen qualifizierten Gesetzesvorbehalt stellte: »Gegen den Willen der Erziehungsberechtigten dürfen Kinder nur aufgrund eines Gesetzes von der Familie getrennt werden, wenn die Erziehungsberechtigten versagen oder wenn die Kinder aus anderen Gründen zu verwahrlosen drohen.«

Versagen bedeutet die anhaltende Nichterfüllung der Erziehungspflicht, also eine **drohende Verwahrlosung**, sodass das körperliche, geistige oder seelische Wohl des Kindes in solchem Maße gefährdet ist, dass die Aufrechterhaltung der Familiengemeinschaft nicht mehr verantwortet werden kann.

Art. 6 Abs. 4 GG schreibt den besonderen Schutz der Mutter fest: »Jede Mutter hat Anspruch auf den Schutz und die Fürsorge der Gemeinschaft.«

Art. 6 Abs. 5 GG stellt die nicht ehelichen den ehelichen Kindern gleich: »Den unehelichen Kindern sind durch die Gesetzgebung die gleichen Bedingungen für ihre leibliche und seelische Entwicklung und ihre Stellung in der Gesellschaft zu schaffen wie den ehelichen.«

Art. 6 GG ist eine ambivalente und multifunktionale Vorschrift: Zunächst einmal ist sie klassisches Abwehrrecht, indem sie dem Staat untersagt, in die Freiheit von Ehe und Familie einzugreifen. Zugleich enthält sie aber schon dem Wortlaut nach eine objektive Schutzpflicht. Nicht nur ist sie wertentscheidende Grundsatznorm, sondern auch institutionelle Garantie und Grundrecht. Und nicht zuletzt ist sie auch ein konkretes Stück Sozialstaat, wenn sie Schutz und Hilfe verspricht.

In seiner wegweisenden Entscheidung 24, 119 hat das Bundesverfassungsgericht zu Art. 6 GG ausgeführt:

»1. Das Kind ist ein Wesen mit eigener Menschenwürde und dem eigenen Recht auf Entfaltung seiner Persönlichkeit im Sinne der Art. 1 Abs. 1 und Art. 2 Abs. 1 GG. Eine Verfassung, welche die Würde des Menschen in den Mittelpunkt ihres Wertsystems stellt, kann bei der Ordnung zwischenmenschlicher Beziehungen grundsätzlich niemandem Rechte an der Person eines anderen einräumen, die nicht zugleich pflichtgebunden sind und die Menschenwürde des anderen respektieren. Die Anerkennung der Elternverantwortung und der damit verbundenen Rechte findet daher ihre Rechtfertigung darin, dass das Kind des Schutzes und der Hilfe bedarf, um sich zu einer eigenverantwortlichen Persönlichkeit innerhalb der sozialen Gemeinschaft zu entwickeln, wie sie dem Menschenbilde des Grundgesetzes entspricht.

2. Generalnorm ist Art. 6 Abs. 1 GG. Er statuiert ein umfassendes an die Adresse des Staates gerichtetes Schutzgebot, das weder durch einen Gesetzesvorbehalt noch auf andere Weise beschränkt ist. Die dreifache verfassungsrechtliche Bedeutung dieser Vorschrift ist bereits durch die Rechtsprechung des Bundesverfassungsgerichts geklärt; sie enthält sowohl eine Institutsgarantie wie ein Grundrecht auf Schutz vor störenden Eingriffen des Staates und darüber hinaus eine wertentscheidende Grundsatznorm für das gesamte Ehe und Familie betreffende Recht (BVerfGE 6, 55 [71 f]). In allen diesen Beziehungen ist die Familie als ein geschlossener, eigenständiger Lebensbereich zu verstehen; die Verfassung verpflichtet den Staat, diese Einheit und Selbstverantwortlichkeit der Familie zu respektieren und zu fördern (›Institutsgarantie‹).

3. Demgegenüber betreffen Art. 6 Abs. 2 und 3 GG als speziellere Bestimmungen die Eltern-Kind-Beziehung und bestimmen zugleich die Funktion des Staates und ihre Grenzen in diesem Bereich. Abs. 2 Satz 1 hebt den Vorrang der Eltern bei der Erziehung und Pflege der Kinder hervor und garantiert ihn verfassungsrechtlich; jedoch lässt schon das Wort ›zuvörderst‹ erkennen, dass neben

den Eltern auch der Staat die Funktion eines Erziehungsträgers mit entsprechenden Pflichten hat. Darüber hinaus legt Abs. 2 Satz 2 dem Staat das Amt auf, über die Pflege und Erziehung der Kinder durch die Eltern zu wachen (sog. »Wächteramt des Staates«). Abs. 3 regelt schließlich einen speziellen Eingriff des Staates in die Pflege und Erziehung und statuiert hierfür einen ausdrücklichen Gesetzesvorbehalt.

4. Dieser Grundrechtsschutz darf aber nur für ein Handeln in Anspruch genommen werden, das bei weitester Anerkennung der Selbstverantwortlichkeit der Eltern noch als Pflege und Erziehung gewertet werden kann. Diese Pflichtbindung unterscheidet das Elternrecht von allen anderen Grundrechten; sie ist auch anderer Art als die Sozialgebundenheit des Eigentums (vgl. Art. 14 Abs. 2 GG). In Art. 6 Abs. 2 Satz 1 GG sind Recht und Pflicht von vornherein unlöslich miteinander verbunden; die Pflicht ist nicht eine das Recht begrenzende Schranke, sondern ein wesensbestimmender Bestandteil dieses ›Elternrechts‹, das insoweit treffender als ›Elternverantwortung‹ bezeichnet werden kann.

5. Abs. 2 Satz 1 GG schützt danach die freie Entscheidung der Eltern darüber, wie sie dieser natürlichen Verantwortung gerecht werden wollen; er schützt nicht diejenigen Eltern, die sich dieser Verantwortung entziehen.

Wenn Eltern in dieser Weise versagen, greift das Wächteramt des Staates nach Art. 6 Abs. 2 Satz 2 GG ein; der Staat ist nicht nur berechtigt, sondern auch verpflichtet, die Pflege und Erziehung des Kindes sicherzustellen. Diese Verpflichtung des Staates folgt nicht allein aus dem legitimen Interesse der staatlichen Gemeinschaft an der Erziehung des Nachwuchses (vgl. § 1 JWG), aus sozialstaatlichen Erwägungen oder etwa aus allgemeinen Gesichtspunkten der öffentlichen Ordnung; sie ergibt sich in erster Linie daraus, dass das Kind als Grundrechtsträger selbst Anspruch auf den Schutz des Staates hat.

Dies bedeutet nicht, dass jedes Versagen oder jede Nachlässigkeit den Staat berechtigt, die Eltern von der Pflege und Erziehung auszuschalten oder gar selbst diese Aufgabe zu übernehmen; vielmehr muss er stets dem grundsätzlichen Vorrang der Eltern Rechnung tragen. Zudem gilt auch hier der Grundsatz der Verhältnismäßigkeit. Art und Ausmaß des Eingriffs bestimmen sich nach dem Ausmaß des Versagens der Eltern und danach, was im Interesse des Kindes geboten ist. Der Staat muss daher nach Möglichkeit zunächst versuchen, durch helfende, unterstützende, auf Herstellung oder Wiederherstellung eines verantwortungsgerechten Verhaltens der natürlichen Eltern gerichtete Maßnahmen sein Ziel zu erreichen. Er ist aber nicht darauf beschränkt, sondern kann, wenn solche Maß-

nahmen nicht genügen, den Eltern die Erziehungs- und Pflegerechte vorübergehend und sogar dauernd entziehen; in diesen Fällen muss er zugleich positiv die Lebensbedingungen für ein gesundes Aufwachsen des Kindes schaffen«
(BVerfGE 24, 119 ff).

Praxisübung

Nachdem Sie die Entscheidung des Bundesverfassungsgerichtes gelesen
haben, beantworten Sie bitte folgende Fragen:

1. Welche Grundrechte des Kindes werden genannt?
2. Was ist die dreifache verfassungsrechtliche Bedeutung des Art. 6
   Abs. 1 GG?
3. Was besagt die Institutsgarantie?
4. Welche Funktion hat der Staat innerhalb der Eltern-Kind-Beziehung?
5. Was ist das Wesen des Elternrechtes?
6. Was bedeutet »Wächteramt des Staates« und woraus bezieht es seine
   Rechtfertigung?
7. Welche Bedeutung hat der Verhältnismäßigkeitsgrundsatz für Eingriffe
   in das Elternrecht?

6.4   Verfassungswidrigkeit des § 1626 a BGB

Art. 6 GG rückte jüngst in den Fokus der aktuellen Presseberichterstattung, als
es um die Frage des gemeinsamen Sorgerechtes für nicht miteinander verheira-
tete Paare ging: Mit dem Inkrafttreten des Gesetzes zur Reform des Kindschafts-
rechtes am 1. Juli 1998 wurde nicht miteinander verheirateten Eltern erstmals
unabhängig davon, ob sie zusammenleben, durch § 1626 a BGB die Möglichkeit
eröffnet, die elterliche Sorge für ihr Kind gemeinsam zu tragen. Voraussetzung
hierfür ist, dass dies ihrem Willen entspricht und beide Elternteile entsprechende
Sorgeerklärungen abgeben (§ 1626 a Abs. 1 Nr. 1 BGB); anderenfalls bleibt die
Mutter alleinige Sorgerechtsinhaberin für das nichteheliche Kind. Auch eine
Übertragung der alleinigen elterlichen Sorge von der Mutter auf den Vater kann
nach § 1672 Abs. 1 BGB bei dauerhaftem Getrenntleben der Eltern nur mit Zu-

stimmung der Mutter erfolgen. Gegen ihren Willen kann der Vater eines nicht-ehelichen Kindes nur dann das Sorgerecht erhalten, wenn der Mutter wegen Gefährdung des Kindeswohles die elterliche Sorge entzogen wird, ihre elterliche Sorge dauerhaft ruht oder wenn sie stirbt.

Bereits im Jahr 2003 wies das Bundesverfassungsgericht darauf hin, dass § 1626a Abs. 1 Nr. 1 BGB sich dann als unvereinbar mit dem Elternrecht des Vaters aus Art. 6 Abs. 2 GG erweisen würde, wenn sich herausstellen sollte, dass es – entgegen der Annahme des Gesetzgebers – in größerer Anzahl aus Gründen, die nicht vom Kindeswohl getragen sind, nicht zur gemeinsamen Sorgetragung von Eltern nichtehelicher Kinder kommt (BVerfGE 107, 150 ff). Dem Gesetzgeber wurde ein entsprechender Prüfungsauftrag erteilt.

Der Europäische Gerichtshof für Menschenrechte (EGMR) erklärte in seinem Urteil vom 3. Dezember 2009, dass der grundsätzliche Ausschluss einer gerichtlichen Überprüfung der ursprünglichen Zuweisung der Alleinsorge an die Mutter im Hinblick auf den verfolgten Zweck, nämlich den Schutz des Wohles eines nichtehelichen Kindes, nicht verhältnismäßig sei (EGMR, Nr. 22028/04). Dieser Ansicht ist das Bundesverfassungsgericht in seinem Beschluss vom 21. Juli 2010, Az. 1 R 420/09, gefolgt:

Der Fall

Der Beschwerdeführer ist Vater eines 1998 nichtehelich geborenen Sohnes. Die Eltern trennten sich noch während der Schwangerschaft der Mutter. Der gemeinsame Sohn lebt seit seiner Geburt im Haushalt der Mutter, hat aber regelmäßig Umgang mit seinem Vater. Der Beschwerdeführer erkannte die Vaterschaft an. Eine Erklärung zur Ausübung der gemeinsamen elterlichen Sorge wurde von der Mutter verweigert. Als diese einen Umzug mit dem Kind beabsichtigte, beantragte der Beschwerdeführer beim Familiengericht die teilweise Entziehung des Sorgerechts der Mutter und die Übertragung des Aufenthaltsbestimmungsrechts auf ihn selbst; hilfsweise stellte er den Antrag, ihm das alleinige Sorgerecht zu übertragen oder die Zustimmung der Mutter zu einer gemeinsamen Sorge zu ersetzen. Das Familiengericht wies die Anträge in Anwendung der geltenden Rechtslage mit der Begründung zurück, dass es zur Übertragung des Sorgerechtes oder Teilen davon an der erforderlichen Zustimmung der Mutter fehle. Gründe für eine Entziehung des Sorgerechtes der Mutter lägen nicht vor. Die hiergegen beim Oberlandesgericht eingelegte Beschwerde blieb ohne Erfolg.

Der Erste Senat des Bundesverfassungsgerichts hat auf die Verfassungsbeschwerde nun entschieden, dass die §§ 1626 a Abs. 1 Nr. 1 und 1672 Abs. 1 BGB mit Art. 6 Abs. 2 GG unvereinbar sind. Der Beschluss des Familiengerichtes ist aufgehoben und zur erneuten Entscheidung zurückverwiesen worden. Bis zum Inkrafttreten einer gesetzlichen Neuregelung hat das Bundesverfassungsgericht in Ergänzung der §§ 1626a Abs. 1 Nr. 1, 1672 Abs. 1 BGB vorläufig angeordnet, dass das Familiengericht den Eltern auf Antrag eines Elternteils die elterliche Sorge oder einen Teil davon gemeinsam überträgt, soweit zu erwarten ist, dass dies dem Kindeswohl entspricht; dem Vater ist auf Antrag eines Elternteils die elterliche Sorge oder ein Teil davon allein zu übertragen, soweit eine gemeinsame elterliche Sorge nicht in Betracht kommt und zu erwarten ist, dass dies dem Kindeswohl am besten entspricht.

Die Begründung der Richter

Der Entscheidung liegen im Wesentlichen folgende Erwägungen zugrunde: Es ist verfassungsrechtlich nicht zu beanstanden, dass der Gesetzgeber das elterliche Sorgerecht für ein nichteheliches Kind zunächst allein seiner Mutter übertragen hat. Ebenfalls steht mit der Verfassung in Einklang, dass dem Vater eines nichtehelichen Kindes nicht zugleich mit der wirksamen Anerkennung seiner Vaterschaft gemeinsam mit der Mutter das Sorgerecht eingeräumt ist. Eine solche Regelung wäre allerdings mit der Verfassung vereinbar, sofern sie mit der Möglichkeit verbunden wird, gerichtlich überprüfen zu lassen, ob die gesetzlich begründete gemeinsame Sorge der Eltern dem Kindeswohl im Einzelfall tatsächlich entspricht.

Der Gesetzgeber greift jedoch dadurch unverhältnismäßig in das Elternrecht des Vaters eines nichtehelichen Kindes ein, dass er ihn generell von der Sorgetragung für sein Kind ausschließt, wenn die Mutter des Kindes ihre Zustimmung zur gemeinsamen Sorge mit dem Vater oder zu dessen Alleinsorge für das Kind verweigert, ohne dass ihm die Möglichkeit einer gerichtlichen Überprüfung am Maßstab des Kindeswohles eingeräumt ist.

Die Regelung des § 1626 a Abs. 1 Nr. 1 BGB, der die Teilhabe an der gemeinsamen Sorge von der Zustimmung der Mutter abhängig macht, stellt ohne die Möglichkeit einer gerichtlichen Überprüfung einen tiefgreifenden Eingriff in das Elternrecht des Vaters aus Art. 6 Abs. 2 GG dar. Der Gesetzgeber setzt das Elternrecht des Vaters in unverhältnismäßiger Weise generell hinter das der Mutter zurück, ohne dass dies durch die Wahrung des Kindeswohles geboten ist.

Denn die dem geltenden Recht zugrunde liegende Annahme des Gesetzgebers hat sich nicht als zutreffend erwiesen. Neuere empirische Erkenntnisse bestätigen nicht, dass Eltern die Möglichkeit gemeinsamer Sorgetragung in der Regel nutzen und die Zustimmungsverweigerung von Müttern in aller Regel auf einem sich nachteilig auf das Kind auswirkenden elterlichen Konflikt basiert sowie von Gründen getragen ist, die nicht Eigeninteressen der Mutter verfolgen, sondern der Wahrung des Kindeswohles dienen. Vielmehr verständigen sich lediglich knapp über die Hälfte der Eltern nichtehelicher Kinder darauf, Erklärungen zur Ausübung der gemeinsamen elterlichen Sorge abzugeben. Zum anderen ist nach durchgeführten Befragungen von Institutionen und Experten davon auszugehen, dass in nicht unbeträchtlicher Zahl Mütter allein deshalb die Zustimmung zur gemeinsamen Sorge verweigern, weil sie ihr angestammtes Sorgerecht nicht mit dem Vater ihres Kindes teilen wollen.

Auch die Regelung in § 1672 Abs. 1 BGB, der die Übertragung der Alleinsorge für ein nichteheliches Kind von der Zustimmung der Mutter abhängig macht, stellt einen schwerwiegenden und nicht gerechtfertigten Eingriff in das Elternrecht des Vaters aus Art. 6 Abs. 2 GG dar. Allerdings ist zu berücksichtigen, dass die Eröffnung einer gerichtlichen Übertragung der Alleinsorge auf den Vater andererseits schwerwiegend in das Elternrecht der Mutter eingreift, wenn dem väterlichen Antrag im Einzelfall stattgegeben wird. Denn der Mutter wird die bisher von ihr ausgeübte Sorge gänzlich entzogen, und zwar nicht, weil sie bei ihrer Erziehungsaufgabe versagt hat und dadurch das Kindeswohl gefährdet ist, sondern weil in Konkurrenz zu ihr der Vater sein Recht reklamiert, an ihrer Stelle für das Kind zu sorgen. Zudem ist mit einem Sorgerechtswechsel regelmäßig auch ein Wechsel des Kindes vom Haushalt der Mutter in den des Vaters verbunden, wodurch insbesondere das Bedürfnis des Kindes nach Stabilität und Kontinuität berührt wird. Unter Berücksichtigung dessen und in Abwägung der grundrechtlich geschützten Interessen beider Eltern ist es zwar mit Art. 6 Abs. 2 GG nicht vereinbar, dem Vater mangels Möglichkeit einer gerichtlichen Einzelfallprüfung den Zugang auch zur alleinigen Sorge zu verwehren. Eine Übertragung der Alleinsorge von der Mutter auf den Vater des nichtehelichen Kindes ist jedoch nur gerechtfertigt, wenn es zur Wahrung des väterlichen Elternrechtes keine andere Möglichkeit gibt, die weniger in das mütterliche Elternrecht eingreift, und wenn gewichtige Kindeswohlgründe vorliegen, die den Sorgerechtsentzug nahelegen. Deshalb ist zunächst zu prüfen, ob eine gemeinsame Sorgetragung beider Eltern als weniger einschneidende Regelung in Betracht kommt. Sofern dies der Fall ist, hat eine Übertragung der Alleinsorge zu unterbleiben. Ansonsten ist dem Vater die Alleinsorge zu übertragen, wenn zu erwarten ist, dass dies dem Kindeswohl am besten entspricht.

Bundesverfassungsgericht,
Beschl. vom 21.07.2010, Aktenzeichen 1 BvR 420/09

Der deutsche Gesetzgeber ist nunmehr aufgefordert, das Sorgerecht nicht miteinander verheirateter Eltern neu zu regeln. Familienrechtlicher sehen im Wesentlichen hierfür zwei Modelle:

1. Wie bisher wird der Mutter das grundsätzliche Sorgerecht eingeräumt. Lediglich ihr unumstößliches Vetorecht wird abgeschafft Der Vater kann dann bei Gericht das gemeinsame Sorgerecht beantragen.
2. Die weitergehende Lösung wäre, Mutter und Vater nach Geburt und Anerkennung der Vaterschaft genau wie bei verheirateten Eltern das gemeinsame Sorgerecht zuzuerkennen.

Welches Modell umgesetzt wird, ist noch offen: Das Justizministerium verweist auf eine gegenwärtig laufende Studie des Deutschen Jugendinstituts. Diese untersucht den Alltag in nichtehelichen Lebensgemeinschaften mit gemeinsamen Kindern. Die Ergebnisse dieser Studie sollen in das neu zu fassende Gesetzeswerk einfließen.

6.5 Die Kollision des Elternrechtes mit Grundrechten der Kinder

Grundrechte sind immer Abwehrrechte gegenüber dem Staat, kommen also im Verhältnis zwischen den Bürgern nicht zum Tragen. Eine sogenannte generelle Drittwirkung wird in der Rechtslehre abgelehnt. Eine Ausnahme hiervon spricht das Grundgesetz nur dem Art. 9 Abs. 3 GG zu, und das Bundesarbeitsgericht bejaht für arbeitsrechtliche Beziehungen die Drittwirkung, insbesondere des Gleichheitssatzes.

Allerdings lässt die Rechtslehre eine sogenannte »mittelbare Drittwirkung« der Grundrechte im Verhältnis von Bürgern untereinander gelten, da die Grundrechte als Maßstab einer objektiven Werteordnung angenommen werden (siehe Kapitel 3.3). Den Grundrechten wird diesbezüglich die sogenannte »Ausstrahlungswirkung« zugesprochen, die u. a. immer dann zum Tragen kommt, wenn innerhalb der Familie Grundrechte der einzelnen Mitglieder berührt sind. Will beispielsweise der 15jährige Sohn in einer Versammlung seine politische Meinung kundtun, Musik einer rechtsradikalen Rockband hören oder jugendgefährdende Schriften lesen, pflegt die 13jährige Tochter Umgang mit einem 40jährigen Mann oder will nach der 10. Klasse das Gymnasium verlassen, sind die unterschiedlichsten Grundrechte der Kinder betroffen und kollidieren mit dem Elternrecht des Art. 6 GG.

Sind Minderjährige grundrechtsfähig?

Eine interessante und in der Rechtslehre einstmals durchaus umstrittene Frage in diesem Zusammenhang lautet, ob Minderjährige grundrechtsfähig, das heißt Träger von Grundrechten sein können. Das Gesetz selbst schweigt sich zu dieser Frage aus. Betrachtet man allerdings die Grundrechte im Einzelnen, gelten manche von ihnen gerade auch für Minderjährige: So sind minderjährige Mütter genauso vom Schutz des Art. 6 Abs. 2 GG eingeschlossen wie volljährige; Art. 6 Abs. 5 GG macht nichteheliche Kinder ausdrücklich zu Trägern des dort gewährten Grundrechtes; Art. 12 Abs. 1 S. 1 GG wendet sich gerade an Minderjährige, wenn er die freie Wahl der Ausbildungsstätte gewährleistet. Darüber hinaus kommt in dem in Kapitel 6.3 dargelegten Urteil (BVerfG 24, 119) das Gericht zu dem Ergebnis, dass dem Kind die Grundrechte aus Art. 1 und 2 GG zustehen. Als Fazit kann also gelten: Jeder Mensch ist unabhängig von Alter und Reife Grundrechtsträger.

Sind Minderjährige auch grundrechtsmündig?

Eine ganz andere Frage ist die, ab welchem Alter ein Grundrechtsträger seine Grundrechte selbst oder durch einen bestellten Vertreter (Anwalt) wahrnehmen kann, also grundrechtsmündig ist. Auch hierzu enthalten weder das Grundgesetz noch die Rechtsprechung des Bundesverfassungsgerichtes eine Regelung. Wem aber die Grundrechtsmündigkeit fehlt, der ist vor dem Bundesverfassungsgericht nicht prozessfähig und muss sich durch seine gesetzlichen Vertreter (Eltern oder Betreuer) vertreten lassen.

Die Frage ist in der Rechtslehre sehr strittig, praktisch aber wenig bedeutsam, da nach allgemeiner Meinung die gerichtliche Geltendmachung von Grundrechten in den Prozessordnungen (VwGO, ZPO, StPO) geregelt werden kann. Da diese ausnahmslos die Prozessfähigkeit fordern, die wiederum an die zivilrechtliche Geschäftsfähigkeit anknüpft, kann eine Verfassungsbeschwerde von einem Grundrechtsträger selbst bzw. von seinem bestellten Vertreter erst dann erhoben werden, wenn er volljährig ist. Daraus folgt: Minderjährige müssen sich durch ihre gesetzlichen Vertreter vertreten lassen.

Von diesem Grundsatz gibt es zwei spezialgesetzlich geregelte Ausnahmen: Zum einen besteht Grundrechtsmündigkeit des Kindes für die Religionsfreiheit nach Art. 4 GG. Im dort zitierten Gesetz über die religiöse Kindererziehung ist in § 5 geregelt, dass Kinder ab 14 Jahren religionsmündig sind und sich insbesondere dann selbst vom Religionsunterricht abmelden können. Dies wird allgemein als zulässige Mündigkeitsregelung anerkannt.

In Bayern ist zu diesem Themenkomplex noch Art. 137 Abs. 1 BV als »Ausnahme zur Ausnahme« zu beachten, der bestimmt: »Die Teilnahme am Religionsunterricht und an kirchlichen Handlungen und Feierlichkeiten bleibt der Willenserklärung der Erziehungsberechtigten, vom vollendeten 18. Lebensjahr ab der Willenserklärung der Schüler überlassen.«

Zum anderen bestimmt § 60 FamFG, dass dem Jugendlichen ab dem 14. Lebensjahr ein eigenes Beschwerderecht in persönlichen Angelegenheiten zusteht.

Im konkreten Kollisionsfalle – wenn also ein Grundrecht des Kindes auf das Elternrecht des Art. 6 Abs. 2 GG prallt – muss im Einzelnen abgewogen werden. Zwar sind die Grundrechte des Minderjährigen ranggleich mit dem Elternrecht, sie müssen sich aber Einschränkungen durch das Elternrecht gefallen lassen. Art. 6 Abs. 2 GG fungiert hier als Korrelativ. Für die Abwägung werden zwei Gruppen von Grundrechten unterschieden:

> **Gruppe 1:** Grundrechte, deren Ausübung oder Aufgabe schwerwiegende rechtliche oder tatsächliche Folgen haben kann (z. B. Grundrecht auf körperliche Unversehrtheit, Art. 2 Abs. 2 GG; Grundrecht auf freie Berufswahl, Art. 12 Abs. 2 GG; Grundrecht auf Eigentum, Art. 14 Abs. 1 GG).
>
> **Gruppe 2:** Grundrechte, bei denen solche Folgen nur ausnahmsweise einmal auftreten können.

Bei Gruppe 1 gilt: Wo dem Minderjährigen wirklich Schaden droht, müssen die Eltern kraft ihres Elternrechts darauf achten, dass der Minderjährige die Grundrechte nicht zu seinem Schaden gebraucht. So liegt auf der Hand, dass jugendgefährdende Schriften und jugendgefährdende Trägermedien nicht von der Eigentumsgarantie des Art. 14 GG erfasst sein können.

Mit steigendem Lebensalter wird der Minderjährige die Folgen seiner Handlung immer mehr abwägen können, sodass das Elternrecht immer stärker zurücktritt. Im Einzelfall ist zu prüfen, ob der Minderjährige die nötige geistige Reife besitzt.

So führte auch der Bundesgerichtshof in seinem Urteil vom 10. Oktober 2006 (VI ZR 74/05) aus: »Minderjährigen Patienten kann bei einem nur relativ indizierten Eingriff mit der Möglichkeit erheblicher Folgen für ihre künftige Lebensgestaltung ein Vetorecht gegen die Einwilligung durch die gesetzlichen Vertreter zustehen, wenn sie über eine ausreichende Urteilsfähigkeit verfügen.«

Bei Gruppe 2 gilt: Hier kann ein wesentlich gelockerterer Abwägungsprozess ausreichend sein. So steht in familiären Diskussionen nicht selten das Grundrecht auf Meinungs- und Informationsfreiheit des Minderjährigen an erster Stelle: Wenn die Tochter einen für die Schule unbequemen Artikel in der Schülerzeitung veröffentlichen will oder der Sohn den Besuch einer Parteiveranstaltung plant, um dort seine politische Meinung zu äußern, wird die gebotene Abwägung zwischen Art. 5 Abs. 1 S. 1 GG und Art. 6 Abs. 2 GG in der Regel zugunsten des Minderjährigen ausfallen – und dies umso unproblematischer, je älter der Minderjährige ist. Doch Ausnahmen gelten auch hier: Sind Schulverweise oder Beleidigungsklagen zu befürchten, ist es die Pflicht der Eltern, das Kind davor zu schützen.

Auch das Brief-, Post- und Fernmeldegeheimnis des Minderjährigen aus Art. 10 GG kann betroffen sein und muss dann hinter dem Elternrecht aus Art. 6 GG zurücktreten, wenn der konkrete Verdacht einer Fehlentwicklung des Minderjährigen oder einer unzulässigen oder schädlichen Beeinflussung durch den Briefpartner besteht. In diesem Fall können nach Eintritt der Pubertät Briefe geöffnet und das Handy kontrolliert werden. Besteht für einen solchen Verdacht allerdings kein Anhaltspunkt und werden die Briefe dennoch geöffnet, ist der Straftatbestand des § 202 StGB erfüllt. Danach darf die ausgehende Post nicht kontrolliert werden, da diese den Minderjährigen nicht gefährden kann. Etwas anderes gilt für den E-Mail-Verkehr: Da hier die Unkosten von den Eltern getragen werden und es sich nicht um verschlossene Sendungen handelt, greift § 202 StGB nicht.

Praxisübung

Führen Sie eine Pro- und Contra-Diskussion zu folgendem Sachverhalt: Die zwölfjährige Nina M. möchte sich auf Empfehlung ihrer Ärztin gegen humane Papillomaviren (HPV) impfen lassen. Ihre Eltern halten dies für unnötig, da Nina mit zwölf Jahren ihrer Ansicht nach noch nicht gefährdet sei, außerdem fürchten sie in Anbetracht der im Zusammenhang mit der Impfung jüngst aufgetretenen Todesfälle um das Wohlergehen ihrer Tochter.

Zwar wird die »Familie« an prominenter Stelle des Art. 6 GG unter den »Schutz der staatlichen Ordnung« gestellt, doch erstaunlicherweise gibt es keine allgemeingültige gesetzliche Definition des Begriffs. Was ein Kind in der Familie erlebt und erfährt, bestimmt nachhaltig sein späteres Leben, sein Wissen und letztlich seine Fähigkeit, in der Gesellschaft zurechtzukommen. Staat und Gesellschaft haben daher ein vitales Interesse daran, dass das »Projekt Familie« gelingt. Daher hat der Staat durch das Familienrecht im BGB umfangreiche Regelungen zu Themen wie Namensrecht, eheliches Güterrecht, Familienunterhalt, Gleichstellung von ehelichen und nicht-ehelichen Kindern, elterliche Sorge etc. getroffen. All diese Vorschriften sind Ausprägung des verfassungsrechtlich festgeschriebenen Schutzes von Ehe und Familie des Art. 6 GG als wertentscheidende Grundsatznorm des Grundgesetzes für den gesamten Lebensbereich Familie.

Art. 6 GG ist eine ambivalente und multifunktionale Vorschrift: Zunächst einmal ist sie klassisches Abwehrrecht, indem sie dem Staat untersagt, in die Freiheit von Ehe und Familie einzugreifen. Zugleich enthält sie aber schon dem Wortlaut nach eine objektive Schutzpflicht. Nicht nur ist sie wertentscheidende Grundsatznorm, sondern auch institutionelle Garantie und Grundrecht. Und außerdem ist sie auch ein konkretes Stück Sozialstaat, wenn sie Schutz und Hilfe verspricht.

Nicht alle Lebensformen, die aus soziologischer Perspektive dem Begriff der Familie entsprechen, stehen aber auch unter dem Schutz des Art. 6 Abs. 1 GG: Die nichtehelichen Lebensgemeinschaften und Lebenspartnerschaften nach dem Lebenspartnerschaftsgesetz können sich nicht auf den Grundrechtsschutz des Art. 6 GG berufen.

Sind innerhalb der Familie Grundrechte der einzelnen Mitglieder berührt, kommt die Ausstrahlungswirkung der Grundrechte zum Tragen. Der Minderjährige ist Träger von Grundrechten, kann sie aber noch nicht allein geltend machen; er ist grundrechtsfähig, aber nicht grundrechtsmündig. Kollidiert ein Grundrecht des Kindes mit dem Elternrecht des Art. 6 Abs. 2 GG, muss im Einzelnen je nach Alter und Schwere der Folgen für den Minderjährigen abgewogen werden.

Weiterführende Links

www.ane.de
www.beruf-und-familie.de
www.bmfsj.de
www.destatis.de
www.dji.de
www.familienhandbuch.de
www.heidelberger-familienbuero.de
www.shell-jugendstudie.de
www.vamv.de

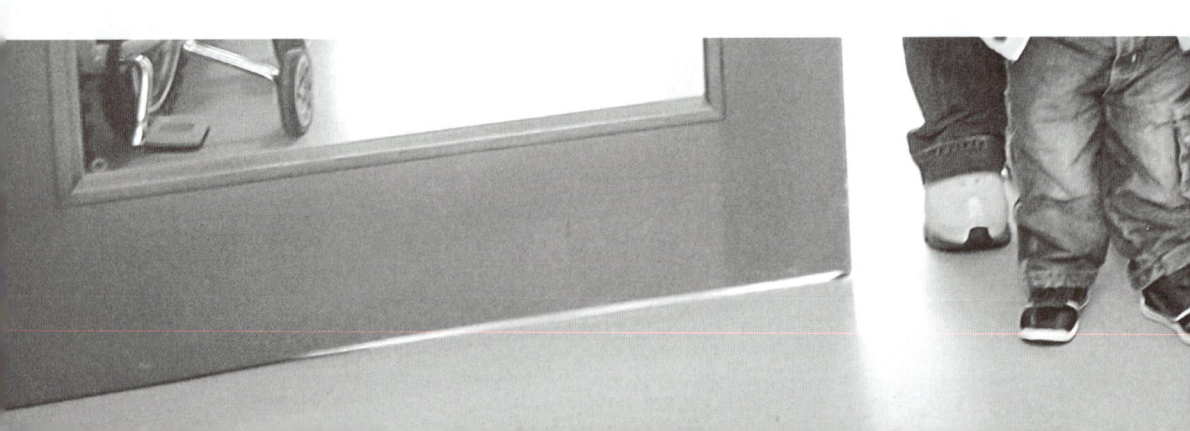

7. Das Eltern-Kind-Verhältnis

»Das Elternrecht beruht auf der Erfahrung, dass in aller Regel Eltern das Wohl des Kindes mehr am Herzen liegt als irgendeiner anderen Person oder Institution.« (BVerfGE 59, 360)

Das rechtliche Verhältnis von Eltern zu ihrem Kind ist umfassend im Familienrecht des BGB, dort unter dem Titel »Rechtsverhältnis zwischen den Eltern und dem Kind im Allgemeinen«, in den §§ 1616 ff geregelt. Es ist ein den Interessen und dem Wohl des Kindes dienendes Schutzverhältnis. Die §§ 1626 ff BGB regeln das Recht der elterlichen Sorge.

Praxisübung

Die Norm des § 1626 BGB ist auch Ausdruck des demokratischen Prinzips unserer Rechtsordnung. Weshalb?

7.1 Die Träger der elterlichen Sorge

Träger der gemeinsamen Sorge sind die Eltern, wenn das Kind in der Ehe geboren wird (§ 1626 BGB). Darüber hinaus bestimmte bislang § 1626 a BGB die gemeinsame Sorge der Eltern, wenn sie entweder nach der Geburt heiraten (§ 1626 a Abs. 1 Nr. 2 BGB) oder zwar nicht miteinander verheiratet sind, aber beide erklären, die Sorge für das gemeinsame Kind übernehmen zu wollen (§ 1626 a Abs. 1 Nr. 1 BGB). Hinsichtlich dieser Regelung ist aber zu beachten, dass sie verfassungswidrig ist (siehe Kapitel 6.4), da sie dem Vater die originäre (Allein-)Sorge abspricht. Der Gesetzgeber ist daher aufgerufen, sie abzuändern.

Ein gemeinsamer Hausstand ist für die elterliche Sorge nicht erforderlich; die Eltern eines Kindes können auch mit anderen Partnern verheiratet sein. Die Sorgeerklärung kann schon vor der Geburt abgegeben werden (§ 1626 b Abs. 2 BGB), sie ist unwirksam aus Gründen nach Abs. 3. Die Sorgeerklärung eines beschränkt geschäftsfähigen Elternteiles bedarf der Zustimmung seines gesetzlichen Vertreters (§ 1626 c Abs. 2 S. 1 BGB). Die Sorgeerklärung und Zustimmung müssen öffentlich beurkundet werden (§ 1626 d BGB).

Veränderungen in der elterlichen Sorge

Veränderungen in der elterlichen Sorge können aus unterschiedlichen Gründen eintreten – infolge:

1. Ausfall eines Elternteiles
   - durch Verhinderung oder Ruhen (§ 1678 Abs. 1 1. HS BGB)
   - Tod oder Todeserklärung (§ 1680 Abs. 1, 1681 Abs. 1 BGB)
   - Entzug (§ 1680 Abs. 3 BGB)
2. Trennung der Eltern; § 1671 BGB gibt den Weg zur Alleinsorge, unabhängig davon, ob die Eltern verheiratet oder geschieden sind
3. Übertragung auf den Vater (§ 1672 BGB)
4. Änderung einer bisherigen Sorgeregelung (§ 1696 BGB).

7.2 Inhalt der elterlichen Sorge

Nach § 1626 BGB besteht die Pflicht und das Recht der Eltern zur elterlichen Sorge. Das am 1. Juli 1998 in Kraft getretene Kindschaftsreformgesetz hat den § 1626 Abs. 1 BGB neu gefasst: Die Reihenfolge von »Recht und Pflicht« wurde in »Pflicht und Recht« getauscht und so die Pflichtgebundenheit des Sorgerechtes stärker betont. § 1627 BGB bestimmt, dass die Eltern die Sorge in eigener Verantwortung und in gegenseitigem Einvernehmen auszuüben haben. Bei Meinungsverschiedenheiten müssen sie versuchen, sich zu einigen. Es ist anerkannt, dass Eltern sich auch wechselseitig bevollmächtigen, beispielsweise eine Absprache dahingehend treffen können, dass für alle Schulangelegenheiten wie Elternabende, Lehrergespräche, Unterschriftsleistungen unter Klassenarbeiten die Mutter zuständig ist. Die Bevollmächtigung kann auch stillschweigend erfolgen.

Die elterliche Sorge umfasst die Personensorge und die Vermögenssorge sowie die Vertretung des Kindes.

Die Personensorge

Die elterliche Sorge umfasst zunächst alle persönlichen Angelegenheiten des Kindes. § 1631 Abs. 1 BGB beschreibt Inhalt und Grenzen der Personensorge: »Die Personensorge umfasst insbesondere die Pflicht und das Recht, das Kind zu pflegen, zu erziehen, zu beaufsichtigen und seinen Aufenthalt zu bestimmen.«

Allerdings ist diese Aufzählung unvollständig. Zur Personensorge gehören auch alle Fürsorge- und Schutzmaßnahmen (z. B. Einwilligung in eine OP, Bestimmung der Berufsausbildung). Dieser Sorgebereich wird auch »tatsächliche

Personensorge« genannt. Darüber hinaus haben die Eltern auch die gesetzliche Vertretung des Kindes bei Rechtsgeschäften, soweit sie den persönlichen Bereich betreffen.

Der Umfang der Personensorge

Leitplanke aller Personensorge ist § 1626 Abs. 2 BGB: »Bei der Pflege und Erziehung berücksichtigen die Eltern die wachsende Fähigkeit und das wachsende Bedürfnis des Kindes zu selbstständigem verantwortungsbewusstem Handeln. Sie besprechen mit dem Kind, soweit es nach dessen Entwicklungsstand angezeigt ist, Fragen der elterlichen Sorge und streben Einvernehmen an.«

Der Gesetzgeber spricht sich mit dieser Norm für einen demokratischen Erziehungsstil aus. Dieser Erziehungsstil sieht das Kind in Abhängigkeit von seinem Alter als Partner mit eigenem Willen und eigenen Rechten. Der Stil ist nicht darauf angelegt, dass das Kind die Regeln der Erwachsenen blind übernimmt, es soll sie einsehen und verschiedene Möglichkeiten ausprobieren, Verantwortung übernehmen und seinen eigenen selbstbestimmten Weg finden.

Wo früher befohlen wurde, finden heute Aushandlungsprozesse zwischen Eltern und Kind statt. Dies ist anstrengend – vor allem für die Eltern. Sie müssen jederzeit in der Lage sein, sich auf das Kind einzustellen und sich diesen Aushandlungsprozessen zu stellen. Es erfordert Empathie, Kompromissfähigkeit, Nachhaltigkeit, Toleranz und ständige Reflexion der eigenen Person, diesen Erziehungsstil zu verwirklichen.

Umgang mit Gewalt und anderen entwürdigenden Erziehungsmaßnahmen

Durch das »Gesetz zur Ächtung der Gewalt in der Erziehung und zur Änderung des Kindesunterhaltsrechtes« vom 2. November 2000 wurde mit dem neu gefassten § 1631 Abs. 2 BGB eine weitere Leitplanke in die Personensorge eingezogen: »Kinder haben ein Recht auf gewaltfreie Erziehung. Körperliche Bestrafungen, seelische Verletzungen und andere entwürdigende Maßnahmen sind unzulässig.«

Es soll nicht verschwiegen werden, dass diese Norm von großen Teilen der Rechtslehre als bedenklich empfunden wird: »Das moderne Familienrecht hat sich heute hier und dort allerdings in eine schon bedenkliche Position hineinmanövriert, zwischen notwendigem Schutzauftrag und unnötiger Verrechtlichung der Familienbeziehung. So bestimmt § 1631 BGB nicht nur, was zur Personensorge und damit auch zur Pflicht der Eltern rechnet, die Vorschrift gibt den Kindern auch ein Recht auf gewaltfreie Erziehung. Niemand kann dem Verbot entwürdigender Strafmaßnahmen widersprechen, dies entspricht dem staatlichen Schutzauftrag. Was nach Verklingen des Beifalls dennoch nachdenklich macht, ist die Rede vom ›Recht‹ des Kindes. Rechte werden als subjektive Rechte verstanden, als gerichtlich durchsetzungsfähig. Soll das Kind demnach die Mutter verklagen, wenn ihm deren Erziehungsmaßnahmen gewalttätig erscheinen? Die bejahende Antwort wird man sogleich auf eng gezirkelte Ausnahmen beschränken, wenn man die als Freiheitsraum geschützte Gemeinschaft von Eltern und Kind nicht untergraben will. Das von bestimmten Interessenvertretern und Verbänden gezeichnete Bild eines archaischen rechtsfreien Schonraums der Familie, der mit subjektiven Rechten der dort Schwachen aufgebrochen werden müsse, ist leider zuweilen richtig. Aber niemand sollte die Ausnahme für die Regel nehmen und die Familie als dunklen Raum desavouieren, in dem hinter Mauern und uneinsehbaren Gardinen geprügelt, missbraucht und misshandelt wird. Der allzu sehr von der pathologischen Ausnahme her Denkende wird sein Heil im Staat oder anderen kollektiven Mächten suchen und mit vermehrten subjektiven Rechten, Jugendämtern, Sozialeinrichtungen und Staatsanwälten die gesellschaftliche Kontrolle über die freie Gemeinschaft immer weiter ausdehnen wollen« (Di Fabio 2003, S. 993-998, 996).

Das elterliche Züchtigungsrecht

Eine Mutter, die gegen das Gewaltverbot in der Erziehung verstieß, wurde vom Amtsgericht (Strafgericht) Burgwedel wegen vorsätzlicher Körperverletzung gemäß §§ 223, 230 StGB schuldig gesprochen. Sie erhielt eine Verwarnung unter Vorbehalt der Verurteilung zu einer Geldstrafe von zehn Tagessätzen à 10 Euro. Die von der Verurteilten dagegen eingelegte Berufung verwarf das Landgericht Hannover als »offensichtlich unbegründet«.

Der Fall

Die Mutter nahm mit ihrem sechsjährigen Sohn und ihrer zweijährigen Tochter an der Geburtstagsfeier ihrer früheren Vermieterin teil. Nach dem Abendessen trank die Tochter, die sich frei in den Räumen bewegte, aus einer Flasche Limonade. Mehrfach spuckte sie Limonade auf den Tisch, an dem die Gastgeberin, die Mutter und mehrere weitere Gäste saßen. Die Mutter ermahnte sie, dies zu unterlassen und drohte ihr an, wenn sie dies noch einmal mache, dann gäbe es was bzw. dann »knalle«

es. Als die Tochter die Ermahnung missachtete und erneut Limonade verspuckte, versetzte ihr die Mutter eine derart heftige Ohrfeige gegen die linke Wange, dass das Kind gegen die Tischkante prallte und auf den Boden fiel.

Die Begründung der Richter

Das Gericht bejahte zunächst die Tatbestandsmäßigkeit der Handlung der Mutter: Nach § 223 Abs. 1 StGB wird mit Freiheitsstrafe bis zu 5 Jahren oder mit Geldstrafe bestraft, wer eine andere Person körperlich misshandelt oder an der Gesundheit schädigt. Eine solch heftige Ohrfeige in das Gesicht eines derart kleinen Kindes geht über eine leicht taktile Einwirkung, wie etwa einen Klaps auf den Po, der keine Schmerzen zufügt, hinaus. Mit einer derart kräftigen Ohrfeige wird nicht nur eine Missbilligung des Fehlverhaltens des Kindes dargetan, sondern in die körperliche Unversehrtheit eines zweijährigen Kindes massiv eingegriffen. Das Kind hat bei der Mutter, an die es sich nach der Ohrfeige weinend wandte, keinerlei Zuwendung erfahren.

Konnten sich nach früher geltendem Recht Eltern bei einem solchen Verhalten auf den Rechtfertigungsgrund des Züchtigungsrechtes berufen, ist mit der Neufassung des § 1631 Abs. 2 BGB dieser Rechtfertigungsgrund entfallen. Wenn aber körperliche Bestrafungen nach dem Eltern-Kind-Recht des BGB unzulässig sind, so können sie strafrechtlich nicht erlaubt sein.

Hinsichtlich der Strafzumessung ist maßgebend, dass die Angeklagte allgemein ihrer erzieherischen Verantwortung nachgekommen ist und als verlässliche Mutter gilt, die sich um die Belange ihrer Kinder in gutem Maße kümmert. Auch ist zu ihren Gunsten die konkrete Vorfallsituation zu berücksichtigen: Dass sie sich auf einer Feier befand, an der mehrere Personen teilnahmen, die Tochter lebhaft war und auf verschiedene Ermahnungen der Mutter bezüglich ihres Fehlverhaltens nicht reagiert hat. Möglicherweise hat sie in dieser Situation aus Hilflosigkeit überreagiert, statt dem Kind die Trinkflasche einfach wegzunehmen. Die Mutter hat durch dieses Verfahren bereits vielfältige Reaktion erfahren: Sie wohnt in einem kleineren Ort, in dem über diese Sache viel gesprochen worden ist. Das Verfahren war Gegenstand umfangreicher Medienberichterstattung.

Amtsgericht Burgwedel – Az. 64 Ds 3643/04

Das Gericht hätte gleichwohl von einer Verwarnung – und damit Schuldspruch – abgesehen und das Verfahren nach den §§ 153, 153 a StPO eingestellt, wenn die Mutter hierzu ihre erforderliche Zustimmung gegeben hätte. Dies hat sie jedoch nicht getan. So konnte das Gericht das Verfahren nur durch Urteil abschließen. In diesem Urteil hielt es das Gericht jedoch für angezeigt, die Mutter vor einer Verurteilung zu einer Strafe zu verschonen. Hierfür bietet § 59 Abs. 1 StGB die Handhabe. Dort heißt es:

»Hat jemand Geldstrafe bis zu einhundertachtzig Tagessätzen verwirkt, so kann das Gericht ihn neben dem Schuldspruch verwarnen, die Strafe bestimmen und die Verurteilung zu dieser Strafe vorbehalten, wenn

1. zu erwarten ist, dass der Täter künftig auch ohne Verurteilung zu Strafe keine Straftaten mehr begehen wird,
2. eine Gesamtwürdigung der Tat und der Persönlichkeit des Täters besondere Umstände ergibt, nach denen es angezeigt ist, ihn von der Verurteilung zu Strafe zu verschonen, und
3. die Verteidigung der Rechtsordnung die Verurteilung zu Strafe nicht gebietet.«

Diese Voraussetzungen hielt das Gericht im vorliegenden Fall für gegeben, wobei es hervorhebt, dass die Angeklagte durch das vorliegende Verfahren und die öffentliche Reaktion gehörig beeindruckt ist. Begeht die Mutter während der vom Gericht zu bestimmenden Bewährungszeit (mindestens 1 Jahr, höchstens 3 Jahre) keine neue Straftat, stellt das Gericht fest, dass es bei der Verwarnung sein Bewenden hat (§ 59 b Abs. 2 StGB).

Der Begriff der körperlichen Misshandlung

Das dargestellte Urteil darf aber nicht darüber hinwegtäuschen, dass der Begriff der körperlichen Misshandlung in der Rechtslehre äußerst umstritten ist. Hierfür nur beispielhaft ein Auszug aus einem Rechtskommentar:

»Der Begriff der körperlichen Misshandlung, der wegen seines hohen Maßes an Flexibilität durch das KindRG in das Gesetz aufgenommen worden war (…), ist inzwischen dem Begriff der körperlichen Bestrafung gewichen (…). Darin liegt eine Verschärfung gegenüber der früheren Rechtslage. Sie hat ihren Grund nach Ansicht des Gesetzgebers darin, dass die körperliche Bestrafung nach Erkenntnissen in der Pädagogik und Kinderpsychologie, auch wenn sie nicht die Intensität der Misshandlung erreicht, für das Kind eine Demütigung bedeutet (…). Die Begrenzung auf Bestrafungen macht allerdings deutlich, dass nicht jede körperliche Einwirkung verboten sein soll (…). Generell unzulässig ist also jede Einwirkung auf den Körper des Kindes zur Sanktionierung vergangenheitsbezogenen Verhaltens (…). Umgekehrt liegt keine Bestrafung vor, wenn durch die körperliche Einwirkung auf das Kind dieses oder Dritte vor Schäden bewahrt oder Gefahren von dem Kind abgewehrt werden sollen (…). Auch eine vorsorglich verabreichte Ohrfeige zur generellen Erhöhung der Folgebereitschaft stellt keine Bestrafung, jedoch eine entwürdigende Maßnahme i. S. von Abs. 2 Satz 2 dar (…).

Am Merkmal der körperlichen Bestrafung fehlt es aber nach vielfacher Ansicht auch dann, wenn es um die Durchsetzung einer erlaubten Erziehungsmaßnahme geht (…). Die Ge- und Verbote würden von den Eltern durch eigene Handlungen unmittelbar durchgesetzt (…); ein zulässiges Mittel zur Durchsetzung sei dabei die körperliche Gewaltanwendung (…). Diese Sicht ist unproblematisch, soweit es um die Abwehr von Gefahren und den Schutz des Kindes geht. Fraglich ist aber, wie es mit dem Einsatz von Gewalt zur Durchsetzung sonstiger Erziehungsmaßnahmen steht. Alle elterlichen Reaktionen müssen strikt am Kindeswohl ausgerichtet sein (auf den Verhältnismäßigkeitsgrundsatz stellen ab Staudinger/Salgo Rn 85; Huber/Scherer FamRZ 2001, 797, 799; Coester, FS Schwab, 2005, S 747, 756 ff). Damit sind körperliche Misshandlungen, die den Tatbestand des § 223 StGB bzw. des § 823 BGB erfüllen, von vorneherein unzulässig (…). Problematisch ist aber, ob die darunter liegenden körperlichen Einwirkungen, wie etwa ein Klaps auf den Po oder die leichte Ohrfeige als Mittel zur Durchsetzung eines Ge- oder Verbots in Betracht kommen. Dabei geht es um die Abgrenzung eines zulässigen Vollzugs einer elterlichen Sorgemaßnahme von einer unzulässigen körperlichen Bestrafung. Sowohl der Klaps auf den Po als auch die leichte Ohrfeige sind i. d. R. ebenso wie das zuvor ausgesprochene elterliche Ge- oder Verbot erst die Reaktion auf ein bestimmtes Verhalten des Kindes, stellen also eine unzulässige Bestrafung dar. Das Gleiche gilt aber auch für das zwangsweise Herausnehmen eines Kindes aus einer bestimmten Umgebung oder das zwangsweise Verbringen des Kindes in eine andere Umgebung (…). Zulässige Erziehungsmittel bleiben bei diesem Ansatz nur noch präventive Maßnahmen wie etwa das Fest- oder Zurückhalten (…). Dieses Ergebnis führt aber zu einem erheblichen Eingriff in das Erziehungsrecht der Eltern, der verfassungsrechtlich nicht ganz unproblematisch ist (…).

Um dieses Ergebnis zu vermeiden, kommt in Betracht, den Begriff der körperlichen Bestrafung aus seinem systematischen Zusammenhang zu Satz 1 zu bestimmen und den Einsatz von Gewalt zu verlangen. Dann scheiden geringfügige Einwirkungen auf den Körper des Kindes aus (…). Eine restriktive Auslegung des Tatbestandsmerkmals in diese Richtung wird auch vom dargelegten Zweck des Gewaltverbots nahegelegt, einen Bewusstseinswandel bei den Eltern, aber keine Kriminalisierung des elterlichen Verhaltens zu erreichen. Diese Sichtweise entspricht zudem der vielfach vertretenen strafrechtlichen Bewertung (…). Zwar distanziert sich der Gesetzgeber mit dem Begriff der körperlichen Bestrafung von der strafrechtlichen Terminologie der körperlichen Misshandlung i. S. von § 223 StGB; der Gedanke der Einheit der Rechtsordnung legt aber eine einheitliche Bewertung nahe (…); auf diese Weise kann auch ein Wertungswiderspruch zwischen einem möglichen Schadensersatzanspruch des Kindes gegen seine Eltern aus § 823 Abs. 2 i.V.m. § 1631 Abs. 2 BGB als Schutzgesetz und § 823 Abs. 1 BGB vermieden werden, der für eine Körper- und Gesundheitsverletzung verlangt, dass die Schwelle der Erheblichkeit überschritten wird (…). Etwas weiter geht die Ansicht, die den Begriff der körperlichen Bestrafung mit Blick auf den der entwürdigenden Maßnahme auslegt. Danach sind nur solche Bestrafungen unzulässig, die entwürdigend sind (…). Dieser Ansatz stellt wieder einen stärkeren Bezug zum Erziehungsrecht der Eltern her und ermöglicht eine Abwägung im Einzelfall unter strikter Berücksichtigung des Verhältnismäßigkeitsgrundsatzes, birgt allerdings die Gefahr, wieder zur Gesetzesfassung des KindRG zurückzukehren und ist deshalb abzulehnen« (Beck Online Kommentar, § 1631, Rz. 20–22).

Praxisübung

Diskutieren Sie vor dem Hintergrund des soeben Gelesenen folgende Fallkonstellationen im Hinblick darauf, ob eine unzulässige Erziehungsmaßnahme vorliegt:

1. Eine Mutter, die ihr Kind vor einem Lkw von der Straße reißt und ihm dabei sehr weh tut.
2. Ein Vater, der seinen Sohn als »dämlich« bezeichnet.
3. Ein Vater, der seinem Kind wegen schlechten Benehmens einen Klaps auf den Po gibt.

Besondere Teilbereiche der elterlichen Sorge

Für einzelne Teilbereiche der elterlichen Sorge gelten besondere gesetzliche Regelungen:

- Rücksichtnahme auf Eignung und Neigung bei der Berufswahl (§ 1631 a BGB)
- Herausgabeanspruch des § 1632 Abs. 1 BGB

- Recht zum Umgangsverbot des § 1632 Abs. 2 BGB mit Schranke des § 1626 Abs. 2 BGB und des § 1666 BGB.

Rücksichtnahme auf Eignung und Neigung bei der Berufswahl

Eltern dürfen nach § 1631 a BGB ihrem Kind keinen Beruf oktroyieren. Sie haben seine Meinung, seine Eignung und seine Neigung bei der Berufswahl zu berücksichtigen. Tun sie es nicht, kann das Familiengericht tätig werden und beispielsweise die erforderliche Unterschrift der Eltern unter einen Ausbildungsvertrag ersetzen.

Der Herausgabeanspruch

Personensorgeberechtigte Eltern bzw. der personensorgeberechtigte Elternteil können nach § 1632 Abs. 1 BGB von demjenigen, der das Kind den Eltern bzw. dem Elternteil widerrechtlich vorenthält, die Herausgabe verlangen. Sachlich zuständig ist das Familiengericht. Seine Herausgabeanordnung kann mit Zwangsgeld, Zwangshaft, als letztes Mittel auch mit unmittelbarem Zwang durchgesetzt werden.

Eine wichtige Ausnahme schreibt das Gesetz in § 1632 Abs. 4 BGB selbst vor: »Lebt das Kind seit längerer Zeit in Familienpflege und wollen die Eltern das Kind von der Pflegeperson wegnehmen, so kann das Familiengericht von Amts wegen oder auf Antrag der Pflegeperson anordnen, dass das Kind bei der Pflegeperson verbleibt, wenn und solange das Kindeswohl durch die Wegnahme gefährdet würde.«

Das Recht zum Umgangsverbot

§ 1632 Abs. 2 BGB gestattet es den Eltern, den Umgang ihres Kindes zu reglementieren. Fruchtet ein Verbot nicht, kann das Familiengericht helfen, indem es das Verbot gerichtlich ausspricht und ihm damit einen rechtsoffiziellen Charakter verleiht. Nach § 1632 Abs. 3 BGB entscheidet es auf Antrag eines Elternteiles und auch dann, wenn die Entscheidung gegenüber einem Dritten zu treffen ist.

Die 16jährige Lisa wohnt bei ihrer Mutter, ihr Vater ist verstorben. Lisa hat seit einiger Zeit eine intime Beziehung zu dem 40jährigen Paul. Sie trifft ihn regelmäßig in dessen Wohnung und kommt häufig erst spät in der Nacht nach Hause. Als alle Versuche der Mutter, ihrer Tochter den Umgang mit Paul zu verbieten, scheitern, wendet sie sich an das Familiengericht.

Sind die Eltern selbst nicht in der Lage, eine Gefahr für das Wohl des Kindes abzuwehren, hat das Familiengericht nach § 1666 Abs. 1 BGB die zur Abwendung der Gefahr erforderlichen Maßnahmen zu treffen – ebenfalls bei Bedarf auch mit Wirkung gegen einen Dritten. Das Familiengericht könnte im Beispielsfall Paul untersagen, Kontakt zu Lisa aufzunehmen bzw. zu unterhalten. Zur Überprüfung, ob sich Paul und Lisa an die Anordnung des Familiengerichtes halten, dürfte die Mutter beispielsweise auch Lisas Handy kontrollieren.

Mit zunehmendem Alter des Kindes greift das Recht aus § 1632 BGB immer weniger. Insofern greift die Schranke des § 1626 Abs. 2 BGB: Nur bei konkreten Anhaltspunkten für eine körperliche, geistige oder sittliche Gefährdung geht dann das Elternrecht vor. Die Gefährdung muss dabei über das Risiko, das jede Lösung von den Eltern und jedes Eingehen neuer Beziehungen mit sich bringt, hinausgehen.

Die Alltagssorge

Der Grundsatz »Gemeinsame Sorge = Gleiches Mitbestimmungsrecht für beide Elternteile« ist dann im Alltag nur sehr schwierig umzusetzen, wenn die Trennung durchgeführt wurde und das Kind seinen Lebensmittelpunkt bei lediglich einem der Ehepartner hat.

> Die Mutter der fünfjährigen Annalena ist mit dem Kind aus der gemeinsamen Ehewohnung ausgezogen. In der Kita des Kindes gibt sie gegenüber der Leiterin Saskia W. an, sie wolle keinen Antrag auf Übertragung der alleinigen Sorge stellen, allerdings solle der Kindergarten ausschließlich ihr das Kind aushändigen, es lebe schließlich jetzt ständig bei ihr und werde ja auch von ihr gebracht. Saskia W. ist sich nicht sicher, ob sie wie von der Mutter gewünscht verfahren darf. Immerhin hat ja der Vater ebenfalls das Sorgerecht.

Diese Schwierigkeiten hat der Gesetzgeber erkannt und den Grundsatz der gemeinsamen Sorge aus Praktikabilitätsgründen für den Fall eingeschränkt, dass die Eltern die Trennung herbeigeführt haben. § 1687 BGB unterscheidet in diesen Fällen die sogenannten Angelegenheiten von besonderer Bedeutung von den Angelegenheiten des täglichen Lebens. Letztere sollen durch den Elternteil geregelt werden können, bei dem das Kind gewöhnlich (gemeint ist »in der Regel/üblicherweise«) lebt.

In § 1687 BGB heißt es: »Leben Eltern, denen die elterliche Sorge gemeinsam zusteht, nicht nur vorübergehend getrennt, so ist bei Entscheidungen in Angelegenheiten, deren Regelung für das Kind von besonderer Bedeutung ist, ihr gegenseitiges Einvernehmen erforderlich.

Der Elternteil, bei dem sich das Kind mit Einwilligung des anderen Elternteiles oder auf Grund einer gerichtlichen Entscheidung gewöhnlich aufhält, hat die Befugnis zur alleinigen Entscheidung in Angelegenheiten des täglichen Lebens.«

Das Gesetz unterscheidet also danach, ob die Angelegenheit von besonderer Bedeutung für das Kind oder eine Angelegenheit des täglichen Lebens ist. Über erhebliche Angelegenheiten müssen die Eltern Einvernehmen erzielen, über Angelegenheiten des täglichen Lebens hingegen entscheidet derjenige Elternteil allein, bei dem das Kind lebt.

Wie unterscheidet man aber nun Angelegenheiten von besonderer Bedeutung von denen des täglichen Lebens?

Angelegenheiten von besonderer Bedeutung sind nach der Definition von Rechtslehre und Gerichten »Angelegenheiten, die nicht häufig vorkommen und die nur schwer abzuändernde Auswirkungen auf die Entwicklung des Kindes haben«. Hierzu gehören beispielsweise:

- Die Entscheidung darüber, auf welche Schule das Kind gehen bzw. welchen Kindergarten es besuchen soll
- Die Entscheidung darüber, ob und welche Operationen beim Kind vorgenommen werden oder über die Behandlung einer schwerwiegenden Erkrankung, ausgenommen Notfälle
- Die Entscheidung über die Anlage und die Verwendung eines eventuellen Kindesvermögens.

Diese Angelegenheiten sind von besonderer Bedeutung und laut Gesetz nur einvernehmlich von den Eltern zu treffen. Insbesondere die Abmeldung von der Einrichtung ist als Angelegenheit von besonderer Bedeutung zu werten. Hierfür ist also stets die einvernehmliche Entscheidung beider Elternteile erforderlich.

Angelegenheiten des täglichen Lebens sind demgegenüber definiert als häufig vorkommende Situationen,

- die eine sorgerechtliche Entscheidung der Eltern erfordern
- deren Auswirkungen auf die Entwicklung des Kindes ohne Aufwand wieder abänderbar sind.

Dieser Kompetenzbereich wird häufig auch als die sogenannte »Alltagssorge« bezeichnet. Hierunter fallen Entscheidungen über

- die Frage der Heimweggestaltung (mit wem auf welchem Weg und wohin)
- die Freizeitgestaltung
- Anschaffung von Spielzeug
- Urlaubsfahrten
- Vereinsbeitritte
- Kontakt zu Verwandten, Freunden und Nachbarn
- Kleidung
- Medizinische (ambulante) Behandlungen etc.

Bei Angelegenheiten des täglichen Lebens hat der Elternteil, bei dem sich das Kind gewöhnlich aufhält, die Alleinentscheidungsbefugnis. Der Gesetzgeber hat diese Regelung ganz bewusst unter dem Gesichtspunkt der Praktikabilität aufgenommen, um dem betreuenden Elternteil die Organisation der alltäglichen Angelegenheiten des Kindes zu erleichtern. In diesen Fällen ist also eine Festlegung des Abholverbotes für den anderen Elternteil zulässig und vom Personal einer Kindertageseinrichtung verbindlich zu beachten. So kann Annalenas Mutter aus unserem Beispiel nach herrschender Meinung also selbstständig rechtsverbindliche Entscheidungen zum Heimweg des Kindes treffen:

- Geht das Kind allein oder in Begleitung eines Erwachsenen oder anderen Kindes?
- Welchen Weg soll es aus Sicherheitsgründen lieber nicht nehmen?
- Wer holt das Kind wann ab?

Sind die Eltern uneins darüber, ob diese Fragen in die Alleinentscheidungsbefugnis eines Elternteiles fallen bzw. streitet der nicht berechtigte Elternteil das Recht des anderen ab – vertritt also die Mindermeinung –, muss die Frage durch das Jugendamt oder das Familiengericht geklärt werden. Es ist nicht die Aufgabe der Kita, solche Streitigkeiten zwischen den Eltern zu regeln. Saskia W. aus unserem Beispiel müsste hier auf Vorlage einer Entscheidung des Familiengerichtes oder des Jugendamtes bestehen.

Darüber hinaus ist die Frage, ob eine Angelegenheit von besonderer Bedeutung oder eine des täglichen Lebens ist, bedeutsam für Auskunftsverlangen, die der Elternteil, bei dem das Kind nicht lebt, an die Kindertageseinrichtung heranträgt – sei es persönlich oder durch einen Anwalt: Ist die Angelegenheit von besonderer Bedeutung, muss dieser Elternteil mit seinem Auskunftsverlangen auf den Elternteil verwiesen werden, bei dem das Kind lebt. Die Kindertageseinrichtung ist nicht befugt, innerhalb dieses Lebensbereiches entsprechende Auskünfte zu erteilen.

Das Aufenthaltsbestimmungsrecht

Das Aufenthaltsbestimmungsrecht ist Teil des Sorgerechtes und kann auf Antrag vom Sorgerecht getrennt werden, wenn dies dem Kindeswohl entspricht.

> Die Eltern der sechsjährigen Juli sind geschieden und haben das gemeinsame Sorgerecht. Auch ein Umgangsrecht wurde vereinbart: Der Vater hat Juli alle 14 Tage von Freitag bis Mittwoch. An diesen Tagen holt der Vater das Kind immer schon eine Stunde vor Ablauf der Buchungszeit von der Kita ab. Der Mutter obliegt nach einer Regelung des Familiengerichtes das Aufenthaltsbestimmungsrecht: Sie verlangt, dass die Kita die gebuchte Betreuungszeit einhält und das Kind nicht vor 13.00 Uhr an den Vater herausgibt.

Zwar haben in diesem Beispiel die Eltern die gemeinsame Sorge; für den Vater ist diese allerdings insoweit eingeschränkt, als die Mutter das sogenannte Aufenthaltsbestimmungsrecht allein innehat. Wichtig: Es kommt in diesen Fällen dann nicht darauf an, ob die zu regelnde Angelegenheit eine Angelegenheit des täglichen Lebens ist. Ist also das Aufenthaltsbestimmungsrecht gerichtlich auf einen Elternteil übertragen worden, hat der Inhaber das Recht, unabhängig von der Tragweite der zu regelnden Angelegenheit, verbindlich festzulegen, wo sich das Kind zu welchem Zeitpunkt aufhalten soll. Die Kita-Leitung muss die Herausgabe vor der von der Mutter bestimmten Zeit verweigern.

Die Vermögenssorge

Die Vermögenssorge beinhaltet das Recht und die Pflicht, für das Vermögen des Kindes zu sorgen. Sie schließt alle tatsächlichen und rechtlichen Maßnahmen ein, welche darauf gerichtet sind, das Kindesvermögen zu erhalten, zu verwerten und zu vermehren. Auch in diesem Bereich wird das Kind von seinen Eltern gesetzlich vertreten, wenn es beispielsweise darum geht, ein Sparkonto zu eröffnen, eine ererbte Wohnung zu verwalten oder geschenkte Aktien zu veräußern.

Die gesetzliche Vertretung

Sowohl für die Personen- als auch für die Vermögenssorge haben die Eltern im Verhältnis gegenüber Dritten die gesetzliche Vertretung ihres Kindes inne. Die gesetzliche Vertretung ist in § 1629 BGB geregelt.

Das Notvertretungsrecht des § 1629 Abs. 1 S. 4 BGB

Hier ist insbesondere das Notvertretungsrecht des § 1629 Abs. 1 S. 4 BGB in den Fällen, in denen ein Elternteil die alleinige Sorge innehat, von Bedeutung: Bei Gefahr im Verzug ist jeder Elternteil dazu berechtigt, alle Rechtshandlungen vorzunehmen, die zum Wohl des Kindes erforderlich sind; der andere Elternteil ist unverzüglich zu unterrichten.

> Die Eltern der fünfjährigen Franziska sind geschieden. Die Mutter hat das alleinige Sorgerecht. Dem Vater steht ein gerichtlich geregeltes 14tägiges Umgangsrecht zu. Gegenüber der Kita des Kindes, der Einrichtung »Sterntaler«, hat die Mutter schriftlich festgelegt, dass das Kind nur von ihr und ihrer Freundin abgeholt werden darf. Ein paar Monate läuft diese Regelung bestens. Als Franziska bei einem Ausflug auf den Bauernhof aus ungeklärter Ursache starke Allergiesymptome zeigt, hält es die Leiterin Barbara O. für das Beste, wenn Franziska umgehend abgeholt wird, um einen allergischen Schock zu verhindern. Sie versucht sowohl die Mutter als auch deren Freundin telefonisch zu erreichen – ohne Erfolg.

Barbara O. darf ohne Weiteres – und sollte auch – Franziskas Vater anrufen und ihm das Kind aushändigen. Dies gilt zumindest dann, wenn nicht anzunehmen ist, dass der Vater dem Wohl des Kindes schadet. Bestehen allerdings konkrete Anhaltspunkte dafür, dass das Wohlergehen des Kindes Schaden nimmt, wenn es dem Vater ausgehändigt wird, ist auf die Ausübung des Notvertretungsrechtes eher zu verzichten. Konkreter Anhaltspunkt könnte beispielsweise das Wissen der Leiterin sein, dass Franziska ausschließlich unter Aufsicht des Jugendamtes Umgang mit dem Vater haben darf. Ein sogenannter »begleiteter Umgang« wird in aller Regel in leichten Fällen von (sexueller) Gewalt vom Gericht angeordnet.

Die Beistandschaft des Jugendamtes

Eine spezielle Form der gesetzlichen Vertretung bestimmen die §§ 1712 ff BGB: Zur Feststellung der Vaterschaft sowie für die Geltendmachung von Unterhaltsansprüchen des Kindes kann der Elternteil, bei dem das Kind lebt, die Beistand-schaft des Jugendamtes beantragen. Der Beistand ist dann gesetzlicher Vertreter des Kindes. Die elterliche Sorge wird dadurch jedoch nicht eingeschränkt.

Die Vertretung in persönlichen Angelegenheiten bei Heirat

Heiratet der Minderjährige, beschränkt sich die Personensorge für ihn auf die Vertretung in persönlichen Angelegenheiten nach § 1633 BGB. Dies gilt auch dann noch, wenn er sich wieder scheiden lässt.

7.3   Der Sorgfaltsmaßstab des § 1664 BGB

Nach § 1664 BGB haben Eltern bei der Ausübung der elterlichen Sorge bis zur Grenze der groben Fahrlässigkeit nur für die Sorgfalt einzustehen, die sie in eige-nen Angelegenheiten anzuwenden pflegen. In der Rechtslehre heftig umstritten ist dabei die Frage, ob diese Haftungsprivilegierung der Eltern gegenüber dem Kind auch dann gilt, wenn der Schaden des Kindes aus einer Verletzung der Auf-sichtspflicht der Eltern resultiert:

> Die fünfjährigen Jungen Alexander und Benjamin spielen miteinander auf der Straße vor ihren Elternhäusern. Alexanders Mutter ist in ein kompliziertes Steuerformular vertieft und vergisst für circa eine halbe Stunde, nach ihrem Sohn zu sehen. Benjamins Mutter ist vor einiger Zeit in die Stadt gefahren. Benjamin nutzt die Abwesenheit seiner Mutter, um die Gaspistole seines Vaters aus dessen Schreibtischschublade zu holen, wo sie unverschlossen verwahrt wird. Mit der Pis-tole schießt er im Spiel auf Alexander und verletzt diesen schwer im Gesicht. Der Haftpflichtversicherer von Benjamins Eltern zahlt 20.000 Euro an Alexander und nimmt daraufhin Alexanders Eltern auf 10.000 Euro in Anspruch, weil diese ihre Aufsichtspflicht gegenüber ihrem Sohn ebenfalls (leicht) verletzt haben.

Nach einer Ansicht gilt die Haftungsbeschränkung der Eltern gegenüber ihrem Kind nach § 1664 BGB nicht für Schäden ihres Kindes aus Verletzung ihrer Auf-sichtspflicht gegenüber ihrem Kind. Nach dieser Ansicht haften die Eltern somit für Schäden, welche ihr Kind durch Verletzung ihrer Aufsichtspflicht erleidet, auch bei nur einfacher Fahrlässigkeit, selbst wenn diese sich im Rahmen der eigenüblichen Sorgfalt hält.

Nach der Gegenmeinung greift die Haftungsprivilegierung des § 1664 BGB auch bei Verletzung der Aufsichtspflicht durch die Eltern.

Praxisübung

Nach welcher dieser beiden Ansichten hätte der Haftpflichtversicherer aus unserem vorhergehenden Beispiel einen Anspruch auf Erstattung der 10.000 Euro?

Der Bundesgerichtshof hat entschieden, dass eine analoge Anwendung dieses Haftungsausschlusses aus § 1664 BGB **nicht** auf andere Personen als die Eltern – beispielsweise Erzieherinnen und Erzieher – in Betracht kommt, da § 1664 BGB als haftungsbeschränkende Ausnahmevorschrift einer erweiternden Auslegung nicht zugänglich ist und einer Rechtsanalogie jedenfalls die besondere familienrechtliche Ausprägung – das Vorliegen eines Eltern-Kind-Verhältnisses – zwingend entgegensteht (BGH FamRZ 1996, 53, 54).

7.4 Die elterliche Sorge durch den Staat nach den §§ 1666, 1666a, 1667 BGB

Die elterliche Sorge kann auf Grundlage der §§ 1666, 1666a BGB beschränkt werden, wenn ihre Ausübung das Kindeswohl gefährdet. § 1666 BGB ermächtigt das Familiengericht zu Maßnahmen, wenn das körperliche, geistige oder seelische Wohl des Kindes oder sein Vermögen durch ein Verhalten der Eltern oder eines Dritten gefährdet ist und die Eltern nicht gewillt oder in der Lage sind, die dem Kindeswohl drohenden Gefahren abzuwenden. In § 1666 BGB heißt es:

Gerichtliche Maßnahmen bei Gefährdung des Kindeswohles

»(1) Wird das körperliche, geistige oder seelische Wohl des Kindes oder sein Vermögen gefährdet und sind die Eltern nicht gewillt oder nicht in der Lage, die Gefahr abzuwenden, so hat das Familiengericht die Maßnahmen zu treffen, die zur Abwendung der Gefahr erforderlich sind.

(2) In der Regel ist anzunehmen, dass das Vermögen des Kindes gefährdet ist, wenn der Inhaber der Vermögenssorge seine Unterhaltspflicht gegenüber dem Kind oder seine mit der Vermögenssorge verbundenen Pflichten verletzt oder Anordnungen des Gerichts, die sich auf die Vermögenssorge beziehen, nicht befolgt.

(3) Zu den gerichtlichen Maßnahmen nach Absatz 1 gehören insbesondere

     1. Gebote, öffentliche Hilfen wie zum Beispiel Leistungen der Kinder- und Jugendhilfe und der Gesundheitsfürsorge in Anspruch zu nehmen,

     2. Gebote, für die Einhaltung der Schulpflicht zu sorgen,

     3. Verbote, vorübergehend oder auf unbestimmte Zeit die Familienwohnung oder eine andere Wohnung zu nutzen, sich in einem bestimmten Umkreis der Wohnung aufzuhalten oder zu bestimmende andere Orte aufzusuchen, an denen sich das Kind regelmäßig aufhält,

     4. Verbote, Verbindung zum Kind aufzunehmen oder ein Zusammentreffen mit dem Kind herbeizuführen,

     5. die Ersetzung von Erklärungen des Inhabers der elterlichen Sorge,

     6. die teilweise oder vollständige Entziehung der elterlichen Sorge.

(4) In Angelegenheiten der Personensorge kann das Gericht auch Maßnahmen mit Wirkung gegen einen Dritten treffen.«

§ 1666 a BGB bestimmt, dass das Gericht sich auf Maßnahmen zu beschränken hat, die geeignet und erforderlich sind, um die Gefahr vom Kind abzuwenden. Es gilt auch hier der Grundsatz der Verhältnismäßigkeit, das heißt die Schwere des Eingriffs muss in einem angemessenen Verhältnis zum angestrebten Erfolg stehen. § 1667 BGB normiert gerichtliche Maßnahmen bei Gefährdung des Kindesvermögens.

Der Begriff des »Kindeswohles« ist **die** zentrale Bezugsgröße allen elterlichen sowie staatlichen Handelns: Er findet sich nicht nur im Kindschafts- und Familienrecht des BGB, sondern darüber hinaus auch im Rahmen des Schutzauftrages nach § 8 a SGB VIII sowie im gesamten Bereich des Kinder- und Jugendhilfe-rechtes. So verpflichtet beispielsweise § 1627 BGB die Eltern, die elterliche Sorge »zum Wohle des Kindes« auszuüben, und § 1697 a BGB benennt das Kindeswohl als allgemeines Prinzip familiengerichtlicher Entscheidungen.

Indes: Eine Erklärung oder gar Definition, was eigentlich unter diesem Begriff zu verstehen ist, wird man in der bundesdeutschen Gesetzgebung an keiner Stelle finden. Das »Kindeswohl« ist ein sogenannter »unbestimmter Rechtsbegriff«. Im Rahmen des § 1666 BGB ist aber immerhin anerkannt, dass ein Missbrauch der elterlichen Sorge darin liegen kann, dass körperliche oder sexuelle Gewalt gegen das Kind ausgeübt wird, es vom Schulbesuch abgehalten wird, die Arbeitskraft des Kindes ausgenutzt wird etc. Eine Vernachlässigung ist gegeben, wenn dem Kind keine Pflege und Ernährung zuteil wird, keine notwendigen Arztbesuche stattfinden, keine Beaufsichtigung erfolgt.

> Seit es im März ein paar Tage lang sommerlich warm gewesen war, kommt die fünfjährige Lena barfuss in den Kindergarten. Leiterin Maria M. macht sich nun aber Sorgen, da das Thermometer in letzter Zeit nur noch fünf Grad am Morgen anzeigt. Sie wundert sich, dass Lenas Mutter das Kind so losziehen lässt und spricht sie beim Abholen darauf an. Lenas Mutter weist darauf hin, dass mit Lena derzeit nicht zu reden sei, und Lena dann eben selbst sehen müsse, was dabei herauskomme. Sie jedenfalls habe das ganze Diskutieren satt.

Hier spricht viel für ein Erziehungsversagen, denn zur Pflicht des § 1631 BGB ge-hört es auch, das Kind entsprechend der Jahreszeit zu kleiden. Haben die Eltern in erzieherischer Hinsicht resigniert, sind sie zu krank oder überfordert, liegt Elternversagen vor. Das Verhalten Dritter gefährdet das Kindeswohl, wenn die Gefahr der sexuellen Gewaltanwendung etwa durch einen Freund der Familie besteht, durch wechselnde Bekanntschaften eines Elternteiles oder durch Zusam-menleben mit Alkohol- oder Drogenkranken.

Die gerichtlichen Maßnahmen nach § 1666 ff BGB können von Eltern wie Kind, Jugendamt und jedem Dritten veranlasst werden. Im Bereich der Kindertages-betreuung wird diesem Verfahren jedoch in der Regel das Verfahren nach § 8 a SGB VIII vorgeschaltet sein (siehe dazu Kapitel 12.4).

§ 1666 BGB in Einzelfällen

Ein Missbrauch des Sorgerechtes liegt vor bei:

- Hineinzwingen in einen ungeeigneten Beruf (OLG Brandenburg, NJW 06, 235)
- Abhalten vom Schulbesuch aus Glaubensgründen (OLG Hamm, NJW 96, 237)
- Lieblosem Abschieben des Kindes in ein Internat (AG München, FamRZ 02, 690)
- Abmeldung des Kindes von der Schule (OLG Karlsruhe, FamRZ 74, 661)
- Verheiratung der 17jährigen Tochter statt der von ihr gewünschten Ausbildung als Hotelkauffrau (OLG Köln, FamRZ 01, 1087)
- Unnnötig schroffem Wechsel in der religiösen Erziehung, wodurch beim Kind Verwirrung, Gewissensnot und schwere seelische Erschütterung hervorgerufen wird (BayObLG, NJW 63, 590)
- Hysterischen Tobsuchtsanfällen (LG Lübeck, FamRZ 55, 270)
- Ausweisung aus dem Elternhaus bei fehlender anderweitiger Unterbringung (OLG Köln, NJW 48, 342)
- Weigerung, das Kind operieren oder eine Bluttransfusion vornehmen zu lassen (BayobLG, FamRZ 76, 43)
- Ablehnung psychiatrischer Untersuchung bei offensichtlicher Fehlentwicklung eines Zehnjährigen (BayObLG, FamRZ 91, 214)
- Drohender Beschneidung eines afrikanischen Mädchens (BGH NJW, 05, 672)
- Vernachlässigung hinsichtlich Wohnverhältnissen (BayObLG, ZfJ 83, 503)
- Vernachlässigung hinsichtlich Ernährung (BayObLG, FamRZ 88, 748)
- Vernachlässigung hinsichtlich Pflege, insbesondere, wenn weitgehende Verwahrlosung droht (OLG Hamm, DAV 86, 804)
- Langjährige Heroinsucht der Mutter (OLG Frankfurt/Main, FamRZ 83, 530)
- Mangelnder Einsicht in die Notwendigkeit der Unterbringung des Kindes in eine heilpädagogische Einrichtung (BayObLG, FamRZ 99, 1154)

- Unfähigkeit zum Aufbau emotionaler Beziehungen (BayObLG, FamRZ 95, 502)
- Gleichgültigkeit, Labilität und Antriebsarmut der nichtehelichen Mutter (BayObLG, FamRZ 86, 102)
- Psychischen Erkrankungen, wie z. B. paranoiden Psychosen (OLG Karlsruhe, JAmt 01, 192)
- Verdacht des sexuellen Missbrauchs durch den Lebensgefährten der Mutter (OLG Düsseldorf, NJW 95, 1970)
- Entwürdigenden und übermäßigen Erziehungmaßnahmen des Stiefvaters (BayObLG, FamRZ 94, 1413).

7.5 Das Umgangsrecht

Auch das Umgangsrecht ist durch das Kindschaftsrechtsreformgesetz (KindRG) neu geregelt worden. Der hiermit neu eingeführte § 1626 Abs. 3 BGB hebt hervor, dass zum Wohl des Kindes stets der Umgang mit beiden Elternteilen gehört. Gleiches gilt auch für den Umgang mit anderen Personen, sofern das Kind Bindungen zu ihnen besitzt und deren Aufrechterhaltung für das Kind förderlich ist. Der Kreis der Umgangsberechtigten bestimmt sich aber nicht aus § 1626 Abs. 3 BGB, sondern wird ausschließlich von den §§ 1684, 1685 BGB determiniert.

Das Umgangsrecht des Kindes mit den Eltern nach § 1684 BGB

Das KindRG hat ein subjektives Recht des Kindes geschaffen: Es hat das Recht auf Umgang mit jedem Elternteil (§ 1684 Abs. 1 1. HS BGB), jeder Elternteil ist zum Umgang berechtigt und verpflichtet (§ 1684 Abs. 1 2. HS BGB). Auf die Frage, ob das Kind ehelich oder nichtehelich ist, oder wer Inhaber der elterlichen Sorge ist, kommt es nicht mehr an.

Das Recht der Eltern auf Umgang ist aber immer begrenzt durch das Wohl des Kindes. So haben die Eltern alles zu unterlassen, was das Verhältnis des Kindes zum jeweils anderen Elternteil beeinträchtigt oder die Erziehung erschwert. Entsprechendes gilt, wenn sich das Kind in der Obhut einer anderen Person befindet

(§ 1684 Abs. 2 BGB). Das Familiengericht entscheidet über den Umfang des Umganges und kann seine Ausübung auch gegenüber Dritten näher regeln (§ 1684 Abs. 3 Satz 1 BGB). Das Familiengericht kann darüber hinaus den Umgang auch erzwingen und Zwangsgeld oder unmittelbaren Zwang zu seiner Durchsetzung einsetzen. Auch kann es anordnen, dass der Umgang nur begleitet stattfinden darf, dass also ein mitwirkungsbereiter Dritter anwesend sein muss (§ 1684 Abs. 4 Satz 3 1. HS BGB).

Das Umgangsrecht des nicht sorgeberechtigten Elternteiles ist aus Gründen des Kindeswohles auszuschließen, wenn das Kind Kontakte ablehnt und aufgrund seiner derzeitigen Verfassung und Einstellung nicht in der Lage ist, die Konfliktsituation, der es durch Besuchskontakte ausgesetzt ist, zu bewältigen.

Das Umgangsrecht des Kindes mit anderen Personen nach § 1685 BGB

§ 1685 BGB nennt als Personenkreis Großeltern, Geschwister, Ehegatte oder frühere Ehegatten eines Elternteiles, mit dem das Kind längere Zeit in häuslicher Gemeinschaft gelebt hat, Personen, bei denen das Kind längere Zeit in Familienpflege war und Lebenspartner eines Elternteiles.

Voraussetzung für ein Umgangsrecht dieser Personen ist stets, dass der Umgang dem Wohl des Kindes dient. Während die Kindeswohldienlichkeit beim Elternumgang nach § 1684 BGB vermutet wird, muss sie im Rahmen des § 1685 BGB stets positiv festgestellt werden.

Praxisübung

Aus welchen Gründen könnte der Umgang des Kindes mit seinen Großeltern dem Kindeswohl schaden?

7.6 Vormundschaft und Pflegschaft

Zweck der Vormundschaft ist die Wahrnehmung grundsätzlich aller persönlichen und vermögensrechtlichen Angelegenheiten des Mündels und dessen Vertretung durch den Vormund. Eine solche Vormundschaft wird notwendig, wenn die elterliche Sorge geendet hat – durch Tod der Eltern, oder die Eltern zwar vorhanden sind, die elterliche Sorge aber wegen eines rechtlichen oder tatsächlichen Hindernisses ruht.

Ruhen wegen rechtlichem Hindernis (§ 1673 BGB): Hierhin gehören die Fälle, in denen der Inhaber der elterlichen Sorge diese nicht ausüben darf, weil er nicht voll geschäftsfähig ist. Er hat dann lediglich das Recht zur tatsächlichen Personensorge.

Ruhen wegen tatsächlichem Hindernis (§ 1674 BGB): Ein solches Ruhen der elterlichen Sorge ist gegeben, wenn der Inhaber für längere Zeit verhindert ist, sie auszuüben. Ein tatsächliches Hindernis kann eine längere Krankheit oder ein Gefängnisaufenthalt sein.

Solange die elterliche Sorge ruht, ist ein Elternteil nicht berechtigt, sie auszuüben (§ 1675 BGB). Das Ruhen und die Beendigung des Ruhens müssen vom Familiengericht ausdrücklich festgestellt werden. Die Vormundschaft über Volljährige ist durch die Betreuung ersetzt worden.

Sind dagegen nur einzelne Angelegenheiten oder ein bestimmter Kreis von Angelegenheiten (Vermögensverwaltung, Aufenthaltsbestimmungsrecht etc.) regelungsbedürftig, so ist ein Pfleger – bei Volljährigen ebenfalls ein Betreuer – zu bestellen. Alle diese Personen stehen trotz ihrer grundsätzlich selbstständigen Amtsführung unter der Aufsicht des Familiengerichtes.

Die Vormundschaft (§§ 1773 ff BGB)

Die Vormundschaft ist Ersatz für fehlende elterliche Fürsorge.

Das Familiengericht hat von Amts wegen – gegebenenfalls auch schon vor der Geburt des Kindes – **Vormundschaft** anzuordnen, wenn ein minderjähriges Kind nicht unter elterlicher Sorge steht oder beide Eltern weder in den die Person noch in den das Vermögen betreffenden Angelegenheiten des Minderjährigen zur Vertretung berechtigt sind, beispielsweise bei Entziehung oder Ruhen der elterlichen Sorge. Das Gleiche gilt, wenn der Personenstand des Kindes nicht zu ermitteln ist, etwa beim Findelkind (§§ 1773, 1774 BGB).

Oberstes Ziel der Vormundschaft ist stets das Wohl des Mündels – diesem Leitgedanken sind alle Bestimmungen untergeordnet. Jeder Deutsche ist zur Übernahme der Vormundschaft verpflichtet, das schreibt § 1785 BGB vor. Er kann nur aus den Gründen des § 1786 BGB ablehnen. Die Vormundschaft endet kraft Gesetzes mit dem Wegfall der für ihre Anordnung bestimmten Voraussetzungen, insbesondere bei Volljährigkeit, Tod oder Todeserklärung des Mündels, bei Wiedererlangung der elterlichen Sorge und bei Adoption, nicht dagegen bei Verheiratung des Mündels.

Die Pflegschaft (§§ 1909 ff BGB)

Das Familiengericht ordnet eine Pflegschaft bei einem Fürsorgebedürfnis für einzelne besondere Angelegenheiten an. Der Pfleger hat daher nur für einen begrenzten Kreis von Angelegenheiten zu sorgen. Auf die Pflegschaft finden die für die Vormundschaft geltenden Vorschriften grundsätzlich entsprechende Anwendung (§ 1915 BGB). Im Einzelnen kommen folgende Pflegschaften in Betracht:

- Ergänzungspflegschaft neben den Eltern oder dem Vormund für Angelegenheiten, für welche Eltern oder Vormund nicht zu sorgen vermögen (§ 1909 BGB)
- Abwesenheitspflegschaft für einen Volljährigen, dessen Aufenthalt unbekannt ist (§ 1911 BGB)
- Pflegschaft für eine Leibesfrucht zur Wahrung ihrer künftigen Rechte (§ 1912 BGB)
- Pflegschaft für unbekannte Beteiligte (§ 1913 BGB)
- Pflegschaft für gesammeltes Vermögen (§ 1914 BGB).

Das rechtliche Verhältnis von Eltern zu ihrem Kind ist umfassend im Familienrecht des BGB, dort unter dem Titel »Rechtsverhältnis zwischen den Eltern und dem Kind im Allgemeinen«, in den §§ 1616 ff BGB geregelt. Es ist ein den Interessen und dem Wohl des Kindes dienendes Schutzverhältnis. Die §§ 1626 ff BGB regeln das Recht der elterlichen Sorge, wobei der § 1626 a BGB seit einem Urteil des Europäischen Gerichtshofes für Menschenrechte verfassungswidrig ist.

Die elterliche Sorge umfasst die Personen- und die Vermögenssorge. Der Gesetzgeber spricht sich in § 1626 Abs. 2 BGB für einen demokratischen Erziehungsstil aus, das elterliche Züchtigungsrecht gibt es nicht mehr, die körperliche Misshandlung eines Kindes ist untersagt. Allerdings ist der Begriff der körperlichen Misshandlung in der Rechtslehre sehr umstritten.

Für beide Teilbereiche – die Personen- und die Vermögenssorge – haben die Eltern das Recht zur gesetzlichen Vertretung ihres Kindes inne. Die Aufzählung des § 1631 BGB ist unvollständig. Zur Personensorge gehören auch alle Fürsorge- und Schutzmaßnahmen (z. B. Einwilligung in eine OP, Bestimmung der Berufsausbildung). Dieser Sorgebereich wird auch »tatsächliche Personensorge« genannt. Darüber hinaus haben die Eltern auch die gesetzliche Vertretung des Kindes bei Rechtsgeschäften, soweit sie den persönlichen Bereich betreffen. Für einzelne Teilbereiche gelten besondere gesetzliche Regelungen. So gestattet es § 1632 Abs. 2 BGB den Eltern, den Umgang ihres Kindes zu reglementieren.

Der Grundsatz »Gemeinsame Sorge = Gleiches Mitbestimmungsrecht für beide Elternteile« ist dann im Alltag nur sehr schwierig umzusetzen, wenn die Trennung durchgeführt wurde und das Kind seinen Lebensmittelpunkt bei lediglich einem der Ehepartner hat. Diese Schwierigkeiten hat der Gesetzgeber erkannt und den Grundsatz der gemeinsamen Sorge aus Praktikabilitätsgründen für den Fall eingeschränkt, dass die Eltern die Trennung herbeigeführt haben. § 1687 BGB unterscheidet in diesen Fällen die sogenannten »Angelegenheiten von besonderer Bedeutung« von den »Angelegenheiten des täglichen Lebens«. Letztere sollen durch den Elternteil geregelt werden können, bei dem das Kind gewöhnlich lebt.

Etwas anderes gilt, wenn das Aufenthaltsbestimmungsrecht auf einen Elternteil übertragen wurde. Das Aufenthaltsbestimmungsrecht ist Teil des

Sorgerechtes und kann auf Antrag vom Sorgerecht getrennt werden, wenn dies dem Kindeswohl entspricht. Sowohl für die Personen- als auch für die Vermögenssorge haben die Eltern im Verhältnis gegenüber Dritten die gesetzliche Vertretung ihres Kindes inne. Die gesetzliche Vertretung ist in § 1629 BGB geregelt. Nach § 1664 BGB haben Eltern bei der Ausübung der elterlichen Sorge bis zur Grenze der groben Fahrlässigkeit nur für die Sorgfalt einzustehen, die sie in eigenen Angelegenheiten anzuwenden pflegen.

Die elterliche Sorge kann auf Grundlage der §§ 1666, 1666 a BGB beschränkt werden, wenn ihre Ausübung das Kindeswohl gefährdet, wobei das Gesetz an keiner Stelle definiert, was eine Gefährdung des Kindeswohles ist. Das Kind soll Umgang mit anderen Personen haben, sofern es Bindungen zu ihnen besitzt und deren Aufrechterhaltung für das Kind förderlich ist. Der Kreis der Umgangsberechtigten ergibt sich aber nicht aus § 1623 Abs. 3 BGB, sondern wird ausschließlich von den §§ 1684, 1685 BGB bestimmt. Während die Kindeswohldienlichkeit beim Elternumgang nach § 1684 BGB vermutet wird, muss sie im Rahmen des § 1685 BGB stets positiv festgestellt werden.

Zweck der Vormundschaft ist die Wahrnehmung grundsätzlich aller persönlichen und vermögensrechtlichen Angelegenheiten des Mündels und dessen Vertretung durch den Vormud. Eine solche Vormundschaft wird notwendig, wenn die elterliche Sorge geendet hat (durch Tod der Eltern), oder die Eltern zwar vorhanden sind, die elterliche Sorge aber wegen eines rechtlichen oder tatsächlichen Hindernisses ruht. Das Familiengericht ordnet eine Pflegschaft bei einem Fürsorgebedürfnis für einzelne besondere Angelegenheiten an. Der Pfleger hat daher nur für einen begrenzten Kreis von Angelegenheiten zu sorgen.

Weiterführende Links

www.alleinerziehende-bmas.de
www.bage.de
www.beruf-und-familie.de
www.bke-elternberatung.de
www.bke-jugendberatung.de
www.echr.coe.int
www.egmr.org
www.elterlichesorge.de
www.familienatlas.de
www.familienbildung-deutschland.de
www.familienhandbuch.de
www.frauenbund.de
www.kinderundjugendtelefon.de
www.nakos.de
www.vaeter-aktuell.de
www.vormundschaft.service-bw.de

8. Die Rechtsstellung des Minderjährigen in der Gesellschaft

»Die heutige junge Generation in Deutschland bleibt zuversichtlich: Sie lässt sich weder durch die Wirtschaftskrise noch durch die unsicher gewordenen Berufsverläufe und Perspektiven von ihrer optimistischen Grundhaltung abbringen. Mit den Herausforderungen in Alltag, Beruf und Gesellschaft gehen Jugendliche auch weiterhin pragmatisch um. Prägend für diese Generation sind insbesondere eine starke Leistungsorientierung und ein ausgeprägter Sinn für soziale Beziehungen.«

(14. Shell Jugendstudie)

Die Frage, welche Rechtsstellung – Rechtsfähigkeit – der Minderjährige in unserer Rechtsordnung innehat, wirft zunächst zwei Fragen auf: Wer gilt als minderjährig und was bedeutet Rechtsfähigkeit genau?

Minderjährig ist, wer die Volljährigkeit noch nicht erreicht hat. Wer **volljährig** ist, bestimmt § 2 BGB: »Die Volljährigkeit tritt mit Vollendung des 18. Lebensjahres ein.«

8.1 Sind Minderjährige rechtsfähig?

§ 1 BGB bestimmt: »Die Rechtsfähigkeit des Menschen beginnt mit der Vollendung der Geburt.«

Rechtsfähigkeit ist die Fähigkeit, Träger von (subjektiven) Rechten und Pflichten zu sein. Sie kommt allen natürlichen Personen (Menschen) unabhängig von ihrer Staatsangehörigkeit zu und endet mit dem Tod.

Jeder Mensch, auch der Minderjährige, ist daher rechtsfähig.

8.2 Sind Minderjährige geschäftsfähig?

Eine andere Frage ist es, ob ein Minderjähriger auch geschäftsfähig ist.

Geschäftsfähigkeit ist die Fähigkeit, selbstständig wirksame rechtsgeschäftliche Willenserklärungen abgeben zu können oder zu empfangen.

Das Gesetz geht davon aus, dass volle Geschäftsfähigkeit erst mit Eintritt der Volljährigkeit erlangt wird. Geschäftsfähigkeit braucht das Rechtssubjekt vor allem, um wirksam Verträge schließen zu können. Wir begeben uns daher nunmehr auf einen Exkurs ins Vertragsrecht.

Wie entsteht ein Vertrag?

Jeder Vertrag, gleichgültig ob Arbeitsvertrag, Mietvertrag, Kaufvertrag etc., kommt zustande durch Angebot und Annahme desselben. Beide Teile sind Willenserklärungen.

Eine **Willenserklärung** ist eine private Willensäußerung, die auf das Herbeiführen einer Rechtsfolge gerichtet ist.

Diese Rechtsfolge können Willenserklärungen aber nur dann entfalten, wenn sie genau bestimmt sind, da sonst niemand wüsste, was eigentlich vereinbart wurde. Daher gilt als Antrag nur die Willensäußerung, die so genau bestimmt ist, dass der andere nur noch mit »Ja« zu antworten braucht, will er die beabsichtigte Rechtswirkung herbeiführen. Ein Angebot muss also immer die sogenannten wesentlichen Vertragsbestandteile (lat. essentialia negotii) enthalten. Dazu gehören: genaue Bezeichnung der Sache, Preis, Nutzungsdauer (z. B. bei Miete) – eben immer genau das, was für den konkret abzuschließenden Vertrag wichtig ist.

Praxisübung

Nennen Sie die essentialia negotii für:
1. den Kaufvertrag über dieses Buch
2. den Mietvertrag über Ihre Wohnung
3. Ihren Ausbildungsvertrag

Wer einem anderen die Schließung eines Vertrages anträgt, ist an den Antrag gebunden – es sei denn, dass er die Gebundenheit ausgeschlossen hat (§ 145 BGB). Die Gebundenheit kann man ausschließen durch Zusätze wie »Angebot freibleibend« oder »ohne Obligo«.

Kindergartenleiterin Susanne G. holt Angebote über rückenfreundliche Stühle für das Team ein. Die Firma X bietet ihr fünf Stühle der neuen Reihe »Medifit« zum Preis von 1.125 Euro zzgl. MwSt. an und kennzeichnet das Schreiben mit »Angebot freibleibend«.

Der Antrag erlischt, wenn er dem Antragenden gegenüber abgelehnt oder nicht rechtzeitig angenommen wird (§ 146 BGB). Was rechtzeitig ist, bestimmt § 147 BGB: Der einem Anwesenden gegenüber gemachte Antrag kann nur sofort angenommen werden. Dies gilt auch bei Übermittlung mittels Fernsprecher. Der einem Abwesenden gegenüber gemachte Antrag kann nur bis zu dem Zeitpunkt angenommen werden, in welchem der Antragende den Eingang der Antwort unter regelmäßigen, das heißt normalen Umständen erwarten darf. Hat der Antragende für die Annahme des Antrags eine Frist bestimmt, so kann die Annahme nur innerhalb dieser Frist erfolgen. Nimmt der andere den Antrag nach Ablauf der Frist an, gilt dies als neues Angebot (§ 150 Abs. 1 BGB).

> Hier hat Firma X ihr Schreiben mit dem Hinweis »Angebot gültig bis 16.10.2013« versehen. Nimmt Susanne G. den Antrag am 17. Oktober 2013 an, ist der Vertrag nicht zustande gekommen, weil die Annahme verfristet zugegangen ist. Ihre Annahme gilt als neues Angebot auf Abschluss eines Kaufvertrages zu den im Schreiben genannten Bedingungen. Für den Abschluss des Vertrages ist dann noch erforderlich, dass die Firma X zustimmt, also annimmt.

Eng verwandt mit der verfristeten Annahme eines Antrages ist die Annahme unter Bedingungen. Eine solche Annahme gilt als Ablehnung des Angebotes verbunden mit einem neuen Angebot (§ 150 Abs. 2 BGB).

Die Annahme muss also dem Angebot entsprechen. Sie kann entweder ausdrücklich oder konkludent, das meint durch schlüssiges Verhalten, erfolgen.

Sonderfall invitatio ad offerendum

Ein Katalog, die Auslage im Schaufenster oder die Speisekarte in der Gaststätte werden von der Rechtsordnung jedoch nicht als Angebot gewertet, da in diesen Fällen der Verkäufer besonders schutzwürdig ist. Denn könnte jedermann durch ein einfaches »Ja« einen Vertrag mit ihm schließen, hätte er keinen Einfluss mehr darauf, mit wem er Geschäfte eingeht, und wäre darüber hinaus durch jeden einzelnen Vertrag zur Erfüllung verpflichtet. Er hätte keine Möglichkeit, den Käufer vor Vertragsschluss etwa auf Bonität zu prüfen oder nur Verträge entsprechend seiner Leistungsfähigkeit einzugehen. Die Rechtsordnung sieht daher in Schaufensterauslagen etc. eine sogenannte Aufforderung zum Angebot (lat. invitatio ad offerendum). Das Angebot gibt vielmehr der kaufwillige Kunde ab, woraufhin der Verkäufer entscheidet, ob er mit diesem Käufer einen Vertrag eingehen möchte.

Was ist eine Willenserklärung?

Ein Vertrag besteht also aus Angebot und Annahme, beides sind sogenannte Willenserklärungen. Doch Vorsicht: Eine Willenserklärung ist eine Willenäußerung mit Rechtswirkung. Demnach ist nicht jede Willensäußerung auch eine Willenserklärung im rechtlichen Sinne. Willensäußerung und Willenserklärung sind voneinander zu unterscheiden:

> Sagt eine Mutter zu ihrem Kind: »Ich will, dass du endlich dein Zimmer aufräumst«, hat dies keine Rechtswirkung. Es handelt sich um eine bloße Willensäußerung. Sagt sie aber zu ihrem Mann: »Ich trenne mich heute von dir«, hat dies Rechtswirkung, ist also eine Willenserklärung.

Außerdem misst unsere Rechtsordnung nur dem Willen, der geäußert wurde, eine Bedeutung bei. Bloßes Schweigen ist dagegen keine Willenserklärung.

> Der Kindergarten »Pfiffikus« erhält ein Paket von einer Holzspielwarenfirma. Es enthält Bauklötze im Wert von 100 Euro sowie ein Schreiben, in dem es heißt: »Anliegendes Spielmaterial schicken wir Ihnen heute zur Ansicht. Wenn wir binnen zwei Wochen nichts von Ihnen hören, gehen wir davon aus, dass Sie die Ware behalten möchten. Zahlen Sie in diesem Fall 100 Euro an folgendes Konto …«

Diese – häufig geübte – Praxis versucht zu konstruieren, dass ein Angebot durch bloßes Schweigen angenommen werden kann. Dem ist jedoch zum Schutz unserer Rechtsordnung nicht so. Reagiert man auf solch eine Aufforderung nicht, begründet sich kein Vertrag.

Doch auch hier ist Vorsicht geboten: Für die Willensäußerung ist es nämlich nicht unbedingt nötig, dass jemand etwas sagt. Auch Schreiben, Zeichnen oder schlüssiges (konkludentes) Handeln reichen zur Willensäußerung aus.

> Die Kassiererin zieht die Lebensmittel über den Scanner. Dadurch nimmt sie das Kaufangebot des Kunden (durch konkludentes Tun) an.

Im Falle der unverlangt an eine Kita gesandten Ware bedeutet das: Werden die Bauklötze ausgepackt, den Kindern zum Spielen überlassen und mit den einrichtungseigenen Bauklötzen gelagert und vermischt, ist das Angebot durch konkludentes Tun angenommen worden. Der Kaufpreis wird fällig. Auch wenn § 241 a BGB für unbestellte Leistungen eines Unternehmers an einen Verbraucher bestimmt, dass ein Anspruch auf Kaufpreiszahlung dadurch nicht begründet wird, gilt dies nur für Privatpersonen. Kindertageseinrichtungen sind keine »Verbraucher« i. S. d. § 241 a BGB, wie § 13 BGB unmissverständlich bestimmt.

Die Auslegung einer Willenserklärung

Ist eine Willenserklärung nicht eindeutig, was häufig vorkommt, muss man sie auslegen, das heißt ihr Sinn muss ermittelt werden (§ 133 BGB). Es kommt in diesen Fällen nicht darauf an, welchen Sinn der Erklärende seiner Erklärung beigelegt hat, sondern nur auf den sogenannten Empfängerhorizont – also darauf, wie die Erklärung aus Sicht eines vernünftigen Dritten aufzufassen ist. Das Gesetz unterscheidet hier zwischen Inhalts- und Erklärungsirrtum (§ 119 Abs. 1 BGB).

Ein **Erklärungsirrtum** liegt immer dann vor, wenn sich der Erklärende verspricht oder verschreibt.

> Anna W. will 10 Kinokarten für den Kindergeburtstag vorbestellen und schreibt 100.

Inhaltsirrtum bedeutet Irrtum bei der Willensbildung: Der Erklärende erklärt zwar genau das, was er will, es bedeutet aber objektiv etwas ganz anderes.

Sowohl bei Erklärungs- als auch Inhaltsirrtum gibt das Gesetz dem Erklärenden die Möglichkeit, seine Willenserklärung anzufechten. Sie entfaltet dann keine Rechtswirkung mehr gegen ihn (§ 142 BGB).

Weitere mögliche Anfechtungsgründe sind: Anfechtung wegen Irrtums über wesentliche Eigenschaft einer Person oder Sache (§ 119 Abs. 2 BGB) und Anfechtung wegen arglistiger Täuschung (§ 123 BGB).

Praxisübung

1. Sehen Sie zur Vertiefung unter »youtube: TeleJura« den Film »Der Halve Hahn«.
2. Finden Sie Beispiele für die Anfechtungsgründe »Erklärungsirrtum«, »Irrtum über eine wesentliche Eigenschaft einer Person oder Sache« und »arglistige Täuschung«.

Wann wird eine Willenserklärung wirksam?

Manche Willenserklärungen werden bereits wirksam, wenn sie abgegeben wurden (z. B. Erbeinsetzung durch Testament). Für die allermeisten Willenserklärungen gilt aber: Für ihre Wirksamkeit ist erforderlich, dass sie abgegeben wurden **und** zugegangen sind.

Abgegeben ist eine Willenserklärung dann, wenn der Erklärende seinen rechtsgeschäftlichen Willen so geäußert hat, dass an der Endgültigkeit des geäußerten Willens keine Zweifel mehr bestehen. Eine empfangsbedürftige Willenserklärung wird gemäß § 130 BGB erst mit Zugang wirksam. Für den Zugang einer verkörperten Willenserklärung ist es nötig, dass die Willenserklärung so in den Machtbereich des Empfängers gelangt ist, dass bei Zugrundelegung gewöhnlicher Verhältnisse mit der Kenntnisnahme durch den Empfänger zu rechnen ist.

Schickt die Kindergartenleiterin Susanne G. aus unserem Beispiel die Annahmeerklärung per Post am 11. Oktober 2013 ab, wird dieser Brief unter Zugrundelegung einer normalen Postlaufzeit von einem Tag am 12. Oktober 2013 zwar in den Briefkasten der Firma X eingeworfen. Da es sich hier aber um einen Samstag handelt, wird das Schreiben niemand zur Kenntnis nehmen. Unter Zugrundelegung gewöhnlicher Verhältnisse – also in diesem Fall normaler Büro-Arbeitszeiten – ist mit einer Kenntnisnahme vielmehr erst am Montag, den 14. Oktober 2013, zu rechnen. Auch hier wäre die Annahme daher verfristet.

Unter Anwesenden ist eine Willenserklärung also zugegangen, wenn sie ausgesprochen und gehört wurde bzw. gehört werden konnte; unter Abwesenden, wenn beispielsweise ein Brief in den Briefkasten geworfen wurde und unter gewöhnlichen Umständen mit der Leerung gerechnet werden darf.

8.3 Was ist ein Rechtsgeschäft?

Rechtsgeschäfte werden unterschieden in zweiseitige, die aus zwei einander entsprechenden Willenserklärungen bestehen (Vertrag), und einseitige, die nur eine Willenserklärung beinhalten (z. B. Kündigung, Testament, Anfechtung). Ist eine Willenserklärung mit einem Mangel behaftet, schlägt dieser Mangel auf das Rechtsgeschäft, das mit ihr geschlossen werden sollte, durch: Manche Rechtsgeschäfte sind dann nichtig, das heißt von vornherein rechtlich unwirksam (z. B. das nicht eigenhändig unterschriebene Testament).

Möglich ist aber auch, dass ein Rechtsgeschäft nicht nichtig ist, sondern sich im »Stadium der Unvollkommenheit« befindet: Es ist dann unvollständig und bringt solange keine Rechtswirkung hervor, bis das fehlende Erfordernis nachgeholt wurde. Die Rechtslehre spricht in solchen Fällen von schwebender Unwirksamkeit. Schwebend unwirksam sind beispielsweise Willenserklärungen von Personen, die vom Gesetz wegen ihrer geistigen und körperlichen Entwicklung oder wegen einer Geistesstörung keine oder keine volle Geschäftsfähigkeit zuerkannt bekommen.

Die Auswirkungen der beschränkten Geschäftsfähigkeit auf Rechtsgeschäfte

Volle Geschäftsunfähigkeit liegt bei Kindern bis zur Vollendung des siebten Lebensjahres vor. Außerdem bei Personen, die sich in einem die freie Willensbestimmung ausschließenden nicht nur vorübergehenden Zustand krankhafter Störung der Geistestätigkeit befinden.

Die beschränkte Geschäftsfähigkeit nach § 106 BGB

Minderjährige ab sieben Jahren befinden sich, was ihre Geschäftsfähigkeit angeht, in einem Zwischenstadium: Bis zur Volljährigkeit sind sie beschränkt geschäftsfähig. Es ergibt sich folgende Zweistufigkeit:

1. Stufe: Geschäftsunfähig

Minderjährige (§ 104 Nr. 1 BGB)

Hier ist Vorsicht und sorgsame Abgrenzung erforderlich: Geschäftsfähigkeit ist nicht gleich Rechtsfähigkeit! Kinder zwischen null und sieben Jahren sind sehr wohl rechtsfähig, das heißt sie können Träger von Rechten und Pflichten sein; sie können allerdings mangels Geschäftsfähigkeit nicht rechtswirksam handeln.

Die von Kindern oder gegenüber Kindern in dieser Altersspanne abgegebenen Willenserklärungen sind nichtig, das heißt rechtlich bedeutungslos (§ 105 I BGB). Für geschäftsunfähige Kinder können nur ihre gesetzlichen Vertreter, in der Regel die Eltern, handeln.

> Die Oma des fünfjährigen Tim kommt zu Besuch. Als sie ein Geschenk für ihn aus der Tasche zieht, ist seine Mutter wenig begeistert: die originalgetreue Nachbildung eines Maschinengewehrs MG 4, Kaliber 45, der Marke Heckler & Koch. Um sich in Ruhe über die Sinnhaftigkeit solcher Geschenke mit der Oma austauschen zu können, schickt die Mutter Tim zum Konditor, damit er dort drei Stücke Sahnetorte kauft.

Tim kann das Geschenk der Oma noch nicht rechtswirksam annehmen: Er benötigt dafür die Einwilligung seiner Mutter. Denn auch eine Schenkung ist ein Rechtsgeschäft und bedarf der beiden Willenserklärungen Schenkungsangebot und Schenkungsannahme. Auch die Sahnetorte kann er nicht in eigenem Namen kaufen, er fungiert hier vielmehr als Bote der Mutter, indem er ihre Erklärung übermittelt. Kauft er etwas anderes als Sahnetorte, beispielsweise eine Riesenpackung Esspapier, kommt kein Kaufvertrag mit ihm zustande, da er noch nicht geschäftsfähig ist. Und auch die Mutter würde aus einem solchen Vertrag nicht verpflichtet, weil Tim sie nicht rechtswirksam vertreten kann.

Volljährig, aber geistige Störung (§ 104 Nr. 2 BGB)
Geschäftsunfähig ist auch, wer sich in einem die freie Willensbestimmung ausschließenden Zustand krankhafter Störung der Geistestätigkeit befindet, sofern nicht der Zustand seiner Natur nach ein vorübergehender ist. Auch seine Willenserklärungen sind nichtig (§ 105 I BGB).

Volljährig, aber betrunken oder unter Drogen (§ 105 II BGB)
Auch die Willenserklärungen eines Geschäftsfähigen können ungültig sein, wenn sie im Zustand der Bewusstlosigkeit oder schweren vorübergehenden Störung der Geistestätigkeit gemacht werden.

2. Stufe: Beschränkte Geschäftsfähigkeit

§ 106 BGB regelt, wer beschränkt geschäftsfähig ist: Minderjährige zwischen sieben und 18 Jahren. Zwar können diese Kinder und Jugendlichen im Gegensatz zu den Geschäftsunfähigen selbst Willenserklärungen abgeben und entgegennehmen, aber der gesetzliche Vertreter muss hierzu im Einzelfall seine Einwilligung erteilen (§ 107 BGB). Es soll dadurch verhindert werden, dass Minderjährige Verpflichtungen eingehen, die sie nicht überblicken können. Die Zustimmungserklärung des gesetzlichen Vertreters bedarf keiner besonderen Form, sie kann schriftlich, mündlich oder durch konkludentes Tun erteilt werden.

Fehlt die Einwilligung, bestimmt § 111 BGB für ein einseitiges Rechtsgeschäft dessen Unwirksamkeit. Für zweiseitige Rechtsgeschäfte (Verträge) gilt die **Zentralnorm des Minderjährigenrechtes § 108 I BGB:** »Schließt der Minderjährige einen Vertrag ohne die erforderliche Einwilligung des gesetzlichen Vertreters, so hängt die Wirksamkeit des Vertrages von der Genehmigung des Vertreters ab.«

Bis zur Erteilung der Genehmigung ist der Vertrag schwebend unwirksam. Die gewollte Rechtswirkung tritt erst mit Genehmigung ein. Für die Form der Genehmigung gilt dasselbe wie für die Einwilligung. Eine Ausnahme hiervon bildet § 108 II BGB: Fordert der Vertragspartner des Minderjährigen den gesetzlichen Vertreter zur Erklärung über die Genehmigung auf, so kann die Erklärung nur ihm gegenüber erfolgen. Eine vor der Aufforderung dem Minderjährigen gegenüber erklärte Genehmigung oder Verweigerung der Genehmigung wird unwirksam. Für die Erteilung der Genehmigung gilt dann die Frist des § 108 II BGB.

Die Gefahr eines Nachteils für den Minderjährigen besteht dann nicht, wenn er einen ausschließlich rechtlichen(!) Vorteil mit dem Vertragsschluss erreicht. § 107 BGB erlaubt in diesen Fällen, dass der Minderjährige solche Willenserklärungen allein abgeben kann.

> Der achtjährige Lukas hat von seiner Uroma eine Eigentumswohnung geerbt. Zwar erfährt Lukas' Vermögen hierdurch einen erheblichen Zuwachs, auf wirtschaftliche Vorteile kommt es aber hier nicht an. Es muss ein ausschließlich rechtlicher Vorteil erlangt werden. Die Eigentümerstellung an einer Wohnung beinhaltet aber gerade nicht ausschließlich rechtliche Vorteile: Man muss zu Eigentümerversammlungen gehen, Haftpflichtversicherungen abschließen, Steuern und Abgaben entrichten, geeignete Mieter aussuchen und mit ihnen Verträge eingehen etc. Will Lukas also das Erbe annehmen, müssen seine gesetzlichen Vertreter hierin einwilligen.

Kein Schutz des guten Glaubens

Im Minderjährigenrecht gibt es keinen Gutglaubensschutz: Geht der Vertragspartner davon aus, dass der Minderjährige bereits volljährig sei oder der gesetzliche Vertreter eingewilligt hat bzw. noch genehmigen wird, ändert dies an der schwebenden Unwirksamkeit des geschlossenen Vertrages nichts. Selbst wenn der Minderjährige wahrheitswidrig behauptet, er sei bereits volljährig oder Einwilligung liege vor bzw. Genehmigung werde erteilt, ist dies unbeachtlich!

8.4 Der Taschengeldparagraph

Nach § 110 BGB gilt ein von einem Minderjährigen ohne Zustimmung des gesetzlichen Vertreters geschlossener Vertrag als von Anfang an wirksam, wenn der Minderjährige die vertragsmäßige Leistung mit Mitteln bewirkt, die ihm zu diesem Zweck oder zu freier Verfügung (Taschengeld) von dem gesetzlichen Vertreter oder mit dessen Zustimmung von einem Dritten, auch dem Arbeitgeber, überlassen worden sind.

Indem der gesetzliche Vertreter einem Minderjährigen bestimmte Geldbeträge zur freien Verfügung überlässt, willigt er konkludent in Rechtsgeschäfte ein, die der Minderjährige aus den überlassenen Geldmitteln bewirkt. § 110 BGB ist somit lediglich ein besonderer Anwendungsfall des allgemeinen § 107 BGB.

Sonderproblem Ratenkauf

Zu beachten ist jedoch, dass die konkludente Einwilligung nach § 110 BGB inhaltlich beschränkt ist. Die Verträge des Minderjährigen werden nämlich nach dem Wortlaut des Gesetzes nicht schon bei Abschluss, sondern erst bei Bezahlung wirksam. Insbesondere bei Ratenzahlungsverträgen ist daher der vom Minderjährigen geschlossene Vertrag nicht gemäß § 110 BGB wirksam – es sei denn, es wurden alle Raten beglichen. Eine Verschuldung ist also nicht möglich, da ein Ratenzahlungsvertrag so lange schwebend unwirksam ist, bis die letzte Rate beglichen ist. Tritt der gesetzliche Vertreter während des Schwebezustandes dazwischen, ist der Vertrag ungültig – mit der Folge, dass geleistete Teilzahlungen zurückgewährt werden müssen.

Sonderproblem teilbare Leistungen

Besteht die gekaufte Sache in einer teilbaren Leistung (Zeitschriftenabo etc.), sind die Geschäfte so lange gültig, wie Zahlungen für in der Vergangenheit gelieferten Dinge geleistet wurden.

> Der 15jährige Ferdl kauft sich heute ein Prepaid-Handy. Das Guthaben beträgt 30 Euro, das er von seinem gesparten Taschengeld begleicht.

Anders ist die Rechtslage, wenn die Teilleistungen so eng miteinander zusammenhängen, dass nur die ganze Leistung einen Sinn hat.

> Anschließend kauft Ferdl in der Fußgängerzone ein zwölfbändiges Olympia-Lexikon. Jeden Monat bekommt er per Post zwei Bände, die er dann pro Lieferung in Höhe von jeweils 15 Euro bezahlen muss.

Wenn Ferdl nun nach fünf Monaten entscheidet, dass er das Lexikon nicht benötigt, ist der ganze Vertrag unwirksam. Ferdls Eltern können geleistete Zahlungen zurückverlangen, denn die Lexikon-Reihe hat nur dann einen Wert, wenn sie komplett vorhanden ist.

Sonderproblem Surrogate

Bei Surrogaten, das sind Mittel bzw. Gegenstände, die der Minderjährige aus Mitteln erwirkt, die ihm i. S. d. § 110 BGB überlassen wurden, ist fraglich, ob deren Verwendung vom Konsens des gesetzlichen Vertreters gedeckt ist.

> Die 14jährige Nina kauft sich von ihrem Taschengeld ein Lotterielos und gewinnt zwei Millionen Euro.

Aus Gründen des Minderjährigenschutzes muss hier gelten, dass Surrogate im Zweifel nicht von der erteilten Einwilligung gedeckt sind. Auf den Lotteriegewinn findet daher § 110 BGB keine Anwendung. Soweit das Surrogat jedoch auch schon mit den überlassenen Mitteln hätte erworben werden können, kann dies noch als von der Einwilligung gedeckt angesehen werden.

Die 14jährige Nina kauft sich drei CDs und tauscht diese dann gegen drei CDs einer Freundin.

Praxisübung

Sehen Sie sich zur Vertiefung unter »youtube: TeleJura« den Film »Mit 17 hat man noch Träume« an.

Die eingeschränkte Auslegung des Taschengeldparagraphen – oder: Das totale Taschengeld?

Das Amtsgericht Freiburg hatte die Frage zu entscheiden, ob wirklich alles, was der Minderjährige von seinem Taschengeld kauft, als von der Einwilligung der Eltern gedeckt angesehen werden muss.

Der Fall

Der 14jährige Kläger hatte sich beim Beklagten eine Pistole (sog. Airsoftgun) nebst dazugehöriger Munition zu einem Kaufpreis von 76,90 DM gekauft. Diesen Kauf hatte er heimlich und ohne Zustimmung der Eltern getätigt. Zwei Tage später fanden die Eltern die Waffe sowie die dazugehörige Munition, von der ein Teil bereits verbraucht war.

Der Beklagte weigerte sich, die Spielzeugwaffe und die noch vorhandene Munition gegen Erstattung des vollen Kaufpreises zurückzunehmen. Er behauptete, der Kläger habe sich geäußert, dass er die Pistole von seinem Taschengeld finanziere und dass die Eltern damit einverstanden wären. Der Kauf sei gemäß § 110 BGB deshalb von Anfang an als wirksam anzusehen. Ferner unterlägen Gegenstände, die nicht mehr zurückgegeben werden können, nicht mehr der Rückzahlungsverpflichtung.

Der Kläger bestritt dies und beantragte, den Beklagten zur Zahlung von 76,90 DM Zug um Zug gegen Herausgabe der Waffe nebst verbliebener Restmunition zu verurteilen. Der Klage wurde vollumfänglich stattgegeben.

Die Begründung der Richter

Der Kläger hat Anspruch auf Rückzahlung des Kaufpreises gem. §§ 110, 812 Abs. 1 BGB. Der Kaufpreis in Höhe von 76,90 DM wurde ohne Rechtsgrund geleistet, da der zwischen den Parteien abgeschlossene Kaufvertrag unwirksam ist. Der Kläger war zur Zeit des Abschlusses des Kaufvertrages beschränkt geschäftsfähig, eine Einwilligung der gesetzlichen Vertreter, der Eltern des Klägers, für die Abgabe der Willenserklärung liegt nicht vor.

Der Kaufvertrag ist auch nicht gem. § 110 BGB wirksam. Zwar gilt ein von dem Minderjährigen ohne Zustimmung des gesetzlichen Vertreters geschlossener Vertrag als von Anfang an wirksam, wenn der Minderjährige die vertragsgemäße Leistung mit Mitteln bewirkt, die ihm zu diesem Zweck oder zur freien Verfügung von dem Vertreter oder mit dessen Zustimmung von einem Dritten überlassen worden sind. Diese Voraussetzungen liegen hier jedoch deshalb nicht vor, weil das Taschengeld, mit dem der Kläger die Airsoftgun Beretta M92FS kaufte, ihm nicht zu diesem Zweck überlassen wurde, noch zur uneingeschränkt freien Verfügung stand (…).

Der Kläger erklärte hierzu, dass ein Einverständnis seiner Eltern zum Kauf einer Airsoftgun Beretta M92FS nicht vorlag, dass ihm vielmehr im Vorhinein klar war, dass sich die Überlassung des Taschengeldes gerade nicht auf den Kauf einer solchen Spielzeugwaffe erstreckte. Er habe deshalb den Kauf insgeheim getätigt und die Waffe in seinem Zimmer versteckt. Eine Einwilligung der gesetzlichen Vertreter gem. § 110 BGB durch die Überlassung der Geldmittel liegt daher vorliegend nicht vor.

Musste der Minderjährige annehmen, dass sich die in der Überlassung liegende Einwilligung des gesetzlichen Vertreters auf ein konkretes Geschäft nicht beziehen sollte, so ist ein solcher Vertrag selbst dann nicht von § 110 BGB gedeckt, wenn er ihn mit an sich zur freien Verfügung überlassenen Mitteln erfüllt. Nach den zutreffenden Ausführungen von Gitter (in: MünchKomm, 3. Aufl., § 110 Rdnr. 18) widerspricht es dem Erziehungszweck des Minderjährigenrechts, dem gesetzlichen Vertreter nur die Wahl zwischen zweckgebundenen Mitteln und einem »totalen Taschengeld« zuzubilligen, mit dem er alles und jedes gutheißt, was der Minderjährige unternimmt. Auch bei frei überlassenen Mitteln muss der Wille des gesetzlichen Vertreters, Beschränkungen vorzunehmen, beachtet werden. Nach Ansicht von Gitter kann es dabei nur auf das Innenverhältnis zwischen dem Minderjährigen und dem gesetzlichen Vertreter ankommen. Diese Auffassung wird vom Gericht geteilt, da ein Gutglaubensschutz im Minderjährigenrecht grundsätzlich nicht besteht.

AG Freiburg – AktZ 51 C 3570/97

Praxisübung

Bitte überlegen Sie:

1. Der fünfjährige Nick kauft beim Händler einen Lutscher für 0,50 Cent. Ist ein Kaufvertrag zustande gekommen?
2. Die 15jährige Franzi hat von ihrer Großmutter eine kostbare Perlenkette geschenkt bekommen. Ihre Freundin Berenice bewundert die Kette sehr und lässt keinen Zweifel daran, dass ihre Freundschaft gefestigt würde, wenn Franzi ihr die Kette schenken würde. Nach einigem Zögern handelt Franzi wie gewünscht und schenkt Berenice die Kette. Als die Großmutter davon erfährt, ist sie empört und verlangt von Franzis Eltern, das »wieder ins Reine« zu bringen. Können sie das?
3. Tante Sandra schenkt ihrem sechsjährigen Patenkind Friedrich einen Roller. Ist Friedrich Eigentümer des Rollers geworden?
4. Die Mutter schickt den fünfjährigen Thomas zum Bäcker, damit er ein Brot kauft. Thomas reicht das abgezählte Geld über die Theke und erhält das Brot. Ist ein Kaufvertrag zustande gekommen?
5. Der 19jährige Azubi Martin taucht eines Morgens völlig betrunken in seinem Ausbildungsbetrieb auf. Als er seinen Ausbilder sieht, lallt er: »Ich kündige! Ich schmeiße den ganzen Mist hin!« Hat Martin wirksam gekündigt?

8.5 Der Minderjährige im Erwerbsleben

Steht der Minderjährige bereits im Erwerbsleben, gelten Sonderregeln für ihn. So bestimmt § 112 BGB: »Ermächtigt der gesetzliche Vertreter mit Genehmigung des Familiengerichtes den Minderjährigen zum selbstständigen Betrieb eines Erwerbsgeschäftes, so ist der Minderjährige für solche Rechtsgeschäfte unbeschränkt geschäftsfähig, welche der Geschäftsbetrieb mit sich bringt.«

> Der 15jährige Moritz hat ein neuartiges und revolutionäres PC-Virenprogramm entwickelt und beim Familiengericht den selbstständigen Betrieb eines Erwerbsgeschäftes beantragt. Sobald die Genehmigung vorliegt, will er sich das Programm patentieren lassen, eine Marke eintragen und das Programm vertreiben.

Darüber hinaus ist der Minderjährige für solche Rechtsgeschäfte unbeschränkt geschäftsfähig, die sein Dienst- oder Arbeitsverhältnis mit sich bringen. § 113 BGB bestimmt insoweit: »Ermächtigt der gesetzliche Vertreter den Minderjährigen, in Dienst oder Arbeit zu treten, so ist der Minderjährige für solche Geschäfte unbeschränkt geschäftsfähig, welche die Eingehung oder Aufhebung eines Dienst- oder Arbeitsverhältnisses der gestatteten Art oder die Erfüllung der sich aus einem solchen Verhältnis ergebenden Verpflichtungen betreffen.«

Minderjährige sind rechtsfähig. Ihre Geschäftsfähigkeit richtet sich nach ihrem Alter. Das Gesetz geht davon aus, dass volle Geschäftsfähigkeit erst mit Eintritt der Volljährigkeit erlangt wird. Geschäftsfähigkeit braucht das Rechtssubjekt vor allem, um wirksam Verträge schließen zu können. Jeder Vertrag kommt zustande durch Angebot und Annahme desselben. Beide Teile sind Willenserklärungen, das bedeutet private Willensäußerungen, die auf das Herbeiführen einer Rechtsfolge gerichtet sind. Die Annahme muss dem Angebot entsprechen und kann entweder ausdrücklich oder konkludent, das meint durch schlüssiges Verhalten, erfolgen.

Ein Katalog, die Auslage im Schaufenster oder die Speisekarte im Restaurant werden von der Rechtsordnung nicht als Angebot gewertet. Ist eine Willenserklärung nicht eindeutig, muss man sie auslegen, das heißt ihr Sinn muss ermittelt werden (§ 133 BGB). Es kommt in diesen Fällen nicht darauf an, welchen Sinn der Erklärende seiner Erklärung beigelegt hat, sondern nur auf den sogenannten Empfängerhorizont, also darauf, wie die Erklärung aus Sicht eines vernünftigen Dritten aufzufassen ist. Das Gesetz unterscheidet hier zwischen Inhalts- und Erklärungsirrtum (§ 119 Abs. 1 BGB).

Die Willenserklärungen von in der Geschäftsfähigkeit beschränkten Personen sind schwebend unwirksam, sie bedürfen zu ihrer Wirksamkeit der Genehmigung des gesetzlichen Vertreters. Für Verträge gilt die Zentralnorm des Minderjährigenrechtes (§ 108 I BGB). Schließt der Minderjährige einen Vertrag ohne die erforderliche Einwilligung des gesetzlichen Vertreters, so hängt die Wirksamkeit des Vertrages von der Genehmigung des Vertreters ab.

Indem der gesetzliche Vertreter einem Minderjährigen bestimmte Geldbeträge zur freien Verfügung überlässt, willigt er konkludent in Rechtsgeschäfte ein, die der Minderjährige mit den überlassenen Geldmitteln bewirkt (§ 110 BGB). Ein »totales Taschengeld« gibt es jedoch genauso wenig wie den Gutglaubensschutz. Steht der Minderjährige im Erwerbsleben, gelten für ihn die Sonderregeln der §§ 112, 113 BGB.

Weiterführende Links

www.checked4you.de
www.familieninsel.de
www.kindersache.de
www.rechtslexikon24.net
www.test.de
www.verbraucherrechtliches.de
www.verbraucherzentrale.de
www.vzbv.de

9. Die rechtliche Verantwortung des Minderjährigen für einen Schaden

»Nicht unbedingt das Fernhalten von jedem Gegenstand, der bei unsachgemäßem Umgang gefährlich werden kann, sondern gerade die Erziehung des Kindes zu verantwortungsbewusstem Hantieren mit einem solchen Gegenstand wird oft der bessere Weg sein, das Kind und Dritte vor Schäden zu bewahren. Hinzu kommt die Notwendigkeit frühzeitiger praktischer Schulung des Kindes, das seinen Erfahrungsbereich möglichst ausschöpfen soll.«

(BGH NJW 1976, 1684)

»Es gibt Straftaten, die beginnen mit den Wörtern ›Ich habe‹: Ich habe gestohlen, ich habe betrogen, ich habe getötet. Das sind die vorsätzlichen Straftaten; bei diesen ist die Schuld des Täters greifbar, glasklar, manifest. Und es gibt die Straftaten, die beginnen mit den Wörtern ›Ich habe doch nur …‹ – nur den Apfel aufgehoben, der im Fußraum des Autos rollte; nur die Baugrube nicht ordentlich gesichert; nur die Schusswaffe versehentlich in der Nachttischschublade liegengelassen; nur einen Moment lang nicht richtig aufgepasst.

Auf dieses ›nur‹ folgt oft ein großes Aber: Aber dann ist das Auto in die Fußgängergruppe gerast, aber dann sind Kinder in der Grube zu Tode gestürzt, aber dann hat der 17jährige Sohn die Waffe genommen und ist zum Mörder geworden. Das sind die fahrlässigen Straftaten. Der Schuldige beteuert entsetzt, dass er das ›nicht gewollt‹ habe und jeder weiß, dass das wirklich so ist. Und trotzdem ist er schuld, weil er etwas dafür kann.

Wohl die Hälfte aller Delikte sind solche Fahrlässigkeitsdelikte. Bei ihnen fällt es dem Beschuldigten schwer, seine Schuld zu akzeptieren – weil sein Fehler so klein erscheint und ›nur‹ dessen Folgen so furchtbar sind. (…) So ergeht es dem Arzt, der übermüdet operiert hat, der Mutter, die zu schnell gefahren ist, weil sie ihr Kind vom Hort abholen musste, dem Apotheker, der das falsche Medikament ausgegeben hat – jeweils mit tödlichen Folgen. Die Fahrlässigkeitsschuld ist eine Schuld, die sich jeder auflädt, der jene Sorgfalt, die ihm an sich möglich ist, außer Acht gelassen hat.

Die Schuld ergibt sich aus einer hypothetischen Frage: Was wäre geschehen, wenn sich der Täter pflichtgemäß verhalten hätte? Wäre das Auto nicht in die Fußgängergruppe gerast? Wäre das Opfer noch am Leben? Es gibt freilich Gefahren, die rechtlich nicht relevant, weil überhaupt nicht vorhersehbar sind. Im Lehrbuch steht dazu der Fall des Mannes, der seine Freundin zu einem Treffen bestellt, bei dem sie dann von einem Meteoriten erschlagen wird. So mag man den Zufall vom verschuldeten Unglück abgrenzen.

Fahrlässigkeit ist Risikoerhöhung: Die Schuld des fahrlässigen Täters besteht darin, dass er für sein Opfer das Risiko, verletzt oder getötet zu werden, voraussehbar erhöht hat. Diese Schuld mag, verglichen mit der Schuld, die der Vorsatztäter auf sich lädt, geringer sein; das ist bei der Bestrafung zu berücksichtigen. Jede Strafe aber besagt: Der Bestrafte ist schuldig. Ohne Schuld gibt es keine Strafe. Das folgt aus den rechtlichen Kategorien« (Prantl 2009).

9.1 Rechtsfähigkeit, Geschäftsfähigkeit, Strafmündigkeit, Deliktfähigkeit: Eine Abgrenzung

Wir haben gesehen, dass die Rechtsfähigkeit in § 1 BGB geregelt ist: Ein Minderjähriger ist ab dem Tag seiner Geburt Träger von Rechten und Pflichten.

Von der Rechtsfähigkeit abzugrenzen ist die Geschäftsfähigkeit nach den §§ 104, 106 BGB. Von Rechts- und Geschäftsfähigkeit wiederum abzugrenzen ist die sogenannte Deliktfähigkeit. Somit ist zunächst zu klären, was ein Delikt rechtlich ist.

Ein **Delikt** ist ein rechtswidriges schuldhaftes Verhalten, das zivilrechtlich grundsätzlich eine Schadensersatzpflicht zur Folge hat, strafrechtlich eine Straffolge (= Strafe).

Da ein Delikt demnach ein Verschulden voraussetzt, muss auch dieser Begriff geklärt werden:

Verschulden meint Vorsatz und Fahrlässigkeit.
Vorsatz ist das Wissen und Wollen des rechtswidrigen Erfolges.
Fahrlässig handelt, wer die im Verkehr erforderliche Sorgfalt außer Acht lässt (§ 276 II BGB).

Fahrlässig handelt sowohl, wer den rechtswidrigen Erfolg (= Schaden) zwar voraussieht, aber hofft, er werde nicht eintreten (bewusste Fahrlässigkeit), als auch derjenige, der den Erfolg nicht voraussieht, ihn aber bei Anwendung der verkehrsüblichen Sorgfalt hätte voraussehen können (unbewusste Fahrlässigkeit).

Diese Klärungen machen deutlich: Unsere Rechtsordnung lässt prinzipiell nur denjenigen für einen Schaden haften, der bei Begehung der Tat die Folgen seiner Handlung erkennt und diese absehen kann. Das Unrecht, das dem anderen Menschen zugefügt wurde, und die Verpflichtungen daraus müssen bei der Tatbegehung vom Täter erkannt werden bzw. für ihn erkennbar gewesen sein. Ist dies nicht der Fall, kann dem Täter der Erfolg der Tat (der Schaden) nicht zugerechnet werden. Der Täter muss daher zurechnungsfähig = deliktfähig sein. Schuldhaft kann nur handeln, wer auch deliktfähig ist.

Ähnlich wie bei der Geschäftsfähigkeit wird die Verantwortlichkeit für schuldhaftes Handeln – die Deliktfähigkeit – dem Menschen in Etappen zugesprochen.

So ist ein Kind bis zur Vollendung des siebten Lebensjahres sowohl geschäfts- als auch deliktunfähig. Allerdings bestehen auch Unterschiede zur Geschäftsfähigkeit: Die beschränkte Geschäftsfähigkeit ist starr an die Alterstufe sieben bis 18 Jahre gekoppelt. Auf den Grad der geistigen Entwicklung des Kindes oder seine Einsichtsfähigkeit, die sich innerhalb dieser Zeitspanne ja immerhin stetig verändert, nämlich wachsen wird, kommt es nicht an. Anders bei der Deliktfähigkeit: Auch sie bestimmt innerhalb der Altersstufe sieben bis 18 Jahre die beschränkte Deliktfähigkeit, allerdings muss hier immer im Einzelfall entschieden werden, ob ein Kind oder Jugendlicher aufgrund seiner individuellen geistigen Entwicklung in der Lage war, das Unrecht seines Tuns zu erkennen und die Folgen seiner Tat abzuschätzen.

Praxisübung

Diskutieren Sie: Warum könnte unsere Rechtsordnung diesen Unterschied zwischen Geschäftsfähigkeit und Deliktfähigkeit machen? Betrachten Sie hierfür den Aspekt der Schutzwürdigkeit des Jugendlichen und seiner Geschäftspartner bzw. der Geschädigten.

Hatten Kinder oder Jugendliche bei Begehung des Deliktes die nötige Einsichtsfähigkeit, sind sie verpflichtet, den Schaden zu ersetzen. Fehlt diese Einsicht, können sie selbst nicht zur Verantwortung gezogen werden. Es wird dann zu prüfen sein, ob die Eltern oder andere Aufsichtspersonen aus dem Aspekt der Aufsichtspflichtverletzung verantwortlich gemacht werden können (siehe Kapitel 10.2). Mit vollendetem 18. Lebensjahr setzt die volle Deliktfähigkeit ein. Verfahren aufgrund von Schadensersatzforderungen werden von der Zivilgerichtsbarkeit behandelt, da die Rechtsparteien jeweils Bürger sind. Der Begriff der Deliktfähigkeit ist daher auch eher einer des Zivilrechtes.

Neben der zivilrechtlichen Seite einer Tat kann die Handlung auch einen Straftatbestand des StGB, wie beispielsweise Sachbeschädigung, Körperverletzung, Diebstahl, erfüllen. In diesem Fall hat nicht nur der Geschädigte, sondern auch die Gesellschaft ein Interesse daran, den Verursacher zur Verantwortung zu ziehen. Ob er bestraft wird, hängt jedoch davon ab, ob er strafrechtlich verantwortlich ist. § 19 StGB bestimmt insoweit: »Schuldunfähig ist, wer bei Begehung der Tat noch nicht 14 Jahre alt ist.«

Meint man die strafrechtliche Verantwortlichkeit, spricht man nicht von Deliktfähigkeit, sondern von Strafmündigkeit.

> Der zwölfjährige Yannick schießt absichtlich die Fensterscheibe des Nachbarn ein.

Yannick ist eingeschränkt deliktfähig, da er über sieben Jahre alt ist. Er muss dann Schadensersatz leisten, wenn ihm das Unrecht seiner Tat bei Begehung bewusst war. Bei einem normal entwickelten Zwölfjährigen kann man davon ausgehen, dass er genügend Einsichtsfähigkeit besitzt, um zu wissen, dass man mit einem zielgerichteten Schuss eine Fensterscheibe zerstören kann. Er ist daher zivilrechtlich zum Schadensersatz verpflichtet. Er ist allerdings nicht strafbar wegen Sachbeschädigung, da er mit zwölf Jahren noch nicht strafmündig ist.

> Thomas ist 14 Jahre alt und schießt absichtlich die Fensterscheibe des Nachbarn ein.

Thomas ist sowohl deliktfähig als auch strafmündig. Er wird zivilrechtlich zum Schadensersatz und strafrechtlich zur Verantwortung gezogen werden, da sein Verhalten den Straftatbestand des § 303 StGB erfüllt. Da Sachbeschädigung ein Privatklagedelikt ist, wird es nur auf Antrag des Geschädigten verfolgt.

> Der 14jährige Thomas schießt versehentlich die Fensterscheibe seines Nachbarn ein.

Thomas ist deliktfähig und zivilrechtlich zum Schadensersatz verpflichtet, wenn er bei Anwendung der verkehrsüblichen Sorgfalt hätte voraussehen können, dass die Scheibe Schaden nehmen wird. Für eine strafrechtliche Verfolgung besteht kein Raum, da die fahrlässige Sachbeschädigung nicht unter Strafe steht (§ 15 StGB, beachte jedoch Ausnahme des § 306 d StGB).

9.2 Die Schadensersatzpflicht bei einer unerlaubten Handlung

Jemand hat einen Schaden erlitten: Wie und wonach läuft nun eine rechtliche Prüfung ab? § 823 BGB ist die Generalnorm für die Schadensersatzpflicht bei unerlaubten Handlungen. Dort heißt es in Abs. 1: »Wer vorsätzlich oder fahrlässig das Leben, den Körper, die Gesundheit, die Freiheit, das Eigentum oder ein sonstiges Recht eines anderen widerrechtlich verletzt, ist dem anderen zum Ersatz des daraus entstehenden Schadens verpflichtet.«

Der Tatbestand des § 823 Abs. 1 BGB

Das Gesetz zählt eine Reihe von Rechtsgütern auf, die verletzt werden können: Leben, Körper, Gesundheit, Freiheit und Eigentum. Ist eines dieser Rechtsgüter verletzt, ist der sogenannte Tatbestand des § 823 Abs. 1 BGB erfüllt.

Aber auch, wenn dies nicht hinsichtlich der explizit genannten Rechtsgüter der Fall sein sollte, kann der Tatbestand dennoch erfüllt sein, wenn ein »sonstiges Recht«, wie es die Norm nennt, verletzt ist. Fraglich ist, was das Gesetz meint, wenn es von einem sonstigen Recht spricht. Welche Rechtsgüter könnten darunter zu fassen sein? Nach der Rechtsprechung sind dies Rechte wie beispielsweise das aus Art. 1 Abs. 1 i.V.m. Art. 2 Abs. 1 GG folgende Allgemeine Persönlichkeitsrecht, die Ehre oder das aus Art. 14 GG folgende Recht am eingerichteten und ausgeübten Gewerbebetrieb.

Die Verletzungshandlung

Das »Verletzen« kann in einem Tun oder Unterlassen bestehen: Wirft der fünfjährige Peter Steine auf parkende Autos oder flutet die achtjährige Nadine die Sanitärräume ihrer Schule, handelt es sich unzweifelhaft um ein Tun. Aber auch ein Unterlassen kann eine Verletzungshandlung darstellen, wenn der Täter die Pflicht hatte, durch Handeln den Eintritt des Erfolges (des Schadens) zu verhindern und dies gerade nicht getan hat. Diese Rechtspflicht zum Handeln nennt man auch Garantenstellung. Eine solche Garantenstellung kann sich ergeben aus:

1. Gesetz

§ 1626 BGB verpflichtet die Inhaber der elterlichen Sorge, das Kind zu ernähren. Tun sie dies nicht und stirbt das Kind infolge unzureichender Ernährung, sind sie genauso haftbar, als hätten sie das Kind durch aktives Tun getötet.

2. Vertrag

Die pädagogischen Fachkräfte in einer Kita sind arbeitsvertraglich verpflichtet, die Aufsicht über die zu betreuenden Kinder auszuüben. Diese Aufsichtspflicht hat der Träger der Einrichtung seinerseits per Vertrag von den Eltern übertragen bekommen und an sie delegiert. Üben sie die Aufsicht nicht aus und verletzt sich ein Kind, sind sie genauso haftbar, als ob sie das Kind durch positives Tun verletzt hätten.

3. Durch tatsächliche Übernahme der Fürsorge

Winkt die Leiterin einer Kita ein ehemaliges Kind der Einrichtung, das sich auf seinem Heimweg von der Schule befindet, in das Freigelände hinein und lässt es dort mit den anderen Kindern spielen, ist sie genauso zur Aufsicht verpflichtet, als ob mit den Eltern ein Betreuungsvertrag geschlossen worden wäre. Unterlässt sie die Aufsicht und kommt das Kind zu Schaden, haftet sie genauso wie für positives Tun.

4. Durch Herbeiführen einer Gefahrenlage (Ingerenz)

Unterlässt es der Koch einer auf die Belieferung von Kindergärten spezialisierten Großküche, allergene Zutaten zu kennzeichnen, und erleidet daraufhin ein Kind einen allergischen Schock, haftet er genauso wie für positives Tun.

Die Rechtsgutverletzung muss gerade auf das Tun oder Unterlassen zurückzuführen sein (= Kausalität zwischen dem Tun oder Unterlassen und der Rechtsgutverletzung). Es darf keine andere Ursache für den Eintritt des Schadens geben.

Rechtswidrigkeit

Rechtswidrig ist jede Handlung, die der Rechtsordnung widerspricht. Ist der Tatbestand des § 823 I BGB erst einmal erfüllt, vermutet das Gesetz daher die Rechtswidrigkeit. Es muss an dieser Stelle geprüft werden, ob nicht ausnahmsweise Gründe vorliegen, die diese Vermutung außer Kraft setzen. Diese Gründe nennt man Rechtfertigungsgründe. Die wichtigsten Rechtfertigungsgründe sind Notwehr (= diejenige Verteidigung, die erforderlich ist, um einen Angriff von sich abzuwenden) und Nothilfe (= diejenige Verteidigung, die erforderlich ist, um einen Angriff von einem Dritten abzuwenden).

Bis das »Gesetz zur Ächtung der Gewalt in der Erziehung und zur Änderung des Kindesunterhaltsrechtes« vom 2. November 2000 das elterliche Züchtigungsrecht abgeschafft hat, war auch dieses ein Rechtfertigungsgrund.

Im Bereich der Unterlassungsdelikte kommt noch der Rechtfertigungsgrund der rechtfertigenden Pflichtenkollision in Betracht, der in Anbetracht der dünnen Personaldecke in so mancher Kita immer häufiger in den Fokus rückt:

> Erzieherin Britta J. steht im Freigelände der Kita und führt Aufsicht über die spielenden Kinder. Da eine Kollegin krank, eine weitere zur Fortbildung ist und die Leiterin dringende Büroarbeiten zu erledigen hat, ist sie für die Aufsichtführung über die 50 Kinder alleine verantwortlich, lediglich unterstützt von einer Vorpraktikantin. Als sie mit dieser die bevorstehende Essensausgabe bespricht, sieht sie aus dem Augenwinkel, dass der dreijährige Justin von der Rutsche zu fallen droht und die ebenfalls dreijährige Lina verträumt in den Aktionsradius der heftig schaukelnden Nicole läuft. Reflexhaft läuft Britta J. los und kann gerade im letzten Moment Lina aus der Gefahrenzone reißen. Justin fällt unterdessen von der Schaukel und bricht sich das Schlüsselbein.

Hier wurde der Tatbestand des § 823 Abs. 1 BGB verwirklicht. Britta J. hat durch Unterlassen in Garantenstellung das Rechtsgut »körperliche Unversehrtheit« von Justin verletzt. Sie ist aber unter dem Gesichtspunkt der rechtfertigenden Pflichtenkollision gerechtfertigt, da sich hier zwei gleichwertige Pflichten gegenüberstanden und sie nur eine unter Verletzung der anderen erfüllen konnte. Ihr Handeln war daher nicht rechtswidrig. Eine rechtliche Fallprüfung wäre hinsichtlich einer deliktischen Haftung von Britta J. daher hier am Ende. In Betracht kämen weitere Anspruchsprüfungen gegen den Träger aus dem Gesichtspunkt des Organisationsverschuldens, da er den Betrieb der Kita mit einer zu dünnen Personaldecke aufrechterhalten hat.

Verschulden

Ist der Tatbestand des § 823 Abs. 1 BGB erfüllt und liegen keine Rechtfertigungsgründe dafür vor, wird nun das Verschulden geprüft. Verschulden setzt immer Deliktfähigkeit voraus. An dieser Stelle werden daher die §§ 827, 828 BGB geprüft:

- § 827 BGB regelt den Ausschluss und Minderung der Verantwortlichkeit bei Bewusstlosen und Geisteskranken.
- § 828 BGB regelt den Ausschluss und Minderung der Verantwortlichkeit bei Minderjährigen.

In § 828 BGB heißt es:

»(1) Wer nicht das siebente Lebensjahr vollendet hat, ist für einen Schaden, den er einem anderen zufügt, nicht verantwortlich.

(2) Wer das siebente, aber nicht das zehnte Lebensjahr vollendet hat, ist für den Schaden, den er bei einem Unfall mit einem Kraftfahrzeug, einer Schienenbahn oder einer Schwebebahn einem anderen zufügt, nicht verantwortlich. Dies gilt nicht, wenn er die Verletzung vorsätzlich herbeigeführt hat.

(3) Wer das 18. Lebensjahr noch nicht vollendet hat, ist, sofern seine Verantwortlichkeit nicht nach Absatz 1 oder 2 ausgeschlossen ist, für den Schaden, den er einem anderen zufügt, nicht verantwortlich, wenn er bei der Begehung der schädigenden Handlung nicht die zur Erkenntnis der Verantwortlichkeit erforderliche Einsicht hat.«

Das Gesetz unterscheidet demnach drei Altersstufen:

- Die Deliktunfähigen: 0 bis 7 Jahre
- Die Deliktunfähigen im Straßenverkehr: 0 bis 10 Jahre
- Die ansonsten bedingt Deliktfähigen: 7 bis 18 Jahre.

Bei bedingt Deliktfähigen ist daher immer die Frage zu stellen, ob sie nach ihrem Entwicklungs- und Kenntnisstand in der Lage waren, das Unrecht ihrer Tat einzusehen. Wichtigstes Indiz sind hier vorausgegangene Warnungen sowie Ge- und Verbote, denn die Kenntnis der Gefährlichkeit einer Handlung impliziert eine gewisse Einsichtsfähigkeit. Ist die Einsichtsfähigkeit nicht gegeben, haftet der bedingt Deliktfähige nicht.

Mitverschulden des Geschädigten

Das Verschulden des Täters kann um das Mitverschulden des Geschädigten gemindert sein, das bestimmt § 254 Abs. 1 BGB: »Hat bei der Entstehung des Schadens ein Verschulden des Beschädigten mitgewirkt, so hängt die Verpflichtung zum Ersatz sowie der Umfang des zu leistenden Ersatzes von den Umständen, insbesondere davon ab, inwieweit der Schaden vorwiegend von dem einen oder dem anderen Teil verursacht worden ist.«

> Bauer P. fährt heute mit dem neuen Traktor auf seinem Feld hinter dem Neubaugebiet die Weizenernte ein. Als hinter den hohen Ähren die dreijährigen Zwillinge Constantin und Leonhard auftauchen, die am Rand des Feldes offensichtlich unbeaufsichtigt spielen, macht er sich Sorgen, dass sie ihm vor den Traktor laufen könnten. Bei seiner anstrengenden Arbeit in der prallen Sonne kann er sie schließlich nicht immer im Blick behalten. Kurz entschlossen fragt er die beiden, ob sie mitfahren wollen, was sie begeistert bejahen. Als er nach einer halben Stunde etwas an der Anhängerkupplung richten muss, hält er mit laufendem Motor an, zieht die Handbremse und springt vom Sitz. Constantin nutzt diesen Augenblick, um die Handbremse zu lösen. Als der Traktor zu rollen beginnt, kann Bauer P. gerade noch die Kinder herunterziehen. Der Traktor selbst rollt circa 50 Meter den Abhang hinunter und wird erst von einem Baum gestoppt. Es entsteht ein Schaden von 20.000 Euro.

Hier hat Bauer P. einen erheblichen Eigenanteil am eingetretenen Schaden. Nicht nur hat er die Zwillinge dem Aufsichtsbereich ihrer Mutter ohne deren Einwilligung entzogen und die Aufsicht selbst übernommen, er hat diese Aufsicht dann auch verletzt, indem er die Kinder ungesichert auf dem Traktor hat fahren lassen und von diesem abgestiegen ist, obwohl der Motor lief und der Traktor an einem Hang stand. Demgegenüber ist der Anteil der Zwillinge am Schaden gering. Da sie ohnehin deliktunfähig sind, wäre hier allenfalls eine Aufsichtspflichtverletzung der Mutter zu prüfen, die aber wegen der eigenmächtigen Verbringung der Kinder auf den Traktor durch den Bauern zu verneinen wäre. In diesem Fall wäre daher der Anteil des Mitverschuldens des Geschädigten bei 100 Prozent zu veranschlagen.

Die Billigkeitshaftung

In einzelnen Fällen kann die dargestellte Rechtslage allerdings unbillig erscheinen: Wenn nämlich das deliktunfähige Kind vermögend ist (wohlgemerkt: selbst vermögend, auf den Geldbeutel seiner Eltern kommt es hier nicht an), sieht das Gesetz in § 829 BGB eine Ausnahme vom Verschuldensgrundsatz vor: Wenn die Billigkeit nach den Umständen, insbesondere nach den Verhältnissen der Beteiligten eine Schadloshaltung erfordert und dem Schädiger nicht die Mittel entzogen werden, deren er zum angemessen Unterhalt bedarf, kann eine Schadensersatzpflicht trotz Deliktunfähigkeit begründet sein.

Wie man unschwer erkennen kann, ist dieser Fall höchst selten, zumal das Gesetz verlangt, dass die Billigkeit eine Schadloshaltung geradezu erfordern muss, nicht nur erlauben darf. Der Fall des minderjährigen Millionärs, der marodierend durch die Gegend zieht, dürfte allerdings eher abseits der Lebenserfahrung liegen. Von Bedeutung sind hier eher die Fälle, in denen die Eltern eine freiwillige Haftpflichtversicherung für ihr Kind abgeschlossen haben. Hier hat der BGH allerdings entschieden, dass die Tatsache des Abschlusses einer solchen Versicherung allein noch nicht zur Annahme der Billigkeitshaftung führt. Eine solche darf jedenfalls nicht zur Zubilligung von Beträgen führen, die die finanziellen Möglichkeiten des Schädigers sonst schlechthin überschreiten würden (BGH 76, 279).

Die Rechtsfolge

Liegen Tatbestand, Rechtswidrigkeit und Verschulden vor, ist Schadensersatz fällig. An dem Aufbau dieser Prüfung lässt sich erkennen, welche Auswirkungen dieser Satz hat: Wurde bereits die Deliktfähigkeit verneint, da

- der Schädiger unter sieben Jahren ist (und keine Aufsichtspflichtverletzung vorliegt)
  oder
- der Schädiger zwar zwischen sieben und 18 Jahren alt ist, ihm aber die Einsichtsfähigkeit in das Unrecht seiner Tat fehlt,
  und
- auch keine Billigkeitshaftung vorliegt,

ist eben kein Schadensersatz fällig, da kein Verschulden vorliegt. Es wird also auch kein Schadensersatz geleistet – auch nicht durch eine Versicherung, da diese immer nur für eine fremde Schuld einsteht. Im wahren Beispiel hat Bauer P. daher auch keinen Schadensersatz von der Versicherung der Kinder erhalten.

Mit anderen Worten: Ist das Kind nicht haftbar, zahlt auch die Haftpflichtversicherung nicht. Da dies im Rechtsverständnis der Bevölkerung zunehmend auf Unverständnis stieß, bieten einige Versicherer – gegen einen Aufschlag – eine Haftpflichtversicherung auch für die Fälle an, in denen deliktunfähige Kinder Schäden verursachen.

Praxisübung

Woran könnte es liegen, dass ein Bedarf für eine solche Versicherung vorhanden zu sein scheint? Versetzen Sie sich dazu in die Lage der Eltern eines deliktunfähigen Kindes.

Umfang des Schadensersatzes

Wer zum Schadensersatz verpflichtet ist, hat regelmäßig den früheren Zustand in wirtschaftlich gleichwertiger Weise wiederherzustellen (Grundsatz der Naturalrestitution § 249 Abs. 1 BGB). Ein Schadensersatz in Geld kommt nur in den (allerdings häufigen) Ausnahmefällen in Betracht, in denen eine Fristsetzung zur Naturalrestitution fruchtlos verstrichen ist (§ 250 BGB), die Wiederherstellung des ursprünglichen Zustandes nicht möglich (§ 251 BGB) oder eine Person verletzt bzw. eine Sache beschädigt wurde (§ 249 Abs. 2 BGB). Doch damit nicht genug:

Schaden ist jeder Nachteil, den jemand durch ein bestimmtes Ereignis erleidet. Der Begriff umfasst sowohl den Vermögensschaden, das heißt den Schaden in Geld oder geldwerten Gütern, als auch den ideellen oder immateriellen Nichtvermögensschaden (z. B. Nutzungsentschädigung, nutzlos aufgewendete Urlaubszeit).

Zum Schadensersatz gehören demnach auch Positionen wie Arztkosten, Medikamente, Reha-Kosten, Rentenzahlungen etc. Darüber hinaus greifen bei Verletzung der Person § 842 BGB (Schadensersatz für Nachteile, welche die Handlung für den Erwerb oder das Fortkommen des Verletzten herbeiführt) sowie Schmerzensgeld nach § 253 Abs. 2 BGB.

9.3 Schadensrechtsänderungsgesetz: Neu gefasster § 828 Abs. 2 BGB

Mit dem Schadensrechtsänderungsgesetz von 2002 wurden Kinder unter zehn Jahren von jeder Haftung bei Unfällen mit Kraftfahrzeugen im motorisierten Verkehr freigestellt. Die Änderung beruhte auf der Erkenntnis, dass Kinder frühestens ab dem zehnten Lebensjahr in der Lage sind, die besonderen Gefahren des Straßenverkehrs zu erkennen und sich entsprechend zu verhalten. Nach absolut herrschender Meinung in Literatur und Rechtsprechung ist damit auch keine Verschärfung der Aufsichtspflicht für Kinder bis zu zehn Jahren verbunden. In § 828 Abs. 2 BGB heißt es somit seit dem Jahr 2002:

»Wer das 7., aber nicht das 10. Lebensjahr vollendet hat, ist für den Schaden, den er bei einem Unfall mit einem Kraftfahrzeug, einer Schienenbahn oder einer Schwebebahn einem anderen zufügt, nicht verantwortlich. Dies gilt nicht, wenn er die Verletzung vorsätzlich herbeigeführt hat.«

Hier gilt es zu beachten: Nach einem Urteil des BGH vom 30. November 2004 wurden diese Regelungen eingeschränkt. Fahrzeugbesitzer können ihren Schaden auch von Kindern ab dem vollendeten siebten Lebensjahr verlangen, wenn ihr geparktes Fahrzeug durch spielende Kinder beschädigt wird. Der Haftungsausschluss beschränkt sich allein auf Unfälle im fließenden Verkehr (BGH, Urt. vom 30.11.2004, NZV 2005, S. 137).

Das bedeutet: Kinder unter zehn Jahren sind bei Unfällen im Straßenverkehr nur dann von jeder Haftung befreit, wenn sie nicht vorsätzlich gehandelt haben oder sich das Kraftfahrzeug / die Schienenbahn / die Schwebebahn in Betrieb befunden hat.

Werfen Kinder jedoch absichtlich Steine von einer Autobahnbrücke auf fahrende Fahrzeuge oder fahren sie mit dem Fahrrad oder Skateboard gegen ein parkendes Auto, gelten die allgemeinen Haftungsgrundsätze: Kinder unter sieben Jahren haften mangels Deliktfähigkeit nie. Ist das Kind älter als sieben Jahre, aber jünger als 18 Jahre, hängt die Haftung des Kindes bzw. des Jugendlichen davon ab, ob sie das Unrecht ihres Verhaltens einsehen konnten.

Die Deliktfähigkeit Minderjähriger

		Unter sieben Jahre	Über sieben Jahre
Verkehr	ruhend	Schadens-ersatz (-)	Einsichtsfähigkeit
	fließend	Schadens-ersatz (-)	Bei Vorsatz: Einsichtsfähigkeit Sonst 828 II BGB: Schadens-ersatz ab dem zehnten Lebens-jahr bei Einsichtsfähigkeit
Sonstige Umgebung		Schadens-ersatz (-)	Einsichtsfähigkeit

Bei Schadensersatz (-) wird im Anschluss immer die Haftung des Aufsichtsver-pflichteten geprüft.

Von Rechts- und Geschäftsfähigkeit abzugrenzen ist die sogenannte Deliktfähigkeit. Unsere Rechtsordnung lässt prinzipiell nur denjenigen für einen Schaden haften, der bei Begehung der Tat die Folgen seiner Hand-lung erkennt und diese absehen kann. Schuldhaft kann also nur der han-deln, der auch zurechnungsfähig (deliktfähig) ist. Ähnlich wie bei der Ge-schäftsfähigkeit wird die Verantwortlichkeit für schuldhaftes Handeln, die Zurechnungsfähigkeit (Deliktfähigkeit), dem Menschen in Etappen zuge-sprochen. Bis zur Vollendung des siebten Lebensjahres ist ein Kind delikt-unfähig. Vom siebten bis zum vollendeten 18. Lebensjahr ist das Kind bzw. der Jugendliche beschränkt deliktfähig. Hatten sie die nötige Einsichts-fähigkeit, sind sie verpflichtet, den Schaden zu ersetzen. Fehlt diese Ein-sicht, kann das Kind bzw. der Jugendliche selbst nicht zur Verantwortung gezogen werden. Es wird dann zu prüfen sein, ob die Eltern oder andere Aufsichtspersonen aus dem Aspekt der Aufsichtspflichtverletzung verant-wortlich gemacht werden können. Mit vollendetem 18. Lebensjahr setzt die volle Deliktfähigkeit ein. Meint man die strafrechtliche Verantwortlich-keit, spricht man nicht von Deliktfähigkeit, sondern von Strafmündigkeit.

Darüber hinaus wurden mit dem Schadensrechtsänderungsgesetz von 2002 Kinder unter zehn Jahren von jeder Haftung bei Unfällen mit Kraftfahrzeugen im motorisierten Verkehr freigestellt. Der Haftungsausschluss beschränkt sich jedoch allein auf Unfälle im fließenden Verkehr.

Das Gesetz zählt in § 823 Abs. 1 BGB eine Reihe von Rechtsgütern auf, die verletzt werden können: Leben, Körper, Gesundheit, Freiheit und Eigentum. Ist eines dieser Rechtsgüter verletzt, ist der sogenannte Tatbestand des § 823 Abs. 1 BGB erfüllt. Die Verletzungshandlung kann in einem positiven Tun oder einem Unterlassen bestehen, wenn der Täter die Pflicht hatte, durch Handeln den Eintritt des Erfolges (des Schadens) zu verhindern und dies gerade nicht getan hat. Diese Rechtspflicht zum Handeln nennt man auch Garantenstellung. Die Rechtsgutverletzung muss gerade auf das Tun oder Unterlassen zurückzuführen sein. Rechtswidrig ist jede Handlung, die der Rechtsordnung widerspricht. Ist der Tatbestand des § 823 I BGB erst einmal erfüllt, vermutet das Gesetz daher die Rechtswidrigkeit. Es muss an dieser Stelle geprüft werden, ob nicht ausnahmsweise Gründe vorliegen, die diese Vermutung außer Kraft setzen. Diese Gründe nennt man Rechtfertigungsgründe. Ist der Tatbestand erfüllt und liegen keine Rechtfertigungsgründe dafür vor, wird nun das Verschulden geprüft. Verschulden setzt immer Deliktfähigkeit voraus. Das Verschulden des Täters kann um das Mitverschulden des Geschädigten gemindert sein. Wenn das deliktunfähige Kind vermögend ist, sieht das Gesetz in § 829 BGB eine Ausnahme vom Verschuldensgrundsatz vor. Liegen Tatbestand, Rechtswidrigkeit und Verschulden vor, ist Schadensersatz fällig.

Weiterführende Links

www.juraforum.de
www.ratgeber.ard.de

10. Die Rechtsstellung des Minderjährigen und der pädagogischen Fachkraft in der Einrichtung

Die New Yorker Psychotherapeutin Jean Liedloff trifft im Dschungel Venezuelas auf die Yequana-Indianer. Fasziniert vom offenkundigen Glück dieser »Wilden«, bleibt sie insgesamt zweieinhalb Jahre bei dem Stamm und versucht, die Ursachen dieses harmonischen Zusammenlebens herauszufinden. Sie entdeckt dessen Wurzeln im Umgang dieser Menschen mit ihren Kindern und zeigt, wie dort noch ein bei uns längst verschüttetes Wissen um die ursprünglichen Bedürfnisse von Kleinkindern existiert.

»Bei den Yequana beobachtete ich einmal mit Unbehagen, wie sich ein Krabbelkind am Rande einer anderthalb Meter tiefen Grube, die zur Beschaffung von Erde für Bauzwecke ausgehoben worden war, heranmachte und dort anhielt. Auf seinen Streifzügen um den Wohnbereich tat es dies mehrmals täglich. Mit der Beiläufigkeit eines am Rande einer Felswand grasenden Tieres purzelte es in eine sitzende Stellung, und zwar ebenso oft mit dem Rücken zur Grube wie mit dem Gesicht. Beschäftigt mit einem Stock oder Stein oder seinen Fingern oder Zehen, spielte es und rollte in jede Richtung, anscheinend ohne auf die Grube zu achten, bis offenbar wurde, dass es überall, nur nicht in der Gefahrenzone landete. Die nicht vom Verstand geleiteten Selbsterhaltungsmechanismen funktionierten unfehlbar; und, genau, wie sie in ihren Berechnungen sind, funktionierten sie aus jeder Entfernung von der Grube gleich gut, angefangen vom Rand selbst. Unbeaufsichtigt oder – was häufiger vorkam – am Rande der Aufmerksamkeit einer Gruppe von Kindern, die mit dem gleichen Mangel an Respekt für die Grube spielten, übernahm das Baby die Verantwortung für seine eigenen Beziehungen zu all den umgebenden Möglichkeiten. Die einzige Beeinflussung seitens der Mitglieder seiner Familie und Gesellschaft bestand darin, dass sie von ihm erwarteten, es könne sich um sich selbst kümmern« (Liedloff 1998, S. 109).

Jean Liedloff prägt den Begriff des Kontinuums als Ursache des geschilderten Phänomens und definiert ihn als die Erfahrungsfolge, welche vereinbar ist mit den Erwartungen und Bestrebungen unserer Gattung in einer Umgebung, die mit derjenigen, in der jene Erwartungen und Bestrebungen sich ausprägten, übereinstimmt. Es schließt angemessenes Verhalten anderer und entsprechende Behandlung durch sie als Teil jener Umgebung ein:

»Eines der seltsamsten Ergebnisse des verlorenen Glaubens an das Kontinuum ist die Fähigkeit von Erwachsenen, Kinder dazu zu bringen, dass sie vor ihnen weglaufen. Nichts könnte dem Kontinuumherzen eines Babys näherliegen als der Wunsch, in unvertrautem Gebiet nahe bei seiner Mutter zu bleiben. Bei allen mit uns verwandten Säugetieren sowie auch Vögeln, Reptilien und Fischen folgen die Jungen, und solches Verhalten liegt eindeutig in ihrem Interesse. Ein Kleinkind der Yequana würde es sich nicht im Traum einfallen lassen, sich auf einem Waldweg von seiner Mutter zu entfernen, denn sie blickt nicht um sich, um festzustellen, ob es wohl folgt, sie gibt ihm nicht zu verstehen, dass es eine mögliche Wahl gebe oder dass es ihre Aufgabe sei, sie zusammenzuhalten; sie verlangsamt lediglich ihren Schritt so weit, dass es mithalten kann. Da es dies weiß, wird das Kleinkind laut rufen, wenn es aus dem einen oder anderen Grund nicht mitkommt. Ein kleinerer Fall, von dem es selbst wieder aufstehen und dann durch kurzes Rennen die verlorenen Sekunden wieder aufholen kann, bewirkt meist nicht einmal einen solchen Ausruf. Ihr Verhalten zeigt ihm, dass sie ebenso sachlich wie geduldig ist, wann immer sie auf es warten muss. Es deutet an, dass sie weiß: Das Kind wird nicht länger brauchen, als ohne Druck notwendig ist, bis sie gemeinsam ihren Weg fortsetzen können« (ebd.).

Jean Liedloff vermutet, dass der maßgebliche Faktor die Zuteilung von Verantwortung ist: »Der Mechanismus des Sich-um-sich-selbst-Kümmerns ist bei den meisten westlichen Kindern nur teilweise in Kraft, da ein Großteil der Last von erwachsenen Aufsichtspersonen übernommen worden ist. Mit seinem charakteristischen Widerwillen gegen Überflüssiges entzieht das Kontinuum dem Selbst die Vormundschaft in dem gleichen Maße, wie sie von anderen übernommen wird. Das Ergebnis ist verminderte Wirksamkeit, da niemand mit Bezug auf die Umstände eines anderen so beständig oder so gründlich wachsam sein kann wie hinsichtlich der eigenen. Dies ist ein weiteres Beispiel für den Versuch, die Natur zu verbessern; ein weiteres Beispiel für das Misstrauen gegenüber Fähigkeiten, die nicht vom Verstand kontrolliert werden, und für die gewaltsame Übernahme ihrer Funktionen durch den Intellekt, der gar nicht die Fähigkeit besitzt, alle wichtigen Informationen zu berücksichtigen. Abgesehen davon, dass er zivilisierte Kinder dazu bringt, mehr Unfälle zu haben, lässt dieser unser Hang, uns in die Verteilung der Verantwortlichkeit durch die Natur einzumischen, wo sie am wirkungsvollsten ist, unzählige andere Gefahren aufkommen.

Ein Fall, der dies unterstreicht ist der einer amerikanischen Familie, von der ich hörte. Sie war beunruhigt über die Gefahr, die ihr Swimmingpool für ihr kleines Kind darstellte: Ihre Sorge war nicht, dass das Wasser ansteigen und das Kind verschlingen könnte, sondern dass das Kind in das Becken stürzen oder sich hineinwerfen könnte. Sie ließen um den Swimmingpool einen Zaun bauen und hielten sein Tor verschlossen. Es ist sehr gut möglich, dass das logische Bewusstsein des Kindes (nicht der Teil, der vernünftig denkt), unterstützt durch Erklärungen seiner Eltern, die Idee des Zauns und des verschlossenen Tors erfasste. Es verstand so gut, was man von ihm erwartete, dass es eines Tages, als es das Tor offen fand, hineinging, in das Becken fiel und ertrank.

Als ich diese Geschichte hörte – man erzählte sie mir, um mir zu zeigen, dass Kinder vor ihrer eigenen Fähigkeit, sich Schaden zuzufügen, ständig beschützt werden müssen –, konnte ich nicht umhin, an jene Grube bei dem Dorf Wanania zu denken, in deren Nähe die Kinder den ganzen Tag lang unbeaufsichtigt ohne Zwischenfall spielten. Diese beiden Einzelfälle bedeuten natürlich nicht viel, sie verkörpern jedoch recht zutreffend einen Unterschied zwischen den beiden Kulturen. Es gibt viel mehr potentiell gefährliche Situationen bei den Yequana. Eine der auffallendsten ist die Allgegenwart von Macheten und Messern, die alle rasiermesserscharf sind und ständig verfügbar zum Drauftreten, Dagegenfallen oder Spielen. Babys, die zu klein waren, um etwas über Griffe gelernt zu haben, ergriffen sie bei der Klinge und wedelten sie, während ich zusah, in ihren Grübchenfäusten herum. Sie schnitten sich nicht nur die eigenen Finger nicht ab oder verletzten sich überhaupt, sondern sie verletzten auch ihre Mütter nicht, wenn sie in deren Armen lagen.

Ähnlich war es, als ein Baby, das mit einem brennenden Holzscheit spielte, damit stolperte und hinfiel, über eine dreißig Zentimeter hohe Schwelle ins Haus und wieder hinauskletterte und dabei tatsächlich niemals das Holz oder das überhängende Palmdach oder sein eigenes Haar oder das eines anderen Menschen berührte. Babys spielten wie kleine Hunde um das Familienfeuer herum, ohne Einmischung von Seiten der jeweils anwesenden Älteren (…).

Es gibt Fährnisse des Urwaldes, einschließlich der großen Leichtigkeit, mit der man sich in seiner pfadlosen Unermesslichkeit verirren kann, und der Gelegenheiten, sich den bloßen Fuß und nackten Körper beim Laufen zu verletzten, abgesehen von offensichtlicheren Gefahren wie Schlangen, Skorpionen oder Jaguaren.

Und dann gibt es die Flüsse, in denen Stromschnellen noch häufiger und gefährlicher sind als Anakondas oder Krokodile, und bei einem Kind, das in der Strömung weiter hinausschwimmt, als seine Kraft und Fähigkeiten dies erlauben, besteht große Wahrscheinlichkeit, dass es gegen die Felsen oder einen der vielen Äste unter Wasser geschleudert wird. Die Tiefe und Geschwindigkeit eines verrauten Teiles des Flusses ändern sich von Tag zu Tag gewaltig, je nach der Regenmenge stromaufwärts, und demzufolge kann das Wissen um die Gefahren an einem Tag schon am folgenden Tag nichts nutzen. Die Kinder, die jeden Tag im Fluss baden und spielen, müssen ihre Fähigkeiten unter allen Bedingungen genau abschätzen« (ebd.).

10.1   Planspiel: Die »Dschungelkids«

Stellen Sie sich folgende Situation vor: Das Team der Kita »Dschungelkids« ist von dem Kontinuum-Konzept so überzeugt, dass es dieses von nun an umsetzen möchte. An dem heute stattfindenden Elternabend sollen die Mütter und Väter für diese Art der Aufsichtsführung gewonnen und begeistert werden.

Praxisübung

1. Bilden Sie eine Gruppe aus fünf Freiwilligen. Diese sind das Team der Kita »Dschungelkids«. Der Rest der Teilnehmenden bildet die Elterngruppe.
2. Die Teamgruppe erarbeitet die Strukturen der künftigen Aufsichtsführung anhand konkreter Beispiele wie Ausflüge, Spielen im Freigelände, Waldtage etc.
3. Die Elterngruppe erarbeitet einen gemeinsamen Standpunkt zu der Frage, bündelt die aufkommenden Bedenken und filtert auftauchende Fragen.
4. Stellen Sie anschließend einen Elternabend nach, an dem eine Pro- und Contra-Diskussion zu dieser Art der Aufsichtsführung stattfindet.
5. Stimmen Sie anschließend in der Elterngruppe über die Frage, ob das Konzept eingeführt werden soll, ab.

10.2   Die Aufsichtspflicht

Regeln sind in einer menschlichen Gemeinschaft unverzichtbar. Resultierend aus der engen Beziehung zur Menschenwürde als dem höchsten Wert unserer Verfassung ist die prinzipielle Freiheitsvermutung Dreh- und Angelpunkt unserer Rechtsordnung. Alle staatliche Gewalt ist ihr verpflichtet, und auf sie gründet maßgeblich unser Recht. Doch die totale Freiheit der Eltern, ihr Kind so zu erziehen und zu beaufsichtigen, wie sie es für richtig halten, ist begrenzt durch das Wächteramt des Staates, der laut unserer Verfassung darüber zu wachen hat, dass Eltern ihrer Erziehungsverantwortung nachkommen. Art. 6 Abs. 2 GG geht insoweit von einem natürlichen überpositiven Recht der Eltern aus, über dessen Ausübung der Staat im Interesse des Kindes wacht (siehe Kapitel 6.3).

Denn so beneidenswert frei die Kinder im Dschungel Venezuelas auch aufwachsen mögen, darf doch nicht verkannt werden, dass sie auch in einem rechtsfreien Raum aufwachsen, in dem sie auf den Goodwill von Mutter, Vater und den übrigen Stammesmitgliedern angewiesen sind. Die Normierung von Wächteramt und Aufsichtspflichten in unserer Rechtsordnung ist vor diesem Hintergrund auch wesentliche Ausprägung der Grund- und Kinderrechte (siehe Kapitel 5.1).

Zwischen den beiden Extremen der totalen Überwachung und der absoluten Selbstüberlassung des Kindes hat unser Recht allgemeingültige Normen gesetzt, die die Pflichten desjenigen regeln, der die Aufsicht über ein Kind innehat oder übernimmt. Sie sind im wesentlichen Richterrecht und fußen auf der wegweisenden Entscheidung des BGH (NJW-RR 1987, 1430), in der es heißt: »Das Maß der gebotenen Aufsicht bestimmt sich nach Alter, Eigenart und Charakter des Kindes sowie nach der Voraussehbarkeit des schädigenden Verhaltens sowie danach, was den Aufsichtspflichtigen in ihrem jeweiligen Verhalten zugemutet werden kann. Entscheidend ist letztlich, was ein verständiger Aufsichtspflichtiger nach vernünftigen Anforderungen im konkreten Fall unternehmen muss, um die Schädigung Dritter durch das Kind zu verhindern.«

Vor dem Hintergrund der gegenwärtig mit unendlicher Beliebigkeit ins Kraut schießenden pädagogischen Modelle kann gar nicht genug betont werden, dass dieses vom BGH geeichte und auf unserer Verfassung beruhende Maß **das ausschließliche Maß** der gebotenen Aufsicht ist. Der pädagogischen Begründung des erzieherischen Verhaltens kommt gerade **keine** rechtlich ausschlaggebende Bedeutung zu, daher wird sie vom BGH auch nicht andeutungsweise erwähnt. Sätze wie »Was pädagogisch nachvollziehbar begründet ist, kann keine Aufsichtspflichtverletzung sein« sind vor diesem Hintergrund fahrlässig und gefährlich, denn pädagogisch nachvollziehbar begründen lässt sich nahezu alles.

Wer muss beaufsichtigt werden?

Beaufsichtigt werden müssen Minderjährige, das heißt Kinder und Jugendliche unter 18 Jahren, sowie Personen, die wegen ihres geistigen und/oder körperlichen Zustandes der Aufsicht bedürfen. Letztere fallen in aller Regel auch unter die gesetzlichen Bestimmungen der §§ 1896 ff BGB (Betreuung). Die weiteren

Ausführungen befassen sich mit den Minderjährigen, können jedoch auch auf die Betreuten übertragen werden.

Der Inhalt der Aufsichtspflicht

Minderjährige können aufgrund ihres Alters und der damit einhergehenden noch nicht voll entwickelten körperlichen und geistigen Reife nicht oder nicht vollständig erkennen, ob ihnen Gefahren drohen, und außerdem den Gefährdungsgrad einer Gefahr noch nicht richtig einschätzen. Auch ist es ihnen nicht oder nur eingeschränkt möglich, Gefahren, die anderen drohen, zu erkennen bzw. deren Gefährdungsgrad einzuschätzen.

Um also einerseits den Aufsichtsbedürftigen selbst zu schützen, andererseits auch den Schutz der Allgemeinheit sicherzustellen, wird ein Erwachsener in die Pflicht zur Aufsicht genommen. Er hat dafür Sorge zu tragen, dass der zu Beaufsichtigende

- sich nicht selbst schädigt
- nicht von anderen geschädigt wird
- keine anderen (»Dritte«) schädigt.

Die abgeleitete Aufsichtspflicht

Die Pflicht, die Aufsicht über einen Minderjährigen auszuüben, kann originär oder abgeleitet bestehen. Die originäre Pflicht zur Aufsicht haben die Eltern eines Kindes bzw. die Personensorgeberechtigten. Die Aufsichtspflicht ist hier Element der elterlichen Sorge in Form der Personensorge. Diese umfasst die Pflege, Erziehung, Aufenthaltsbestimmung und eben auch die Beaufsichtigung des Kindes. Die Sorgeberechtigten können die Pflicht zur Beaufsichtigung zeitweise auf andere übertragen, wie beispielsweise

- Verwandte
- Pflegefamilie
- Internatsleitung
- Heimleitung
- Kindergartenleitung.

Weil eine korrekte Beaufsichtigung in der Regel auch Erziehungsmaßnahmen erforderlich macht, wird mit der Aufsichtspflicht immer auch ein Teil des Erziehungsrechtes übertragen.

In welchem Umfang dieses Recht genau übertragen wird, richtet sich nach dem Einzelfall, insbesondere dem konkret abzuschließenden Vertrag. Ein Internatsleiter wird sich umfassendere Rechte ausbedingen als eine Kindergartenleiterin. Tatsächlich schreibt § 1688 Abs. 1 BGB einen Katalog der Rechte fest, die eine Pflegefamilie über das Kind hat: Lebt der Minderjährige längere Zeit bei ihr, ist die Pflegeperson berechtigt, in Angelegenheiten des täglichen Lebens zu entscheiden sowie den Inhaber der elterlichen Sorge in solchen Angelegenheiten zu vertreten. Sie ist weiterhin befugt, den Arbeitsverdienst des Kindes zu verwalten sowie Unterhalts-, Versicherungs-, Versorgungs- und sonstige Sozialleistungen für das Kind geltend zu machen und zu verwalten. § 1688 Abs. 2 BGB gibt dieselben Rechte auch den Personen, die im Rahmen der Hilfe zur Erziehung nach den §§ 34, 35, 35 a SGB VIII die Erziehung und Betreuung eines Kindes übernommen haben (z.B. Heimerzieher). Generell lässt sich sagen: Die im Rahmen von Jugendhilfeleistungen tätigen Personen (Pflegeeltern, Heimerzieher) haben die Alltagssorge inne. Diese kann jedoch jederzeit durch einen Personensorgeberechtigten wieder an sich gezogen werden.

Wird die Aufsichtspflicht wirksam übertragen, wechselt sie auf eine andere Person. Wird sie nicht wirksam übertragen, verbleibt sie beim ursprünglichen Inhaber. Da es also stets einen zur Aufsicht Verpflichteten gibt, kann als oberste Regel der Aufsichtspflicht gelten: Eine aufsichtspflichtfreie Zeit gibt es nicht! So unterliegen auch Kinder, die sich unerlaubt und unbemerkt aus dem Gelände der Einrichtung herausbewegen, nach wie vor der Aufsichtspflicht des pädagogischen Personals.

Die Arten der Aufsichtspflicht

Die Aufsichtspflicht kann sich aus dem Gesetz oder einem Vertrag ergeben.

Die gesetzliche Aufsichtspflicht

Per Gesetz zur Aufsicht verpflichtet sind
- die Eltern (§§ 1626 ff BGB)
- ein Elternteil nach der Trennung der Eltern, wenn die elterliche Sorge übertragen wurde (§ 1671 ff BGB)
- der Vormund und Pfleger gegenüber dem Mündel (§§ 1793, 1797, 1800, 1909, 1915 BGB)
- der Betreuer (§§ 1896 ff BGB)

- Lehrkräfte an öffentlichen Schulen (gegenüber minderjährigen Schülerinnen und Schülern)
- Kindertageseinrichtungen in kommunaler Trägerschaft
- Pädagogische Fachkräfte in öffentlichen Einrichtungen (also solche in kommunaler Trägerschaft).

Die Aufsichtspflicht entsteht in diesen Fällen kraft Gesetzes. Es kommt also nicht darauf an, ob der Verpflichtete mit ihr einverstanden ist!

Die vertragliche Aufsichtspflicht

Vertraglich zur Aufsicht verpflichten können sich

- Kindertageseinrichtungen in freier oder freigemeinnütziger Trägerschaft
- Pädagogische Fachkräfte in Einrichtungen in freier oder freigemeinnütziger Trägerschaft
- Privatlehrkräfte
- Vereine
- Übungsleitungen
- Babysitter.

Der Vertrag kann schriftlich, mündlich oder auch konkludent, das meint durch schlüssiges Handeln, geschlossen werden.

> Gruppenleiterin Maxi K. führt heute Nachmittag die Aufsicht über die zehn Ganztageskinder der Einrichtung. Als sie diese beim Freispiel im Außengelände beaufsichtigt, sieht sie Luca und Laura mit ihrer Mutter am Zaun stehen – zwei ehemalige Kinder ihrer Gruppe, die seit zwei Wochen in die Schule gehen. Weil Luca und Laura sehnsüchtig die spielenden Kinder beobachten und Maxi K. sie gerne zu ihren Erfahrungen in der Schule befragen möchte, winkt sie sie in das Gelände hinein. Die Mutter schickt sie mit den Worten: »Geht nur rein, ich gehe schnell einkaufen und hole euch dann wieder ab!«

Die Übernahme der Aufsicht hat sowohl ein subjektives als auch ein objektives Element: Subjektiv muss beim Übernehmer der Wille vorhanden sein, die Aufsicht zu übernehmen. Er muss sich über die rechtlichen Konsequenzen bewusst sein und sich rechtlich binden wollen. Ein nur kurzes Aufpassen, beispielsweise durch die Nachbarin für die Dauer eines Arztbesuches der Mutter, reicht hierfür nicht aus. Der BGH verlangt für eine vertragliche Übernahme der Aufsicht, dass es sich um eine »weitreichende Obhut von längerer Dauer und weitgehender Einwirkungsmöglichkeit« (BGH NJW 1968, 1874) handelt. Dies ist aber bei der sogenannten Gefälligkeitsaufsicht eher nicht gegeben. Hier fehlt es eben an der subjektiven Voraussetzung, dass sich der Übernehmer rechtlich binden will. Eine Gefälligkeitsaufsicht liegt immer dann vor, wenn Verwandte, Nachbarn, Bekannte etc. nur gelegentlich, für kurze Zeit und aus reiner Gefälligkeit die Aufsicht ausüben.

> Die zweijährige Lena geht mit ihrer Mutter zum nahegelegenen Spielplatz. Als sie in ihr Sandspiel vertieft ist, nutzt ihre Mutter die Gelegenheit und bittet die ebenfalls auf der Bank sitzende, ihr ansonsten unbekannte Mutter eines anderen Kindes kurz auf Lena aufzupassen. Sie müsse nur schnell nach Hause laufen und Lenas Saftflasche holen, die sie vergessen habe.

An einer vertraglichen Übernahme der Aufsichtspflicht fehlt es auch bei einem sogenannten »offenen Betrieb«, bei dem jeder kommen und gehen kann, wie er möchte:

> Heute veranstaltet der Kindergarten »Maximus« sein alljährliches Sommerfest. Neben den Kindern der Einrichtung kommen auch deren Eltern, Großeltern, Geschwister und sonstige Verwandte, Freunde und Bekannte. Die Einladung zum Fest wurde im örtlichen Gemeindeblatt inseriert.

Objektiv ist bei der Übernahme der Aufsicht ein irgendwie gearteter Übergabeakt unter Beteiligung beider Seiten notwendig. Im Beispiel von Maxi K. wäre dieser Übergabeakt einerseits das Hereinwinken in das Freigelände, andererseits das für die Kindergartenleiterin deutlich zu hörende Zureden der Mutter.

Beginn und Ende der Aufsichtspflicht

Die Aufsichtspflicht beginnt und endet zu dem Zeitpunkt, den Erziehungsberechtigte und Aufsichtführende vereinbart haben. Ist nichts vereinbart, gilt das, wovon stillschweigend ausgegangen werden kann bzw. üblich ist.

Die Faktoren der Aufsichtspflicht

Das Patentrezept für die korrekte Aufsicht schlechthin gibt es leider nicht. Was Sie im Einzelfall tun müssen, richtet sich einerseits danach, welche konkreten Umstände Sie vorfinden, andererseits danach, was Ihnen in der konkreten Situation zuzumuten ist. Die Überlegungen, die in die Bewertung einzufließen haben, können in kindes-, orts- und situationsbezogene Umstände unterschieden werden.

Kindesbezogene Umstände

Eine auf das Kind abgestimmte Aufsichtsführung ist nur demjenigen möglich, der mit den jeweiligen Besonderheiten und Eigenheiten der ihm anvertrauten Kinder vertraut ist. Die beste und zuverlässigste Quelle für solche Informationen sind natürlich die Eltern, wenngleich auch deren Angaben, insbesondere was Talente und Fähigkeiten ihres Kindes angeht, nicht ungeprüft übernommen werden sollten. Als zuverlässige Informanten können sie aber Fragen beantworten wie:

- Hat das Kind Allergien?
- Ist es – laut Kinderarzt! – altersgemäß entwickelt?
- Welche Sportarten/Hobbys übt das Kind aus?
- Hat es chronische Krankheiten?
- Ist das Kind geimpft?

Ortsbezogene Umstände

Ortsbezogene Umstände können beispielsweise sein:

- Sicherheit des Gebäudes (Glasscheiben, Treppen, stromführende Leitungen, Geländer, Kellerschächte, Brandschutzerfordernisse etc.)
- Sicherheit des Geländes (Spielgeräte, Umfriedung, Bewuchs, Vandalismus etc.)
- Gefahrenquellen von Ausflugszielen (z.B. im Wald: Seen und Tümpel, Bewuchs, Holzstöße).

Situationsbezogene Umstände

Im konkreten Einzelfall kann es erforderlich sein, die Aufsicht intensiver zu führen als sonst: Geben Sie beispielsweise Spiel- oder sonstige Geräte wie Scheren oder Springseile, die ein erhöhtes Gefährdungspotenzial für die Kinder mit sich bringen, müssen Sie die Aufsicht engmaschig ausüben. Jederzeit und an jedem Ort im Aufenthaltsbereich ist dann von Ihnen sicherzustellen, dass sich das durch die Herausgabe der (Spiel-)Geräte entstandene Gefährdungspotenzial nicht verwirklicht.

Aufsicht konkret: Was ist zu tun?

Korrekte Aufsichtsführung ist vom Präventionsgedanken bestimmt: Die Rechtsprechung versteht unter korrekter Aufsicht, den Aufsichtsbedürftigen zu beobachten und zu überwachen, zu belehren und aufzuklären, falls erforderlich in seinem Verhalten zu leiten und zu beeinflussen. Die Intensität der Aufsicht richtet sich dabei einerseits nach der Person des Aufsichtsbedürftigen, seinen Kenntnissen und Fähigkeiten, andererseits nach dem Ausmaß der Gefahr, die von der konkreten Situation für Rechtsgüter Dritter ausgeht, und somit nach den konkreten Umständen. Der Aufsichtführende hat also die Pflicht zur Information, zur konkreten Ausübung der Aufsicht, zum Eingreifen und muss darüber hinaus die Kompetenzen zur Gefahrbeherrschung vermitteln.

Die Pflicht zu informieren

Führen Sie die Aufsicht über die Ihnen anvertrauten Kinder, haben Sie zunächst die Pflicht, sich selbst über alle kind- und ortsbezogenen Umstände zu informieren, aber auch die Eltern darüber zu unterrichten.

> In der Kita »Milchzahn« findet heute die alljährliche Übernachtung der Vorschulkinder statt. Die Leiterin hat hierzu ein Info-Blatt an die Eltern ausgegeben, auf dem der genaue Ablauf der Nacht dargestellt ist. Über ihr Einverständnis zur Übernachtung hinaus werden die Eltern auch gebeten, anzugeben, ob ihr Kind Einschlafhilfen (Teddy, Schmusedecke, Schnuller etc.) benötigt, ob es nachts Medikamente nehmen muss oder eine Windel braucht.

Die so eingeholten Informationen muss die Kita-Leitung an alle pädagogischen Fachkräfte, die mit den Kindern arbeiten, weitergeben.

Nicht zuletzt sind selbstverständlich auch die Kinder altersgerecht über mögliche Gefahren (Kordeln, Seile, Schmuck, Ausrüstung etc.) sowie die sichere Handhabung von Geräten (Schere, Werkbank etc.) zu informieren. Altersgerecht informieren Sie die Kinder, wenn Sie sie weder ängstigen noch mit zu vielen Verboten überhäufen. Ihr Ziel muss es stets sein, die Kinder zur Selbstständigkeit und zu sicherem Umgang mit Gefahrenquellen anzuleiten.

Die Pflicht, die Aufsicht konkret zu führen

Sie führen die Aufsicht konkret, wenn Sie

- je nach Erforderlichkeit (Gefahrensituation, Gruppe, Spiel etc.) anwesend sind
- Gefahrenquellen beseitigen (gefährliche Spiele unterbinden etc.)
- selbst keine Gefahrenquellen schaffen (Streichhölzer, Scheren liegenlassen, Deponierung von Brandlasten in Fluchtwegen, Dekorationen mit feuergefährlichen Stoffen etc.)
- Überforderungen vermeiden und dabei stets besonders das jeweils schwächste Kind im Blick haben (bei Spaziergängen, Mittagsruhe etc.)
- schrittweise an die Aufgaben heranführen, vormachen, anleiten
- sich vergewissern, dass die Anweisungen verstanden wurden und befolgt werden.

Die Pflicht einzugreifen

Befolgt ein Kind die Anweisungen nicht, gilt es, eine der Situation angemessene Sanktion zu verhängen: von der Ermahnung gefolgt von der Wegnahme eines gefährlichen Gegenstandes bis hin zum Ausschluss vom Angebot und zur Information der Eltern. Von der geübten Praxis des Strafplatzes ist wegen des damit einhergehenden bedenklichen Prangereffektes eher abzuraten.

Die Pflicht, die Beherrschbarkeit der Gefahr zu vermitteln

Das kompetente Kindergartenkind hat gelernt, auftauchende Gefahren zu erkennen, in ihrem Gefährdungspotenzial abzuschätzen und zu beherrschen. Der BGH führt hierzu aus: »Nicht unbedingt das Fernhalten von jedem Gegenstand, der bei unsachgemäßem Umgang gefährlich werden kann, sondern gerade die Erziehung des Kindes zu verantwortungsbewusstem Hantieren mit einem solchen Gegenstand wird oft der bessere Weg sein, das Kind und Dritte vor Schäden zu bewahren. Hinzu kommt die Notwendigkeit frühzeitiger praktischer Schulung des Kindes, das seinen Erfahrungsbereich möglichst ausschöpfen soll« (BGH NJW 1976, 1684).

Die Delegation der Aufsichtspflicht

Unterschreiben die Eltern den Betreuungsvertrag, delegieren sie damit auch die mit der elterlichen Sorge verbundene Aufsichtspflicht stundenweise auf den Träger der Einrichtung. Der Träger wiederum delegiert sie im Arbeitsvertrag weiter auf die Leitung und diese schließlich mit der Erstellung des Dienstplanes auf die Erzieherinnen und Erzieher. Ist eine weitere Delegation, beispielsweise an eine Praktikantin, möglich?

Grundsätzlich gilt: Einer Praktikantin bzw. einem Praktikanten kann immer dann die Aufsichtspflicht übertragen werden, wenn sie dafür geeignet ist oder geeignet erscheint. Die Frage ist also nicht, ob überhaupt eine Übertragung rechtlich möglich ist, sondern unter welchen Voraussetzungen. Dabei sind stets drei Kriterien zu berücksichtigen:

Die konkrete Aktion: Welche Aktion soll die Praktikantin bzw. der Praktikant beaufsichtigen? Geht es um einen Schwimmbadbesuch, einen Waldspaziergang, Basteln, Hausaufgabenbetreuung im Hort? Mit Aktionen, die ein erhöhtes Gefährdungspotenzial (z. B. Schwimmbadbesuch) mit sich bringen, sollten Praktikantinnen und Praktikanten generell nicht betraut werden.

Die teilnehmenden Kinder: Welche Kinder sind bei der Aktion mit dabei (Anzahl der Kinder, Persönlichkeit der Kinder, gruppendynamische Prozesse bei bestimmten Konstellationen, Kinder mit erhöhtem Betreuungsbedarf etc.)?

Die Praktikantin / der Praktikant: Sind sie jeweils für diese konkrete Aufgabe geeignet? (Sind sie bereits einige Zeit in der Einrichtung tätig? Ist bereits Erfahrung im Umgang mit Kleinkindern vorhanden? Hat die Praktikantin bzw. der Praktikant Erfahrung mit der konkreten Aktion? Verfügen sie über eine entsprechende persönliche Reife? Sind sie besonnen, zuverlässig und gewissenhaft? Trauen sie es sich selbst zu?)

Wichtig zu wissen: Die übertragene Aufgabe muss in Relation zu den konkreten Fähigkeiten der jeweiligen Person stehen. Es ist also stets eine Einzelfallentscheidung zu treffen. Keinesfalls darf eine Überforderungssituation eintreten. Das Gelingen der Aufsichtsführung durch die Praktikantin bzw. den Praktikanten ist von der zuständigen Fachkraft zu überwachen. Stellt diese Schwierigkeiten fest, muss sie Hilfestellungen anbieten und die Probleme in den Anleitungsgesprächen zusammen mit Praktikantin bzw. Praktikant auswerten.

10.3 Die Haftung

Eine Aufsichtspflichtverletzung hat verschiedene rechtliche Folgen:

- Zivilrechtliche Folgen (Schadensersatzpflicht)
- Strafrechtliche Folgen (Geld- oder Freiheitsstrafe)
- Arbeits- und disziplinarrechtliche Folgen.

Schadensersatzpflicht

Je nachdem, ob die Aufsichtspflicht per Vertrag übernommen wurde (freie Träger) oder per Gesetz oblegen hat (kommunale Träger) und der Aufsichtsbedürftige einen Dritten geschädigt hat oder selbst zu Schaden gekommen ist, kommen Schadensersatzpflichten aus unterschiedlichen Normen in Betracht.

Der Aufsichtsbedürftige kommt zu Schaden

Kommt durch die mangelhafte Ausübung der Aufsicht der Aufsichtsbedürftige selbst zu Schaden, ist § 823 I BGB einschlägig, der bestimmt: »Wer vorsätzlich oder fahrlässig das Leben, den Körper, die Gesundheit, die Freiheit, das Eigentum oder ein sonstiges Recht eines anderen widerrechtlich verletzt, ist dem anderen zum Ersatz des daraus entstehenden Schadens verpflichtet.«

Nach dieser Norm kann der Aufsichtsbedürftige Schadensersatzansprüche gegen den Aufsichtspflichtigen haben. Zwar spricht das Gesetz in seinem Wortlaut nur von einem aktiven Tun (»Wer .... verletzt«). Die Verletzung der Aufsichtspflicht ist aber in der Regel durch ein Unterlassen verwirklicht, eben die Nicht-Ausübung der Aufsicht. Wie wir aber in Kapitel 9.2 gesehen haben, steht ein Unterlassen in Garantenstellung positivem Tun gleich. Eine Garantenstellung hat derjenige inne, der die Verpflichtung hat, den Schaden zu verhindern. Kommt also ein Aufsichtsverpflichteter seiner Pflicht nicht nach (Unterlassen), obwohl er dazu (vertraglich oder gesetzlich) verpflichtet ist (Garantenstellung), ist sein Nichtstun gleichzusetzen mit einem Tun.

Sind die Aufsichtspflichtigen die Eltern, steht ihnen das Haftungsprivileg des § 1664 BGB zu, in dem es heißt: »Die Eltern haben bei der Ausübung der elterlichen Sorge nur für diejenige Sorgfalt einzustehen, die sie in eigenen Angelegenheiten anzuwenden pflegen.«

Das Haftungsprivileg der §§ 2, 104 Abs. 1, 106 Abs. 1 SGB VII

Das Haftungsprivileg des § 1664 BGB gilt für Erzieherinnen und Erzieher nicht. Der Gesetzgeber hat jedoch pädagogische Fachkräfte genauso wie Lehrkräfte von Haftungsansprüchen bei fahrlässig verursachten Unfällen freigestellt: Für Erzieherinnen und Erzieher gilt das Haftungsprivileg des § 2 SGB VII, durch das die gesetzliche Unfallversicherung alle Kinder in Kindertageseinrichtungen gegen Unfälle versichert, die sie im Zusammenhang mit dem Besuch der Einrichtung erleiden.

Wird ein Kind während des bestimmungsgemäßen Besuches einer Kita im Rahmen der »betrieblichen Tätigkeit« verletzt, stellt die gesetzliche Unfallversicherung den Träger und sämtliche Beschäftigten gemäß der §§ 105, 106 SGB VII von der Haftung frei. In erster Linie soll damit verhindert werden, dass der Betriebsfrieden in Kindertageseinrichtungen durch die Geltendmachung gegenseitiger Ansprüche gestört wird. Dem geschädigten Kind steht auf diese Weise aber außerdem stets ein leistungsfähiger Schuldner gegenüber. Kehrseite der Medaille ist freilich der Ausschluss gesetzlich Unfallversicherter vom Ausgleich immaterieller Schäden. Vereinfacht ausgedrückt: Zahlt die gesetzliche Unfallversicherung, zahlt sie regelmäßig nur den Schaden, nicht aber Schmerzensgeld. Ein Ausgleich immaterieller Schäden ist für das Kind – auch gegen die Erzieherin bzw. den Erzieher – dann nach § 104 Abs. 1 S. 1 SGB VII ausgeschlossen.

Die Zivilgerichte sind insofern nach der Bestimmung des § 108 SGB VII an die Entscheidung des Unfallversicherungsträgers gebunden und weisen Klagen auf Schmerzensgeld folgerichtig ab. Dabei kann in der Regel auch offen bleiben, ob im Einzelfall eine Verletzung der Aufsichtspflicht überhaupt vorgelegen hat. Denn selbst wenn dies zu bejahen sein sollte, scheitert eine Haftung der beklagten pädagogischen Fachkraft stets am Haftungsprivileg der §§ 104 Abs. 1, 106 Abs. 1 SGB VII. Wie dies in der Praxis aussieht, soll exemplarisch an zwei Gerichtsentscheidungen dargestellt werden:

Der Fall

Die Klägerin machte gegen die beklagte Stadt als Trägerin der Kindertagesstätte Schmerzensgeld und Feststellung der Ersatzpflicht bezüglich künftiger Schäden aus einem Unfall vom 9. Dezember 1998 geltend, der sich in der Kindertagesstätte gegen 10.00 Uhr ereignete.

Die zum Unfallzeitpunkt sechsjährige K. und eine Freundin äußerten an jenem Tag den Wunsch, in der Turnhalle zu spielen. Daraufhin wurden sie von einer aufsichtführenden Mitarbeiterin in die Turnhalle begleitet, wo ihnen zum Spiel eine Wippe herausgegeben wurde. Im Anschluss hieran entfernte sich die Betreuerin. In der Turnhalle befand sich u. a. ein Turnkasten. K. und weitere dort befindliche Kinder bauten aus Wippe und Kasten eine Rutsche, indem sie die Wippe umgedreht auf den Kasten aufbrachten. Während ein anderes Kind diese Rutsche benutzen wollte, lag K. darunter. Bei der Benutzung durch die Spielgefährtin fiel die Wippe vom Kasten und prallte M ins Gesicht, wodurch diese sich Verletzungen im Kiefer- und Zahnbereich zuzog, die chirurgisch versorgt werden mussten.

Die Klägerin hält ein Schmerzensgeld von mindestens 2.500 Euro für angemessen. Zudem begehrt sie Feststellung der Ersatzpflicht für zukünftige Schäden, da Spätschäden nicht ausgeschlossen werden könnten. Die Klägerin ist der Auffassung, die Bediensteten der Beklagten hätten ihre Aufsichtspflicht verletzt, indem sie die Klägerin und ihre Spielgefährten mit den Geräten unbeaufsichtigt spielen ließen. Die beklagte Stadt ist der Auffassung, eine Haftung ihrerseits scheitere bereits an der mit der gesetzlichen Unfallversicherung der Klägerin einhergehenden Haftungsprivilegierung. Im Übrigen sei der Aufsichtspflicht angesichts des Alters der Klägerin und ihrer Vertrautheit mit jenen Geräten genügt worden.

Das Landgericht Hagen hat die Klage des Kindes abgewiesen.

Die Begründung der Richter

Ob eine Aufsichtspflichtverletzung seitens der Mitarbeiter der Beklagten vorlag, kann vorliegend offenbleiben, da eine Haftung der Beklagten jedenfalls am Haftungsprivileg der §§ 104 Abs. 1, 106 Abs. 1 SGB VII scheitert. Die Klägerin war gemäß § 2 Abs. 1 Nr. 8 a SGB VII während des Besuches der Kindertagesstätte gesetzlich unfallversichert. Damit greift zugunsten der Betriebsangehörigen der Kindertagesstätte gegenüber der Beklagten § 106 Abs. 1 Nr. 3 SGB VII ein, der eine Haftungsbeschränkung entsprechend § 104 Abs. 1 SGB VII. vorsieht. (…) Die Voraussetzungen des § 104 Abs. 1 SGB VII sind vorliegend unproblematisch gegeben. Der Unfall geschah während des bestimmungsgemäßen Besuches der Kindertagesstätte durch die Klägerin. Ein vorsätzliches Herbeiführen des Versicherungsfalles, das auch die Verletzungsfolgen mit umfassen müsste, liegt nicht vor. Die Haftungsbeschränkung erstreckt sich auf Schadensersatzansprüche aus unerlaubter Handlung inklusive Amtspflichtverletzungen, wobei auch Schmerzensgeldansprüche erfasst werden.

LG Hagen, Urt. vom 28. 09. 1999 – Az. 6 U 82/99

Der Fall

Eine Erzieherin war in einer Kindertagesstätte mit einer Kanne frisch gebrühten Tees an der Turnhalle vorbeigegangen. Im Vorübergehen sah sie, dass ein Kind von der Rutsche zu fallen drohte. Sie leistete ihm Hilfestellung, wobei sie die Teekanne in der Hand behielt. In diesem Augenblick sprang ein anderes Kind aus einem unmittelbar daneben liegenden Spieltunnel und stieß gegen die Teekanne. Es erlitt durch den heißen Tee erhebliche Verbrennungen an Hals und Rücken. Die Eltern des verletzten Kindes machten gegen die Erzieherin Schadensersatz- und Schmerzensgeldforderungen geltend.

Die Klage wurde abgewiesen.

Die Begründung der Richter

Im vorliegenden Fall greift die Regelung des Sozialgesetzbuchs VII (SGB VII), wonach für Betriebsunfälle die gesetzliche Unfallversicherung eintritt. Das Gericht wertet den Unfall als Betriebsunfall. Selbst wenn es beim schlichten Teekochen zu diesem Unfall gekommen wäre, wäre dieser als Betriebsunfall zu werten gewesen. Die Versicherung kommt für die Heilbehandlung auf, zahlt aber weder Schmerzensgeld noch Entschädigung. Der Gesetzgeber hat Erzieher und Lehrer vor Haftungsansprüchen bei fahrlässig verursachten Unfällen freigestellt, um den Frieden in Kindergärten und Schulen nicht durch gegenseitige Ansprüche zu stören.

OLG Celle, Urt. vom 18. 05. 2006 – Az. 5 U 36/06

Nach Ansicht des BGH ist der Haftungsausschluss auch mit dem Grundgesetz vereinbar und benachteiligt nicht den Geschädigten unangemessen dadurch, dass diesem ein Schmerzensgeld versagt ist. Zur Begründung führten die Richter aus, die gesetzliche Unfallversicherung schließe hier vielmehr im Gegenteil eine Haftungslücke, da gegenseitige Verletzungshandlungen von Kindergartenkindern bei Spielereien, Raufereien und in der Regel bedenkenlosem Handeln zum Alltag einer Kindertageseinrichtung gehören. Derartige Verhaltensweisen beruhten auf dem natürlichen Spieltrieb und der kleinen Kindern eigenen Unfähigkeit, die Folgen ihres Tuns einzuschätzen. Aus den spezifischen Gefahren des Kindergartenbetriebes resultierende Personenschäden könnten deswegen nicht immer auf ein schuldhaftes Verhalten der Aufsichtspersonen zurückgeführt werden. Da jedoch nach dem zivilrechtlichen Ordnungssystem ohne schuldhaftes Handeln kein Schadensersatz möglich ist, stellt die Anwendung des versicherungsrechtlichen Ordnungssystems, das für eine Schadensersatzleistung kein Verschulden voraussetzt, die dem Kindergartenbereich angemessenere Lösung dar (BGH, Urt. vom 04.06.2009 – III ZR 229/07).

Pädagogische Konzepte und bewusste Fahrlässigkeit

Das Haftungsprivileg bedeutet allerdings keinen Freibrief: Ist der Sozialversicherungsträger einmal in die Leistungspflicht eingetreten, erlaubt es ihm § 110 SGB VII grundsätzlich, anschließend den Schädiger in Regress zu nehmen.

Eine Regressforderung kommt in erster Linie in den Fällen in Betracht, in denen die pädagogische Fachkraft grob fahrlässig oder vorsätzlich gehandelt hat. Denn würde eine Erzieherin bzw. ein Erzieher auch für solche Fälle freigestellt, in denen sie vorsätzlich oder grob fahrlässig handeln, wäre die Gewährleistung einer regelgerechten Aufsichtsführung nicht mehr gegeben: Kinder wären erheblichen Gefahren ausgesetzt und die gesetzliche Unfallversicherung unvertretbar belastet. Vor diesem Hintergrund kommt schon allein in diesem Zusammenhang dem pädagogischen Konzept einer Kita eine erhebliche rechtliche Bedeutung zu: Grob fahrlässig handelt nämlich regelmäßig auch derjenige, der bewusst fahrlässig handelt.

Die oftmals sogar in Fortbildungen propagierte Praxis des Sich-Selbst-Überlassens einiger Kinder im Mehrzweckraum einer Einrichtung ohne Aufsichtspersonal ist vor diesem Hintergrund bedenklich. Stets sollte der Raum aber für solche Aktionen vorbereitet werden und gerade keine massiven Möbel oder gar Sprossenwände enthalten, um sich nicht dem Vorwurf der bewussten Fahrlässigkeit auszusetzen.

So ist auch das Urteil des Landgerichtes Hagen in unserem »Fall mit der Wippe« zu werten: Dass das Gericht offengelassen hat, ob eine Aufsichtspflichtverletzung durch Herausgabe der Wippe und anschließendem Sich-Entfernen vorlag, darf nicht missverstanden werden – im Sinne von »Es kommt nicht darauf an, weil die Unfallkassen ohnehin zahlen«. Es kam lediglich für diesen Prozess um Schmerzensgeldzahlung nicht darauf an. Insofern ist der Haftungsausschluss nämlich lediglich seiner Befriedungsfunktion gerecht geworden: Die betroffene Erzieherin ist keinen Ansprüchen von geschädigtem Kind und Eltern ausgesetzt. In einem Folgeprozess der Unfallkasse gegen die verantwortliche Erzieherin auf Regress wird ihre Führung der Aufsicht jedoch selbstverständlich zur Sprache kommen müssen.

Ein Dritter kommt zu Schaden

Auch am Geschehen in einer Kita ganz Unbeteiligte – der Jurist spricht dann vom sogenanten »Dritten« – können durch eine Verletzung der Aufsichtspflicht geschädigt werden.

> In der Kita »Tausendfüßler« herrscht helle Aufregung: Soeben ist Paul M. am Gartenzaun des Freigeländes aufgetaucht und hat sich laut und massiv beschwert. »Diese drei Jungs da«, er zeigt auf die Vierjährigen Noah, Tim und Justin, hätten Steine auf seinen an der Straße parkenden Porsche Cayenne geworfen. Das Schlimmste hätte er verhindern können, indem er mit seinem Körper im letzten Augenblick die größten Steine abgefangen habe, aber einige fanden eben doch ihr Ziel: Die Beifahrerseite des Wagens ist übersät von kleinen Dellen und Lackabsplitterungen. Paul M. fordert von Leiterin Ellen H. die Herausgabe der Personalien der Delinquenten, um seine Ansprüche geltend machen zu können. Außerdem droht er, eine »Anzeige gegen den Kindergarten wegen Verletzung der Aufsichtspflicht« zu erstatten. Ellen H., die dem aus einer Platzwunde am Auge stark blutenden Paul M. ihr Mitgefühl signalisieren möchte, teilt ihm mit: »Bitte regen Sie sich doch nicht so auf. Der Kindergarten hat eine Haftpflichtversicherung für solche Fälle, das kommt alles wieder ins Reine.«

Kommt ein Dritter durch den Aufsichtsbedürftigen im Rahmen der Aufsichtsführung zu Schaden, besteht ein Anspruch des Geschädigten auf Schadensersatz gegen die Aufsichtspflichtigen aus § 832 BGB. Voraussetzung hierfür ist, dass
- die Aufsichtspflichtigen ihre Aufsichtspflicht verletzt haben (Verschulden) und
- der Schaden durch die Verletzung der Aufsichtspflicht entstanden ist (Kausalität).

Die Aufsichtspflichtigen können sich also in zweifacher Richtung entlasten:
1. Entweder, sie legen umfassend und konkret dar und beweisen, was sie zur Erfüllung der Aufsicht unternommen haben (BGH NJW-RR 87, 13) bzw. warum nach der Persönlichkeit des Aufsichtsbedürftigen die üblichen Maßnahmen nicht erforderlich waren. Sie haben ihre Pflicht erfüllt, wenn sie zur Verhinderung einer Schädigung alles getan haben, was von einem verständigen Aufsichtspflichtigen in seiner Lage unter Berücksichtigung von Alter, Eigenart und Charakter des Aufsichtsbedürftigen, der konkreten Situation sowie der Zumutbarkeit vernünftiger- und billigerweise verlangt werden kann.

2. Oder sie legen dar und beweisen, dass der Schaden auch bei gehöriger Aufsicht und wiederholter Belehrung entstanden wäre. Die bloße Möglichkeit, dass sich der Unfall auch bei gehöriger Aufsicht ereignet hätte, genügt hierfür allerdings nicht; es muss auch eine gewisse Wahrscheinlichkeit für den Schadenseintritt bestehen.

Im Falle einer Drittschädigung sind Schadensersatzansprüche gegen die pädagogische Fachkraft, die Einrichtungsleitung sowie den Träger denkbar, denn sie alle haften entweder aus Gesetz (§ 832 I BGB) oder Vertrag (§ 832 II BGB) für Schäden, die ein unter ihrer Aufsicht stehender Minderjähriger einem Dritten zufügt. Im Falle der vertraglichen Haftung nach § 832 II BGB haftet der Träger für jedes Verschulden seiner Gehilfen (pädagogische Fachkräfte), deren er sich zur Erfüllung seiner vertraglichen Ansprüche bedient, selbst wenn ihn persönlich kein Verschulden trifft (§ 278 BGB). Im Falle der gesetzlichen Haftung nach § 832 I BGB haftet der Träger dann, wenn er nicht beweisen kann, dass er seine Gehilfen sorgfältig ausgesucht und überwacht hat (§ 831 BGB). Das Haftungsprivileg des § 2 SGB VII greift in diesen Fällen nicht ein, da eine betriebsübliche Nutzung der Einrichtung durch den Dritten in aller Regel nicht gegeben ist, er also nicht unter den gesetzlichen Versicherungsschutz der Unfallkassen fällt. Kindertageseinrichtungen sind für derartige Schäden jedoch üblicherweise durch eine Betriebshaftpflichtversicherung, die der Träger für die Einrichtung abschließt, abgesichert. Wiederum gilt aber: Bei Vorsatz und grober Fahrlässigkeit wird der Versicherer die Verantwortlichen in Regress nehmen.

Besondere Regelung bei städtischen Kindergärten

Insbesondere bei Bediensteten an öffentlichen Schulen und Kindergärten ist nach einem Urteil des Oberlandesgerichtes Karlsruhe noch lex specialis zu beachten: Hier verdrängt der sogenannte Amtshaftungsanspruch aus § 839 BGB i.V.m. Art. 34 GG den Anspruch aus § 832 BGB (Karlsruhe OLGR 06, 426).

Danach haftet der Träger für die aufsichtsverpflichtete pädagogische Fachkraft. Allerdings kann sie unter bestimmten Voraussetzungen ebenso wie die Erzieherin bzw. der Erzieher einer Kindertagesstätte eines freien oder freigemeinnützigen Trägers nach § 619 a BGB von ihrem Arbeitgeber in Regress genommen werden:

■ Handelte die pädagogische Fachkraft vorsätzlich, muss sie die Aufwendungen für die Schadensregulierung allein tragen.
■ Handelte sie grob fahrlässig, haftet sie ebenfalls unbeschränkt.

- Bei mittlerer (normaler) Fahrlässigkeit haften pädagogische Fachkraft und Träger anteilig. Die Rechtsprechung zeigt hier eine Tendenz, Arbeitnehmer in der Regel mit bis zu drei Monatsgehältern zu belasten.
- Bei leichter Fahrlässigkeit haftet der Träger allein.

Dieses Regressrisiko ist – zumindest für den Bereich der mittleren Fahrlässigkeit – mit einer Berufshaftpflichtversicherung absicherbar. Für Vorsatz und grobe Fahrlässigkeit gilt aber wie immer: Hierfür ist die Einstandspflicht in der Regel im Versicherungsvertrag ausgeschlossen.

Vorsatz bedeutet das Wissen und Wollen des pflichtwidrigen Erfolges (BGH NJW 65, 962/963). Im Bereich der Aufsichtspflicht bedeutet dies nicht nur die bewusste und gewollte Verletzung der Aufsicht, sondern es reicht auch das billigende In-Kauf-Nehmen der Folgen.

Grobe Fahrlässigkeit liegt vor, wenn die von einer pädagogischen Fachkraft erwartete Sorgfalt in besonders hohem Maße missachtet wurde. Grob fahrlässig handelt der, der nicht beachtet, was im betreffenden Fall eigentlich jedem hätte einleuchten müssen, und nicht einmal ganz nahe liegende, einfachste Überlegungen anstellt.

Der Aufsichtspflichtige kommt zu Schaden

Kommt der Aufsichtspflichtige selbst zu Schaden, ist § 823 I BGB anwendbar – jedoch mit der Einschränkung, dass sein Anspruch gemäß § 254 I BGB um seinen Mitverschuldensanteil (ggf. zu 100 %) zu mindern ist.

In § 254 I BGB heißt es: »Hat bei der Entstehung des Schadens ein Verschulden des Beschädigten mitgewirkt, so hängt die Verpflichtung zum Ersatz sowie der Umfang des zu leistenden Ersatzes von den Umständen, insbesondere davon ab, inwieweit der Schaden vorwiegend von dem einen oder dem anderen Teil verursacht worden ist.«

Mehrere Haftungsadressaten

Auch mehrere Schuldner (Träger, Leitung, Gruppenleitung, andere pädagogische Fachkräfte etc.) können nebeneinander dem Geschädigten haften. § 840 BGB bestimmt hierfür die sogenannte Gesamtschuldnerschaft: »Sind für den aus einer unerlaubten Handlung entstehenden Schaden mehrere nebeneinander verantwortlich, so haften sie als Gesamtschuldner.«

In einem solchen Fall der Gesamtschuldnerschaft kann der Geschädigte nach Belieben alle in Anspruch nehmen. § 421 BGB bestimmt insoweit: »Schulden mehrere eine Leistung in der Weise, dass jeder die ganze Leistung zu bewirken verpflichtet, der Gläubiger die Leistung aber nur einmal zu fordern berechtigt ist (Gesamtschuldner), so kann der Gläubiger die Leistung nach seinem Belieben von jedem der Schuldner ganz oder zu einem Teil fordern. Bis zur Bewirkung der ganzen Leistung bleiben sämtliche Schuldner verpflichtet.«

Strafrechtliche Folgen

Wird ein Aufsichtbedürftiger infolge einer Aufsichtspflichtverletzung verletzt oder getötet, sind strafrechtliche Folgen denkbar. Es käme eine Bestrafung wegen fahrlässiger Körperverletzung (Strafantrag des Verletzten erforderlich!) oder fahrlässiger Tötung in Betracht. Der Staatsanwalt muss aber die Verletzung der Aufsichtspflicht nachweisen.

Arbeits- und dienstrechtliche Folgen

Die Verletzung der Aufsichtspflicht ist zugleich eine Verletzung der Dienstpflicht. Mögliche Folgen sind:

- Zurückstellung von einer Beförderung
- Entziehen einer Leitungsfunktion
- Abmahnung, Kündigung.

Zum gesamten Komplex der Aufsichtspflicht empfiehlt sich die vertiefende Darstellung von v. Langen, T. (2011): Rechtsverhältnisse und Aufsichtspflichten in Kindertageseinrichtungen.

Die totale Freiheit der Eltern, ihr Kind so zu erziehen und zu beaufsichtigen, wie sie es für richtig halten, ist begrenzt durch das Wächteramt des Staates, der laut unserer Verfassung darüber zu wachen hat, dass Eltern ihrer Erziehungsverantwortung nachkommen. Art. 6 Abs. 2 GG geht insoweit von einem natürlichen überpositiven Recht der Eltern aus, über dessen Ausübung der Staat im Interesse des Kindes wacht. Zwischen den beiden Extremen der totalen Überwachung und der absoluten Selbstüberlassung des Kindes hat unser Recht allgemeingültige Normen gesetzt, die die Pflichten desjenigen regeln, der die Aufsicht über ein Kind innehat oder übernimmt.

Zu den Aufsichtsbedürftigen gehören Minderjährige, das heißt Kinder und Jugendliche unter 18 Jahren, sowie Personen, die wegen ihres geistigen und/oder körperlichen Zustandes der Aufsicht bedürfen. Die Pflicht zur Beaufsichtigung kann vom Sorgeberechtigten zeitweise auf andere, insbesondere eine Kindertageseinrichtung, übertragen werden. Die Aufsichtspflicht kann sich aus dem Gesetz ergeben, wie das beispielsweise bei der elterlichen Sorge der Fall ist, oder aus einem Vertrag, mit dem die Aufsichtspflicht übernommen wird. Der Vertrag, der die Aufsichtspflicht begründet, kann schriftlich, mündlich oder auch konkludent, das heißt durch schlüssiges Handeln, geschlossen werden. Die Aufsichtspflicht beginnt und endet nach Vereinbarung zwischen den Erziehungsberechtigten und den Aufsichtführenden. Was im Einzelfall zu tun ist, richtet sich nach kindes-, orts- und situationsbezogenen Umständen, ferner nach der Zumutbarkeit für den die Aufsicht Führenden. Nach der Rechtsprechung bedeutet Aufsicht, den Aufsichtsbedürftigen zu beobachten und zu überwachen, zu belehren und aufzuklären, falls erforderlich in seinem Verhalten zu leiten und zu beeinflussen. Die Aufsichtsführung kann delegiert werden an Personen, die dafür geeignet erscheinen.

Unabhängig von der Verschuldensfrage tritt die gesetzliche Unfallversicherung stets in die Leistungspflicht ein, wenn ein Kind während des Besuches der Tageseinrichtung oder einer Veranstaltung der Tageseinrichtung zu Schaden gekommen ist. In diesem Fall stellt die gesetzliche Unfallversicherung den Träger und sämtliche Beschäftigten gemäß der §§ 105, 106 SGB VII von der Haftung frei. Eine Schadensersatzpflicht der pädagogischen Fachkraft wegen Verletzung der Aufsichtspflicht kommt nur in den Fällen in Betracht, in denen sie grob fahrlässig oder vorsätzlich handelt, denn dann wird die gesetzliche Unfallkasse sie in Regress nehmen.

Weiterführende Links

www.dguv.de
www.dguv-kinderkinder.de
www.haftpflichtversicherung.net
www.juraforum.de
www.kindergartenpaedagogik.de
www.kindersicherheit.de
www.kostenlose-urteilde.de/topten.aufsichtspflichtverletzung.htm
www.ratgeber.ard.de
www.regelwerk.unfallkassen.de

11. Die Jugendhilfe

»Weitgehend ausgeklammert wird in den fachpolitischen, administrativen und auch wissenschaftlichen Debatten über die Finanzierung von Kitas bislang die Frage, wie sich die Höhe des verfügbaren Finanzvolumens und insbesondere die eingesetzten Verfahren der Ressourcenallokation

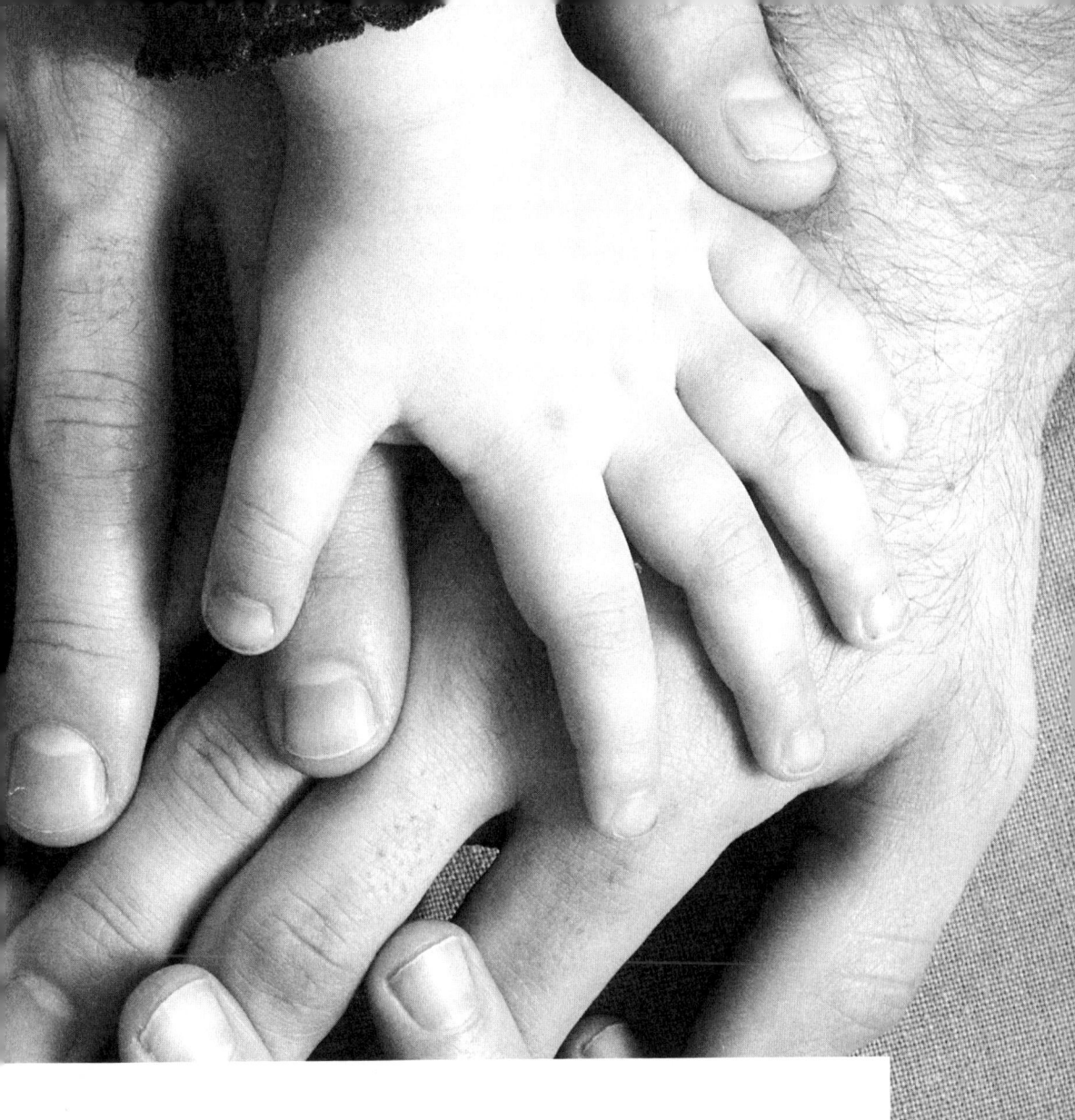

*auf die pädagogischen Handlungsoptionen beziehungsweise die Bildungs-
und Betreuungsrealität auswirken. Zugleich mehren sich die Hinweise
auf eine wachsende Divergenz zwischen der pädagogischen Praxis, die
mit den eingesetzten Finanzierungsverfahren einhergeht, zu jenen Handlungsoptionen, die aus einer professionellen Handlungsrationalität für
gute frühe Bildung als notwendig eingestuft werden.«*

(Bock-Famulla / Hogrebe / Keinert 2010, S. 133 ff.)

11.1 Jugendhilfe: Ziele und Aufgaben

Was bedeutet Jugendhilfe? Jugendhilfe meint die Gesamtheit aller Leistungen zur Förderung der Entwicklung und Erziehung junger Menschen neben Familie, Schule und Berufsausbildung sowie Leistungen zur Entlastung und Unterstützung der Familie. Ihre bundesgesetzliche Rechtsgrundlage hat die Jugendhilfe im Kinder- und Jugendhilfegesetz (KJHG) nebst Ausführungsgesetzen. Das KJHG wird im allgemeinen Sprachgebrauch auch von Juristen häufig als SGB VIII bezeichnet und umgekehrt das SGB VIII als Kinder- und Jugendhilfegesetz benannt. Tatsächlich sind es jedoch zwei verschiedene Gesetze: Das KJHG ist ein Artikelgesetz mit 24 Artikeln, dessen Art. 1 aus dem gesamten SGB VIII mit derzeit 105 Paragraphen besteht. Die Art. 2–24 des KJHG ändern andere Gesetze mit dem Ziel der Neuregelung der Kinder- und Jugendhilfe und beinhalten Regelungen zum Inkrafttreten.

Praxisübung

Machen Sie sich mit der Systematik des SGB VIII vertraut: Wie viele Kapitel hat das SGB VIII, sind diese wiederum unterteilt? Welche Paragraphen sagen etwas über Kindertageseinrichtungen aus? Welche Themen behandeln die übrigen Paragraphen? Auf welchen Themen liegt der inhaltliche Schwerpunkt des Gesetzes?

Die Gesetze über Tageseinrichtungen für Kinder der einzelnen Bundesländer sind Ausführungsgesetze zum Kinder- und Jugendhilfegesetz. Das bedeutet, dass die einzelnen Gesetze der Bundesländer auf dem Kinder- und Jugendhilfegesetz aufbauen und es ergänzen oder erweitern. Bei der Anwendung der Vorschriften der länderspezifischen Gesetze über Tageseinrichtungen für Kinder ist daher immer der Zusammenhang mit dem übergeordneten Bundesgesetz, dem SGB VIII, zu beachten

Das Ziel aller Jugendhilfe ist gemäß § 1 Abs. 1 SGB VIII der eigenverantwortliche und gemeinschaftsfähige junge Mensch. Auf dieses Ziel sollen alle Förderangebote und Hilfen ausgerichtet sein. Das SGB VIII formuliert damit jedoch keinen eigenen Erziehungsauftrag, § 1 Abs. 2 SGB VIII wiederholt vielmehr den Wortlaut des Art. 6 Abs. 2 GG: »Pflege und Erziehung der Kinder sind das natürliche Recht der Eltern und die zuvörderst ihnen obliegende Pflicht. Die Eltern sind bei der Erziehung der Kinder durch Staat und Kommunen zu unterstützen.«

Neben diesen Verfassungsbestimmungen formuliert § 1 des SGB VIII das Recht jedes jungen Menschen auf Förderung seiner Entwicklung und auf Erziehung zu einer eigenverantwortlichen und gemeinschaftsfähigen Persönlichkeit. Die Jugendhilfe soll deshalb insbesondere

- junge Menschen in ihrer individuellen und sozialen Entwicklung fördern
- Eltern und andere Erziehungsberechtigte bei der Erziehung beraten und unterstützen
- Kinder und Jugendliche vor Gefahren für ihr Wohl schützen
- dazu beitragen, positive Lebensbedingungen für junge Menschen und ihre Familien sowie eine kinder- und familienfreundliche Umwelt zu schaffen und zu erhalten.

Diese Ziele sind jedoch nicht als subjektives Recht verbrieft: Das SGB VIII gibt – von wenigen Ausnahmen wie dem Rechtsanspruch auf einen Kindergarten- und Krippenplatz abgesehen – Kindern und Jugendlichen grundsätzlich keinen eigenen einklagbaren Anspruch auf Leistungen. Sie können sich jedoch an das Jugendamt wenden und sich auch ohne Wissen der Eltern beraten lassen. Eltern und jungen Volljährigen gibt das Gesetz einen Rechtsanspruch nur unter der Bedingung, dass Voraussetzungen, Inhalte und Adressaten der Leistungen hinreichend konkretisiert sind. Nach § 2 SGB VIII sind Aufgaben der Jugendhilfe u.a.:

- Jugendarbeit (z. B. außerschulische Jugendbildung, Sport, arbeits-, schul-, und familienbezogene Jugendarbeit, Kinder- und Jugenderholung, Jugendberatung)
- Förderung der eigenverantwortlichen Tätigkeit der Jugendverbände und Jugendgruppen
- Förderung der Erziehung in der Familie
- Förderung von Kindern in Tageseinrichtungen und Hilfe für junge Volljährige einschließlich Nachbetreuung
- Jugendsozialarbeit (sozialpädagogische Hilfen zum Ausgleich sozialer Benachteiligungen und individueller Beeinträchtigungen).

Immer zu beachten ist in der Jugendhilfe der Grundsatz des Nachranges sowohl gegenüber dem Elternrecht als auch gegenüber anderen Leistungen und Verpflichtungen.

Nachrang der Jugendhilfe gegenüber dem Elternrecht: Das aus Art. 6 Abs. 2 GG folgende Elternrecht geht aller Jugendhilfe vor. So bestimmt § 9 Nr. 1 SGB VII, dass bestimmte Grundrichtungen der Erziehung im Rahmen der Jugendhilfeleistungen zu beachten sind, und § 1688 BGB gibt dem Pfleger oder Heimerzieher nur solange die Alltagssorge über den Minderjährigen, wie ein Personensorgeberechtigter sie nicht wieder an sich zieht.

Nachrang der Jugendhilfe gegenüber anderen Leistungen und Verpflichtungen: § 10 Abs. 1 Satz 2 SGB VIII legt fest, dass sich niemand seiner privat-rechtlichen oder öffentlich-rechtlichen Verpflichtungen unter Hinweis darauf entziehen kann, dass die Betroffenen Jugendhilfe erhalten bzw. erhalten können.

Praxisübung

Informieren Sie sich zur »Geschichte der Jugendhilfe in Deutschland und der Entwicklung des Berufsfeldes« unter www.uni-frankfurt.de:

1. Wie hat sich die Jugendhilfe seit dem Mittelalter bei uns entwickelt?
2. Welche Ziele wurden in den einzelnen Stadien mit ihr verfolgt?
3. Welche Gesetzeswerke wurden entwickelt?
4. Welche Handlungsansätze bestimmten und bestimmen die Praxis der Jugendhilfe?
5. Welche Veränderungen des Berufsfeldes gingen mit diesen veränderten Handlungsansätzen einher?

11.2 Jugendhilfe: Öffentliche und freie Träger

Der Grundsatz der Vielfalt

Die Jugendhilfe wird von Trägern der freien Jugendhilfe und von den Trägern der öffentlichen Jugendhilfe geleistet. § 3 SGB VIII bestimmt den Grundsatz der Vielfalt:

»(1) Die Jugendhilfe ist gekennzeichnet durch die Vielfalt von Trägern unterschiedlicher Wertorientierungen und die Vielfalt von Inhalten, Methoden und Arbeitsformen.

(2) Leistungen der Jugendhilfe werden von Trägern der freien Jugendhilfe und von Trägern der öffentlichen Jugendhilfe erbracht. Leistungsverpflichtungen, die durch dieses Buch begründet werden, richten sich an die Träger der öffentlichen Jugendhilfe.
(3) Andere Aufgaben der Jugendhilfe werden von Trägern der öffentlichen Jugendhilfe wahrgenommen. Soweit dies ausdrücklich bestimmt ist, können Träger der freien Jugendhilfe diese Aufgaben wahrnehmen oder mit ihrer Ausführung betraut werden.«

Diese Vielfalt soll dem Leistungsberechtigten die Möglichkeit geben, zwischen Einrichtungen und Diensten verschiedener Träger zu wählen.

Der Grundsatz der Subsidiarität

Bei dieser Vielfalt gilt der weitere Grundsatz der Subsidiarität, das heißt gemäß § 4 SGB VIII soll die öffentliche Jugendhilfe von eigenen Maßnahmen absehen, soweit geeignete Einrichtungen, Dienste und Veranstaltungen von anerkannten Trägern der freien Jugendhilfe betrieben werden. Die öffentliche Jugendhilfe soll aber die freie Jugendhilfe fördern und dabei die verschiedenen Formen der Selbsthilfe stärken.

§ 69 SGB VIII legt fest, dass die Träger der öffentlichen Jugendhilfe durch Landesrecht bestimmt werden:

»(1) Träger der öffentlichen Jugendhilfe sind die örtlichen und überörtlichen Träger. Örtliche Träger sind die Kreise und die kreisfreien Städte. Landesrecht regelt, wer überörtlicher Träger ist.
(2) Landesrecht kann regeln, dass auch kreisangehörige Gemeinden auf Antrag zu örtlichen Trägern bestimmt werden, wenn ihre Leistungsfähigkeit zur Erfüllung der Aufgaben nach diesem Buch gewährleistet ist. Landesrecht bestimmt, in welcher Weise die Erfüllung der Aufgaben nach diesem Buch in den anderen Gemeinden des Kreises sichergestellt wird, falls der Kreis dazu nicht in der Lage ist; wird durch kreisangehörige Gemeinden als örtliche Träger das gesamte Gebiet eines Kreises abgedeckt, so ist dieser Kreis nicht örtlicher Träger.
(3) Für die Wahrnehmung der Aufgaben nach diesem Buch errichtet jeder örtliche Träger ein Jugendamt, jeder überörtliche Träger ein Landesjugendamt.
(4) Mehrere örtliche Träger und mehrere überörtliche Träger können, auch wenn

sie verschiedenen Ländern angehören, zur Durchführung einzelner Aufgaben gemeinsame Einrichtungen und Dienste errichten.

(5) Kreisangehörige Gemeinden und Gemeindeverbände, die nicht örtliche Träger sind, können für den örtlichen Bereich Aufgaben der Jugendhilfe wahrnehmen. Die Planung und Durchführung dieser Aufgaben ist in den wesentlichen Punkten mit dem örtlichen Träger abzustimmen; dessen Gesamtverantwortung bleibt unberührt. Für die Zusammenarbeit mit den Trägern der freien Jugendhilfe gelten die §§ 4, 74, 76 und 77 entsprechend. Landesrecht kann Näheres regeln.«

Die öffentlichen Träger

Die Norm unterscheidet demnach die Träger der öffentlichen Jugendhilfe nach örtlichen und überörtlichen Trägern. Die örtlichen und überörtlichen Träger haben als zuständige Behörden kommunale Jugendämter und Landesjugendämter zu errichten. Dadurch soll sichergestellt werden, dass Jugendhilfeaufgaben ausschließlich von Fachbehörden erfüllt werden. Zur finanziellen und personellen Optimierung können hinsichtlich der Erledigung spezieller Aufgaben gemeinsame Dienste und Einrichtungen durch die örtlichen und überörtlichen Träger errichtet werden.

Die örtlichen und überörtlichen Träger der öffentlichen Jugendhilfe

Örtliche Träger der öffentlichen Jugendhilfe sind in der Regel die Jugendämter der Kreise und kreisfreien Städte. Landesrecht kann aber auch bestimmen, dass kreisangehörige Kommunen zu örtlichen Trägern bestimmt werden.

Haben Berechtigte einen Rechtsanspruch auf eine Leistung der Jugendhilfe – beispielsweise den Anspruch auf einen Kindergartenplatz oder auf Hilfen zur Erziehung –, richtet sich dieser gegen die örtlichen Träger der öffentlichen Jugendhilfe. Diese sind innerhalb der Jugendhilfe für die hoheitlichen, planenden und lenkenden Aufgaben verantwortlich. Nicht zuletzt finanzieren sie die freien Träger der Jugendhilfe und gewährleisten dadurch deren Angebote und Dienste. Die Plätze in einer Kita sind daher – unabhängig von einer etwaigen Trägerschaft einer freigemeinnützigen Organisation – als soziale Dienstleistung stets von den öffentlichen Jugendhilfeträgern zu finanzieren. Die Erhebung von Elternbeiträgen ist jedoch nach den bundesgesetzlichen Vorgaben möglich.

Die örtlichen Träger erfüllen mit der Kinder- und Jugendhilfe eine sogenannte Pflichtaufgabe im eigenen Wirkungskreis, eingeschränkt durch »die Grenzen ihrer Leistungsfähigkeit«. Was bedeutet das? Um das zu verstehen, begeben wir uns auf einen Exkurs ins Kommunalrecht.

Die Selbstverwaltung der Kommunen

Grundsätzlich ist bei den kommunalen Aufgaben zu unterscheiden zwischen den Selbstverwaltungsangelegenheiten im eigentlichen Sinne (eigene Angelegenheiten) und den übertragenen Angelegenheiten, die den Kommunen zur Erledigung anstelle des Staates gesetzlich zugewiesen wurden. Allen kreisangehörigen und kreisfreien Gemeinden wird durch Art. 28 Abs. 2 S. 1 GG das Selbstverwaltungsrecht verfassungsmäßig garantiert, das heißt den Gemeinden steht in ihrem Gebiet grundsätzlich die Erfüllung aller öffentlichen örtlichen Aufgaben zu.

Eine gesetzliche Definition dieser sogenannten »gemeindlichen Allzuständigkeit« gibt es allerdings nicht, ebenso wenig wie eine abschließende gesetzliche Aufzählung aller den Gemeinden zustehenden Aufgaben. Der wichtigste Unterschied besteht darin, dass die Kommunen im eigenen Wirkungskreis nur an die gesetzlichen Vorschriften gebunden sind und im Übrigen nach pflichtgemäßem Ermessen handeln können, während sie im übertragenen Wirkungskreis zusätzlich den fachlichen Weisungen der zuständigen Staatsbehörden unterworfen sind.

Im eigenen Wirkungskreis wiederum gibt es Pflichtaufgaben und freiwillige Aufgaben: Die vielfältigen Aufgaben im kommunalen Bereich sind sehr unterschiedlich zu beurteilen. Die Rechtsordnung schreibt vor, welche lebensnotwendigen Aufgaben die Kommune erfüllt, insbesondere welche unverzichtbaren Einrichtungen der Daseinsvorsorge (z. B. Trinkwasserversorgung, Abwasserbeseitigung, Kinderbetreuungsplätze) sie schaffen und unterhalten muss. Diese Aufgaben nennt man Pflichtaufgaben.

Die Pflichtaufgaben sind nur zum geringen Teil unmittelbar in den Kommunalgesetzen geregelt, sondern meist in anderen Gesetzen festgelegt, worauf auch die Kommunalgesetze hinweisen. Natürlich kann und muss eine Kommune auch Pflichtaufgaben nur in den Grenzen ihrer finanziellen und verwaltungsmäßigen Leistungsfähigkeit erfüllen. Übersteigt eine Pflichtaufgabe die Leistungsfähigkeit einer Gemeinde, ist ein Ausweg in kommunaler Zusammenarbeit mehrerer Gemeinden zu suchen.

Pflichtaufgaben haben Vorrang vor den freiwilligen Aufgaben. So geht der Bau einer Kinderkrippe immer dem einer Turnhalle vor. Dies ist gerade und insbesondere dann zu beachten, wenn die Grenzen der finanziellen Leistungsfähigkeit erreicht sind. Andererseits gibt es Fälle, in denen eine Kommune nach dem

Grundsatz der Subsidiarität von der Erfüllung einer Pflichtaufgabe in eigener Regie befreit ist, soweit Dritte diese Aufgabe erfüllen (z. B. Errichtung und Betrieb eines Kindergartens durch einen freigemeinnützigen Träger).

Beispiele für Pflichtaufgaben: Sorge für ordnungsgemäßen Geschäftsgang, Anstellung des fachlich geeigneten Personals, sparsame und wirtschaftliche Verwaltung, Erhebung der erforderlichen Beiträge, Gebühren und Steuern, Straßenbaulast, Bestattungswesen, Aufstellung von Flächennutzungs- und Bebauungsplänen, Kinderbetreuungseinrichtungen etc.

Beispiele für freiwillige Aufgaben: Altenhilfe, Kulturpflege, Erwachsenenbildung, Sport, Förderung ehrenamtlichen Engagements etc.

Beispiel für übertragene Aufgaben (= immer Pflichtaufgaben!): Vollzug des Ordnungswidrigkeitenrechtes, Durchführung von Gemeindewahlen etc.

Die Gemeinden müssen sicherstellen, dass im örtlichen Bereich die erforderlichen Einrichtungen, Dienste und Veranstaltungen der Jugendarbeit und zur Förderung von Kindern in Tageseinrichtungen rechtzeitig und ausreichend zur Verfügung stehen. Die Gesamtverantwortung bleibt aber beim Landkreis, der die kreisangehörigen Gemeinden bei ihrer Arbeit zu beraten und zu unterstützen hat. Die Aufgaben der örtlichen Träger werden vom Jugendamt, das jeder Landkreis und jede kreisfreie Stadt zu errichten hat, wahrgenommen (§ 70 SGB VIII).

Praxisübung

Recherchieren Sie im Internet oder an der Anschlagtafel des Rathauses Ihrer Gemeinde die Tagesordnungspunkte der nächsten Ratsversammlung:
1. Welche Aufgaben stehen in Ihrer Gemeinde an?
2. Was davon sind Pflichtaufgaben, freiwillige Aufgaben, was übertragene Aufgaben?

Überörtliche Träger der öffentlichen Jugendhilfe sind in der Regel die Länder.

Die Jugendämter

Die örtlichen und überörtlichen Träger der öffentlichen Jugendhilfe kommen ihrer Verpflichtung durch die Einrichtung von Jugendämtern bzw. Landesjugendämtern nach.

Das bedeutet beispielsweise für den Bereich der Kindertagesbetreuung: Die Landesjugendämter als überörtliche Träger der öffentlichen Jugendhilfe sind den Jugendämtern übergeordnet und erteilen den Trägern von Tageseinrichtungen für Kinder die sogenannte Betriebserlaubnis für Kindertageseinrichtungen nach § 45 SGB VIII.

Voraussetzung dafür ist beispielsweise die Erfüllung baurechtlicher Bestimmungen und personeller Anforderungen. Die Landesjugendämter haben eine Beratungs- und Aufsichtsfunktion. Sie weisen ferner die Träger von Einrichtungen vor Erteilung der Betriebserlaubnis ausdrücklich auf die Einhaltung der Vorschriften der gesetzlichen Unfallversicherungsträger hin und prüfen in Revisionen laufend die Einhaltung der Voraussetzungen der Betriebserlaubnis. Im Rahmen einer solchen Revision wird u. a. vor Ort geprüft:

- Anzahl der Plätze laut Betriebserlaubnis im Vergleich zu tatsächlich belegten Plätzen
- Vorliegen der Betriebserlaubnis
- Vorliegen der Bedarfsanerkennung
- Durchführung regelmäßiger geeigneter Maßnahmen zur Qualitätssicherung
- Nachweis der U9: Eltern werden dazu angehalten
- Dokumentation des Entwicklungsverlaufes der Kinder
- Vorliegen einer veröffentlichten Konzeption
- Einhaltung der Mindestöffnungszeit (20 Std. an mindestens 4 Tagen pro Woche)
- Angebot unterschiedlicher Buchungszeitkategorien
- Staffelung der Elternbeiträge
- Buchungsbelege
- Integrative Einrichtungen: Vorliegen von Eingliederungshilfebescheiden
- Vorliegen aller Arbeitsverträge und Ausbildungsnachweise
- Einhaltung des Anstellungsschlüssels
- Einhaltung des Qualifikationsschlüssels.

Die Jugendämter haben nach § 79 Abs. 1 SGB VIII die Gesamtverantwortung einschließlich der Planungsverantwortung für die Tageseinrichtungen. Sie sind gleichzeitig verpflichtet, die freien Träger nach Maßgabe landesrechtlicher Grundsätze zu fördern und bestehen aus der Verwaltung und dem Jugendhilfeausschuss.

Träger der öffentlichen Jugendhilfe sind beispielsweise in Bayern die Landkreise und kreisfreien Städte als örtliche Träger (Art. 4 BayKiBiG) und der Freistaat Bayern (Landesjugendamt) als überörtlicher Träger.

Praxisübung

Bestimmen Sie anhand Ihrer landesgesetzlichen Gesetzgebung den örtlichen und überörtlichen Träger der öffentlichen Jugendhilfe.

Die freien Träger

Die öffentliche Jugendhilfe ist für hoheitliche, planende und lenkende Aufgaben verantwortlich, während die praktische Durchführung von Aufgaben der Jugendhilfe, wie beispielsweise der Betrieb einer Kita oder die Einrichtung einer Erziehungsberatungsstelle, überwiegend freien Trägern obliegt, die zu diesem Zweck durch die öffentliche Jugendhilfe finanziert werden.

Als **Träger der freien Jugendhilfe** kommt jede Initiative, Personengruppe und -vereinigung sowie jede juristische Person in Betracht, die auf dem Gebiet der Jugendhilfe ohne gesetzliche Verpflichtung aufgrund eigener freier Entscheidung tätig wird. Zu den Trägern der freien Jugendhilfe gehören:

- Jugendverbände, Jugendgruppen und Initiativen der Jugend
- Selbsthilfe- und Initiativgruppen
- Wohlfahrtsverbände, wenn und soweit sie Jugendhilfe leisten, insbesondere die Bundes-, Landes- und Ortsverbände der Arbeiterwohlfahrt, der Caritas, des Diakonischen Werkes, des Deutschen Paritätischen Wohlfahrtsverbandes, des Deutschen Roten Kreuzes und der Zentralwohlfahrtsstelle der Juden
- Kirchen und Religionsgemeinschaften des öffentlichen Rechtes.

Die genannten sechs Wohlfahrtsverbände sind die »großen« freien Träger der Jugendhilfe. Sie sind auf Landes- und Bundesebene zusammengeschlossen in der »Liga der Spitzenverbände der freien Wohlfahrtspflege«, haben einen besonderen, gesetzlich anerkannten Status und nehmen entsprechend Einfluss auf die Sozialpolitik des Bundes.

Träger der freien Jugendhilfe werden nicht durch das SGB VIII verpflichtet, sondern handeln in den Formen des Privatrechtes. Sie sind grundsätzlich frei in der Entscheidung, ob, mit wem und mit welchem Inhalt sie einen Vertrag über die Erbringung einer Leistung abschließen (Vertragsfreiheit). Bei der Erbringung von Jugendhilfeleistungen nehmen sie keine öffentlich-rechtliche Aufgabe wahr. Grundlage ihrer Rechtsbeziehungen ist meist ein Vertrag oder eine vertragsähnliche Rechtsbeziehung (z. B. ein Kindergartenvertrag).

Praxisübung

Welche Kindertageseinrichtungen gibt es in Ihrer Gemeinde? Unter welcher Trägerschaft stehen sie? Wo befindet sich der nächste Waldkindergarten? Wo liegt der nächste Montessori-Kindergarten? Wo befindet sich der nächste Kindergarten in Trägerschaft einer Elterninitiative? Welche Einrichtungen arbeiten integrativ?

Die §§ 74 und 75 SGB VIII stellen an die Förderung und Anerkennung als freier Träger der Jugendhilfe besondere Bedingungen:

»§ 74 Förderung der freien Jugendhilfe
(1) Die Träger der öffentlichen Jugendhilfe sollen die freiwillige Tätigkeit auf dem Gebiet der Jugendhilfe anregen; sie sollen sie fördern, wenn der jeweilige Träger
1. die fachlichen Voraussetzungen für die geplante Maßnahme erfüllt,
2. die Gewähr für eine zweckentsprechende und wirtschaftliche Verwendung der Mittel bietet,
3. gemeinnützige Ziele verfolgt,
4. eine angemessene Eigenleistung erbringt und
5. die Gewähr für eine den Zielen des Grundgesetzes förderliche Arbeit bietet.
Eine auf Dauer angelegte Förderung setzt in der Regel die Anerkennung als Träger der freien Jugendhilfe nach § 75 voraus.

§ 75 Anerkennung als Träger der freien Jugendhilfe
(1) Als Träger der freien Jugendhilfe können juristische Personen und Personenvereinigungen anerkannt werden, wenn sie
1. auf dem Gebiet der Jugendhilfe im Sinne des § 1 tätig sind,
2. gemeinnützige Ziele verfolgen,
3. aufgrund der fachlichen und personellen Voraussetzungen erwarten lassen, dass sie einen nicht unwesentlichen Beitrag zur Erfüllung der Aufgaben der Jugendhilfe zu leisten imstande sind, und
4. die Gewähr für eine den Zielen des Grundgesetzes förderliche Arbeit bieten.
(2) Einen Anspruch auf Anerkennung als Träger der freien Jugendhilfe hat unter den Voraussetzungen des Absatzes 1, wer auf dem Gebiet der Jugendhilfe mindestens drei Jahre tätig gewesen ist.

(3) Die Kirchen und Religionsgemeinschaften des öffentlichen Rechts sowie die auf Bundesebene zusammengeschlossenen Verbände der freien Wohlfahrtspflege sind anerkannte Träger der freien Jugendhilfe.«

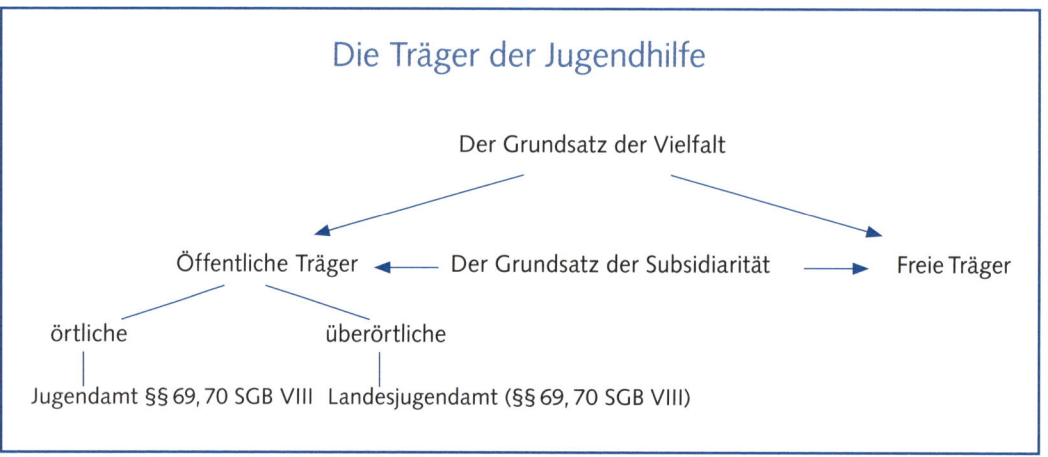

Die Träger der Jugendhilfe

11.3 Was Jugendhilfe leistet

Wie wir bereits gesehen haben, verfolgt das SGB VIII einen ganzen Katalog von Zielen. Zu den Leistungen von Jugendhilfe gehören Einrichtungen, Maßnahmen, Aktivitäten etc.

Die Angebote der Jugendhilfe

Von wenigen Ausnahmen abgesehen, gibt das SGB VIII den Kindern und Jugendlichen, aber auch Eltern keinen eigenen einklagbaren Anspruch auf Leistungen. So verbriefen die Leistungen der Jugendhilfe, die zum überwiegenden Teil beratenden Charakter haben, keinen Anspruch, sondern sind lediglich ein Angebot. Sie können empfohlen, aber nicht angeordnet oder gegen den Willen der Betroffenen erzwungen werden. Hierzu gehören insbesondere die Angebote der §§ 16–20 SGB VIII:

- Allgemeine Förderung der Erziehung in der Familie (§ 16 SGB VIII)
- Beratung in Fragen der Partnerschaft, Trennung und Scheidung (§ 17 SGB VIII)

- Beratung und Unterstützung Alleinerziehender (§ 18 Abs. 1 SGB VIII)
- Hilfe bei der Geburt nichtehelicher Kinder (§ 18 Abs. 2 SGB VIII)
- Beratung und Unterstützung bei der Ausübung von sogenannten Umgangsrechten (§ 18 Abs. 3 SGB VIII)
- Mutter-Kind-Einrichtungen (§ 19 SGB VIII)
- Notwendige Betreuung und Versorgung des Kindes in der eigenen Familie (§ 20 SGB VIII).

Die wichtigsten Rechtsansprüche der Jugendhilfe

Die wichtigsten Ausnahmen vom Angebots-Charakter der Jugendhilfe sind der Rechtsanspruch auf einen Kindergartenplatz sowie der Rechtsanspruch auf Hilfen zur Erziehung.

Der Rechtsanspruch auf einen Kindergartenplatz

§ 24 Abs. 1 Sozialgesetzbuch VIII gibt jedem Kind einen Rechtsanspruch auf einen Kindergartenplatz: »Ein Kind hat vom vollendeten dritten Lebensjahr bis zum Schuleintritt Anspruch auf den Besuch einer Tageseinrichtung.« Seit dem 1. Oktober 2010 haben auch Zweijährige nach dem »Gesetz zum qualitätsorientierten und bedarfsgerechten Ausbau der Tagesbetreuung für Kinder, Tagesbetreuungsausbaugesetz (TAG)« in Ergänzung des § 24 SGB VIII einen Rechtsanspruch auf einen Kindergartenplatz. Ab dem 1. August 2013 steht er auch Einjährigen zu. Der Anspruch beginnt also ab diesem Zeitpunkt mit dem ersten Geburtstag des Kindes. Das bedeutet für eine Kita einen nicht unerheblichen Aufwand: Auch wenn es organisatorisch oder pädagogisch schwierig erscheint, ein Kind beispielsweise am 11. Februar einzugliedern, darf es nach dem Willen des Gesetzgebers nicht auf einen späteren Zeitpunkt vertröstet werden. Der Anspruch endet mit dem tatsächlichen Schuleintritt.

Das Gesetz gibt Eltern darüber hinaus außerdem ein Wunsch- und Wahlrecht: »Die Leistungsberechtigten haben das Recht, zwischen Einrichtungen und Diensten verschiedener Träger zu wählen und Wünsche hinsichtlich der Gestaltung der Hilfe zu äußern« (§ 5 Abs. 1 S. 1 SGB VIII). Wird beispielsweise der Besuch eines Wald- oder Kneippkindergartens gewählt, ist dieser Platz dort von der Wohnsitzgemeinde des Kindes ebenso zu bezuschussen wie ein Platz im eigenen Gemeindegebiet. Auch aus organisatorischen Gründen kann der Wunsch, das Kind in den Kindergarten der nächsten Gemeinde zu geben, bestehen, weil etwa dort die Mutter ihren Arbeitsplatz hat und deswegen die Öffnungszeiten besser nutzen kann. Mögliche Mehrkosten oder erhöhte Transportaufwendungen sind in diesen Fällen jedoch von den Eltern zu tragen.

Liegen derlei Sonderwünsche nicht vor, muss der Kindergartenplatz in der Nähe des Wohnortes bereitgestellt werden. Dies bedeutet jedoch nicht unbedingt noch die eigene Gemeinde, vielmehr richtet sich das »Wo« der Einrichtung danach, was dem Kind und dem begleitenden Erwachsenen zumutbar ist. Was aber ist noch zumutbar? Diese Frage wird von den Gerichten höchst unterschiedlich beurteilt. So kann auf dem Land eine Busfahrt von 30 Minuten noch zumutbar sein, in der Großstadt eine U-Bahn-Fahrt von fünf Minuten nicht. Nach einem Beschluss des Oberverwaltungsgerichtes Frankfurt soll ein zwanzigminütiger Fußweg als Obergrenze der Zumutbarkeit anzusehen sein (OVerwG Frankfurt/M., Beschl. vom 30.12.1996, NVwZ-RR 1997, 555 ff.).

Dem Kind ist nicht irgendein Kindergartenplatz bereitzustellen: Er muss qualitativ die Voraussetzungen für eine Förderung der Entwicklung des Kindes zu einer eigenverantwortlichen und gemeinschaftsfähigen Persönlichkeit nach § 22 Abs. 2 und 3 SGB VIII bieten. Das bedeutet,

- die Entwicklung des Kindes zu einer eigenverantwortlichen und gemeinschaftsfähigen Persönlichkeit zu fördern
- die Erziehung und Bildung in der Familie zu unterstützen und zu ergänzen
- den Eltern dabei zu helfen, Erwerbstätigkeit und Kindererziehung besser miteinander vereinbaren zu können.

Reicht irgendein Platz aus oder müssen besondere Qualitätsanforderungen beachtet werden? Nach einem Beschluss des Verwaltungsgerichtes Schleswig gilt insoweit: »Das Leistungsangebot muss sich pädagogisch und organisatorisch an den Bedürfnissen der Kinder und ihren Familien orientieren« (VG Schleswig, Beschl. vom 12.01.2000, ZfJ 2000, S. 193 ff.).

Wie der Kindergartenplatz im Einzelnen dem Erziehungsauftrag gerecht werden kann, sagt § 22 SGB VIII nicht. Dies ist vielmehr jeweils landesgesetzlich geregelt: Hinsichtlich der personellen und sachlichen Ausstattung, in Bezug auf Betreuungsschlüssel, Öffnungszeiten, Gruppengröße, Qualifikation der Betreuerinnen und Betreuer etc. finden sich dort genaue Vorgaben. Nicht gesetzlich vorgegeben ist dagegen, inwieweit der Kindergarten eine Mindestbetreuungszeit anbieten muss. Immerhin müsste es zur Betreuung der Kinder, deren Eltern ganztags arbeiten, nach Meinung von Experten auch Ganztagesplätze geben. Bislang gilt zu dieser sehr umstrittenen Frage die Entscheidung des Bundesverwaltungsgerichtes, die besagt: Ein Anspruch auf einen Ganztagesplatz besteht nicht (BVerwGE 117, S. 184).

Richtiges Rechtsmittel, um den Anspruch auf einen Kindergartenplatz einzuklagen, ist die Verpflichtungsklage vor dem Verwaltungsgericht. Das Kind klagt als Inhaber des Anspruches, vertreten durch seine Eltern. Beklagte ist stets die Wohnsitzgemeinde des Kindes als Träger der freien Jugendhilfe. Dies gilt auch, wenn der Kindergartenplatz bei einem freien Träger erstritten werden soll! Verpflichtet, Kindergartenplätze einzurichten bzw. vorzuhalten, sind nämlich allein die öffentlichen Träger der Jugendhilfe. Eine gesetzliche Verpflichtung für freie Träger, Kinder aufzunehmen, besteht nicht. Die Kommunen müssen daher rechtzeitig dafür Sorge tragen, dass jeweils pünktlich zu Beginn eines Kindergartenjahres ausreichend Plätze zur Verfügung stehen. Zu diesem Zweck schließen sie Kostenübernahmevereinbarungen mit den freien Trägern.

Obsiegt das klagende Kind gegen seine Wohnsitzgemeinde, ist diese verpflichtet, umgehend einen Platz bereitzustellen. Ist sie dazu nicht in der Lage, ist sie nach den Grundsätzen der Amtshaftung nach § 839 BGB i.V.m. Art. 34 GG für den entstandenen Schaden haftbar. Dieser besteht in den Aufwendungen, die mit der Kinderbetreuung in Form von Tagespflege verbunden sind, oder aber in den Verdienstausfällen des Elternteiles, der nun an der Ausübung seines Berufes gehindert wird, weil er beim Kind bleiben muss. In Abzug zu bringen sind die ersparten Aufwendungen für den – nicht vorhandenen – Kindergartenplatz.

In Kindertageseinrichtungen besteht stets ein sozialrechtliches Dreiecksverhältnis (siehe Grafik auf der folgenden Seite). Das Kind bzw. seine Eltern können den Anspruch auf einen Kiga-Platz nicht an die Einrichtung direkt stellen, sondern lediglich an den örtlichen Träger der öffentlichen Jugendhilfe (das Jugendamt), der wiederum die freien oder kommunalen Träger mit der Erfüllung der Leistungen beauftragt.

Das Rechtsverhältnis zwischen Eltern/Kindern einerseits und Kita-Träger andererseits wird durch den Betreuungsvertrag geregelt, der auf einer kommunalen Satzung (bei Kommunen) oder auf einer Kindergartenordnung (bei freien Trägern) fußt: Er regelt Öffnungs- und Betreuungszeiten, Aufnahme- und Kündigungsbedingungen, Bring- und Abholpflichten, Krankheits- und Gebührenregelungen etc.

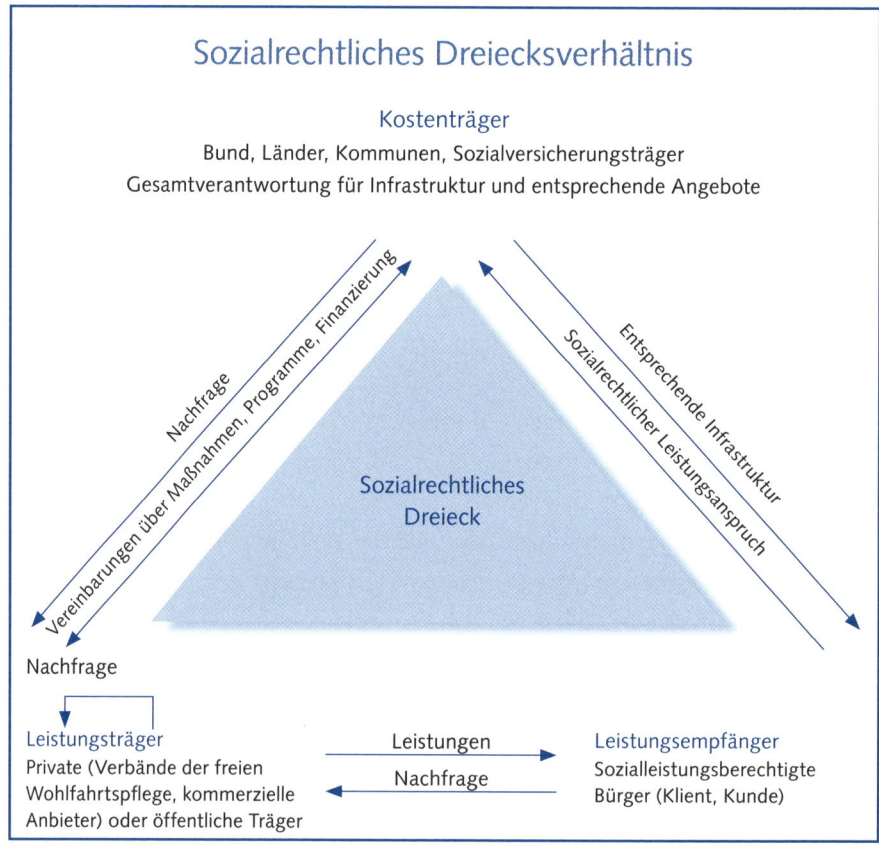

Sozialrechtliches Dreiecksverhältnis

Kostenträger
Bund, Länder, Kommunen, Sozialversicherungsträger
Gesamtverantwortung für Infrastruktur und entsprechende Angebote

Sozialrechtliches
Dreieck

Nachfrage

Vereinbarungen über Maßnahmen, Programme, Finanzierung / Nachfrage

Entsprechende Infrastruktur / Sozialrechtlicher Leistungsanspruch

Leistungsträger
Private (Verbände der freien
Wohlfahrtspflege, kommerzielle
Anbieter) oder öffentliche Träger

Leistungen
Nachfrage

Leistungsempfänger
Sozialleistungsberechtigte
Bürger (Klient, Kunde)

Der Rechtsanspruch auf Hilfen zur Erziehung

Neben Kinderbetreuung im Elementarbereich stellen die Hilfen zur Erziehung gemäß § 27 SGB VIII einen zentralen Bestandteil der Aufgaben der öffentlichen Jugendhilfe dar. Unter Hilfen zur Erziehung sind alle Hilfen zu verstehen, die Eltern und Kinder bzw. Jugendliche in die Lage versetzen, selbstständig und eigenverantwortlich eine dem Kindeswohl entsprechende Erziehung zu gewährleisten bzw. zu genießen. Die individuelle soziale Entwicklung von Kindern und Jugendlichen kann nicht selten nur gefördert werden, wenn familiäre Problemlagen durch Begleitung, Beratung und Unterstützung nachhaltig so verändert werden, dass soziale Benachteiligungen kompensiert, abgebaut oder vermieden werden.

Hilfen zur Erziehung kommen immer dann in Betracht, wenn eine dem Wohl des Kindes oder Jugendlichen entsprechende Erziehung nicht gewährleistet ist. Wie eine solche Hilfe konkret aussieht, hängt vom jeweiligen Einzelfall und Bedarf ab. In die Beurteilung der Situation sind immer auch die Personensorgeberechtigten als Anspruchsinhaber von Beginn an mit einzubeziehen. Keinesfalls darf es geschehen, dass über die Familie geredet wird, aber nicht mit ihr bzw. die Hilfe von außen übergestülpt wird.

In aller Regel sind Fachkräfte des Jugendamtes, dort des Allgemeinen Sozialen Dienstes (ASD), damit betraut, den erzieherischen Bedarf der konkreten Familie beratend und diagnostisch zu ermitteln. Die im Einzelfall erforderlichen Schritte werden mit den Personensorgeberechtigten kommuniziert, geplant und koordiniert. Die spezifische Schwierigkeit besteht hier in der Unbestimmtheit des Begriffs »Gefährdung des Kindeswohles«. Nicht nur müssen die hierfür relevanten Tatsachen festgestellt, es muss auch eine darauf beruhende Prognoseentscheidung getroffen werden – jeweils rasch und nach fachlichen Standards.

Art und Umfang der Hilfe wird mit den Betroffenen gemeinsam beraten und ein Hilfeplan aufgestellt, der dazu dient, auf einer gewissen verbindlichen Grundlage Problemakzeptanz und Mitwirkung der Betroffenen zu fördern und erzieherische Wirkung zu erreichen.

Die §§ 27–35 SGB VIII zählen eine Reihe von Hilfen auf, die jedoch nicht abschließend gemeint sind. Den Jugendämtern steht es frei, in eigener Regie bedarfsorientierte Angebote zu entwickeln. Das Gesetz selbst nennt verschiedenste ambulante, teilstationäre und stationäre Hilfen:

- Erziehungsberatung (§ 28 SGB VIII)
- Soziale Gruppenarbeit (§ 29 SGB VIII)
- Erziehungsbeistandschaft, Betreuungshelfer (§ 30 SGB VIII)
- Sozialpädagogische Familienhilfe (§ 31 SGB VIII)
- Erziehung in einer Tagesgruppe (§ 32 SGB VIII)
- Vollzeitpflege (§ 33 SGB VIII)
- Heimerziehung, sonstige betreute Wohnform (§ 34 SGB VIII)
- Intensive sozialpädagogische Einzelbetreuung (§ 35 SGB VIII).

Das Gesetz trifft keine Wertigkeit innerhalb der Hilfen, sie stehen gleichberechtigt nebeneinander und unterscheiden sich in erster Linie im pädagogischen Ansatz. Allerdings ist auch hier stets der Verhältnismäßigkeitsgrundsatz zu beachten: Wo ambulante Hilfe ausreichend erscheint, ist eine teilstationäre oder stationäre nicht angezeigt. So sollte es im Umkehrschluss eigentlich auf der Hand liegen, dass ambulante Hilfen in Fällen der sexuellen oder körperlichen Gewaltausübung gegen das Kind oder massiver Vernachlässigung nicht ausreichend sein können.

Auch im Bereich der Hilfen zur Erziehung ist das Wunsch- und Wahlrecht des Leistungsberechtigten, das § 5 SGB VIII festschreibt, zu beachten. Er kann Wünsche hinsichtlich der Gestaltung der Hilfen äußern und ist auf dieses Recht hinzuweisen. Auch sind nach § 9 SGB VIII bestimmte Grundrichtungen der bisherigen und gewünschten Erziehung durch die leiblichen Eltern zu berücksichtigen.

Und als ganz wesentliche Vorschrift kommt in diesem Zusammenhang noch § 8 SGB VIII zum Tragen: »Kinder und Jugendliche sind entsprechend ihrem Entwicklungsstand an allen sie betreffenden Entscheidungen der öffentlichen Jugendhilfe zu beteiligen.«

Diese Regelung kann aber nicht darüber hinwegtäuschen, dass den Rechtsanspruch auf Erziehungshilfen stets nur die Personensorgeberechtigten haben, nicht aber die betroffenen Kinder und Jugendlichen selbst. Verweigern die Eltern die Mitwirkung am Hilfeplan, können zwar Maßnahmen für die betroffenen Kinder getroffen werden, ihre langfristige Wirksamkeit ist aber bei unveränderten familiären Bedingungen äußerst fraglich.

Das Verfahren nach § 27 SGB VIII

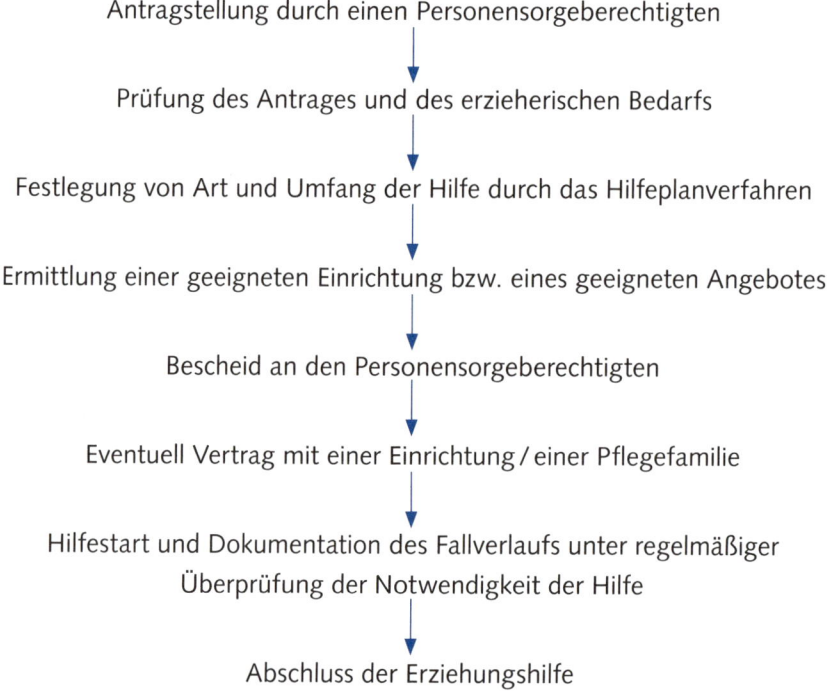

Antragstellung durch einen Personensorgeberechtigten

↓

Prüfung des Antrages und des erzieherischen Bedarfs

↓

Festlegung von Art und Umfang der Hilfe durch das Hilfeplanverfahren

↓

Ermittlung einer geeigneten Einrichtung bzw. eines geeigneten Angebotes

↓

Bescheid an den Personensorgeberechtigten

↓

Eventuell Vertrag mit einer Einrichtung / einer Pflegefamilie

↓

Hilfestart und Dokumentation des Fallverlaufs unter regelmäßiger Überprüfung der Notwendigkeit der Hilfe

↓

Abschluss der Erziehungshilfe

Die »anderen Aufgaben der Jugendhilfe«

Obhut tut not

Alle schwärmen von der Familie. Wer aber rettet die Kinder, wenn sie versagt?

Kinder lieben ihre Eltern. Selbst wenn sie von diesen misshandelt werden. Auch drogenabhängige, aggressive, ignorante, liebesunfähige Väter und Mütter werden von ihren Kindern verteidigt, in Schutz genommen, versorgt, manchmal auch nur ertragen. Die Bindung ist in der Regel stärker als die Verzweiflung. Sozial- und Jugendarbeitern erschwert das oft die Arbeit: Die Zahl der Kinder und Jugendlichen, die ein Amt um Herausnahme aus ihrer Familie bitten, ist weit kleiner als die Zahl jener jungen Menschen, die in ihren Familien bleiben wollen. Weil sie es nicht besser wissen, weil sie keine Alternative kennen, weil sie nie erlebt haben, wie es sich anfühlen kann, in Frieden zu leben. Das Wort „Herausnahme" steht für diesen Konflikt. Doch nach der Herausnahme folgt in der Jugendhilfe eine „Inobhutnahme". Obhut ist ein altertümliches und ein schönes Wort; es steht für Schutz und, im Wortsinne, behütet sein.

Der zweijährige Kevin, der am vergangenen Dienstag tot aus dem Kühlschrank seines drogensüchtigen, gewalttätigen Vaters gezogen wurde, hätte dieser Obhut bedurft – nicht nur immer mal wieder für ein paar Wochen, sondern im Zweifel für lange Zeit. Das Jugendamt hat, mehrmals, anders entschieden. Und dabei auf das Kindswohl verwiesen. Auch „Kindswohl" ist ein altertümlicher Begriff. Es wird vom Staat bestimmt, wenn Eltern das Wohl ihres Kindes nicht mehr erkennen, nicht sicherstellen können. Wenn sie im eigenen Sumpf untergehen und ihre Kinder mit hinabzuziehen drohen. Das Kindswohl des Bremer Jungen war zeit seines kurzen Kindeslebens ein Streitpunkt zwischen Jugendamt, Kinderarzt, Heimleiter, Sozialarbeitern und Politikern. Dieser Streit steht exemplarisch für eine Entwicklung in der Jugendhilfe, die um es so simpel wie ungerecht zu formulieren, Todesfälle wie diesen billigend in Kauf nimmt.

Immer seltener beschließen Familiengerichte, Kinder aus ihren Familien herauszunehmen – unter anderem, weil immer mehr Eltern dagegen juristisch vorgehen. Gerade erst vor ein paar Tagen stand ein alkoholkranker Vater mit seinem wortgewaltigen Rechtsanwalt vor einem Münchner Familiengericht und forderte die Herausgabe seines kleinen Sohnes. Der Richter knickte ein. Noch vom Gerichtssaal aus wurde in dem Heim angerufen, wo das Kind untergebracht war. Das Gericht ordnete eine Tagesbetreu-

ung an, obwohl der Heimleiter vehement dagegen protestierte und warnte, nicht einmal nachts sei das Kind bei diesem Vater gut aufgehoben. Der fassungslose Heimleiter musste den Jungen noch am selben Abend herausrücken.

Gesellschaftspolitisch hat sich viel verändert in den vergangenen anderthalb Jahrzehnten, was in die Konzepte von Jugendhilfe auf zuweilen widersinnige Weise einfließt: Familie als Zukunftsmodell, als Retterin einer untergehenden Gesellschaft, als Schutzraum gegen die Unbilden einer sich auflösenden, das Individuum der Isolierung preisgebenden Welt. Nur mühsam können sich Verfechter von Ganztagsschulen, Horten und kollektiver Kinderbetreuung – und, um beim Thema zu bleiben, die Verfechter von Heimunterbringung – Gehör verschaffen.

Widerstand gegen das Heim

Die Beschwörung der Familie ist Teil eines gesellschaftspolitischen Rollbacks, das eine neue Erziehungsdebatte mit sich gebracht und alte Vorurteile wiederbelebt hat: Erziehung findet am besten zu Hause statt, kollektive Kinderbetreuung ist nach einem Zwischenhoch in den siebziger und achtziger Jahren, nach Gesamtschulen und Kinderläden, wieder in Verruf geraten. Dem entspricht auch das Bild vom Kinderheim, das sich in Deutschland hartnäckig hält: Heime gelten als Verwahranstalten, Heime beherbergen Massenschlafsäle und riechen nach Linoleum, Heime können keine Wärme bieten, kein Zuhause sein. Moderne Kinderheime allerdings sind ein Gegenbild zu diesem Fünfziger-Jahre-Klischee: In der Regel leben Kinder in kleinen Wohngruppen, sie haben eigene Zimmer, werden langfristig betreut, haben einen Schutzraum.

Dennoch gehen Heimunterbringungen stetig zurück. Dafür gibt es im Wesentlichen zwei Gründe: Ideologie und Geld. Schon der 8. Jugendbericht hat 1990 das Konzept der „Lebensweltorientierung" als Arbeitsmaxime für Jugend- und Sozialarbeiter vorgegeben. Lebensweltorientierung ist ein theoretisch kluges Konzept: Sie sieht Hilfen für den Alltag hilfesuchender Menschen vor, diese sollen individuell dort betreut werden, wo sie leben, mit den Mitteln, die sie verstehen. Pragmatisch soll die Hilfe sein, am besten ambulant; eine schöne Idee. In der Praxis heißt das, dass sehr dezentral gearbeitet wird und die Jugendämter im-

mer wieder selbstkritisch ihre Angebote und Entscheidungen überprüfen müssen. Ersteres führt zu mangelndem Datenabgleich mit – siehe Bremen – fatalen Folgen, zweiteres ist angesichts der Zunahme und auch der zunehmenden Schwere der Fälle kaum zu leisten.

Lebensweltorientierung heißt in der Konsequenz, dass Kinder in der Familie belassen werden, so lange es geht. Und dass eine Unterbringung außerhalb der Familie am besten im Nahverkehrsbereich des häuslichen Umfelds, besser noch in der sogenannten Sozialregion des Kindes stattfinden soll. Eine Folge: Ambulante Hilfen werden auch dann noch angewandt, wenn diese offenkundig nicht mehr fruchten. Eine weitere Folge: Eltern stehen vor den Heimen oder den Wohnungen von Pflegeeltern und fangen ihre Kinder ab, Kinder fühlen sich ungeschützt und kommen nicht zur Ruhe. Die freien Träger der Jugendhilfe haben schon vor Jahren vor dieser eigentlich gut gemeinten „Sozialraumorientierung" gewarnt; sie führe letztlich zu „rückwärts-gewandter Kostendeckelung und zur Schaffung von Monopolstrukturen in der Jugendhilfe".

Jugendämter setzen also vor allem auf ambulante Hilfe; diese passt ja auch in die Zeit und ist gewollt. Und sie passt besser zu den immer geringer werdenden Budgets. Kein Wunder: Ein Tag im Heim kostet zwischen 90 und 180 Euro. Im Fall des kleinen Kevin aus Bremen sind die Folgen zu besichtigen: Immer wieder wurde das Kind trotz massiver Warnungen zum Vater zurückgegeben. Ambulante Unterstützung – Haushaltshilfe, Tagesmutter, Kursangebote für den Vater – wurden nicht angenommen. Trotzdem wurden keine Konsequenzen gezogen. Weil das Heim zu teuer war?

Jugendhilfe kann, jenseits aller Konzepte, nur funktionieren, wenn Geld da ist. Die Rechnung ist ganz einfach: Die einzelnen Betreuer haben zu viele Fälle, um die sie sich kümmern müssen. Sie würden gern längere Hilfen, andere Modelle anbieten, als sie im Einzelfall tun, doch das Geld ist nicht da. Heimunterbringungen, für viele Kinder eine Rettung und kein Tort, würden häufiger organisiert, wenn mehr Geld da wäre. Dem Kindeswohl, dem sich der Staat verpflichtet fühlt, ist nicht gedient, wenn die Re-Ideologisierung des Schutzraums Familie als Deckmäntelchen fungiert für nackte Sparpolitik auf Kosten der Schwächsten.　　CATHRIN KAHLWEIT

SZ vom 16.10.2006

Die Inobhutnahme Minderjähriger

Das Gesetz zur Weiterentwicklung der Kinder- und Jugendhilfe (KICK) hat den § 42 SGB VIII unter Einbezug des § 43 a. F. und mit deutlichem Bezug zu § 8 a SGB VIII neu gefasst. Danach kann und muss das Jugendamt ein Kind in seine Obhut nehmen, wenn:

a) es um Obhut bittet oder

b) eine dringende Gefahr für das Wohl des Kindes besteht

und

a) die Personensorgeberechtigten nicht widersprechen oder

b) eine familiengerichtliche Entscheidung nicht rechtzeitig eingeholt werden kann.

Nach dem Wortlaut des Gesetzes reicht es aus, wenn das Kind um Obhut bittet; das Jugendamt darf dann nicht einmal prüfen, ob es sich in einer Not- oder Konfliktsituation befindet. Man wird allerdings feststellen müssen, dass Inobhutnahme schon begrifflich etwas anderes ist als »Gewährung von Unterkunft«, also ein gewisses Schutzbedürfnis vorhanden sein muss. Es ist ausreichend, dass der Minderjährige deutlich macht, dass er nicht in die Obhut seiner Personensorgeberechtigten zurück kann oder will. In einer solchen Situation ist ein Schutzbedürfnis unwiderleglich zu vermuten. Demgegenüber kann nach dem Wortlaut der Norm eine Inobhutnahme nicht erfolgen, wenn dies nur die Personensorgeberechtigten wünschen. In diesen Fällen wird die Einleitung von Hilfen zur Erziehung nach § 27 SGB VIII das richtige Mittel sein.

Die Inobhutnahme ist danach zulässig, wenn die Personensorgeberechtigten nicht widersprechen. Ein solcher Fall liegt auch dann vor, wenn sie gegenüber dem Kind gleichgültig sind.

Eine wichtige Neuerung zum bisherigen § 43 SGB VIII hat KICK gebracht: War die Wegnahme des Minderjährigen von den Eltern oder Personensorgeberechtigten nicht erlaubt, ist dies nach dem neuen § 42 SGB VIII zulässig. Mehr noch: Die Vorschrift eröffnet dem Jugendamt nicht etwa nur einen Ermessensspielraum, sie besagt vielmehr: Wenn die Voraussetzungen vorliegen, ist das Jugendamt zur Wegnahme befugt, aber auch verpflichtet. Das entspricht im Wesentlichen der Regelung des § 8 a Abs. 3 Satz 2 SGB VIII (siehe dazu ausführlich unter Kapitel 12.4).

11.4 Die Finanzierung der sozialpädagogischen Einrichtung

§ 74 a SGB VIII bestimmt: »Die Finanzierung von Tageseinrichtungen regelt das Landesrecht.« Auch Art und Höhe der Kostenerstattung des öffentlichen Trägers der Jugendhilfe sind nicht vorgegeben. Vielmehr heißt es in § 74 Abs. 3 SGB VIII: »Über die Art und Höhe der Förderung entscheidet der Träger der öffentlichen Jugendhilfe im Rahmen der verfügbaren Haushaltsmittel nach pflichtgemäßem Ermessen.«

Werden Einrichtungen freier Träger in Anspruch genommen, bestimmt § 77 SGB VIII: »Werden Einrichtungen und Dienste der Träger der freien Jugendhilfe in Anspruch genommen, so sind Vereinbarungen über die Höhe der Kosten der Inanspruchnahme zwischen der öffentlichen und der freien Jugendhilfe anzustreben. Das Nähere regelt das Landesrecht.«

Diese Vereinbarungen sind nach dem Grundsatz des partnerschaftlichen Aushandlungsprozesses gemäß dem SGB VIII zu schließen. Auf Kindergartenplatz sowie Hilfen zur Erziehung hat der Leistungsberechtigte einen Rechtsanspruch. Werden diese Leistungen von fachlich anerkannten freien Trägern erbracht, hat das Jugendamt mit ihnen partnerschaftlich zusammenzuarbeiten (§ 4 SGB VIII).

Da jedoch prinzipiell die öffentlichen Träger für eine Grundsicherung des Leistungsangebotes verantwortlich sind, muss die Finanzierung über eine bloße Subvention oder Förderung des freien Trägers nach allgemein anerkannter Rechtsauffassung hinausgehen. Zwei Formen der Bezuschussung werden unterschieden:

- Objektbezogene Förderung: Der Einrichtungsträger erhält die Zuschüsse pro genehmigtem Platz bzw. pro Gruppe.
- Subjektbezogene Förderung: Der Anspruchsinhaber wird mit den notwendigen Mitteln ausgestattet, um die Leistung am Markt nachfragen zu können, wobei die Förderung auf die Bedürfnisse und die Finanzkraft des Inhabers zugeschnitten werden kann (z. B. Berlin und Hamburg mit Gutscheinsystemen, Bayern mit kindbezogener Förderung).

In der Praxis sind auch Mischformen möglich. So fördert Hessen zum einen für Kinder von drei Jahren bis zum Schuleintritt jeden genehmigten Platz und zusätzlich pauschal die Ganztagesbetreuung (Objektförderung), zum anderen ist dort aber für die unter Dreijährigen die kindbezogene Förderung (Subjektförderung) normiert.

Des Weiteren sind die öffentlichen Träger verpflichtet, bei der Verteilung der Fördermittel die öffentlichen, die gemeinnützigen und die privat-gewerblichen Kindergärten gleich zu behandeln – insbesondere dann, wenn der Kindergarten in der Bedarfsplanung des jeweiligen öffentlichen Jugendhilfeträgers aufgenommen und nur durch die Berücksichtigung des entsprechenden Kindergartens der Bedarf überhaupt gedeckt werden kann, der öffentliche Jugendhilfeträger also nur mit diesem Kindergarten seine Pflicht zur Bereitstellung eines Kindergartenplatzes erfüllt.

Der Verwaltungsgerichtshof Kassel hat darüber hinaus entschieden, dass der öffentliche Jugendhilfeträger »Geld zu haben hat«: Für die Jugendhilfe müssen grundsätzlich Mittel in einer Höhe im Haushaltsplan zur Verfügung stehen, die den öffentlichen Jugendhilfeträger in die Lage versetzen, seiner Gesamtverantwortung aus § 79 SGB VIII gerecht zu werden (VGH Kassel, Urt. vom 06.09.2005, Az. 10 UE 3025/04).

Die freien Träger wiederum müssen eine »angemessene Eigenleistung« erbringen, bei deren Bemessung die unterschiedliche Finanzkraft und die sonstigen Verhältnisse zu berücksichtigen sind (§ 74 Abs. 1 Nr. 4, Abs. 3 Satz 3 SGB VIII). Das Nähere regelt regelmäßig Landesrecht.

Die Einnahmen einer Kindertageseinrichtung setzen sich daher zusammen aus:

- Kommunaler Förderung (anteilig refinanziert durch Landeszuschüsse)
- Eigenanteilen des Trägers
- Elternbeiträgen.

Elternbeiträge finden ihre Rechtsgrundlage in § 90 SGB VIII und ihre Rechtfertigung in § 10 SGB VIII. In § 10 Abs.2 Satz 1 SGB VIII heißt es explizit: »Unterhaltspflichtige Personen werden nach Maßgabe der §§ 90 bis 97 b an den Kosten für Leistungen und vorläufige Maßnahmen nach diesem Buch beteiligt.«

Da Jugendhilfe von Gesetzes wegen immer nachrangig ist, müssen Eltern entsprechend ihrer wirtschaftlichen Leistungsfähigkeit monatliche Beiträge leisten. § 90 SGB VIII regelt das Nähere.

Insbesondere § 90 Abs. 3 SGB VIII ist von erheblicher Bedeutung für Kindertageseinrichtungen: Die Vorschrift besagt, dass der Kostenbeitrag für einen Kindergartenplatz auf Antrag ganz oder teilweise erlassen oder der Teilnahmebeitrag auf Antrag ganz oder teilweise vom Träger der öffentlichen Jugendhilfe übernommen werden soll. Je nach Bundesland ist die Verwaltungspraxis zur Umsetzung der

Norm jedoch höchst unterschiedlich ausgestaltet: In einigen Bundesländern (z. B. Bayern) kommt ein Erlass oder eine Übernahme von Kostenbeiträgen nach dieser Norm erst ab dem Ersten des Monats in Betracht, in dem der Antrag gestellt wird. In anderen Bundesländern (z. B. Sachsen) ist eine rückwirkende Übernahme seit einem Urteil des Sächsischen Oberverwaltungsgerichtes möglich: Danach setzt die Übernahme von Teilnahmebeiträgen für den Besuch eines Kindergartens nicht voraus, dass der Antrag zeitlich vor dem Beginn des Übernahmezeitraumes gestellt wird, wenn ein Anspruch auf den Besuch eines Kindergartens besteht (Sächsisches OVerwG, Urt. vom 21. 12. 2006 – Az. 5 B 904/04).

Dieser Ansicht ist jüngst auch der Bayerische Verwaltungsgerichtshof (BayVGH) gefolgt: Bei dem Antragserfordernis nach § 90 SGB VIII handelt es sich nach nunmehriger Ansicht des BayVGH nicht um ein materielles Anspruchserfordernis, sondern um eine formelle Voraussetzung. Maßgebender Zeitraum ist also nicht die Zeit ab Antragstellung, sondern der Zeitraum der Bedürftigkeit. Dies hat zur Folge, dass auch eine rückwirkende Übernahme der Beiträge von Kindertageseinrichtungen möglich ist, sofern die weiteren Voraussetzungen der Norm erfüllt sind. Die Eltern können somit den Antrag zur Übernahme der Kosten auch erst im Laufe des Kindergartenjahres stellen.

Im konkreten Einzelfall kommt es also auf die aktuelle Verwaltungspraxis im jeweiligen Bundesland an. Hier helfen die zuständigen Jugendämter bzw. Ministerien weiter.

11.5   Finanzierung: Aktuelle Rechtsprechung

Förderung von Kindergartenplätzen

Nach einer Entscheidung des Bundesverwaltungsgerichtes kann der Träger der öffentlichen Jugendhilfe für eine Förderung von Kindergartenplätzen auch dann zuständig sein, wenn der Kindergarten außerhalb seines Gebietes liegt. Dies ist dann der Fall, wenn er damit den Kindern aus seinem Gebiet ausreichend Kindergartenplätze anbieten kann.

Der Fall

Die Klägerin beantragte für ihren in der Landeshauptstadt Hannover gelegenen Waldorf-Kindergarten einen Betriebskostenzuschuss vom Landkreis Hannover, da in dem Kindergarten regelmäßig 20 bis 25 Kinder aus dem Landkreis Hannover betreut wurden. Der Antrag wurde abgelehnt mit der Begründung, ein Anspruch auf Förderung bestehe nicht. Erstens sei der Kindergarten der Klägerin nicht in den Kindertagesstättenplan aufgenommen. Zweitens sei er nicht zur Bedarfsdeckung erforderlich. Vielmehr habe allen Kindern, die den Kindergarten der Klägerin besuchten, ein anderer freier und geeigneter Kindergartenplatz angeboten werden können. Das Bundesverwaltungsgericht hat diese Auffassung nicht gelten lassen.

Die Begründung der Richter

Der Kläger kann als Träger der freien Jugendhilfe gegen einen Träger der öffentlichen Jugendhilfe einen Förderungsanspruch nach § 74 SGB VIII haben, wenn zwar der Kindergarten, für den Förderung beantragt wird, nicht im Gebiet dieses Trägers der öffentlichen Jugendhilfe gelegen ist, aber von Kindern aus dessen Gebiet besucht wird. Eine solche institutionelle Förderung muss sich auch nicht auf den Kindergarten als Einheit beziehen, sondern kann sich auch auf einen einzelnen, in eine Kindergartengruppe eingebundenen, nicht an eine bestimmte Person gebundenen Kindergartenplatz beziehen. Eine solche Beschränkung auf einzelne Kindergartenplätze ist zulässig, wenn sich die Betriebskosten platzbezogen errechnen lassen.

Die bloße Tatsache, dass im Jahr 1997/1998 wie auch in anderen Jahren regelmäßig 20 bis 25 Kinder aus dem Kreisgebiet den Kindergarten des Klägers besuchten, ist für sich genommen jedoch kein Grund für eine Verpflichtung zur Förderung. Zwar bestimmt sich der Bedarf an Kindergartenplätzen an der konkreten Nachfrage. Das heißt aber nicht, dass das individuelle Wunsch- und Wahlrecht des Kindes und seiner Eltern dazu führt, dass der Träger der öffentlichen Jugendhilfe verpflichtet sei, alle von den Kindern aus seinem Gebiet besuchten Kindergartenplätze zu fördern.

Vielmehr muss Ziel jeder Förderung sein, dass die zur Erfüllung der Aufgaben erforderlichen und geeigneten Einrichtungen den verschiedenen Grundrichtungen der Betreuung, Bildung und Erziehung entsprechend rechtzeitig und ausreichend zur Verfügung stehen.

BVerwG Leipzig, Urt. vom 25. 04. 2002 – Az. 5 C 18/01

Gesamtschuldnerische Haftung für Kindergartengebühren

Das Verwaltungsgericht Braunschweig hat entschieden, dass ein geschiedener Ehegatte als Gesamtschuldner für Kindergartengebühren haftet, auch wenn er bereits Unterhalt zahlt.

Der Fall

Der Kläger war ein sorgeberechtigter Vater eines Kindergartenkindes, das wegen Trennung der Eltern bei der Mutter lebte. Den Bescheid über die Kindertagesstättengebühren erließ die Kommune jedoch einerseits an die Mutter, andererseits auch an den Vater mit dem Zusatz, Abgabepflichtige sei die Mutter. Er, der Kläger, werde als Gesamtschuldner in Anspruch genommen. Hiergegen legte er Widerspruch ein mit der Begründung, er zahle für seinen Sohn regelmäßigen Kindesunterhalt nach der Düsseldorfer Tabelle. In den Unterhaltszahlungen seien auch die Kosten für die Unterbringung im Kindergarten enthalten. Das Verwaltungsgericht hat die Klage abgewiesen.

Die Begründung der Richter

Rechtsgrundlage für die Inanspruchnahme der Eltern als Gesamtschuldner ist im vorliegenden Fall die Satzung der Beklagten über die Gebühren für die Kindertagesstätten. Nach dieser Satzung sind »die zur Ausübung der elterlichen Sorge gemäß § 1626 BGB Berechtigten (Sorgeberechtigten) Gesamtschuldner des Kindergartengebührenanspruches«. Die Satzung ist rechtmäßig.

Die vom Kläger geltend gemachten unterhaltsrechtlichen Argumente betreffen die Sorgeberechtigten allein in ihrem Verhältnis zueinander und können gegenüber dem Kindergarten nicht geltend gemacht werden.

VerwG Braunschweig, Urt. vom 21. 02. 2005 – Az. 5 A 319/04

Zulässigkeit von Geschwisterrabatten bei Kindergartengebühren

Das Bundesverwaltungsgericht hat entschieden, dass die Gewährung von Geschwisterrabatten bei Kindergartengebühren nur dann zulässig ist, wenn Geschwister gleichzeitig eine Kindertageseinrichtung besuchen.

Der Fall

Der Kläger hatte mehrere Kinder, die zeitlich versetzt den Kindergarten besuchten. Er machte geltend, für seine Familie sei dies eine Mehrfachbelastung, die die Gewährung von Geschwisterrabatten erforderlich mache. Auf eine Gleichzeitigkeit des Besuchs der Kindertagesstätte käme es nicht an.

Die Begründung der Richter

Die Gesetze über Tageseinrichtungen für Kinder (GTK) der verschiedenen Bundesländer gewähren eine Freistellung von Elternbeiträgen für das zweite und jedes weitere Kind. Das setzt voraus, dass diese Kinder »gleichzeitig« eine Tageseinrichtung besuchen. So wird berücksichtigt, dass eine gleichzeitige Mehrfachbelastung mit dem Elternbeitrag in vielen Fällen für die beitragspflichtigen Eltern eine soziale Härte bedeutet.

Ganz offensichtlich will aber der Gesetzgeber damit nur der jeweiligen aktuellen sozialen Situation der Eltern Rechnung tragen, sämtliche künftigen Entwicklungen werden dabei bewusst ausgeblendet. Denn der Eintritt künftiger Entwicklungen ist letztlich immer ungewiss. Bei Eltern, bei denen die Geburt der Geschwisterkinder in einem größeren zeitlichen Abstand liegt, mag es die Regel sein, dass auch die jüngeren Kinder die Tageseinrichtung ihrer älteren Geschwister besuchen. Aus den verschiedensten Gründen (z.B. Ortswechsel der Familie) braucht dieser Fall aber auch nie einzutreten. Auch wird eine Familie von einer zeitlich gleichzeitigen Mehrfachbelastung ungleich härter betroffen als von einer zeitlich versetzten, dafür aber längeren Einfachbelastung Letztere kann vom Familieneinkommen im Allgemeinen eher abgezweigt werden, ohne dass an anderer Stelle Einsparungen nötig werden.

BVerwG, Beschl. vom 19.12.2001 – Az. 9 B 90/01

Kindergartengebühren können nach Einkommen gestaffelt werden

Das Bundesverfassungsgericht hatte die Frage zu entscheiden, ob die allgemein übliche Staffelung von Kindergartengebühren nach dem Einkommen der Eltern verfassungskonform ist.

Der Fall

Die Kläger sind Eltern eines Kindes, das einen kommunalen Kindergarten besucht. Dafür erhob die Stadt eine Gebühr. Die Kläger greifen die Gebührensatzung an, auf der der Bescheid beruht, und die eine nach dem Familieneinkommen gestaffelte Gebühr vorsieht. Zur Begründung führen sie an, eine Staffelung sei verfassungswidrig, da sie Benutzer mit höherem Einkommen benachteilige.

Das Bundesverfassungsgericht ist dem nicht gefolgt.

Die Begründung der Richter

Kindergartengebühren können grundsätzlich nach dem Familieneinkommen gestaffelt werden. Einkommensbezogene Gebührenstaffeln sind unter dem Blickwinkel der Abgabengerechtigkeit jedenfalls dann unbedenklich, wenn selbst die Höchstgebühr die tatsächlichen Kosten der Einrichtung nicht deckt und in einem angemessenen Verhältnis zu der damit abgegoltenen Verwaltungsleistung steht. Unter dieser Voraussetzung wird allen Benutzern im Ergebnis ein geldwerter Vorteil zugewendet. Auch die Nutzer, die die volle Gebühr zahlen, werden nicht zusätzlich und voraussetzungslos zur Finanzierung allgemeiner Lasten und vor allem nicht zur Entlastung sozial schwächerer Nutzer herangezogen.

BVerfG, Beschl. vom 10.03.1998 – Az. 1 BvR 178/97

Unter Jugendhilfe werden Leistungen zur Förderung der Entwicklung und Erziehung junger Menschen neben Familie, Schule und Berufsausbildung sowie Leistungen zur Entlastung und Unterstützung der Familie verstanden. Das Ziel aller Jugendhilfe ist gemäß § 1 Abs. 1 SGB VIII der eigenverantwortliche und gemeinschaftsfähige junge Mensch. Die Jugendhilfe wird von Trägern der freien Jugendhilfe (insbesondere Wohlfahrtsverbände) und von den Trägern der öffentlichen Jugendhilfe geleistet. Dabei gilt der Grundsatz der Subsidiarität.

Träger der öffentlichen Jugendhilfe sind die örtlichen und überörtlichen Träger. Örtliche Träger sind die Kreise und die kreisfreien Städte. Landesrecht regelt, wer überörtlicher Träger ist. Die örtlichen Träger erfüllen mit der Kinder- und Jugendhilfe eine Pflichtaufgabe im eigenen Wirkungskreis, eingeschränkt durch »die Grenzen ihrer Leistungsfähigkeit«. Haben Berechtigte einen Rechtsanspruch auf eine Leistung der Jugendhilfe – beispielsweise den Anspruch auf einen Kindergartenplatz oder auf Hilfen zur Erziehung – richtet sich dieser gegen die örtlichen Träger der öffentlichen Jugendhilfe. Die öffentliche Jugendhilfe ist für hoheitliche, planende und lenkende Aufgaben verantwortlich, während die praktische Durchführung von Aufgaben der Jugendhilfe wie beispielsweise der Betrieb einer Kita oder die Einrichtung einer Erziehungsberatungsstelle überwiegend freien Trägern obliegt, die zu diesem Zweck durch die öffentliche Jugendhilfe finanziert werden.

Als Träger der freien Jugendhilfe kommt jede Initiative, Personengruppe und -vereinigung sowie jede juristische Person in Betracht. Träger der freien Jugendhilfe werden nicht durch das SGB VIII verpflichtet, sondern handeln in den Formen des Privatrechtes.

Von wenigen Ausnahmen abgesehen, gibt das SGB VIII den Kindern und Jugendlichen, aber auch Eltern, keinen eigenen einklagbaren Anspruch auf Leistungen. Ausnahmen von diesem Grundsatz sind der Rechtsanspruch auf einen Kindergartenplatz und der Rechtsanspruch auf Hilfen zur Erziehung. Ab dem 1. August 2013 hat jedes Kind mit Beginn seines zweiten Lebensjahres einen Rechtsanspruch auf einen Kindergartenplatz. Der Anspruch endet mit dem tatsächlichen Schuleintritt. Das SGB VIII gibt Eltern darüber hinaus außerdem ein Wunsch- und Wahlrecht. Liegen keine Sonderwünsche hinsichtlich der pädagogischen Ausrichtung etc. vor, muss der Kindergartenplatz in der Nähe des Wohnortes liegen. Dem Kind ist ein Kindergartenplatz bereitzustellen, der qualitativ die Voraussetzungen für eine Förderung der Entwicklung des Kindes zu einer eigenverantwortlichen und gemeinschaftsfähigen Persönlichkeit nach § 22 Abs. 2 und 3 SGB VIII bietet. Ein Anspruch auf einen Ganztagesplatz besteht nicht. Wird nach erfolgter gerichtlicher Geltendmachung der Kindergartenplatz weiterhin nicht bereitgestellt, ist die Kommune aus den Grundsätzen der

Amtshaftung nach § 839 BGB i.V.m. Art. 34 GG für den entstandenen Schaden haftbar.

Unter Hilfen zur Erziehung sind alle Hilfen zu verstehen, die Eltern und Kinder bzw. Jugendliche in die Lage versetzen, selbstständig und eigenverantwortlich eine dem Kindeswohl entsprechende Erziehung zu gewährleisten bzw. zu genießen. Die §§ 27–35 SGB VIII zählen eine Reihe von Hilfen auf, die jedoch nicht abschließend gemeint sind. Art und Umfang der Hilfe wird mit den Betroffenen gemeinsam beraten und ein Hilfeplan aufgestellt, der dazu dient, auf einer gewissen verbindlichen Grundlage Problemakzeptanz und Mitwirkung der Betroffenen zu fördern und erzieherische Wirkung zu erreichen.

KICK hat den § 42 SGB VIII unter Einbezug des § 43 a. F. und mit deutlichem Bezug zu § 8a SGB VIII neu gefasst. Danach kann und muss das Jugendamt unter bestimmten Voraussetzungen ein Kind in seine Obhut nehmen.

Die Finanzierung einer Einrichtung der Jugendhilfe richtet sich nach den förderrechtlichen Grundlagen der Fördergesetze der Länder. Die Träger der öffentlichen und der freien Jugendhilfe schließen Vereinbarungen nach dem Grundsatz des partnerschaftlichen Aushandlungsprozesses gemäß dem SGB VIII.

Weiterführende Links

www.agj.de
www.awo.org
www.bagfw.de
www.bagljae.de
www.caritas.de
www.dajeb.de
www.der-paritaetische.de
www.deutscher-verein.de
www.diakonie.de
www.diw.de
www.drk.de
www.jugendhilfeportal.de
www.liga-brandenburg.de
www.staedtetag.de
www.zwst.org

12. Kinder- und Jugendschutz

»Der Trend zum exzessiven Rauschtrinken bei Teenagern setzt sich fort. So ist die Zahl der alkoholbedingten Krankenhausaufenthalte von Kindern und Jugendlichen 2009 im Vergleich zum Vorjahr erneut angestiegen – auf 2.550. Gerechnet auf jeweils 100.000 Jungen und Mädchen in

der Altersgruppe von 11 bis 20 Jahren betrug die Zahl der Fälle 290, teilt die Techniker Krankenkasse (TK) mit. 2008 waren es 274 Fälle je 100.000 Teenager. Das entspricht einem Anstieg von rund 6 Prozent. Die Angaben beziehen sich auf TK-versicherte Kinder und Jugendliche. Im Zeitraum 2004 bis 2009 stieg die Zahl der alkoholbedingten Klinikbehandlungen um 80 Prozent an.«

(www.pressemitteilungen-online.de vom 12.05.2010)

Es gibt eine Reihe von gesetzlichen Regelungen, die den Schutz von Kindern und Jugendlichen aus den unterschiedlichsten Blickrichtungen zum Ziel haben. § 1666 BGB, der die zivilgerichtlichen Maßnahmen bei Gefährdung des Kindeswohles vorschreibt, haben wir bereits kennengelernt. Neben dem neuen Bundeskinderschutzgesetz ist die wichtigste öffentlich-rechtliche Norm des Jugendschutzes sicher das Jugendschutzgesetz (JuSchG). Darüber hinaus ist aber auch der Schutz der Kinder und Jugendlichen bei der Arbeit mit der Kinderarbeitsschutzverordnung und dem Jugendarbeitsschutzgesetz festgeschrieben. Daneben gibt es zahlreiche Bestimmungen im StGB, und schließlich regelt § 8a SGB VIII den Schutzauftrag der Jugendhilfe.

12.1   Das Bundeskinderschutzgesetz

Seit dem 1. Januar 2012 gilt das »Gesetz zur Stärkung eines aktiven Schutzes von Kindern und Jugendlichen« (BKiSchG). Wichtig zu wissen: Auch das BKiSchG gewährt Kindern und Jugendlichen keinen allgemeinen Anspruch auf Beratung unabhängig von ihren Eltern. Der Anspruch auf Hilfen zur Erziehung bezieht sich wie auch bislang ausschließlich auf die Eltern und nicht auch auf das Kind oder den Jugendlichen.

Ziele und Aufgaben

Mit dem aus sechs Artikeln bestehenden Bundeskinderschutzgesetz wurden bis dahin bestehende Lücken im Kinderschutz geschlossen, indem sowohl neue Gesetze geschaffen als auch mehrere bereits bestehende Gesetze geändert wurden. Kernstück ist das in Artikel 1 enthaltene neue »Gesetz zur Kooperation und Information im Kinderschutz« (KKG). Das Bundeskinderschutzgesetz hat zum Ziel, das Wohl von Kindern und Jugendlichen zu schützen und sie in ihrer körperlichen, geistigen und seelischen Entwicklung zu fördern. Folgende Regelungsbereiche werden normiert:

- Frühe Hilfen für werdende Eltern: Es sind leicht zugängliche Hilfeangebote für Familien vor und nach der Geburt und in den ersten Lebensjahren des Kindes flächendeckend und auf einem hohen Niveau einzuführen bzw. zu verstetigen.

- **Verlässliche Netzwerke für werdende Eltern:** Alle wichtigen Akteure im Kinderschutz – wie Jugendämter, Schulen, Gesundheitsämter, Krankenhäuser, Ärztinnen und Ärzte, Schwangerschaftsberatungsstellen und Polizei – werden in einem Kooperationsnetzwerk zusammengeführt.

- **Nachhaltige Stärkung von Familienhebammen und des Netzwerkes Frühe Hilfen:** Ab 2012 wird vier Jahre lang der Aus- und Aufbau von Netzwerken Frühe Hilfen und des Einsatzes von Familienhebammen in den Ländern und Kommunen gestärkt. Hierfür stellt der Bund insgesamt 126 Millionen Euro zur Verfügung. Nach Ablauf des Modellprogramms führt der Bund sein finanzielles Engagement im Bereich »Frühe Hilfen« und der psychosozialen Unterstützung von Familien mit kleinen Kindern dauerhaft in Höhe von 51 Millionen Euro jährlich fort.

- **Ausschluss einschlägig Vorbestrafter von Tätigkeiten in der Kinder- und Jugendhilfe:** Alle hauptamtlichen Mitarbeiterinnen und Mitarbeiter in der öffentlichen und freien Jugendhilfe müssen ein erweitertes Führungszeugnis vorlegen. Bei Ehrenamtlichen vereinbaren öffentliche und freie Träger, bei welchen Tätigkeiten dies nötig ist.

- **Verhinderung des »Jugendamt-Hoppings«:** Gefährdete Familien haben in der Vergangenheit durch häufige Umzüge die Betreuung durch das Jugendamt erschweren bzw. verhindern können. Nach der neuen Gesetzeslage ist nun sichergestellt, dass bei Umzug der Familie das neu zuständige Jugendamt die notwendigen Informationen vom bisherigen Jugendamt bekommt, die es braucht, um das Kind wirksam zu schützen.

- **Befugnisnorm für Berufsgeheimnisträger zur Informationsweitergabe an das Jugendamt:** Das Gesetz regelt erstmals die Weitergabe wichtiger Informationen an das Jugendamt durch Berufsgeheimnisträger. Denn häufig offenbart sich eine Kindeswohlgefährdung zuerst Ärzten oder anderen Berufsgeheimnisträgern.

- **Regelung zum Hausbesuch:** Liegen dem Jugendamt gewichtige Anhaltspunkte für eine Kindeswohlgefährdung vor, wird der Hausbesuch zur Pflicht – allerdings nur dann, wenn dadurch der wirksame Schutz des Kindes nicht infrage gestellt wird und die Durchführung nach fachlicher Einschätzung erforderlich ist.

- **Verbindliche Standards in der Kinder- und Jugendhilfe:** Sämtliche Bereiche der Kinder- und Jugendhilfe sind zur kontinuierlichen Qualitätsentwicklung verpflichtet. Insbesondere geht es um die Entwicklung, Anwendung und Überprüfung von Standards vor allem im Hinblick auf die Sicherung der Rechte von Kindern und Jugendlichen in Einrichtungen und ihren Schutz vor Gewalt. An die Umsetzung von Maßnahmen zur Qualitätsentwicklung und -sicherung sind die Erteilung der Betriebserlaubnis sowie die Finanzierung aus öffentlichen Mitteln geknüpft.

- **Sonstige Regelungen:** Weiterhin wurden die Kontinuitätssicherung bei Zuständigkeitswechsel in der Pflegekinderhilfe sowie eine erweiterte Verpflichtung zur Statistik im Kinderschutz normiert. Darüber hinaus ist die Bundesregierung nun verpflichtet, die Wirkungen des neuen Gesetzes zu untersuchen und dem Bundestag bis zum 31. Dezember 2015 über die Ergebnisse dieser Evaluation zu berichten.

Bedeutung für Kindertageseinrichtungen

Die wichtigsten durch das BKiSchG getroffenen Neuregelungen für Kindertageseinrichtungen sind in den §§ 8a, 8b, 72a und 79a SGB VIII zu finden:

- Das Bundeskinderschutzgesetz hat den § 8a Abs. 4 (ehemals Abs. 2) SGB VIII neu gefasst (siehe dazu ausführlich unter Kapitel 12.4) sowie einen § 8b SGB VIII aufgenommen, nach dem die Träger nun einen Anspruch gegenüber den Landesjugendämtern haben, sich bei der Entwicklung und Anwendung fachlicher Leitlinien im Kinderschutz und im Bereich der Partizipation von Kindern beraten zu lassen.

  In § 8b Abs. 4 SGB VIII heißt es: »Träger von Einrichtungen, in denen sich Kinder oder Jugendliche ganztägig oder für einen Teil des Tages aufhalten oder in denen sie Unterkunft erhalten, und die zuständigen Leistungsträger haben gegenüber dem überörtlichen Träger der Jugendhilfe Anspruch auf Beratung bei der Entwicklung und Anwendung fachlicher Handlungsleitlinien zur Sicherung des Kindeswohls und zum Schutz vor Gewalt sowie zu Verfahren der Beteiligung von Kindern und Jugendlichen an strukturellen Entscheidungen in der Einrichtung sowie zu Beschwerdeverfahren in persönlichen Angelegenheiten.«

- Weiterhin sind die Träger von Kindertageseinrichtungen nach § 72a SGB VIII nun verpflichtet, sich von allen Beschäftigten in regelmäßigen Abständen ein erweitertes polizeiliches Führungszeugnis vorlegen zu lassen. Damit hat der Gesetzgeber auf die lange schon empirisch belegte Beobachtung reagiert, dass Pädophile bevorzugt, bewusst und zielgerichtet Tätigkeitsfelder suchen, in denen sie leicht Zugang zu Kindern und Jugendlichen erhalten.

- Schließlich verpflichtet das BKiSchG gemäß § 79 a SGB VIII die Träger von Kindertageseinrichtungen zur kontinuierlichen Qualitätsentwicklung und -sicherung.

12.2 Das Jugendschutzgesetz

Das Jugendschutzgesetz (JuSchG) regelt den Verkauf, die Abgabe und den Konsum von Tabak und Alkohol, die Abgabe (Verkauf und Verleih) von Filmen und Computerspielen sowie den Aufenthalt in Gaststätten und bei Tanzveranstaltungen (auch Diskotheken) und stellt so eine gesetzliche Grundlage zum Eingriff in das grundrechtlich geschützte Recht auf freie Entfaltung der Persönlichkeit des Art. 2 GG dar.

In engem Zusammenhang steht das Jugendschutzgesetz mit dem Jugend-Medienschutz-Staatsvertrag (JMStV): Er ist wie das JuSchG am 1. April 2003 in Kraft getreten und regelt den Jugendschutz im Bereich der Telemedien, insbesondere des Internets. Dieser Bereich wird vom JuSchG nämlich in seinem Abschnitt 3 »Jugendschutz im Bereich der Medien« (§§ 11–15 JuSchG) ausdrücklich ausgenommen. Er regelt die Bereiche Film, Bildträger und Bildschirmspiele.

Begriffsbestimmungen nach § 1 JuSchG: Kind, Jugendlicher, Personensorgeberechtigte Person, Erziehungsbeauftragte Person

§ 1 Jugendschutzgesetz (JuSchG) regelt die wesentlichen Begrifflichkeiten:

Kind (§ 1 Abs. 1 Nr. 1 JuSchG)

Kind ist danach, wer das 14. Lebensjahr noch nicht vollendet hat.

Jugendlicher (§ 1 Abs. 1 Nr. 2 JuSchG)

Nach Vollendung des 14. Lebensjahres ist das Kind eine sogenannte jugendliche Person. Stichtag ist der entsprechende Geburtstag, das heißt ein Kind wird um 0.00 Uhr seines 14. Geburtstages Jugendlicher im Sinne des JuSchG. Das Stadium Jugendlichkeit endet mit der Volljährigkeit.

Weitere Alterseinteilungen

Die Alterseinteilungen »Kind« und »Jugendlicher« sind jedoch zu grob, um sinnvolle Regelungen in Abhängigkeit des Entwicklungsstandes treffen zu können. Innerhalb der Begriffe Kind und Jugendlicher werden deshalb feinere Unterschiede nach Alter gemacht, beispielsweise in:

- § 4 Abs. 1 JuSchG: Aufenthalt in Gaststätten
- § 5 Abs. 1 JuSchG: Teilnahme an Tanzveranstaltungen
- § 9 Abs. 1 JuSchG: Abgabe und Konsum von Alkohol
- § 10 Abs. 1 JuSchG: Abgabe und Konsum von Tabakwaren
- § 11 Abs. 2 und 3 JuSchG: Anwesenheit bei öffentlichen Filmveranstaltungen
- § 14 Abs. 2 JuSchG: Kennzeichnung von Filmen und Spielprogrammen.

Personensorgeberechtigte Person (§ 1 Abs. 1 Nr. 3 JuSchG)

Unter personensorgeberechtigter Person versteht das Gesetz:

- die leiblichen Eltern nach § 1626 BGB
- nichteheliche Elternteile bei einer gemeinsam abgegebenen Sorgeerklärung oder nur die Mutter (1626 a BGB – jedenfalls bis zur Neufassung des als verfassungswidrig erklärten Paragraphen)
- den oder die Sorgeberechtigten nach Trennung oder Scheidung (§§ 1671 ff BGB)
- den gerichtlich bestellten Vormund (§§ 1773, 1774 BGB).

Doch gilt im Rahmen des JuSchG eine Besonderheit: In den Fällen, in denen das Gesetz dem Kind oder der jugendlichen Person eine bevorzugte rechtliche Stellung deswegen einräumt, weil eine personensorgeberechtigte Person sie begleitet, muss diese auch willens und in der Lage sein, diese Personensorge auszuüben. Ist sie es nicht, weil sie beispielsweise stark alkoholisiert ist, ist das Kind oder die jugendliche Person so zu behandeln, als wäre sie ohne Begleitung.

Erziehungsbeauftragte Person (§ 1 Abs. 1 Nr. 4 JuSchG)

§ 1 Abs. 1 Nr. 4 JuSchG gibt die Möglichkeit, für die Begleitung von Jugendlichen unter 18 Jahren eine erziehungsbeauftragte Person zu benennen. Nach dieser Regelung werden für Kinder und Jugendliche in Begleitung einer erziehungsbeauftragten Person bestimmte zeitliche Begrenzungen aufgehoben beim Besuch von

- Tanzveranstaltungen (Diskotheken)
- Gaststätten
- Filmveranstaltungen und Open-Air-Veranstaltungen.

Mit der schriftlichen Übertragung des Erziehungsauftrages auf die erziehungsbeauftragte Person kann der Jugendliche gegenüber Veranstaltern (Diskotheken, Gaststätten etc.), deren Aufsichtspersonen sowie auch der Polizei nachweisen, dass seine Eltern oder Personensorgeberechtigten mit der Anwesenheit ihres Kindes an der Örtlichkeit einverstanden sind.

Wer kann erziehungsbeauftragte Person sein?

Die erziehungsbeauftragte Person muss volljährig sein, da sie aufgrund einer Vereinbarung mit den Eltern bzw. Personensorgeberechtigten zeitweise oder auf Dauer Erziehungsaufgaben wahrnimmt. Wegen des damit verbundenen Autoritätsverhältnisses kann die erziehungsbeauftragte Person kein Freund oder eine Freundin sein, sondern muss jemand sein, dessen Anweisungen vom Jugendlichen befolgt werden. In Betracht kommen für diese Aufgabe:

- Erzieherinnen, Erzieher im Internat / in Heimen
- Pädagoginnen und Pädagogen in der Kinder- und Jugendarbeit / Jugendhilfe
- Betreuerinnen, Betreuer in Vereinen
- Lehrerinnen und Lehrer
- Ausbilderinnen, Ausbilder
- Großeltern, Verwandte
- Freunde der Eltern
- volljährige Geschwister.

Die Anforderungen an die erziehungsbeauftragte Person

Grundsätzlich gilt: Die von den Personensorgeberechtigten beauftragte Person
- will den »Erziehungsauftrag« wahrnehmen und
- kann den »Erziehungsauftrag« wahrnehmen.

> Die 17jährige Kim wird gegen 1.00 Uhr in der Diskothek von zwei Polizeibeamten aufgegriffen. Auf Befragen gibt sie an, sie sei in Begleitung der 20jährigen Mandy, sie wüsste bloß gerade nicht, wo die sei, wahrscheinlich »irgendwo da hinten«.

Die erziehungsbeauftragte Person muss sich stets in der Nähe der beaufsichtigten Person aufhalten. Hält sich die beauftragte Person irgendwo anders auf, ohne unmittelbar auf den Schützling einwirken zu können, kann nicht davon ausgegangen werden, dass der Erziehungsauftrag auch wahrgenommen wird. Eine Weiterdelegation an Dritte ist ebenfalls nicht möglich.

Die erziehungsbeauftragte Person muss nüchtern bleiben. Ist sie zur Ausübung der Aufgabe nicht in der Lage – beispielsweise wegen Alkoholisierung –, so handelt sie trotz vorheriger Vereinbarung nicht als erziehungsbeauftragte Person mit der Rechtswirkung, sodass sich der Jugendliche unerlaubt an dieser Örtlichkeit befindet und der Zutritt/Aufenthalt dann nicht gestattet werden darf. Keinesfalls können Veranstalter und Gewerbetreibende wegen der entstehenden Interessenkollision die Erziehungsbeauftragung übernehmen.

Die Verantwortung bleibt trotz Erziehungsbeauftragung weiterhin bei den Eltern. Dies gilt auch hinsichtlich Aufsichtspflicht und haftungsrechtlicher Folgen. Die Aufsichtspflicht wird nur teilweise auf den Beauftragten übertragen. Es muss immer eine konkrete, zeitliche Beauftragung ausgesprochen werden. Die verbreitet geübte Praxis, unter Blankounterschriften von Eltern den nächstbesten Volljährigen als erziehungsbeauftragte Person einzutragen, darf durch die Betreiber von Diskotheken oder Gaststätten nicht akzeptiert werden. In Zweifelsfällen müssen Veranstalter und Gewerbetreibende die Berechtigung durch Rücksprache mit den Eltern daraufhin überprüfen, ob sie gefälscht ist. Ist sie gefälscht, besteht kein Auftragsverhältnis.

Trägermedien

Das JuSchG löste das Gesetz zum Schutze der Jugend in der Öffentlichkeit ab, da Anlass bestand, den Gefährdungsbereich, der aus dem Konsum der verschiedensten neuen Medien entstanden war, zu regeln. War im alten Gesetz noch von den traditionellen Medien wie Kino und Video die Rede, brachten es die sich rasch entwickelnden technischen Möglichkeiten mit sich, dass der Bereich um die Thematik Computerspiele erweitert werden musste. Deshalb wurde der Begriff der »Schriften« ersetzt durch den Begriff der »Trägermedien«. Nun ist es unerheblich, auf welche Weise

- entwicklungsbeeinträchtigende oder
- jugendgefährdende Medien

in Erscheinung treten, solange der jugendschutzrechlich relevante Inhalt über ein gegenständliches Trägermedium zugänglich gemacht wird. Und selbst dieser weite Begriff erfährt in § 1 Abs. 2 Satz 2 JuSchG eine nochmalige Erweiterung um den der unkörperlichen elektronischen Verbreitungsmöglichkeit. Von dieser Regelung ausgenommen ist der Rundfunk, da dieser spezialgesetzlich geregelt ist.

Zweck und Zuständigkeiten

Wer ist eigentlich zuständig für den Jugendschutz? Diese Frage kann man nur beantworten, wenn man sich mit der Vorfrage beschäftigt, welchen Zweck Jugendschutz hat. Grundsätzlich ist Jugendschutz dem Bereich der Jugendhilfe zuzuschreiben, da praktizierter Jugendschutz dieselben Belange verfolgt wie Jugendhilfe. Wie wir in Kapitel 11 gesehen haben, sind für die öffentliche Jugendhilfe die Landkreise und die kreisfreien Städte, auf Antrag auch die kreisangehörigen Gemeinden zuständig (§ 69 SGB VIII). Primäres Ziel dieser Behörden ist es, Eltern bei ihrer Erziehungsaufgabe zu unterstützen. Das Kind oder der Jugendliche hat aus dem SGB VIII keinen eigenen einklagbaren Anspruch gegen die Behörden, dies haben regelmäßig nur die Personensorgeberechtigten.

Nicht verkannt werden darf aber, dass die Hauptaufgabe der Jugendhilfe darin liegt, bereits bestehenden »Schieflagen« in Familien entgegenzutreten, also Gefahren, die sich bereits realisiert haben. Das Jugendschutzgesetz hat demgegenüber das Ziel, potenzielle Gefahren von Kindern und Jugendlichen abzuhalten, will also erreichen, dass diese Hilfen gar nicht erst in Anspruch genommen werden müssen.

Daher ist das Jugendschutzrecht eindeutig dem Bereich der Gefahrenabwehr zuzurechnen. Dieses Gebiet gehört zu den Aufgaben der Polizei, die ihre Zuständigkeit für die Überwachung der Bestimmungen des Jugendschutzgesetzes nach der jeweiligen landesrechtlichen Regelung erhält.

Praxisübung

Bestimmen Sie die Regelung Ihres Bundeslandes, die die Überwachung des Jugendschutzes der Polizei überträgt.

Jugendschutz in der Öffentlichkeit

Die §§ 4–10 JuSchG regeln den Jugendschutz in der Öffentlichkeit. Wichtig zu wissen: Das Jugendschutzgesetz gilt nur in der Öffentlichkeit, also im Kino, in der Disko, auf Straßen und Plätzen, in Gaststätten etc. Die §§ 4–8 JuSchG führen eine Reihe von Örtlichkeiten auf, für die restriktive Regelungen gelten. Entscheidend ist aber nicht, ob der Platz ein »öffentlicher« ist, sondern ob die dort stattfindende konkrete Veranstaltung »öffentlich« ist. Öffentlich bedeutet in diesem Zusammenhang: Es ist nicht entscheidend, ob 10 oder 1.000 Personen kommen; entscheidend ist, ob die Veranstaltung frei zugänglich ist. Nicht öffentlich ist die Veranstaltung immer dann, wenn die Teilnehmenden und der Veranstalter miteinander in Beziehung stehen. Werden Einladungen verschickt oder führt der Veranstalter eine Teilnehmerliste und macht eine Einlasskontrolle, ist die Veranstaltung nicht öffentlich. Und: Im familiären Bereich gilt das JuSchG ebenfalls nicht.

> Rentnerin Grete L. macht sich zunehmend Sorgen um das Treiben in der Nachbarwohnung: Der alleinerziehende alkoholkranke Peter S. erlaubt seinem 14jährigen Sohn Kevin nämlich neuerdings regelmäßig, mit seinen Freunden in der Wohnung zu trinken. Als sie nach einer lautstark durchzechten Nacht Alkopops-Verpackungen im Hausmüll sieht, ruft sie die Polizei an und berichtet, Peter S. würde an Minderjährige Schnaps ausschenken.

Das JuSchG regelt Altersgrenzen für Abgabe und Konsum alkoholischer Getränke in der Öffentlichkeit. Dort ist es Minderjährigen nicht erlaubt, branntweinhaltige Getränke wie Alkopops zu trinken. Dagegen liegt die Entscheidung über die Frage, welche Getränke ein Minderjähriger im privaten Umfeld konsumieren darf, bei der personensorgeberechtigten Person. Die Polizei hat somit keine Ermächtigungsgrundlage für ein Einschreiten nach dem JuSchG. Sie wird diese Meldung allerdings zum Anlass nehmen, das Jugendamt zu informieren, das unter dem Gesichtspunkt der Gefährdung des Kindeswohles nach § 8a SGB VIII tätig werden wird.

Gaststätten (§ 4 JuSchG)

§ 4 JuSchG regelt den Aufenthalt von Kindern und Jugendlichen in Gaststätten: »(1) Der Aufenthalt in Gaststätten darf Kindern und Jugendlichen unter 16 Jahren nur gestattet werden, wenn eine personensorgeberechtigte oder erziehungsbeauftragte Person sie begleitet oder wenn sie in der Zeit zwischen 5 Uhr und 23 Uhr eine Mahlzeit oder ein Getränk einnehmen. Jugendlichen ab 16 Jahren darf der Aufenthalt in Gaststätten ohne Begleitung einer personensorgeberechtigten oder erziehungsbeauftragten Person in der Zeit von 24 Uhr und 5 Uhr morgens nicht gestattet werden.

(2) Absatz 1 gilt nicht, wenn Kinder oder Jugendliche an einer Veranstaltung eines anerkannten Trägers der Jugendhilfe teilnehmen oder sich auf Reisen befinden.

(3) Der Aufenthalt in Gaststätten, die als Nachtbar oder Nachtclub geführt werden, und in vergleichbaren Vergnügungsbetrieben darf Kindern und Jugendlichen nicht gestattet werden.

(4) Die zuständige Behörde kann Ausnahmen von Absatz 1 genehmigen.«

> Will der 15jährige Markus heute nach der Schule in der Gaststätte »Zum Edelweiß« eine Currywurst mit Pommes Frites essen, ist ihm das also gestattet.

Tanzveranstaltungen (§ 5 JuSchG)

§ 5 JuSchG regelt die Teilnahme an Tanzveranstaltungen:

»(1) Die Anwesenheit bei öffentlichen Tanzveranstaltungen ohne Begleitung einer personensorgeberechtigten oder erziehungsbeauftragten Person darf Kindern und Jugendlichen unter 16 Jahren nicht und Jugendlichen ab 16 Jahren längstens bis 24 Uhr gestattet werden.

(2) Abweichend von Absatz 1 darf die Anwesenheit Kindern bis 22 Uhr und Jugendlichen unter 16 Jahren bis 24 Uhr gestattet werden, wenn die Tanzveranstaltung von einem anerkannten Träger der Jugendhilfe durchgeführt wird oder der künstlerischen Betätigung oder der Brauchtumspflege dient.

(3) Die zuständige Behörde kann Ausnahmen genehmigen.«

> Will die Clique des 15jährigen Ben heute ab 19.00 Uhr an einer Fastnachts-Tanzveranstaltung in einer Gaststätte teilnehmen, ist ihr dies nur zu gestatten, wenn eine personensorgeberechtigte oder erziehungsbeauftragte Person sie begleitet.

Spielhallen, Glücksspiele (§ 6 JuSchG)

§ 6 JuSchG regelt die Anwesenheit von Kindern und Jugendlichen in Spielhallen:

»(1) Die Anwesenheit in öffentlichen Spielhallen oder ähnlichen vorwiegend dem Spielbetrieb dienenden Räumen darf Kindern und Jugendlichen nicht gestattet werden.

(2) Die Teilnahme an Spielen mit Gewinnmöglichkeit in der Öffentlichkeit darf Kindern und Jugendlichen nur auf Volksfesten, Schützenfesten, Jahrmärkten,

Spezialmärkten oder ähnlichen Veranstaltungen und nur unter der Voraussetzung gestattet werden, dass der Gewinn in Waren von geringem Wert besteht.«

> Will der 17jährige Thomas seinen 19jährigen Freund Lukas in die Spielhalle begleiten, ist es ihm nicht gestattet. Der Spielhallenbetreiber muss ihn abweisen. Dies gilt auch dann, wenn Thomas gar kein Glücksspiel versuchen will.

Wenn auch das Bild des in der Gaststätte kartenspielenden Jugendlichen grauer Vorzeit angehören dürfte, sei an dieser Stelle hinsichtlich der »Gewinnmöglichkeit« des Absatzes 2 dennoch der Hinweis der bayerischen Landesjugendämter für Kartenspiele zitiert: »›Schafkopf‹ oder andere Kartenspiele werden zum Vergnügen und nicht des Gewinns wegen gespielt. Hierbei fehlt es am Merkmal ›Gewinnmöglichkeit‹, das auf einen Geld- oder Warengewinn abstellt. Selbst wenn traditionell diese Spiele mit kleinen Münzen gespielt werden, so werden diese an Stelle von Zähllisten oder Zählmarken benutzt und haben üblicherweise nicht den Zweck, einen Einsatz zu vergrößern.«

Jugendgefährdende Veranstaltungen und Betriebe (§ 7 JuSchG)

§ 7 JuSchG ermöglicht es, für eine bestimmte Veranstaltung oder einen bestimmten Gewerbebetrieb Auflagen zu erteilen, falls von der Veranstaltung oder von dem Gewerbebetrieb Gefahren für Kinder oder Jugendliche ausgehen:

»Geht von einer öffentlichen Veranstaltung oder einem Gewerbebetrieb eine Gefährdung für das körperliche, geistige oder seelische Wohl von Kindern oder Jugendlichen aus, so kann die zuständige Behörde anordnen, dass der Veranstalter oder Gewerbetreibende Kindern und Jugendlichen die Anwesenheit nicht gestatten darf. Die Anordnung kann Altersbegrenzungen, Zeitbegrenzungen oder andere Auflagen enthalten, wenn dadurch die Gefährdung ausgeschlossen oder wesentlich gemindert wird.«

> Der Besitzer eines Fitness-Clubs rüstet eine Sporthalle seines Betriebes zu einem sogenannten Laser-Drome um, bei dem Mannschaften gegeneinander antreten und sich mit Laser-Gewehren bekämpfen.

Das Gesetz trägt dem Umstand Rechnung, dass nicht allen Gefährdungen für Kinder und Jugendliche mit Regelungen zu Gaststätten, Tanzveranstaltungen und Videotheken begegnet werden kann. § 7 JuSchG gibt die Möglichkeit, als Auffangtatbestand auch solche Gefährdungen zu erfassen, die unvorhersehbar der Lebenswirklichkeit entspringen.

Jugendgefährdende Orte (§ 8 JuSchG)

§ 8 JuSchG regelt ein Verbot des Aufenthaltes an einem jugendgefährdenden Ort: »Hält sich ein Kind oder eine jugendliche Person an einem Ort auf, an dem ihm oder ihr eine unmittelbare Gefahr für das körperliche, geistige oder seelische Wohl droht, so hat die zuständige Behörde oder Stelle die zur Abwendung der Gefahr erforderlichen Maßnahmen zu treffen. Wenn nötig, hat sie das Kind oder die jugendliche Person zum Verlassen des Ortes anzuhalten, der erziehungsberechtigten Person im Sinne des § 7 Abs. 1 Nr. 6 des Achten Buches Sozialgesetzbuch zuzuführen oder, wenn keine erziehungsberechtigte Person erreichbar ist, in die Obhut des Jugendamtes zu bringen.
In schwierigen Fällen hat die zuständige Behörde oder Stelle das Jugendamt über den jugendgefährdenden Ort zu unterrichten.«

Jugendgefährdende öffentliche Orte können bewohnte und unbewohnte Gebäude sein, aber auch Straßen, Plätze, Parks und Grünanlagen, die den Minderjährigen in seinem körperlichen, geistigen oder seelischen Wohl negativ beeinflussen können. Beispiele hierfür sind offene Drogenszenen, Rotlichtbezirke und Orte, an denen viel Alkohol getrunken wird.

Alkoholische Getränke (§ 9 JuSchG)

§ 9 JuSchG regelt Abgabe und Konsum alkoholischer Getränke:
»(1) In Gaststätten, Verkaufsstellen oder sonst in der Öffentlichkeit dürfen
1. Branntwein, branntweinhaltige Getränke oder Lebensmittel, die Branntwein in nicht nur geringfügiger Menge enthalten, an Kinder und Jugendliche,
2. andere alkoholische Getränke an Kinder und Jugendliche unter 16 Jahren weder abgegeben noch darf ihnen der Verzehr gestattet werden.
(2) Absatz 1 Nr. 2 gilt nicht, wenn Jugendliche von einer personensorgeberechtigten Person begleitet werden.
(3) In der Öffentlichkeit dürfen alkoholische Getränke nicht in Automaten angeboten werden.

Dies gilt nicht, wenn ein Automat an einem für Kinder und Jugendliche unzugänglichen Ort aufgestellt ist oder in einem gewerblich genutzten Raum aufgestellt und durch technische Vorrichtungen oder durch ständige Aufsicht sichergestellt ist, dass Kinder und Jugendliche alkoholische Getränke nicht entnehmen können. § 20 Nr. 1 des Gaststättengesetzes bleibt unberührt.
(4) Alkoholhaltige Süßgetränke im Sinne des § 1 Abs. 2 und 3 des Alkopopsteuergesetzes dürfen gewerbsmäßig nur mit dem Hinweis ›Abgabe an Personen unter 18 Jahren verboten, § 9 Jugendschutzgesetz‹ in den Verkehr gebracht werden. Dieser Hinweis ist auf der Fertigpackung in der gleichen Schriftart und in der gleichen Größe und Farbe wie die Marken oder Phantasienamen oder, soweit nicht vorhanden, wie die Verkehrsbezeichnung zu halten und bei Flaschen auf dem Frontetikett anzubringen.«

> Petra K. geht mit ihrer fünfjährige Tochter Anna zur Adventsfeier ihrer Pfarrgemeinde, zu der »Alle herzlich eingeladen sind«. Weil Anna gar so sehr bettelt und fleht, darf sie zwei Rumkugeln essen, die sie so liebt.

Kinder dürfen in der Öffentlichkeit keine alkoholischen Getränke erhalten oder konsumieren. Da dies auch für branntweinhaltige Lebensmittel mit einem Gesamtalkoholgehalt von mehr als 1 % gilt, kann sich diese Bestimmung somit auch auf Pralinen, Eisbecher oder Kuchen erstrecken.

Rauchen in der Öffentlichkeit, Tabakwaren (§ 10 JuSchG)

§ 10 JuSchG regelt Abgabe und Konsum von Tabakwaren:
»(1) In Gaststätten, Verkaufsstellen oder sonst in der Öffentlichkeit dürfen Tabakwaren an Kinder oder Jugendliche weder abgegeben noch darf ihnen das Rauchen gestattet werden.
(2) In der Öffentlichkeit dürfen Tabakwaren nicht in Automaten angeboten werden. Dies gilt nicht, wenn ein Automat an einem Kindern und Jugendlichen unzugänglichen Ort aufgestellt ist oder durch technische Vorrichtungen oder durch ständige Aufsicht sichergestellt ist, dass Kinder und Jugendliche Tabakwaren nicht entnehmen können.«

Tabakwaren jeglicher Art – gleichgültig ob zum Rauchen bestimmt oder nicht (z. B. auch Schnupftabak) – dürfen Kinder und Jugendliche nicht erwerben oder konsumieren. Dieses Verbot gilt ausnahmslos: auch bei elterlicher Begleitung oder für den Erwerb von Tabak im Auftrag einer volljährigen Person.

Jugendschutz im Bereich der Medien (§§ 11–16 JuSchG)

Die §§ 11–16 JuSchG regeln den Jugendschutz im Bereich der Medien. Neben umfangreichen Begriffsbestimmungen enthalten sie auch genau bezeichnete Verbote und in § 14 JuSchG mit der Kennzeichnungspflicht die wohl wichtigste Vorschrift.

Danach regeln Altersfreigaben, welche Kinofilme Kinder und Jugendliche in der Öffentlichkeit sehen dürfen, und welche Filme und Computerspiele sie kaufen, ausleihen oder sonstwie in der Öffentlichkeit erhalten dürfen. Zuständig für die Altersfreigaben bei Filmen ist die »Freiwillige Selbstkontrolle der Filmwirtschaft« (FSK).

Die Altersfreigaben richten sich dabei nach den Inhalten der Filme und Spiele. Die Abstufungen der Altersfreigaben sind im Jugendschutzgesetz genau festgeschrieben:

- Freigegeben ohne Altersbeschränkung
- Freigegeben ab 6 Jahren
- Freigegeben ab 12 Jahren
- Freigegeben ab 16 Jahren
- Keine Jugendfreigabe, das heißt erst ab 18 Jahren.

Altersfreigaben auf Computerspielen

Die Altersfreigaben für Computerspiele müssen auf PC- und Videospielen zu sehen sein. Zuständig für die Altersfreigaben für Computerspiele ist die »Unterhaltungssoftware Selbstkontrolle« (USK).

Die fünf Altersfreigaben sind die gleichen wie bei den Altersfreigaben für Filme. Spiele ohne jegliche USK-Alterskennzeichnung werden wie »Keine Jugendfreigabe« behandelt und dürfen demzufolge Kindern und jugendlichen Personen nicht angeboten, überlassen oder sonst zugänglich gemacht werden.

Bundesprüfstelle für jugendgefährdende Medien

Die Bundesprüfstelle für jugendgefährdende Medien (BPjM) nimmt Träger- und Telemedien, die geeignet sind, die Entwicklung von Kindern und Jugendlichen oder ihre Erziehung zur einer eigenverantwortlichen und gemeinschaftsfähigen

Persönlichkeit zu gefährden, in die Liste jugendgefährdender Medien auf (§ 18 JuSchG).

Ahndung von Verstößen

Das JuSchG zählt eine Reihe von Strafvorschriften (§ 27) und Bußgeldvorschriften (§ 28) auf. Die Freiheitsstrafe kann bis zu einem Jahr, das Bußgeld bis zu 50.000 Euro betragen.

12.3   Das Jugendarbeitsschutzgesetz

Eine weitere Schutzvorschrift für Kinder und Jugendliche ist das Jugendarbeitsschutzgesetz (JArbSchG). Es gilt für alle Jugendlichen unter 18 Jahren. Wichtig zu wissen: Es gelten andere Altersgrenzen als im übrigen Recht. So regelt § 2 JArbSchG:

»(1) Kind im Sinne dieses Gesetzes ist, wer noch nicht 15 Jahre alt ist.
(2) Jugendlicher im Sinne dieses Gesetzes ist, wer 15, aber noch nicht 18 Jahre alt ist.
(3) Auf Jugendliche, die der Vollzeitschulpflicht unterliegen, finden die für Kinder geltenden Vorschriften Anwendung.«

Da im Arbeitsschutzrecht demnach Kind ist, wer noch nicht 15(!) Jahre alt ist, ist für § 5 JArbSchG diese Altersgrenze maßgebend, wenn es dort heißt: »Die Beschäftigung von Kindern ist verboten.«

Für die Altersgruppe bis 15 Jahre gilt vielmehr die Kinderarbeitsschutzverordnung, die eine Tätigkeit von Kindern erst ab 13 Jahren und dann nur in den Ausnahmefällen des § 2 KArbSchVO (Austragen von Zeitungen, Haustierbetreuung, Botengänge, Einkaufsdienst etc.) und § 5 Abs. 2 JArbSchG (Therapie, Praktikum, richterliche Weisung) erlaubt.

Die zentralen Unterschiede zwischen Arbeitszeitgesetz/ Bundesurlaubsgesetz und Jugendarbeitsschutzgesetz

Jugendliche im Arbeitsleben haben bestimmte Rechte, die über die eines Erwachsenen hinausgehen. In der folgenden Tabelle sind diese Unterschiede aufgelistet:

Regelung	Erwachsene	Jugendliche
Arbeitszeit	Im Durchschnitt höchstens 8 Stunden täglich und 48 Stunden in der Woche.	Höchstens 8 Stunden täglich (bei Schichtarbeit bis 11 Stunden) und 40 Stunden wöchentlich. Nicht mehr als 5 Tage die Woche. Keine Beschäftigung vor einem vor 9 Uhr beginnenden Unterricht. Das gilt auch für Personen, die über 18 Jahre alt sind und noch berufsschulpflichtig sind. Weiterhin keine Beschäftigung an Schultagen, wenn die Schule mehr als 5 Unterrichtsstunden von je mindestens 45 Minuten dauert, einmal in der Woche.
Ruhepausen	Bei 6 bis 9 Stunden Arbeitszeit mindestens 30 Minuten, bei längerer Arbeitszeit mindestens 45 Minuten.	Bei 5,4 bis 6 Stunden Arbeitszeit mindestens 30 Minuten, bei längerer Arbeitszeit mindestens 60 Minuten.
Freizeit, Nachtruhe	Täglich mindestens 11 Stunden.	Täglich mindestens 12 Stunden. Keine Beschäftigung vor 6 und nach 20 Uhr (Ausnahmen ab 16 Jahren in Bäckereien und Gaststätten).
Wochenende	Beschäftigung nur, wenn Arbeit an Werktagen nicht durchgeführt werden kann. 15 Sonntage im Jahr müssen frei bleiben.	Beschäftigung an Samstagen nur in Betrieben mit regelmäßiger Samstagsarbeit (z.B. Friseure). Dafür muss ein Wochenende freigegeben werden. Keine Beschäftigung an Sonn- und Feiertagen. Ausnahmen in Hotels, Gaststätten und in der Alten- und Krankenpflege. 2 Sonntage im Monat müssen frei bleiben.
Urlaub	Mindestens 24 Werktage (Samstag gilt als Werktag).	Nach Alter gestaffelt. Für 15jährige 30 Werktage, für 16jährige 27 Werktage, für 17jährige 25 Werktage.
Beschäftigungsverbote		Keine Arbeiten, die die Leistungsfähigkeit übersteigen (z.B. Akkordarbeit). Keine gefährlichen Arbeiten außer zu Ausbildungszwecken (Schornsteinfeger etc.).
Ärztliche Untersuchung		Erste Untersuchung frühestens 9 Monate vor Beginn der Beschäftigung. Nachuntersuchung in den letzten 3 Monaten des ersten Jahres.

Praxisübung

Welche Schutzvorschriften des JArbSchG halten Sie für besonders wichtig? Welche vermissen Sie? Wo besteht am ehesten die Gefahr von Verstößen?

Jugendarbeitsschutz in Kindertageseinrichtungen

Insbesondere die Vorschriften zu Freizeit und Nachtruhe sind bei der Tätigkeit in einer Kindertageseinrichtung von erheblicher Bedeutung. Eine Beschäftigung Minderjähriger ist nur innerhalb der im Jugendarbeitsschutzgesetz angegebenen Zeiten zulässig.

Praxisübung

Jolanda P., 17 Jahre, ist als Vorpraktikantin in der in Trägerschaft der katholischen Kirche stehenden Einrichtung »St. Jakobus« beschäftigt. Worauf muss ihre Leiterin Ramona E. achten, wenn sie beispielsweise Elternabende, Feste und Feiern nach 20 Uhr oder kirchliche Veranstaltungen an Sonntagen plant?
Fallen Ihnen weitere Tätigkeitsfelder ein, in denen Jolanda P. besonderen Schutz genießt?

Die Ansteckungsgefahr hinsichtlich vieler Krankheiten ist in einer Kindertageseinrichtung naturgemäß beträchtlich höher als in anderen Arbeitsfeldern. Das JArbSchG soll auch vor Gefahren schützen, die mit der Ausübung der Tätigkeit einhergehen. Deswegen gilt: Sind die minderjährigen Mitarbeiterinnen und Mitarbeiter einer Kindertageseinrichtung noch vollzeitschulpflichtig, dürfen sie keiner höheren Infektionsgefährdung als die Allgemeinbevölkerung ausgesetzt sein. Sie sind rechtzeitig vor Aufnahme ihrer Tätigkeit über ausreichende Schutzmaßnahmen sowie Hygiene- und Verhaltensregeln (Händehygiene) zu informieren und darauf hinzuweisen, dass für sie bestimmte Beschäftigungseinschränkungen gelten. So sollten sie

- keinen direkten Kontakt mit Körperflüssigkeiten oder Ausscheidungen der Kinder haben

- den Kindern keine Hilfe beim Toilettengang leisten
- kein Erbrochenes aufwischen
- keine Wunden versorgen
- Körperkontakt möglichst meiden.

Bricht in der Einrichtung eine Krankheit aus, gegen die eine minderjährige Beschäftigte bzw. ein minderjähriger Beschäftigter keinen Impfschutz besitzt, hat der Arbeitgeber ihnen gegenüber ein sofortiges Beschäftigungsverbot auszusprechen.

Ist die minderjährige Mitarbeiterin bzw. der minderjährige Mitarbeiter nicht mehr vollzeitschulpflichtig, dürfen sie wie eine Vollkraft eingesetzt werden, wenn dies zur Erreichung ihres Ausbildungsziels erforderlich ist und sie dabei unter Aufsicht eines Fachkundigen stehen. Werden diese Tätigkeiten regelmäßig ausgeübt, muss der Arbeitgeber in diesen Fällen eine arbeitsmedizinische Vorsorgeuntersuchung einschließlich Impfangebot nach ArbMedVV veranlassen. Bei einem schulischen Kurzpraktikum trifft dies in der Regel aber nicht zu.

12.4 Der Schutzauftrag nach § 8 a SGB VIII

Im Rahmen des Gesetzes zur Weiterentwicklung der Kinder- und Jugendhilfe (KICK) wurde dem SGB VIII § 8 a hinzugefügt. Das Gesetzespaket trat am 1. Oktober 2005 in Kraft. In § 8 a Abs. 1 SGB VIII heißt es:

»(1) Werden dem Jugendamt gewichtige Anhaltspunkte für die Gefährdung des Wohls eines Kindes oder Jugendlichen bekannt, so hat es das Gefährdungsrisiko im Zusammenwirken mehrerer Fachkräfte einzuschätzen. Soweit der wirksame Schutz dieses Kindes oder dieses Jugendlichen nicht in Frage gestellt wird, hat das Jugendamt die Erziehungsberechtigten sowie das Kind oder den Jugendlichen in die Gefährdungseinschätzung einzubeziehen und, sofern dies nach fachlicher Einschätzung erforderlich ist, sich dabei einen unmittelbaren Eindruck von dem Kind und von seiner persönlichen Umgebung zu verschaffen. Hält das Jugendamt zur Abwendung der Gefährdung die Gewährung von Hilfen für geeignet und notwendig, so hat es diese den Erziehungsberechtigten anzubieten.«

Weiterhin schreibt der mit Einführung des BKiSchG geänderte Absatz 4 (vormals Absatz 2) den Jugendämtern vor, die Träger von Einrichtungen mit entsprechenden Vereinbarungen ins Boot zu holen:

»(4) In Vereinbarungen mit den Trägern von Einrichtungen und Diensten, die Leistungen nach diesem Buch erbringen, ist sicherzustellen, dass

1. deren Fachkräfte bei Bekanntwerden gewichtiger Anhaltspunkte für die Gefährdung eines von ihnen betreuten Kindes oder Jugendlichen eine Gefährdungseinschätzung vornehmen,

2. bei der Gefährdungseinschätzung eine insoweit erfahrene Fachkraft beratend hinzugezogen wird sowie

3. die Erziehungsberechtigten sowie das Kind oder der Jugendliche in die Gefährdungseinschätzung einbezogen werden, soweit hierdurch der wirksame Schutz des Kindes oder Jugendlichen nicht in Frage gestellt wird.

In die Vereinbarung ist neben den Kriterien für die Qualifikation der beratend hinzuzuziehenden insoweit erfahrenen Fachkraft insbesondere die Verpflichtung aufzunehmen, dass die Fachkräfte der Träger bei den Erziehungsberechtigten auf die Inanspruchnahme von Hilfen hinwirken, wenn sie diese für erforderlich halten, und das Jugendamt informieren, falls die Gefährdung nicht anders abgewendet werden kann.«

In Kapitel 7.4 haben wir bereits gesehen, dass der Begriff des Kindeswohles ein sogenannter unbestimmter Rechtsbegriff ist. Wie soll nun eine einzelne Erzieherin oder ein Erzieher feststellen, ob im konkreten Fall eine Gefährdung des Kindeswohles gegeben ist? Hier ist es wichtig, sich immer wieder vor Augen zu halten: Die Aufgabe, die § 8 a SGB VIII pädagogischen Fachkräften zuweist, besteht darin, einzuschätzen, ob eine Auffälligkeit durch Fachdienste abgeklärt werden sollte. Er gebietet insoweit eine gezielte Beobachtung, jedoch nicht die Erstellung einer Diagnose!

Die Einrichtung hat nach der gesetzlichen Vorgabe dann tätig zu werden, wenn »gewichtige Anhaltspunkte« für eine Kindeswohlgefährdung vorliegen. Wann aber ist ein Anhaltspunkt gewichtig? Immer dann, wenn er aus einer ernst zu nehmenden Quelle stammt und plausibel ist. Die Quelle kann das betroffene Kind oder jeder Dritte sein, selbst anonyme Quellen können plausible Anhaltspunkte liefern.

Beobachtung und Dokumentation

Insbesondere in unklaren Fällen kann es notwendig sein, über einen längeren Zeitraum hinweg die einzelnen Beobachtungen sorgsam und detailliert zu dokumentieren.

Dokumentation ist die systematische Zusammenstellung der Beobachtungen, ohne die die Erkenntnisse wieder vergessen oder durcheinandergebracht werden könnten. Dokumentiert werden sowohl Erkenntnisse aus systematischen als auch aus ungeplanten Beobachtungen.

Dabei gilt es unbedingt, wesentliche Standards der Dokumentation einzuhalten: Es sind immer nur Fakten zu schildern, Schlussfolgerungen haben zu unterbleiben. Angaben Dritter müssen in der indirekten Rede abgefasst sein.

Praxisübung

Gruppenleiterin Mechthild U. dokumentiert ihre Beobachtungen, die sie bei dem fünfjährigen Tom gemacht hat: »Tom kann sich seit einiger Zeit nicht mehr konzentrieren. Seine Bewegungen wirken wie getrieben. Er nimmt andere mit ihren Bedürfnissen und berechtigten Ansprüchen nicht wahr. Er berichtet von Albträumen und zieht sich oft zurück. (Sitzt mit angezogenen Knien in einer Ecke und hat die Stirn auf die verschränkten Arme gelegt.) Wie ich von Toms Oma erfahren habe, ist er zuhause hyperaktiv.«
Analysieren Sie: Was ist von dieser Dokumentation zu halten?

Liegen die Beobachtungen dokumentiert vor, kommt es zu einer Fallberatung im Team. Hier wird der Entwicklungsverlauf verfolgt und bewertet anhand von Fragen wie:

- Wann haben die Auffälligkeiten begonnen?
- Welcher Art (chronisch, vorübergehend, revolvierend in Abhängigkeit von bestimmten familiären Umständen etc.) sind sie?
- Welche Informationen haben wir über mögliche Ursachen?

Für alle Fragen, die während dieser Beratung auftauchen, kann bereits an dieser Stelle die insoweit erfahrene Fachkraft informatorisch gehört werden. Es muss dabei aber sichergestellt werden, dass die Identität des Kindes und seiner Familie nicht offenbart wird. Außerdem ist an dieser Stelle eine Prognose darüber zu treffen, inwieweit die Eltern voraussichtlich bereit und in der Lage sein werden, Hilfsangebote zu akzeptieren.

Nun ist es an der Zeit, die Eltern des Kindes in das weitere Verfahren zu integrieren, denn bereits in der Phase der Abschätzung des Gefährdungsrisikos sind nach § 8 a Abs. 4 Nr. 3 SGB VIII die Personensorgeberechtigten und das Kind verpflichtend(!) mit einzubeziehen.

Einbezug der Eltern

Auf Basis der gemeinsam im Team getroffenen und eventuell mit der insoweit erfahrenen Fachkraft anonym abgesicherten Risikoabschätzung muss die Leitung die Eltern nun zeitnah zum Gespräch bitten. In diesem Gespräch – möglicherweise mit der zuständigen Fachkraft – teilt sie den Eltern ihre Beobachtungen mit und erfragt deren Position. Die Leitung wirkt auf Problemakzeptanz und auf die Inanspruchnahme geeigneter Hilfsangebote hin. Indes: Nach dem Grundsatz der Freiwilligkeit in der Kinder- und Jugendhilfe kann die Inanspruchnahme geeigneter Hilfen nur freiwillig geschehen. Auch darüber sind die Eltern zu informieren. Werden die Hilfsangebote ausgeschlagen oder erweisen sich als nicht ausreichend, hat die Einrichtung – nach vorheriger Information der Eltern – das Jugendamt von dem Fall unter Preisgabe der Identität der Familie in Kenntnis zu setzen.

Ist eine Gefährdung des Kindeswohles zwar akut noch nicht gegeben, kann aber eine dem Wohl des Kindes entsprechende Erziehung auch nicht festgestellt werden, haben die Eltern des Kindes gemäß § 27 Abs. 1 SGB VIII Anspruch auf Hilfen zur Erziehung. Welche Hilfe im Einzelfall geeignet und notwendig ist, entscheidet das Jugendamt im Zusammenwirken mit Eltern und Kind unter Erstellung eines Hilfeplanes (siehe Kapitel 11.3).

Hat das Team die Gefährdung des Kindeswohles bejaht, sind grundsätzlich ebenfalls die Personensorgeberechtigten einzubeziehen. In diesen Fällen wird jedoch häufig die in § 8 a Abs. 4 Nr. 3 HS 2 SGB VIII geregelte Einschränkung Beachtung finden müssen, dass hierdurch ein wirksamer Schutz des Kindes nicht infrage gestellt werden darf. Folgende Ausnahmetatbestände erlauben und gebieten es sogar, vom vorgeschriebenen Procedere der Einbeziehung der Personensorgeberechtigten bzw. dem Grundsatz der Freiwilligkeit abzusehen:

Ausnahme: Verzicht auf Freiwilligkeit bei akuter Gefährdung

Ist das Kind in einer akuten Gefahrensituation wie beispielsweise ein schlechter Gesundheits- oder Ernährungszustand, kann das zuständige Jugendamt über einen Antrag beim Familiengericht ambulante oder stationäre Maßnahmen auch gegen den Willen der Eltern durchsetzen.

Ausnahme: Verzicht bei Gefahr von Gewalt gegen das Kind

Stellt der Einbezug der Eltern eine Gefahr für das Kind dar, beispielsweise in den Fällen des Verdachtes auf körperliche oder sexuelle Gewalt gegen das Kind, hat er zu unterbleiben. Zu Beweiszwecken sollten die diesbezüglichen Verdachtsmomente mit der insoweit erfahrenen Fachkraft eingehend erörtert und für spätere Ermittlungstätigkeiten der Strafverfolgungsbehörden detailliert dokumentiert werden.

Die Hinzuziehung einer insoweit erfahrenen Fachkraft

Kommt die Risikoabschätzung zum Ergebnis, dass eine Kindeswohlgefährdung anzunehmen bzw. nicht auszuschließen ist, verlangt das Gesetz nun die Hinzuziehung einer »insoweit erfahrenen Fachkraft«, der nun auch die Identität der Familie offenbart werden kann. Je nach Anhaltspunkt der Gefährdung des Kindes können dies eine Sozialarbeiterin, ein Psychologe und/oder eine Ärztin sein, denn oftmals ist spezielles Fachwissen – beispielsweise über psychische Erkrankungen, medizinische Zusammenhänge oder die besondere Familiendynamik in Gewaltfamilien – erforderlich, um Gefährdungen einschätzen zu können. Diese Fachkraft kann entweder von außen hinzugezogen oder aber nach Absprache mit dem Jugendamt vom Träger gestellt werden. Bei der Auswahl ist aber stets zu beachten, dass die in der Vereinbarung mit dem Jugendamt nach § 8a Abs. 4 SGB VIII geforderten Kriterien der Qualifikation der insoweit erfahrenen Fachkraft eingehalten sind. Die insoweit erfahrene Fachkraft ist ausschließlich beratend tätig. Die Fallverantwortung verbleibt stets bei der Einrichtung!

Aktuelle Rechtsprechung

Eine Vernachlässigung liegt in der Regel im Unterlassen von Pflege und Erziehung. Sie ist deshalb in ständiger Rechtsprechung anzunehmen bei:

- Fehlender notwendiger Hygiene und Körperpflege, unzureichender Ernährung des Kindes und mangelnder Flüssigkeitszufuhr (BayObLG FamRZ 1989, 421, 422)
- Nichtbehandlung von Krankheiten und Verhaltensstörungen (BayObLG FamRZ 1997, 1553, 1554)
- Unfähigkeit, dafür zu sorgen, dass sich das Kind altersgerecht psychomotorisch entwickelt (OLG Celle ZfJ 2005, 373, 375)
- Vollständigem Überlassen des Kindes an Dritte, vor allem Verwandte (OLG Düsseldorf FamRZ 1964, 456 ff).

12.5 Jugendschutz im Strafgesetzbuch

Das Strafgesetzbuch (StGB) kennt eine ganze Reihe von Normen, die dem Schutz von Kindern und Jugendlichen dienen:

- § 171 StGB Verletzung der Fürsorge- und Erziehungspflicht
- § 174 StGB Sexueller Missbrauch von Schutzbefohlenen
- § 176 StGB Sexueller Missbrauch von Kindern
- § 176 a StGB Schwerer sexueller Missbrauch
- § 176 b StGB Sexueller Missbrauch von Kindern mit Todesfolge
- § 180 StGB Förderung sexueller Handlungen Minderjähriger
- § 182 StGB Sexueller Missbrauch Jugendlicher
- § 184 StGB Verbreitung pornographischer Schriften
- § 184 b StGB Verbreitung, Erwerb und Besitz pornographischer Schriften
- § 184 c StGB Verbreitung, Erwerb und Besitz jugendpornographischer Schriften
- § 184 f StGB Jugendgefährdende Prostitution
- § 221 StGB Aussetzung
- § 225 StGB Misshandlung von Schutzbefohlenen.

Das Sexualstrafrecht

Insbesondere die Normen des Sexualstrafrechtes können für pädagogische Fachkräfte bedeutsam sein, wenn es etwa um die Betreuung älterer Kinder und Jugendlicher bei Ferienfreizeiten etc. geht. Aber auch in einer Kita kann das Thema unvermutet Bedeutung erlangen:

Ende 2008 kam es zu Tumulten in einer Kita in Duisburg. Einige Kinder zogen sich immer wieder aus und rannten nackt durch die Einrichtung. Als dies zu Beschwerden einiger Eltern führte, fanden die Erzieherinnen eine vermeintliche Lösung: Die Kinder, die sich ausziehen wollten, konnten dies in einem separaten Raum tun, wo sie anschließend miteinander spielten. Nun wollten allerdings einige Eltern wissen, dass es dort zu sexuellen Handlungen der Kinder untereinander gekommen war und erstatteten Strafanzeige.

Die Normen des Sexualstrafrechtes (§§ 172–184 StGB) schützen – die Überschrift zeigt es an – die sexuelle Selbstbestimmung. Geschütztes Rechtsgut ist also nicht etwa, wie man meinen könnte, die allgemeine Sittlichkeit, sondern die Freiheit der Entscheidung über die geschlechtliche Betätigung, ferner die ungestörte sexuelle Entwicklung des jungen Menschen und der Schutz vor schwerwiegenden sexuellen Belästigungen.

Die Aufsichtspflicht beinhaltet auch die Pflicht, die sexuelle Selbstbestimmung des Kindes zu achten und zu schützen. Zentraler Begriff des Sexualstrafrechtes ist der der sexuellen Handlung, der in § 184 g StGB legaldefiniert ist:

Eine **sexuelle Handlung** erfasst solche Handlungen, die im Hinblick auf das verletzte Rechtsgut von einiger Erheblichkeit sind. Er umfasst auch homosexuelle Handlungen. Darüber hinaus setzt das Merkmal »vor einem anderen« voraus, dass der andere den Vorgang wahrnimmt.

Ähnlich wie bei Geschäfts- und Deliktfähigkeit teilt das Gesetz die Opfer nach Altersstufen ein:

Kinder bis 14 Jahren

§ 176 StGB stellt jede sexuelle Handlung an Kindern unter 14 Jahren unter Strafe. Täter kann ein Jugendlicher oder Erwachsener sein. Der Versuch ist strafbar. Auf ein etwaiges Einverständnis kommt es nicht an. Das zu verhängende Strafmaß richtet sich nach der Schwere der Tat (Geldstrafe oder Freiheitsstrafe bei Taten nach § 176 StGB; Freiheitsstrafe in den Fällen der §§ 176 a, 176 b).

Sexuelle Betätigung von Kindern unter 14 Jahren untereinander bei Doktorspielen oder, wie in unserem vorhergehenden Beispiel vermutet, ist nicht strafbar.

Jugendliche zwischen 14 und unter 16 Jahren

In diesem Altersrahmen sind zwei Normen von besonderer Bedeutung: § 174 Abs. 1 Nr. 1 StGB stellt den sexuellen Missbrauch Schutzbefohlener unter Strafe. Dieser ist gegeben, wenn der Schutzbefohlene noch nicht 16 Jahre alt und dem Täter zur Erziehung, Ausbildung oder Betreuung in der Lebensführung anvertraut ist. Gemäß § 174 Abs. 4 StGB ist jedoch das Verhalten des Schutzbefohlenen zu berücksichtigen. Unter Umständen kann das Gericht danach von Strafe absehen, wenn bei Berücksichtigung des Verhaltens des Schutzbefohlenen das Unrecht der Tat gering erscheint.

§ 180 StGB schützt die ungestörte geschlechtliche Entwicklung des Minderjährigen, indem er unter Strafe stellt: Das Vorschubleisten sexueller Handlungen mit einer Person unter 16 Jahren durch

1. Vermittlung oder
2. Gewähren oder
3. Verschaffen einer Gelegenheit.

> Ein solches Vorschubleisten wäre etwa gegeben, wenn die Erzieherinnen und Erzieher bei einer Ferienfreizeit die Schlafräume oder Zelte gemischt-geschlechtlich einteilen.

Jugendliche zwischen 16 und unter 18 Jahren

Auch hier sind im Wesentlichen zwei Normen in den Blick zu nehmen: § 174 Abs. 1 Nr. 2 StGB stellt die missbräuchliche Ausnutzung eines Abhängigkeitsverhältnisses zum Zwecke sexueller Handlungen unter Strafe.

§ 182 StGB bestraft den sexuellen Missbrauch Jugendlicher, wenn eine Person eine andere Person unter 18 Jahren dadurch missbraucht, dass sie unter Ausnutzung einer Zwangslage sexuelle Handlungen vornimmt oder vornehmen lässt.

Die wichtigste Norm des Jugendschutzes ist das Jugendschutzgesetz (JuSchG). Es regelt den Verkauf, die Abgabe und den Konsum von Tabak und Alkohol, die Abgabe (Verkauf und Verleih) von Filmen und Computerspielen sowie den Aufenthalt in Gaststätten und bei Tanzveranstaltungen. Wichtig zu wissen: Es gilt nur in der Öffentlichkeit, also im Kino, in der Disko, auf Straßen und Plätzen, in Gaststätten etc. Öffentlich bedeutet in diesem Zusammenhang: Es ist nicht entscheidend, ob 10 oder 1.000 Personen kommen; entscheidend ist, ob die Veranstaltung frei zugänglich ist.

§ 1 Abs. 1 Nr. 4 JuSchG gibt die Möglichkeit, für die Begleitung von Jugendlichen unter 18 Jahren eine erziehungsbeauftragte Person zu benennen. Nach dieser Regelung werden für Kinder und Jugendliche in Begleitung einer erziehungsbeauftragten Person bestimmte zeitliche Begrenzungen getroffen. Die erziehungsbeauftragte Person muss volljährig und darf wegen des damit verbundenen Autoritätsverhältnisses kein Freund oder eine Freundin sein.

Eine weitere Schutzvorschrift für Kinder und Jugendliche ist das Jugendarbeitsschutzgesetz. Es gilt für alle Jugendlichen unter 18 Jahren. Es gelten hier andere Altersgrenzen als im übrigen Recht. Jugendliche im Arbeitsleben haben bestimmte Rechte, die über die eines Erwachsenen hinausgehen – insbesondere in den Bereichen Freizeit, Nachtruhe und Infektionsschutz.

Die zentrale Norm allen Kinder- und Jugendschutzes im Bereich der Kinder- und Jugendhilfe ist der Schutzauftrag des § 8 a SGB VIII. Die Aufgabe, die § 8 a SGB VIII pädagogischen Fachkräften zuweist, besteht darin zu erkennen, ob eine Auffälligkeit durch Fachdienste abgeklärt werden sollte. Diese Norm gebietet insoweit eine gezielte Beobachtung, jedoch nicht die Erstellung einer Diagnose, da der Begriff der Gefährdung des Kindeswohles ein sogenannter unbestimmter Rechtsbegriff ist. Liegen die Beobachtungen dokumentiert vor, kommt es zu einer Fallberatung im Team, bei der zu prüfen ist, ob die Eltern in die Gefährdungsbeurteilung mit einbezogen werden müssen. Kommt die Leitung bzw. das Team weiterhin zu der Einschätzung, dass eine Kindeswohlgefährdung anzunehmen oder nicht auszuschließen ist, verlangt das Gesetz die Hinzuziehung einer »insoweit erfahrenen Fachkraft«. Ihre Aufgabe ist es, ausschließlich beratend Leitung und Team bei der Risikoeinschätzung zu unterstützen. Die Fallverantwortung verbleibt stets bei der Einrichtung.

Weiterführende Links

www.bundespruefstelle.de
www.bzga.de
www.dksb.de
www.fsk.de
www.handbuch-jugendschutz.de
www.jugendschutzaktiv.de
www.klicksafe.de
www.time4teen.de
www.usk.de
www.watchyourweb.de

13. Das Jugendstrafrecht

»Als Jugendkriminalität werden im Allgemeinen strafrechtlich relevante Verstöße junger Menschen im Alter von 14 Jahren bis unter 21 Jahren bezeichnet. Die herrschende Definition richtet sich nach dem Altersrahmen des Jugendstrafrechts, das auf Jugendliche ab 14 bis unter 18 Jahren sowie – unter bestimmten Voraussetzungen – auch auf Heranwachsende ab 18 bis unter 21 Jahren angewendet werden kann. Delinquentes Verhalten junger Menschen lässt sich seit der Einführung von Kriminalstatistiken für alle sozialen Schichten und für alle westlichen Länder gehäuft nachweisen, ist somit ein im statistischen Sinne ›normales‹ Phänomen. Es bleibt nach gesicherten wissenschaftlichen Erkenntnissen in der Regel auf den Entwicklungsabschnitt des Erwachsenwerdens begrenzt. Selten entwickeln sich kriminelle Karrieren mit fortgesetzten schweren Straftaten, wie dem 1. Periodischen Sicherheitsbericht der Bundesregierung zu entnehmen ist. Im Vordergrund der öffentlichen Diskussion über Jugendkriminalität stehen oft die jungen Intensiv- und Gewalttäter, insbesondere wegen ihrer großen Bedeutung für das Sicherheitsgefühl der Bevölkerung.« (www.destatis.de)

Will man die Besonderheiten des Jugendstrafrechtes verstehen, ist es unumgänglich, sich mit den Prinzipien des Strafrechtes überhaupt vertraut zu machen. Insbesondere muss der Frage nachgegangen werden, welchen Sinn Strafe überhaupt hat bzw. ob und wenn ja welchen Zweck eine Gesellschaft mit der Verhängung von Strafen verfolgt.

Praxisübung

Welchen Sinn hat Strafe überhaupt? Führen Sie in Ihrem Team ein Brainstorming durch, indem
1. jede Idee sofort kurz und knapp ausgesprochen und nicht bewertet, kritisiert oder diskutiert wird
2. die Ideen gesammelt werden
3. abschließend die Ideen gesichtet, geordnet, bewertet und eventuell Oberbegriffe gefunden werden.

Zur Frage des Zwecks von Strafe gibt es in der Rechtslehre unterschiedliche Theorien:

13.1   Die absolute Straftheorie

Die absolute Straftheorie leugnet die Legitimation jeglicher Zweckverfolgungen mit Strafe. Strafe findet hiernach allein rückwärts betrachtet ihre Legitimation. Sie hat zweckfrei – eben absolut – zu sein. Die absolute Straftheorie will nur einen Grund für die Strafe, keinen Zweck abgeben. Der wichtigste Vertreter der absoluten Straftheorie war Immanuel Kant (1724–1804). In seinem Werk »Metaphysik der Sitten« schreibt er: »Richterliche Strafe [...] muss jederzeit nur darum wider ihn [den Verbrecher] verhängt werden, weil er verbrochen hat.« Nach dieser Ansicht wird Strafe um des reinen Strafens willen verhängt, ein staatlicher oder individueller Nützlichkeitszweck ist damit nicht verbunden. Kant formuliert seine Theorie bis in die letzte Konsequenz: »Selbst, wenn sich die bürgerliche Gesellschaft mit aller Glieder Einstimmung auflöste (z. B. das eine Insel bewohnende Volk beschlösse, auseinanderzugehen, und sich in alle Welt zu zerstreuen), müsste der letzte im Gefängnis befindliche Mörder vorher hingerichtet werden, damit jedermann das widerfahre, was seine Taten wert sind ...« (S. 175).

In dieser Straftheorie hat die Befriedigung persönlicher Rache- oder Genugtuungsbedürfnisse keinen Platz; die Strafe dient allein der Verwirklichung von Gerechtigkeit, indem sie Übel mit Übel vergilt.

13.2 Die relative Straftheorie

Die relative Straftheorie gibt es in vielen Ausprägungen. Gemeinsam ist ihnen, dass sie sich für Bestrafung aussprechen, damit zukünftig keine neuen Verbrechen begangen werden. Unterschiede bestehen vor allem in der Festlegung des Zwecks von Strafe. So wollen die einzelnen Ausgestaltungen

- andere vor ähnlichen Taten abschrecken (negative Generalprävention)
- das beeinträchtigte Rechtsbewusstsein der Allgemeinheit aufrichten (positive Generalprävention)
- den einzelnen Täter vor einer Wiederholung abschrecken bzw. die Gesellschaft vor ihm sichern (negative Individual- oder Spezialprävention)
- den einzelnen Täter positiv beeinflussen, ihn resozialisieren, um ihn so von einer Straftatwiederholung abzuhalten (positive Individual- oder Spezialprävention).

13.3 Die Vereinigungstheorie

Nach einer Entscheidung des Bundesverfassungsgerichtes vom 21. Juni 1977 ist oberstes Ziel aller Strafe, »die Gesellschaft vor sozialschädlichem Verhalten zu bewahren und die elementaren Werte des Gemeinschaftslebens zu schützen.«

Strafe darf danach gerade kein Selbstzweck sein, die absolute Straftheorie Kants ist also überwunden. Strafe ist nach dieser Auffassung deshalb legitim, weil sie in einem Notwehrrecht des Staates zur Abwehr sozialschädlicher Verhaltensweisen begründet ist. Welche Zwecke der Strafe vorherrschend sein sollten, darüber besteht Uneinigkeit. Ausgangspunkt allen Strafens ist die Tat, in deren Umfang der Verletzungen / Schädigungen und in deren subjektiver Tatschuld sie auch ihre Grenze findet, denn – so das Bundesverfassungsgericht – nur die schuldangemessene Strafe ist auch gerecht:

»Das geltende Strafrecht und die Rechtsprechung der deutschen Gerichte folgen weitgehend der sogenannten Vereinigungstheorie, die – allerdings mit verschiedenen gesetzten Schwerpunkten – versucht, sämtliche Strafzwecke in ein ausgewogenes Verhältnis zueinander zu bringen. Dies hält sich im Rahmen der dem Gesetzgeber von verfassungswegen zukommenden Gestaltungsfreiheit, einzelne Strafzwecke anzuerkennen, sie gegeneinander abzuwägen und miteinander abzustimmen. Demgemäß hat das Bundesverfassungsgericht in seiner Rechtsprechung nicht nur den Schuldgrundsatz betont, sondern auch die anderen Strafzwecke anerkannt. Schuldausgleich, Prävention, Resozialisierung des Täters, Sühne und Vergeltung für begangenes Unrecht werden als Aspekte einer angemessenen Strafsanktion bezeichnet« (BVerfGE 39, 1 (46)).

Ausprägung dieses Gedankens ist § 46 StGB: »Die Schuld des Täters ist Grundlage für die Zumessung der Strafe. Die Wirkungen, die von der Strafe für das künftige Leben des Täters in der Gesellschaft zu erwarten sind, sind zu berücksichtigen.«

Indes: Ob die beabsichtigten Strafzwecke im Einzelfall auch erreicht werden, ist schwierig festzustellen bzw. zu messen. Insbesondere wird angezweifelt, ob potenzielle Täter durch die Androhung von Strafen abgeschreckt werden können.

13.4 Der Täter-Opfer-Ausgleich

Da sämtliche bislang vorgestellte Straftheorien allerdings das primäre Interesse des Opfers auf Wiedergutmachung außer Acht lassen, hat sich in jüngerer Zeit ein neuer Aspekt des Strafens herausgebildet: Nach Studien wollen 80 bis 90 Prozent der Opfer von Straftaten nämlich nicht primär eine Bestrafung des Täters erreichen; viel wichtiger ist ihnen, dass der Täter den Schaden wiedergutmacht und sich das Geschehen nicht wiederholt. Indem der Täter mit dem Opfer konfrontiert wird, muss er sich mit den Folgen seiner Tat auseinandersetzen. Die Wiedergutmachung begünstigt zum einen seine Resozialisierung, zum anderen ist dem Gerechtigkeitsempfinden von Opfer und Allgemeinheit Genüge getan. Zu beachten ist jedoch, dass der Täter-Opfer-Ausgleich bei schweren Straftaten sowie bei Wiederholungstätern nicht das geeignete Mittel sein kann.

13.5 Die Besonderheiten des Jugendstrafrechtes

Die Altersgrenzen des Jugendgerichtsgesetzes

Die Strafbarkeit von Jugendlichen und Heranwachsenden regelt das Jugendgerichtsgesetz (JGG). Es ist laut § 2 Abs. 2 JGG Spezialnorm zum StGB, geht ihm also vor! Das JGG schreibt die Strafbarkeitsgrenze auf 14 Jahre fest. Ist der Täter bei Begehung der Tat jünger, ist er stets schuldunfähig. Er kann nicht verurteilt werden, es besteht lediglich die Möglichkeit der erzieherischen Einflussnahme durch spezielle Einrichtungen. Mit Vollendung des 14. Lebensjahres greift § 3 JGG, der besagt: »Ein Jugendlicher ist strafrechtlich verantwortlich, wenn er zur Zeit der Tat nach seiner sittlichen und geistigen Entwicklung reif genug ist, das Unrecht der Tat einzusehen und nach dieser Einsicht zu handeln.«

Strafmündigkeit ist demnach kein Automatismus, der mit Erreichen einer bestimmten Altersgrenze eintritt, sondern verlangt die Prüfung, ob der Jugendliche zur Tatzeit in der Lage war, das Unrecht seines Verhaltens einzusehen.

Das Jugendgerichtsgesetz normiert das Strafverfahren gegen Jugendliche (zwischen 14 und 18 Jahren) und Heranwachsende (zwischen 18 und 21 Jahren). Für Heranwachsende schreibt das JGG vor, dass sie grundsätzlich wie Erwachsene bestraft werden sollen – es sei denn, die Persönlichkeit des Täters steht noch einem Jugendlichen gleich und es liegt eine sogenannte typische Jugendverfehlung vor (§ 105 Abs. 1 JGG).

Der Erziehungsgedanke des Jugendgerichtsgesetzes

Was ist nun so anders im Jugendstrafrecht? Seit Inkrafttreten des Jugendgerichtsgesetzes steht der Erziehungsgedanke des § 2 Abs. 1 im Vordergrund allen Strafens: Neuen Straftaten soll entgegengewirkt werden. Dem Erziehungsgedanken des JGG liegt die Auffassung von Juristen, Soziologen und Kriminologen zugrunde, dass die Neigung zu kriminellen Handlungen ein Phänomen ist, das oft mit dem Eintritt in das Erwachsenenalter wieder verschwindet.

Eine Ausprägung dieses Erziehungsgedankens ist das Prinzip des schnellen Verfahrens: Die Strafe soll der Tat möglichst auf dem Fuße folgen. Ein oft mehrmonatiger Zeitraum zwischen Tat und Verurteilung, wie er im Erwachsenenstrafrecht die Regel ist, wird im Jugendstrafrecht vermieden.

Außerdem ist es gesicherte Erkenntnis, dass es wirkungsvoller ist, mit »Warnschüssen« auf leichtere Delikte von Jugendlichen zu reagieren, als sie mit harten und vor allem langen Strafen in ein kriminelles Milieu zu drängen. Der Jugendliche soll vielmehr die Chance haben, aus einer Straftat einigermaßen »heil« wieder herauszukommen. Auf Sühne, Vergeltung, das Rechtsgefühl der Allgemeinheit kommt es – wenn überhaupt – erst in zweiter Linie an.

Die Sanktionen des Jugendgerichtsgesetzes

Das Jugendgerichtsgesetz sieht eine Reihe von Sanktionen vor, die in Abhängigkeit von der Schwere der Verfehlung gestaffelt sind.

Erziehungsmaßregeln

In leichten Fällen kommen sogenannte Erziehungsmaßregeln wie Verwarnung, Erbringung von Arbeitsleistungen, die Betreuung und Aufsicht durch einen Betreuungshelfer, Teilnahme an einem Täter-Opfer-Ausgleich und die Erteilung von Auflagen (sog. Weisungen nach § 10 JGG) in Betracht.

Weisungen

Weisungen sind Gebote und Verbote, welche die Lebensführung des Jugendlichen regeln und dadurch seine Erziehung fördern und sichern sollen. Dabei dürfen an die Lebensführung des Jugendlichen keine unzumutbaren Anforderungen gestellt werden.

Der Richter kann dem Jugendlichen insbesondere auferlegen

- Weisungen zu befolgen, die sich auf den Aufenthaltsort beziehen
- bei einer Familie oder in einem Heim zu wohnen
- eine Ausbildungs- oder Arbeitsstelle anzunehmen
- Arbeitsleistungen zu erbringen
- sich der Betreuung und Aufsicht einer bestimmten Person (Betreuungshelfer) zu unterstellen
- an einem sozialen Trainingskurs teilzunehmen
- den Verkehr mit bestimmten Personen oder den Besuch von Gast- oder Vergnügungsstätten zu unterlassen
- an einem Verkehrsunterricht teilzunehmen

- sich zu bemühen, einen Ausgleich mit dem Verletzten zu erreichen (Täter-Opfer-Ausgleich).

Der Gesetzgeber hat den Täter-Opfer-Ausgleich im Jugendstrafrecht ausdrücklich in den Katalog der Sanktionen sowie als vorgreifenden Einstellungsgrund aufgenommen: Bemüht sich der jugendliche Täter um einen Ausgleich mit dem Verletzten, kann nach dem JGG das Verfahren vor der Hauptverhandlung eingestellt werden. Damit ist dem Opfer am meisten gedient. Schwere Delikte sind vom Täter-Opfer-Ausgleich ausgenommen.

Darüber hinaus kann der Richter dem Jugendlichen auch mit Zustimmung des Erziehungsberechtigten und des gesetzlichen Vertreters auferlegen, sich einer heilerzieherischen Behandlung durch einen Sachverständigen oder einer Entziehungskur zu unterziehen.

Erziehungsbeistandschaft

Des Weiteren kommt die Erziehungsbeistandschaft nach § 12 Nr. 1 JGG in Betracht. Sie soll einer Verwahrlosung des Jugendlichen aufgrund von Entwicklungsproblemen vorbeugen. Der Erziehungsbeistand wird vom Jugendamt eingesetzt. Er ist nicht weisungsgebunden, hat jedoch auch keine Möglichkeit, den Jugendlichen zu dem gewünschten Verhalten zu zwingen. Die Erziehungsbeistandschaft steht unter dem strengen Erfordernis des Verhältnismäßigkeitsgrundsatzes und endet mit Eintritt der Volljährigkeit.

Heimerziehung

Heimerziehung ist in § 34 SGB VIII definiert als Erziehungshilfe über Tag und Nacht. Auch hier gilt der Verhältnismäßigkeitsgrundsatz: Ist ein weniger einschneidendes Mittel wie beispielsweise ambulante Hilfe gleichermaßen geeignet, geht dieses der Heimerziehung vor. Heimerziehung ist auch keine Alternative zum Arrest. Sind verfestigte kriminelle Neigungen erkennbar, ist nach § 17 JGG Jugendstrafe zu verhängen – schon, um einen negativen Einfluss auf andere Heimbewohner zu vermeiden.

Zuchtmittel

Reichen Erziehungsmaßregeln nicht aus, können Zuchtmittel angewendet werden. Diese bestehen in der Verwarnung nach § 14 JGG, der Auflage nach § 15 JGG (z. B. Auflage der Schadenswiedergutmachung und Geldbuße) und des Jugend-

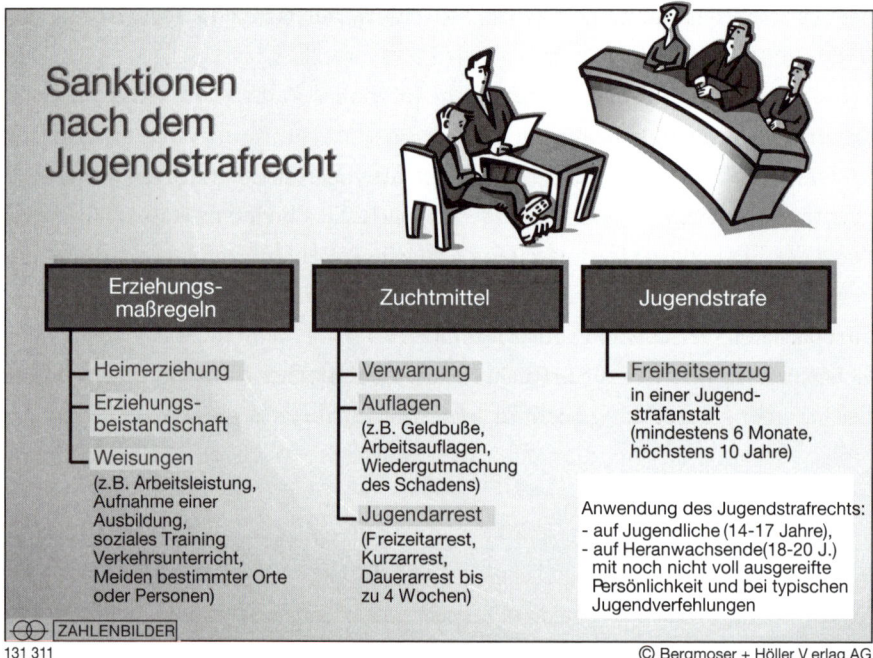

Sanktionen nach dem Jugendstrafrecht

Erziehungsmaßregeln	Zuchtmittel	Jugendstrafe

— Heimerziehung
— Erziehungsbeistandschaft
— Weisungen
(z.B. Arbeitsleistung, Aufnahme einer Ausbildung, soziales Training Verkehrsunterricht, Meiden bestimmter Orte oder Personen)

— Verwarnung
— Auflagen
(z.B. Geldbuße, Arbeitsauflagen, Wiedergutmachung des Schadens)
— Jugendarrest
(Freizeitarrest, Kurzarrest, Dauerarrest bis zu 4 Wochen)

— Freiheitsentzug
in einer Jugendstrafanstalt
(mindestens 6 Monate, höchstens 10 Jahre)

Anwendung des Jugendstrafrechts:
- auf Jugendliche (14-17 Jahre),
- auf Heranwachsende(18-20 J.) mit noch nicht voll ausgereifte Persönlichkeit und bei typischen Jugendverfehlungen

ZAHLENBILDER
131 311   © Bergmoser + Höller V erlag AG

arrestes nach § 16 JGG. Hier wird unterschieden in Freizeitarrest, Kurzarrest und Dauerarrest bis zu vier Wochen. Angesichts einer Rückfallquote von 70 Prozent ist die Wirksamkeit von Arresten umstritten.

Jugendstrafe

Die eigentliche Kriminalstrafe bildet eher die Ausnahme im Gefüge der Strafen des JGG. Sie bedeutet Freiheitsentzug in einer Jugendhaftanstalt von sechs Monaten bis fünf Jahren – im schlimmsten Fall, wie einem Mord, zehn Jahre Jugendhaft. Sie wird verhängt, wenn bei dem Jugendlichen sogenannte »schädliche Neigungen« vorliegen und wegen Schwere der Schuld andere Bestrafungsmöglichkeiten nicht in Betracht kommen bzw. ausgeschöpft sind. Im Jugendstrafvollzug wird versucht, dem Jugendlichen einen Schulabschluss oder eine Ausbildung zu vermitteln.

Sicherungsverwahrung als ultima ratio (= letztes Mittel)

Vor dem Hintergrund, dass schwerste Verbrechen von immer jüngeren Menschen verübt werden, ist in diesen Fällen insbesondere bei Rückfalltätern auch die Sicherungsverwahrung möglich. Sie setzt voraus, dass eine Jugendstrafe von mindestens sieben Jahren verhängt wird und zwei Sachverständigen-Gutachten vorliegen, denen zufolge der Jugendliche mit hoher Wahrscheinlichkeit auch in Zukunft gefährlich bleiben wird.

Anders als im Erwachsenenstrafrecht ist für Jugendliche prinzipiell nur eine nachträgliche Sicherungsverwahrung möglich. Das bedeutet, dass nach Verbüßung der Freiheitsstrafe ein weiterer Freiheitsentzug angeordnet wird. Hiergegen bestehen erhebliche verfassungsrechtliche Bedenken, die seit dem Urteil des Europäischen Gerichtshofes für Menschenrechte, demzufolge die nachträgliche Sicherungsverwahrung für Erwachsene menschenrechtswidrig ist, in absehbarer Zeit zu einer Neuregelung auch für Jugendliche führen könnten.

Praxisübung

Im April 2012 hat die Bundesregierung den Gesetzesentwurf zum sogenannten »Warnschussarrest« verabschiedet. Recherchieren Sie hierzu und setzen Sie sich eingehend mit dem hiermit verfolgten Ziel auseinander, um die Vor- und Nachteile eines solchen Arrestes darzulegen.

Das Verfahren in Jugendstrafsachen

Das Jugendstrafverfahren weist im Unterschied zum Erwachsenenstrafverfahren eine ganze Reihe von Besonderheiten auf. Nicht nur richten in aller Regel Jugendrichter bzw. Jugendschöffengericht über den Jugendlichen, es werden auch eigens ausgebildete Jugendstaatsanwälte tätig. Während des gesamten Verfahrens ist die Jugendgerichtshilfe zu beteiligen. Sie trägt dazu bei, die Persönlichkeit und den familiären Hintergrund des Jugendlichen zu ergründen und bezieht Stellung zu den Maßnahmen, die das Gericht ergreifen will.

In diesem Zusammenhang sei darauf hingewiesen, dass Erzieherinnen und Erziehern kein strafprozessuales Zeugnisverweigerungsrecht zuerkannt wird. Die Hauptverhandlung findet unter Ausschluss der Öffentlichkeit statt, da der persönliche Lebensbereich des Jugendlichen geschützt werden soll. Die Möglichkeiten der Untersuchungshaft sind eingeschränkt, die der Pflichtverteidigung erweitert. Um das Verfahren zu einem schnellen Ende zu bringen, was dem Rechtsfrieden des Jugendlichen dient, sind die Rechtsmittelmöglichkeiten eingeschränkt.

13.6 Jugend und Devianz: Ursachen und Prävention

Entgegen aller »gefühlten« Trends stimmt es nicht, dass immer mehr Jugendliche Straftaten begehen und dabei immer gewalttätiger werden. Die Polizeiliche Kriminalstatistik (PKS) weist einen Rückgang der Jugendgewalt seit 2004 aus. Auch die Intensität der Gewalt hat danach nicht zugenommen, sie findet lediglich erhöhte Aufmerksamkeit in der Gesellschaft.

Experten gehen davon aus, dass Ursache von Jugendgewalt in erster Linie die fehlgeschlagene Sozialisation im Elternhaus ist. Als primäre Sozialisationsinstanz bringt die Familie einem Kind die Werte und Regeln nahe, die es in die Lage versetzen, in der Gemeinschaft zurechtzukommen. Ist diese Instanz unzuverlässig, werden die Kinder nicht gefördert, hohen Belastungen ausgesetzt oder selbst Opfer von Gewalt; sind die finanziellen und sozialen Rahmenbedingungen der Familie unzureichend, ist dieser Sozialisationsprozess nachhaltig gestört. Kinder aus solchen Familien weisen ein erhöhtes Risiko auf, sich langfristig kriminell zu entwickeln. Soziologen nennen hier als wesentliche Aspekte die »Unvollständigkeit« der Familie, die Desintegration der Familie (d.h. mangelnder Zusammenhalt und Disharmonie in der Familie) und das elterliche Erziehungsverhalten. Die effektivste Prävention beginnt daher in Elternhaus und Kindertageseinrichtung.

Im Prozess der sekundären Sozialisation kommt dem Freundeskreis, der Peergroup, eine besondere Bedeutung zu. In ihrer Gleichaltrigengruppe finden die Jugendlichen die Möglichkeit zum sozialen Lernen, die ihnen die Familie häufig nicht (mehr) gewährt. Weisen diese Peers eine egozentrische Gruppenhaltung auf, ist das Risiko für deviantes Verhalten besonders hoch: Wie eine Schülerbefragung des Kriminologischen Forschungsinstitutes Niedersachsen ergeben hat, gehören gewalttätige Jugendliche zu 75 Prozent stark devianten Cliquen an. Deren Anteil an der Gesamtheit der Cliquen beträgt jedoch lediglich 6,6 Prozent.

»Gruppenzwang erhöht die Gewaltbereitschaft

Während die Statistiken in der Tendenz einen Rückgang der Jugendkriminalität zeigen, ist der Anteil junger Menschen an Gewaltverbrechen immer noch alarmierend hoch. In Bayern wurden 41,9 Prozent der Gewalttaten von unter 21-Jährigen begangen, dabei hat diese Gruppe nur einen Anteil von 26 Prozent an allen Verdächtigen. In Berlin gehen gar 42,9 Prozent der Gewaltverbrechen auf das Konto der jungen Menschen, in Hamburg 42,8 Prozent. In der Hansestadt wurden 2007 fast hundert

Fälle mehr registriert als 2006. Wissenschaftliche Studien bestätigen den Zusammenhang zwischen Alkoholkonsum und erhöhter Gewaltbereitschaft. Gruppenzwang ist oft entscheidend. Wer durch heftige Auseinandersetzungen mit der Polizei auffällt, ist meist betrunken und nicht allein. In einigen Ländern waren mehr als 60 Prozent derjenigen, die sich des Widerstands gegen die Staatsgewalt schuldig machten, alkoholisiert. ›Alkohol ist der Katalysator für Gewalt und gegenseitiges Hochschaukeln in der Gruppe‹, sagt Innenminister Rech. Baden-Württemberg hat sich deshalb als erstes Bundesland entschlossen, ein Gesetz auf den Weg zu bringen, das den Verkauf von Alkohol an Tankstellen, Supermärkten und Kiosken nach 22 Uhr bis 5 Uhr morgens verbietet.« (welt online vom 10.03.2008)

Hier geht es um Prävention. Prävention kann in Primärprävention, Sekundärprävention und Tertiärprävention unterschieden werden.

Primärprävention ist die Verinnerlichung von Werten und Normen, wie sie durch die Erziehung im Elternhaus, im Kindergarten oder in der Schule erfolgt, sowie durch Jugendhilfemaßnahmen wie soziale Trainingskurse und sozialpädagogische Einzelbetreuung.

Sekundärprävention ist die Veränderung von Gelegenheitsstrukturen. Hierzu zählen die technische Prävention wie Videoüberwachung und Ausleuchtung von Straßen und Plätzen, die Einrichtung von Disko-Bussen und Nachttaxis.

Die **Tertiärprävention** ist die Gegensteuerung durch strafprozessuale Maßnahmen.

Praxisübung

In Anbetracht der jüngsten gewalttätigen Übergriffe von Jugendlichen gegen unbeteiligte Passanten wird immer wieder
a) die Forderung nach Videoüberwachung von öffentlichen Straßen und Plätzen
b) die Forderung nach härteren Strafen, also der Verschärfung des Jugendstrafrechtes
laut. Was ist von diesen Forderungen zu halten? Bilden Sie jeweils Positions- und Streitlinien und diskutieren Sie.

Fast alles, was wir über »die Jugend« uns deren Kulturen wissen, wissen wir aus den Medien. Diese sind aber vor allem an Extremem und Negativem interessiert. Sie leben davon, stets das Außergewöhnliche, nicht Alltägliche in den Vordergrund zu rücken und zur Normalität zu erheben: Drei betrunkene Rechtsradikale, die »Sieg Heil« grölend durch ein Dorf laufen, erfahren so eine bundesweite Medienresonanz; eine Jugendgruppe, die sich monatelang aktiv gegen Rassismus und Rechtsextremismus engagiert, ist der Lokalzeitung in der Regel kaum ein paar Zeilen wert. »Keine Jugendgewalt« oder »Immer weniger Gewalt« gehören nicht zu den Themen, die sich gut verkaufen. Und so heißt es stets: »Immer mehr Jugendgewalt«, »immer brutaler« die Täter. Dass diese Botschaft von der immer schlimmeren Jugend auf fruchtbaren Boden fällt, ist allerdings kein neuer Trend: Seit Aristoteles vor mehr als 2000 Jahren heißt es über jede Jugend, sie sei schlimmer, respektloser, unpolitischer, unengagierter als die vorhergegangenen – sprich: als wir selbst.

Klaus Farin, Jugend und Jugendkulturen,
bpb magazin, 2. Oktober 2012

Praxisübung

Der Schriftsteller Klaus Farin kommt in seinem Beitrag zu folgendem Schluss: »Die Mehrheit jeder Generation ist bieder, spießig, konsumtrottelig und unengagiert. Es sind immer Minderheiten, die etwas bewegen (wollen) und dabei manchmal sogar die Gesamtgesellschaft verändern.«

Führen Sie eine Pro-Contra-Diskussion zu dieser These. Was ist Ihre Meinung?

Die Strafbarkeit von Jugendlichen und Heranwachsenden regelt das Jugendgerichtsgesetz (JGG). Es ist laut § 2 Abs. 2 JGG Spezialnorm zum StGB, geht ihm also vor. Das JGG schreibt die Strafbarkeitsgrenze auf das Alter von 14 Jahren fest.

Seit Inkrafttreten des JGG steht der Erziehungsgedanke des § 2 Abs. 1 im Vordergrund allen Strafens: Neuen Straftaten soll entgegengewirkt werden. Das JGG sieht eine Reihe von Sanktionen vor, die in Abhängigkeit von der Schwere der Verfehlung gestaffelt sind. Sie reichen von Weisungen über Zuchtmittel bis hin zur Jugendstrafe. Das Jugendstrafverfahren weist im Unterschied zum Erwachsenenstrafverfahren eine ganze Reihe von Besonderheiten auf. Um das Verfahren zu einem schnellen Ende zu bringen, was dem Rechtsfrieden des Jugendlichen dient, sind auch die Rechtsmittelmöglichkeiten eingeschränkt.

Die Polizeiliche Kriminalstatistik weist einen Rückgang der Jugendgewalt seit 2004 aus. Auch die Intensität der Gewalt hat danach nicht zugenommen, sie findet lediglich erhöhte Aufmerksamkeit in der Gesellschaft. Experten gehen davon aus, dass Ursache von Jugendgewalt in erster Linie die fehlgeschlagene Sozialisation im Elternhaus ist. Im Prozess der sekundären Sozialisation kommt dem Freundeskreis, der Peergroup, eine besondere Bedeutung zu.

Weiterführende Links

www.bka.de
www.uni-konstanz.de/rtf/gs/
Spiess-Jugendkriminalitaet-2010.pdf

14. Qualitätsmanagement in Kitas

»Mit Evaluation ist eine systematische Bewertung bzw. Beurteilung eines Sachverhalts auf der Grundlage erhobener Daten gemeint. Evaluation dient dabei immer auch dem Ziel, dass die gewonnenen Erkenntnisse einen Nutzen für die Praxis erbringen, also anwendungsbezogen sind. Ganz allgemein bieten Evaluationsverfahren die Chance, aufgrund objektiver und nachweisbarer Werte neue Erkenntnisse zu gewinnen. Nur sind Objektivität und Nachweisbarkeit gerade in Kindertageseinrichtungen nicht so einfach: Wie soll messbar gemacht werden, ob die Sprachförderung tatsächlich zu verbesserter Sprachkompetenz führt? Viele fragen zu recht kritisch, ob man die vielfältige und von unzähligen Faktoren beeinflusste Arbeit in Kindertageseinrichtungen überhaupt auf ein paar statistische Größen reduzieren darf. Hinzu kommt die Tatsache, dass selbst bei noch so sorgfältiger Forschung nicht alle Determinanten, die das Verhalten eines Menschen bestimmen, im Voraus festgelegt werden können, d. h. man muss immer damit rechnen, dass Menschen sich auch anders entscheiden als erwartet. Hat Evaluation in Kindertageseinrichtungen dann überhaupt einen Sinn? Die Antwort ist einfach: Ja, denn sie kann den Einrichtungen in vielerlei Hinsicht neue Perspektiven eröffnen und hilft so, kontinuierlich die Qualität der Arbeit weiterzuentwickeln.«

(Rechenberg-Grab / Bardhan 2012, S. 19)

Qualität (lat. qualitas = Beschaffenheit, Eigenschaft) bezeichnet die Güte, die Beschaffenheit, den Wert einer Sache bzw. eines Produktes.

14.1 Die Qualitätsphilosophie nach Deming

»**Total Quality Management** ist eine auf der Mitwirkung aller ihrer Mitglieder beruhende Führungsmethode einer Organisation, die Qualität in den Mittelpunkt stellt und durch Zufriedenstellung der Kunden auf langfristigen Geschäftserfolg sowie auf Nutzen für die Mitglieder der Organisation und für die Gesellschaft zielt« (DIN ISO 8402).

Das Total Quality Mangement (TQM) geht auf die Denkansätze des Amerikaners William Edwards Deming (1900–1993) zurück. Seine Philosophie kann mit der sogenannten Deming'schen Reaktionskette verdeutlicht werden:

Deming'sche Reaktionskette

Investitionen zur Qualitätsverbesserung

↓

Erhöhung der Produktivität

↓

Verminderung der Produktionskosten

↓

Verbesserung des Preis-Leistungs-Verhältnisses

↓

Ausweitung des Marktanteiles

↓

Stärkung der Marktposition

↓

Erhalt/Ausweitung von Arbeitsplätzen

↓

Return of Investment

Deming hat in einem **14 Punkte-Programm** alle relevanten Gebiete des Managements im Hinblick auf Qualität normiert:

1. Oberstes Unternehmensziel ist die ständige Verbesserung des Produktes oder der Dienstleistung.
2. Wer Qualität verbessern will, muss neue Denkweisen erproben.
3. Statt 100 %-Denken in der Qualitätssicherung steht das Prozessdenken.
4. Statt Preisabhängigkeit der Produkte bzw. Dienstleistungen steht die Qualitätsabhängigkeit im Vordergrund.
5. Das Erkennen von Problemen ist wichtig, das Suchen nach den Ursachen ist wichtiger.
6. Mitarbeiter sind ständig im Hinblick auf ihr Qualitätsbewusstsein zu trainieren.
7. Mitarbeiter sind konstruktiv zu kritisieren: Ihnen sind Hilfen zur Verbesserung der ausführenden Tätigkeiten anzubieten.
8. Der ängstliche Mitarbeiter neigt zur Verweigerungshaltung. Ihm ist mit Vertrauen und glaubwürdigen Handlungsweisen der Vorgesetzten zu begegnen.
9. Abteilungsdenken ist durch horizontale und vertikale Kommunikation zu ersetzen.
10. Allgemeine Aufrufe, Plakate oder Ermahnungen sind durch konkrete Handlungshilfen zu ersetzen.
11. Quantitative Leistungsvorgaben sind durch Qualitätsprämien, persönliche Belobigungen oder Qualitätspreise für die Teams zu ersetzen.
12. Mitarbeiter dürfen und können auf ihre Arbeit stolz sein.
13. Weiterbildungsprogramme für alle Mitarbeiter sind grundsätzliche Voraussetzung für die kontinuierliche Qualitätsverbesserung.
14. Geeignete Mitarbeiter multiplizieren das oberste Unternehmensziel der ständigen Verbesserung von Qualität und Produktivität.

14.2 Das EFQM-Modell

Standardisierte Managementsysteme haben seit den 1980er Jahren in Europa zunächst in der freien Wirtschaft Niederschlag gefunden, als die European Foundation for Quality Management (EFQM) das EFQM-Modell für Business-Exellence entwickelt hat.

Im Zentrum des EFQM-Modells stehen die stetige Verbesserung durch Innovation, Lernen in allen Unternehmensteilen und durch Zusammenarbeit mit anderen EFQM-Anwendern. Da das Modell sich laufend an den jeweils besten Umsetzungen orientiert, ist es nie möglich, die Maximalpunktzahl zu erreichen, da die jeweils beste Leistung noch nicht die maximal mögliche ist. EFQM lässt sich nicht nur auf Wirtschaftsunternehmen, sondern auch auf Dienstleistungsunternehmen bzw. soziale Einrichtungen anwenden.

14.3 DIN EN ISO 9001

Ein weiteres bekanntes europäisches Qualitätsmanagementmodell ist die DIN EN ISO 9001. Gemeinsam ist ISO 9001 und EFQM, dass sie beide Schnittmengen in der Prozessorientierung haben und ein Zertifikat durch einen Auditor ermöglichen. Anders als EFQM, das den stetigen Wettbewerb zur Basis hat, prüft ISO 9001 jedoch das Erreichen von Vorgaben ab.

Die Qualitätsfamilie DIN EN ISO 9000 (DIN steht dabei für »Deutsche Industrienorm«, EN für »Euro-Norm« und ISO für »International Organisation for Standardization«) besteht aus drei Elementen: DIN EN ISO 9000 ist ein Qualitätsleitfaden zur Auswahl und Anwendung der Qualitätselemente der Normen DIN EN ISO 9001–9003. DIN EN ISO 9004 stellt einen Leitfaden zum Aufbau eines Qualitätsmanagements dar und enthält die Qualitätselemente nach DIN EN ISO 9001 sowie die zusätzlichen Elemente »Qualitätsbezogene Wirtschaftlichkeit«, »Produktsicherheit« und »Marketing«.

In der 9000er Familie sind genormt:
- Branchenübergreifende Mindestanforderungen an ein Qualitätsmanagement-System (QMS)
- Begriffe zu Qualität und Qualitätsmanagement
- Grundstruktur eines QMS

Nicht genormt sind:
- Produkte und Dienstleistungen
- Unternehmensstruktur und organisatorische Abläufe
- Unternehmenskultur und Managementmethoden
- Das einzelne QMS

14.4 Der Einzug von Qualitätsmanagement in Kitas

Mit der Verzögerung von einer Dekade erreichten die Qualitätsmanagementsysteme dann auch den Bildungssektor. Denn durch die Verwaltungsreformen, die von der Kommunalen Gemeinschaftsstelle zur Verwaltungsvereinfachung in den 1990er Jahren initiiert wurden, gewann der Aspekt der Marktorientierung erhöhte Aufmerksamkeit. Die Träger der freien Wohlfahrtspflege, die im Auftrag des Staates dessen Fürsorgepflicht im Sozialbereich wahrnehmen und Angebote im Bereich der sozialen Dienstleistung bereitstellen, mussten sich nun als Sozialunternehmen am Markt positionieren. Der hiermit verbundene Wettbewerb führte zur Einführung von Qualitätsmanagementsystemen.

Nicht zuletzt resultiert die verstärkte Auseinandersetzung der Träger und Einrichtungen mit dem Thema »Qualitätsmanagement in Kindertageseinrichtungen« aber auch aus dem Erfordernis der **Einhaltung rechtlicher Vorgaben**, denn im Bereich der Kinder- und Jugendhilfe ist Qualitätsmanagement **gesetzlich vorgeschrieben.** So benötigt eine Kindertageseinrichtung als sogenannte erlaubnispflichtige Einrichtung nach § 45 SGB VIII für die Aufnahme ihrer Tätigkeit eine hoheitliche Erlaubnis durch das Landesjugendamt gemäß § 85 Abs. 2 Nr. 6 SGB VIII. Diese Betriebserlaubnis dient dem Schutz der zu betreuenden Kinder und ist an zahlreiche qualitative Erfordernisse hinsichtlich Gesundheitsschutz, Qualifikation des pädagogischen Fachpersonals, Versicherungsschutz etc. gekoppelt.

Die Spitzenverbände der freien Wohlfahrtspflege favorisieren umfassende Qualitätsmanagementsysteme, die sich am Modell des Total Quality Management (TQM) bzw. EFQM (European Foundation for Quality Management) orientieren und sich des Instrumentariums des Qualitätsmanagements nach DIN EN ISO 9001:2000 bedienen.

Qualitätsmanagement in Kindertageseinrichtungen ist die systematische und kontinuierliche Planung bzw. Entwicklung, Lenkung, Sicherung und Verbesserung des Leistungsangebotes sowie die Ausrichtung der erforderlichen Prozesse und Strukturen zur Erfüllung der Aufgabenstellung bei bestmöglicher Kosten-Nutzen-Relation.

Die Ausgestaltung der QM-Systeme ist je nach Träger dann aber höchst unterschiedlich. Wenngleich auch Konsens darüber besteht, dass Eltern als Kunden einer Kindertageseinrichtung (die Kinder sind nicht Kunden, sondern Adressaten der Erziehungs-, Bildungs- und Betreuungstätigkeit, da bei ihnen die Kriterien für eine Kundeneigenschaft nicht erfüllt sind) ein Recht auf Qualität haben, ist doch nicht zu verkennen, dass der Wert pädagogischer Arbeit nicht unbedingt in Zahlen ausgeworfen werden kann. Anders ausgedrückt: Sowohl Produktionsprozess (Betreuung, Bildung und Erziehung) als auch das Produkt (eigenverantwortliche und gemeinschaftsfähige Persönlichkeit, Unterstützung von Bildung und Erziehung in der Familie, Vereinbarkeit von Familie und Beruf) selbst sind einer empirischen Erfassung nur selektiv und unzureichend zugänglich. Effektivität im Sinne einer Überprüfung der Erreichung von Vorgaben und Zielen sowie Effizienz im Sinne einer Überprüfung auf sparsamen Mitteleinsatz sind als Eichgrößen für Frühpädagogik untauglich und müssen dem Bereich der industriellen Fertigung vorbehalten bleiben. So nimmt es nicht wunder, dass die Träger höchst unterschiedliche Konzepte erarbeitet haben, um Qualität in ihren Einrichtungen sicherzustellen.

14.5　Die wichtigsten Qualitätsmanagement-Systeme im Überblick

Hier beispielhaft und ohne Anspruch auf Vollständigkeit eine Auflistung der bekanntesten Qualitätsmanagement-Systeme im Kita-Bereich:

Bezeichnung	Ausgestaltung	Auditierung	Anmerkungen
AWO-QM-Konzept für Kindertageseinrichtungen	AWO-spezifische und bildungspolitische Qualitätsvorgaben bzw. Qualitätsstandards, umfassende Dokumentation	Internes Audit (Selbstbewertung), externe Zertifizierung möglich	QMS-Konzept baut auf DIN EN ISO 9000 ff auf und ist am Leitbild der AWO orientiert
BETA-QM-Konzept	BETA-spezifische und bildungspolitische Qualitätsvorgaben bzw. Qualitätsstandards, umfassende Dokumentation	Internes Audit (Selbstbewertung), externe Zertifizierung möglich	QMS-Konzept baut auf DIN EN ISO 9000 ff auf und ist an den BETA-Anforderungen orientiert

KES-R / PädQuis	Analyse anhand 43 trägerunabhängiger vordefinierter Merkmale in den sieben übergreifenden Bereichen »Platz und Ausstattung«, »Betreuung und Pflege der Kinder«, »Sprachliche und kognitive Anregungen«, »Aktivitäten«, »Interaktionen«, »Strukturierung der pädagogischen Arbeit« sowie »Eltern und Erzieher/innen«	Selbst- und Fremdeinschätzung, auch vergleichende Bewertung, keine Zertifizierung	Kein QMS-Konzept, Grundlage für die Vergabe des trägerunabhängigen »Kita-Gütesiegels« NRW
K.I.E.L.	Analyse anhand 425 Qualitätskriterien in 15 Qualitätsbereichen	Selbst- und Fremdeinschätzung, auch vergleichende Bewertung, keine Zertifizierung	Kein QMS-Konzept, Grundlage für die Vergabe des trägerunabhängigen Gütesiegels
Kronberger Kreis	Indikatoren zu Struktur-, Prozess- und Ergebnisqualität	Selbsteinschätzung, keine Zertifizierung	Kein QMS-Konzept, Qualität wird im Dialog entwickelt
KTK-Gütesiegel ®	KTK-spezifische und bildungspolitische Qualitätsvorgaben bzw. Qualitätsstandards für neun Qualitätsbereiche, umfassende Dokumentation	Selbsteinschätzung, Zertifizierung (extern), Vergabe eines trägerspezifischen Gütesiegels	QMS-Konzept baut auf DIN EN ISO 9000ff auf und ist an den KTK-Anforderungen orientiert
Qualitätscheck PQ-Sys ®	Analysen per Fragebögen, umfassende Dokumentation	Selbsteinschätzung, optional einmalige externe Fremdevaluation, ggf. Zertifizierung	QMS-Rahmenkonzept baut auf DIN EN ISO 9000ff auf und ist an Leitbildern des Paritätischen Wohlfahrtsverbandes orientiert
Qm elementar ®	Leitbildspezifische und bildungspolitische Qualitätsvorgaben bzw. Qualitätsstandards, umfassende Dokumentation	Internes Audit, externe Zertifizierung möglich	QMS-Konzept baut auf DIN EN ISO 9000ff auf und ist an einrichtungsspezifischen Leitbildern orientiert

Erläuterungen:

BETA: Bundesverband evangelischer Tageseinrichtungen für Kinder

KES: Kindergarten-Einschätz-Skala

K.I.E.L.: Kieler Instrumentarium für Elementarpädagogik und Leistungsqualität

14.6 Die Qualitätsdimensionen

Qualitätsmanagement bewertet folgende Dimensionen von Qualität:
Orientierungsqualität macht Aussagen zum Auftrag, zu den Werten, zum Bild vom Kind sowie zu den Auffassungen über die kindliche Entwicklung.
Prozessqualität macht Aussagen darüber, wie eine Leistung erbracht wird, welche Abläufe und Zuständigkeiten dafür erforderlich sind.
Pädagogische Prozessqualität beschreibt die Beziehungen zwischen den Kindern und zwischen den Kindern und Erwachsenen sowie die Interaktionen der Kinder mit ihrer räumlich materiellen Welt.
Strukturqualität macht Aussagen darüber, womit die Qualität erreicht werden soll: finanzielle Rahmenbedingungen, räumliche Bedingungen, Personalausstattung, Personalentwicklungsmaßnahmen.
Ergebnisqualität zeigt, ob die gewünschten Qualitätsstandards eingehalten worden sind. Qualitätsstandards beschreiben eine bestimmte Qualität anhand definierter Merkmale und Kriterien. (z. B. einmal jährlich findet eine Elternumfrage statt).

14.7 Vom Leitbild zum Gütesiegel: Die Organisation von Qualitätsentwicklung

Leitbildentwicklung

Der »Fahrplan« für jegliche Qualitätsentwicklung wird zunächst – je nach Organisationsstruktur vom Träger oder vom Team – in einem Q-Leitbild festgelegt. Auch hier gilt: »Weniger ist mehr.« Das Q-Leitbild soll zwar alle wesentlichen Q-Dimensionen und -bereiche konkret abbilden, aber nicht als »Korsett« fungieren, das die Beteiligten unzumutbar einengt. Das Q-Leitbild ist wandel- und erweiterbar und selbst einem Qualitätsprozess unterworfen. Es formuliert die Ziele und leitenden Werte, die die konkrete Bildungseinrichtung in den jeweiligen Q-Bereichen verfolgt. Es formuliert auch konkrete und überprüfbare Qualitätsaussagen und legt fest, auf welche Weise diese überprüft werden. Und schließlich legt es die Standards fest, die als Mindestqualität erreicht werden müssen.

Praxisübung

Recherchieren Sie die Leitbilder
- des Diakonischen Werkes
- der Arbeiterwohlfahrt
- des Paritätischen Wohlfahrtsverbandes
- des KTK-Bundesverbandes
- der BETA-Bundesvereinigung.

Wo sind Unterschiede, wo gibt es Gemeinsamkeiten?

Der Deming'sche Regelkreis

Die zentrale Leitidee eines systematischen Qualitätsmanagements ist die kontinuierliche Verbesserung der fachlichen Arbeit auf der Grundlage des Deming'schen Regelkreises, auch PDCA-Regelkreis genannt.

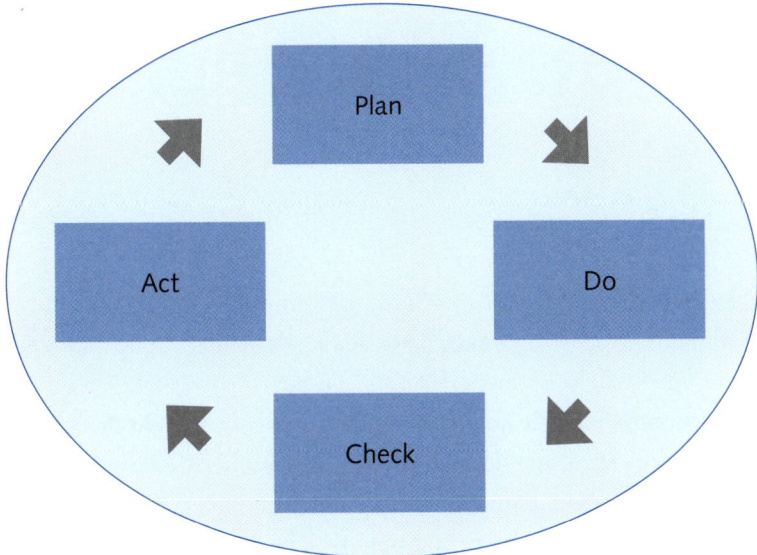

PDCA steht dabei für plan, do, check, act und bezeichnet die vier aufeinanderfolgenden Schritte:

Plan: Hier wird mit den Mitteln der Situationsanalyse und des Beobachtungsverfahrens der Ist-Stand der jeweiligen Q-Dimension erfasst.

Do: Die so gewonnenen Daten werden im Hinblick auf pädagogische oder rechtliche Zielsetzungen ausgewertet, Projektthemen definiert und darauf aufbauend Angebote geplant und durchgeführt sowie Räume gestaltet.
Check: Im Rahmen des Checks werden Auswertungen und Wirksamkeitsprüfungen vorgenommen und die daraus abzuleitenden Maßnahmen für die Weiterentwicklung, Verbesserung und Anpassung festgelegt.
Act: Die ermittelten und dokumentierten Verbesserungspotenziale sind nun handlungsleitend für die weitere pädagogische Arbeit.

Diese Auswertung findet im Rahmen eines sogenannten Qualitätszirkels statt. Dies ist ein innerbetrieblicher Arbeitskreis, der das Potenzial der Kenntnisse, Erfahrungen und Ideen von Mitarbeiterinnen und Mitarbeitern aktiviert und nutzbar macht. Inhaltlich geht es hier um die Optimierung von Abläufen und Prozessen.

Praxisübung

Führen Sie ein Brainstorming durch: In welchen Teilbereichen einer Kita kann Qualitätsmanagement (QM) sinnvoll sein?

Selbst- und Fremdevaluation

Evaluation (frz. évaluation = Schätzung; lat. valere = stark, wert sein) ist eine systematische und kriterienbezogene Be- und Auswertung eines Vorhabens.

Den Prozess der Auswertung und Wirksamkeitsprüfung stellt die Selbstevaluation auf Einrichtungsebene dar. Fragen, mit denen sich die Teams in der Evaluation auseinandersetzen, können beispielsweise sein:

- Ist in der Kita die umfassende Mitwirkung der Eltern bei der Erziehung ihrer Kinder gewährleistet?
- Fördert der Tagesablauf die unterschiedlichen körperlichen und sozialen Entwicklungsbedürfnisse der Kinder?
- Unterstützen die pädagogischen Fachkräfte die Kinder bei der Entscheidung, was, wann, wie lange und mit wem sie spielen möchten?

- Werden regelmäßige Beobachtungen zu den Entwicklungsverläufen der Kinder durchgeführt?
- Wird für die Kinder der selbstständige Zugang zu vielfältigen Materialien und Medien sichergestellt?
- Können die Kinder systematisch Medienkompetenz entwickeln (z. B. Nutzung von PC, Fotoapparat, CD-Player)?
- Werden mit den Kindern aktiv Strategien entwickelt, die sie gegebenenfalls beim Umgang mit Unsicherheiten oder Ängsten unterstützen?

Darüber hinaus kommt eine Fremdevaluation in Betracht – sei es, weil das jeweilige QM-Konzept dies vorschreibt, sei es, weil eine Zertifizierung angestrebt wird. Diese Fremdevaluationen werden durch speziell geschulte externe unabhängige Auditoren in sogenannten Audits durchgeführt.

Dokumentation

Die Dokumentation hat im Qualitätsmanagement einen herausragenden Stellenwert. Die Leitung bzw. Qualitätsbeauftragte einer Einrichtung hat die durchgeführten Evaluationsverfahren, die wichtigsten Evaluationsergebnisse und die auf dieser Basis geplanten und umgesetzten Verbesserungsmaßnahmen zu dokumentieren. Die Dokumentation dient zum einen der internen Evaluation und Qualitätsentwicklung, zum anderen ist sie die Grundlage bei der Herstellung von Rechenschaftsberichten und Informationen nach außen. Sie gibt den aktuellen Stand aller laufenden Projekte wieder, beschreibt die durchgeführten Evaluationen nach Thema, Ziel, Verfahren und eingesetzten Instrumenten, reflektiert den Durchführungsprozess und beschreibt die gewonnen Erfahrungen und Ergebnisse.

14.8 Die Implementierung eines Qualitätsmanagement-Systems: Ein Beispiel

Mit Inkrafttreten der Verordnung 852/2004 der Europäischen Union über Lebensmittelhygiene am 1. Januar 2006 wurden alle Kindertageseinrichtungen, in denen Lebensmittel gelagert und verarbeitet werden, zur Einrichtung, Durchführung und Aufrechterhaltung inklusive stetiger Anpassung eines HACCP-Eigenkontrollsystems verpflichtet, das gegenüber den Lebensmittelkontrollbehörden durch lückenlose Dokumentation nachgewiesen werden muss.

HACCP bedeutet »Hazard Analysis and Critical Control Point« = »Gefährdungsanalyse und kritische Lenkungspunkte« und stellt ein vorbeugendes System zur Erkennung, Beurteilung und Verhinderung von Fehlerquellen und zur Gewährleistung der Lebensmittelsicherheit dar. Ziel ist es, sicherzustellen, dass Primärerzeugnisse im Hinblick auf die spätere Verarbeitung vor Kontamination geschützt werden.

Auf Basis des PDCA-Regelkreises wäre ein solches HACCP-Eigenkontrollsystem wie folgt zu implementieren:

Plan: Mit den Mitteln der Situationsanalyse und des Beobachtungsverfahrens wird der Ist-Stand der jeweiligen Q-Dimension erfasst und eine kritische Gefahrenanalyse durchgeführt, anhand von Fragestellungen wie:

- Ist das Reinigungspersonal angewiesen, die Kühlschränke regelmäßig zu reinigen und zu desinfizieren?
- Wird der Inhalt des Kühlschranks einer regelmäßigen Verfallsdatenkontrolle unterzogen?
- Weisen die Kühlschränke die richtige Temperatur (höchstens 6 Grad) auf?
- Lagert die Einrichtung Rohwaren wie Hackfleisch, Eier, Geflügel?
- Lagert die Einrichtung empfindliche verarbeitete Lebensmittel wie Mayonnaise, Tiramisu?
- Werden alle Kochgeräte nach der Arbeit bei mindestens 60 Grad gereinigt?
- Werden alle Arbeitsflächen desinfiziert?
- Ist eine konstante Kühlkette bei gefrorenen Lebensmitteln vom Einkauf bis zur Lagerung gewährleistet?
- Wird angelieferte Ware stichprobenartig kontrolliert auf Einhaltung der vorgeschriebenen Kühltemperatur, Einhaltung des Mindesthaltbarkeitsdatums, unbeschädigte Verpackung sowie Hygienelage beim Lieferanten?
- Werden Reste nicht nur aufgewärmt, sondern gut durchgekocht?

Do: Die so gewonnenen Daten werden im Hinblick auf die rechtlichen Zielsetzungen ausgewertet, Projektthemen definiert und darauf aufbauend Angebote geplant und durchgeführt sowie Räume gestaltet. Im HACCP bedeutet dies konkret:

Die CCP sind festzulegen. Ein CCP (= Kritischer Kontrollpunkt) ist ein Punkt innerhalb eines Prozesses, der bei fehlender Lenkung zur einer Gesundheitsgefährdung des Verbrauchers führen kann. Eine Kindertageseinrichtung hat also beispielsweise die folgenden CCP:

- Gänzlicher Verzicht auf rohe Eier
- Hackfleisch wird ausschließlich am Verzehrtag eingekauft
- Schneidebretter dürfen nicht aus Holz sein, sondern ausschließlich aus leicht zu desinfizierendem Kunststoff
- Mayonnaise wird immer im Kühlschrank und nie länger als vier Wochen gelagert.

Außerdem müssen Grenzwerte festgelegt werden. Hier sind insbesondere die Kühlschranktemperatur zu nennen, die 6 Grad nicht übersteigen darf, sowie die notwendige Erhitzung von salmonellen-gefährdeten Lebensmitteln auf mindestens 80 Grad. Die Kühlkette sollte vom Einkauf bis zur Lagerung nicht länger als zwei Stunden unterbrochen sein.

Check: Im Rahmen des Checks werden Auswertungen und Wirksamkeitsprüfungen vorgenommen und die daraus abzuleitenden Maßnahmen für die Weiterentwicklung, Verbesserung und Anpassung festgelegt. Die CCP und Grenzwerte müssen nun überwacht werden. Hier ist festzulegen, wer diese CCP und Grenzwerte in welchen Abständen überwacht. So kann beispielsweise bestimmt werden, dass diejenige Mitarbeiterin, die einkauft, auch überwacht, dass die Kühlkette nicht länger als zwei Stunden unterbrochen ist.

Act: Die ermittelten und dokumentierten Verbesserungspotenziale sind nun handlungsleitend für die weitere (pädagogische) Arbeit. Werden bei der Überwachung Lücken deutlich, sind unverzüglich Korrekturmaßnahmen zu ergreifen, um den CCP wieder unter Kontrolle zu bringen.

> In der Kita »Sonnenland« ist Gabi S. für den Einkauf von Lebensmitteln zuständig, da sie auf ihrem Nachhauseweg an allen nötigen Läden vorbeikommt. Am nächsten Tag bringt sie die Lebensmittel dann mit in die Einrichtung. Da aber auf diese Weise nicht gewährleistet ist, dass Hackfleisch am Verzehrtag eingekauft wird, hat Leiterin Verena S. eine Korrekturmaßnahme ergriffen: Eine andere Erzieherin ist zuständig für den Hackfleischeinkauf.

Wird beispielsweise durch neueste wissenschaftliche Studien belegt, dass die optimale Kühlschranktemperatur nicht unter 6 Grad, sondern unter 4 Grad liegt, ist diese Erkenntnis unverzüglich in das HACCP der Einrichtung einzuarbeiten.

Praxisübung

Lesen Sie die Konzeption einer Ihnen bekannten Einrichtung: Welche Aussagen zum Qualitätsmanagement werden dort gemacht? In welchen Qualitätsbereichen hat die Einrichtung QM eingeführt?

14.9 Der Umgang mit Fehlern: Die Fehlerkultur

Qualitätsmanagement schafft Transparenz in der Leistungserbringung. Es legt offen, was in einer Einrichtung gut, aber auch, was weniger gut läuft. Um eine vorbehaltlose Analyse zu ermöglichen, bedarf es jederzeit eines offenen Umgangs mit Fehlern – einer Fehlerkultur.

Unter »Fehler« wird in der DIN EN ISO 9000:2000 die Nichterfüllung einer Anforderung verstanden. Das bedeutet: Jede allgemeine Vorgehensweise in einer Einrichtung, die nicht korrekt durchgeführt werden kann oder in der gegebenen Situation nicht angemessen ist, ist ein Fehler.

Fehlerkultur ist im Qualitätsmanagement der zentrale Bestandteil der Organisationskultur. Sie besteht aus zwei Komponenten:

1. Einschätzung des Stellenwertes von Fehlern in der Einrichtung
2. Bedingungen im Umgang mit den aufgetretenen Fehlern.

Unter Fehlerkultur im Sinne eines funktionierenden Qualitätsmanagements versteht man also, wie in einer Organisation mit Fehlern, deren Erfassung, Analyse, Behebung und Vermeidung umgegangen wird. Die sechs QM-Regeln für den Umgang mit Fehlern lauten:

1. Wer einen Fehler zugibt, wird nicht bestraft – nur derjenige, der nichts tut, macht keine Fehler!
2. Wer einen Fehler bei einem anderen bemerkt und anspricht, ist kein Feind, sondern ein Freund. Er hilft, es in Zukunft besser zu machen.

3. Fehler müssen erfasst werden. Ihre Ursachen müssen gefunden und nach Möglichkeit abgestellt werden.
4. Prozesse werden verändert, damit Fehler in Zukunft besser aufgedeckt werden können.
5. Derjenige, der den Fehler aufdeckt, wird nicht automatisch mit der Problemlösung beauftragt. Ein automatisches »Kümmern Sie sich darum!« verhindert, dass dieser Mitarbeiter wieder auf einen Fehler aufmerksam machen wird.
6. Auch Führungskräfte machen Fehler und müssen sie eingestehen.

Eine positive Fehlerkultur zeichnet sich dadurch aus, dass Fehler nicht als Versäumnisse einzelner Personen mit entsprechenden Schuldzuweisungen verstanden werden, sondern als Chance zur Verbesserung. Ohne Fehler ist keine Entwicklung und damit kein Lernen möglich.

Standardisierte Managementsysteme haben seit den 1980er Jahren in Europa zunächst in der freien Wirtschaft Niederschlag gefunden. Mit der Verzögerung von einer Dekade erreichten die Qualitätsmanagement-Systeme auch den Bildungssektor. Die Spitzenverbände der freien Wohlfahrtspflege favorisieren umfassende Qualitätsmanagement-Systeme, die sich am Modell des Total Quality Management (TQM) bzw. EFQM (European Foundation for Quality Management) orientieren und sich des Instrumentariums des Qualitätsmanagements nach DIN EN ISO 9001:2000 bedienen. Die Ausgestaltung dieser Systeme ist je nach Träger dann aber höchst unterschiedlich.

Das TQM geht auf die Denkansätze des Amerikaners William Edwards Deming (1900–1993) zurück. Die zentrale Leitidee eines systematischen QM ist die kontinuierliche Verbesserung der fachlichen Arbeit auf der Grundlage des Deming'schen Regelkreises, auch PDCA-Regelkreis genannt.

Unter Fehlerkultur im Sinne eines funktionierenden QM versteht man die Art und Weise, wie in einer Organisation mit Fehlern, deren Erfassung, Analyse, Behebung und Vermeidung umgegangen wird. Eine positive Fehlerkultur zeichnet sich dadurch aus, dass Fehler nicht als Versäumnisse einzelner Personen mit entsprechenden Schuldzuweisungen verstanden werden, sondern als Chance zur Verbesserung.

Weiterführende Links

www.deming.de
www.infans.de
www.kronberger-kreis.de
www.ktk-bundesverband.de
www.paedquis.de

15. Die pädagogische Fachkraft im Arbeitsverhältnis

»Funktionäre der Dienstleistungsgewerkschaft ver.di formulieren es manchmal so: Was früher die Müllmänner waren, sind heute die Erzieherinnen. Damit wollen sie sagen, dass die wichtigste, weil größte Kampftruppe im öffentlichen Dienst gewechselt hat. Einst waren es die Männer in Orange – eine große, zum Streik bereite Gruppe, bei der es der Bürger unmittelbar zu spüren bekam, wenn

sie ihre Arbeit liegen ließ. Nun sind es die Erzieherinnen. Der aktuelle, bundesweite Arbeitskampf ist ihr erster eigener überhaupt, außer ihnen sind nur Sozialarbeiter an dem Ausstand beteiligt.

Zunächst streiken sie für bessere Arbeitsbedingungen. Das ist in einer Rezession, die im dramatischen Tempo die öffentlichen Kassen leert, kein einfaches Ziel. Auch wenn die etwa 250.000 Kindergärtnerinnen, um die es geht, eine Verbesserung verdient haben. Zugleich geht es darum, dass hier eine Berufsgruppe um einen neuen Platz in der Gesellschaft kämpft. Sie wollen die Bedingungen, unter denen Landesminister, Bürgermeister und Kämmerer sie arbeiten lassen, nicht mehr hinnehmen.«   (Zeit online vom 12. 06. 2009)

15.1 Grundlagen des Arbeitsrechtes

Selbstverständlich ist der Arbeitsvertrag die wichtigste Grundlage, wenn es darum geht, Rechtsansprüche aus einem Arbeitsverhältnis zu bestimmen. Aber auch andere Quellen wie Tarifvertrag, Betriebsvereinbarung, Gesetz oder betriebliche Übung gestalten ein Arbeitsverhältnis in rechtlicher Hinsicht mit. Wir wollen uns all diese Quellen im Einzelnen ansehen.

Der Arbeitsvertrag

Wie jeder andere Vertrag auch, kommt ein Arbeitsvertrag durch zwei übereinstimmende Willenserklärungen – Angebot und Annahme desselben – zustande (siehe Kapitel 8.3).

Die wesentlichen Vertragsbedingungen muss der Arbeitgeber nach dem Nachweisgesetz schriftlich niederlegen. Dazu heißt es in § 2 Abs. 1 NachweisG:

»Der Arbeitgeber hat spätestens einen Monat nach dem vereinbarten Beginn des Arbeitsverhältnisses die wesentlichen Vertragsbedingungen schriftlich niederzulegen, die Niederschrift zu unterzeichnen und dem Arbeitnehmer auszuhändigen. In die Niederschrift sind mindestens aufzunehmen:

1. der Name und die Anschrift der Vertragsparteien,
2. der Zeitpunkt des Beginns des Arbeitsverhältnisses,
3. bei befristeten Arbeitsverhältnissen: die vorhersehbare Dauer des Arbeitsverhältnisses,
4. der Arbeitsort oder, falls der Arbeitnehmer nicht nur an einem bestimmten Arbeitsort tätig sein soll, ein Hinweis darauf, dass der Arbeitnehmer an verschiedenen Orten beschäftigt werden kann,
5. eine kurze Charakterisierung oder Beschreibung der vom Arbeitnehmer zu leistenden Tätigkeit,
6. die Zusammensetzung und die Höhe des Arbeitsentgelts einschließlich der Zuschläge, der Zulagen, Prämien und Sonderzahlungen sowie anderer Bestandteile des Arbeitsentgelts und deren Fälligkeit,
7. die vereinbarte Arbeitszeit,
8. die Dauer des jährlichen Erholungsurlaubs,
9. die Fristen für die Kündigung des Arbeitsverhältnisses,
10. ein in allgemeiner Form gehaltener Hinweis auf die Tarifverträge, Betriebs- oder Dienstvereinbarungen, die auf das Arbeitsverhältnis anzuwenden sind.«

Und Absatz 4 bestimmt: »Wenn dem Arbeitnehmer ein schriftlicher Arbeitsvertrag ausgehändigt worden ist, entfällt die Verpflichtung nach den Absätzen 1 und 2, soweit der Vertrag die in den Absätzen 1 bis 3 geforderten Angaben enthält.« Diese Regelung gilt auch für Ausbildungsverhältnisse.

Praxisübung

Was wissen Sie über die Ausbildungsordnung und die Ausbildungsrahmenvereinbarungen Ihres Berufes? Kennen Sie den Lehrplan der Fachhochschule oder Fachakademie, an der Sie ausgebildet werden oder ausgebildet worden sind?

Der Tarifvertrag

Verhandeln Arbeitgeberverbände der einzelnen Wirtschaftszweige mit den entsprechenden Gewerkschaften, halten sie die Ergebnisse dieser Verhandlungen in einem Tarifvertrag fest. Tarifverträge entfalten eine sogenannte Tarifbindung, wenn

- der Arbeitgeber entweder selbst Tarifvertragspartei oder Mitglied in einem Arbeitgeberverband ist, der den Tarifvertrag vereinbart hat
- Arbeitnehmerin oder Arbeitnehmer Mitglied einer Gewerkschaft ist, die den Tarifvertrag unterzeichnet hat.

Im Bereich Erziehung kommen hier auf Arbeitgeberseite beispielsweise die Vereinigung der kommunalen Arbeitgeberverbände (VKA) und auf Arbeitnehmerseite die Gewerkschaften ver.di oder GEW in Betracht.

Ist der Tarifvertrag für »allgemeinverbindlich« nach § 5 Tarifvertragsgesetz erklärt worden, kommt es ausnahmsweise nicht darauf an, ob der Betroffene Gewerkschaftsmitglied ist oder nicht. Zu beachten ist, dass entgegen einer weitverbreiteten Ansicht die Tarifverträge des öffentlichen Dienstes und auch der TVöD selbst nicht »allgemeinverbindlich« im Sinne des § 5 Tarifvertragsgesetzes sind. Die Arbeitgeber des öffentlichen Dienstes vereinbaren aber in der Regel Verweisungsklauseln, nach denen auch nicht gewerkschaftlich organisierte Arbeitnehmerinnen und Arbeitnehmer nach den Bedingungen des TVöD eingestellt werden.

Sabine B. ist Erzieherin und in einer Kindertageseinrichtung in kommunaler Trägerschaft angestellt. Für sie gilt der allgemeinverbindliche Tarifvertrag für den öffentlichen Dienst (TVöD), der am 1. Oktober 2005 den Bundesangestelltentarifvertrag (BAT) ersetzt hat. Wechselt sie in eine Kindertageseinrichtung in katholischer Trägerschaft, gilt dort zwar nicht der TVöD, da die Kirchen den Bereich des Tarifvertragssystems durch ein eigenes Dienstrecht ersetzen können und ersetzt haben. Die katholische Kirche beispielsweise hat sich aber in ihren Eingruppierungsrichtlinien für den Sozial- und Erziehungsdienst an den TVöD angepasst und sieht analoge Entgeltmodelle vor. Wechselt Sabine B. nun abermals in eine Einrichtung in privater Trägerschaft einer Elterninitiative, ist sie dort darauf angewiesen, dass der Arbeitgeber ihr entweder freiwillig oder im Verhandlungswege ein dem TVöD entsprechendes Gehalt zahlt.

Auch dann, wenn der Arbeitgeber nicht Mitglied eines Arbeitgeberverbandes und damit nicht tarifgebunden ist, kann er in seinen Arbeitsverträgen Bezug auf einen Tarifvertrag nehmen. Dann gilt der in Bezug genommene Tarifvertrag für das konkrete Arbeitsverhältnis; Anspruchsgrundlage bleibt aber der konkrete Arbeitsvertrag.

Praxisübung

Recherchieren Sie: Auf welche Leistungen hätten Sie als Gewerkschaftsmitglied Anrecht? Wie hoch wäre Ihr Beitrag?

Konflikte und Konfliktlösungen zwischen Arbeitgeber und Arbeitnehmer als Tarifpartner

Solange der jeweilige Tarifvertrag läuft, gilt für beide Seiten – Arbeitnehmer und Arbeitgeber – die sogenannte Friedenspflicht, das heißt Mittel des Arbeitskampfes (Streik, Aussperrung etc.) sind nicht erlaubt. Tarifverträge werden jedoch immer für eine bestimmte Zeit geschlossen. Ist der Endtermin erreicht, können sie gekündigt werden, Neuverhandlungen stehen an. Da auch die Friedenspflicht mit dem Tarifvertrag endet, stehen diese Neuverhandlungen nicht selten unter dem Eindruck von angedrohtem oder tatsächlichem Streik. Der Streik ist das Druckmittel der Arbeitnehmer. Beim ersten bundesweiten Streik der Erzieherinnen und

Erzieher im Jahr 2009, bei dem Zehntausende die Arbeit niederlegten, ging es um verbesserten Gesundheitsschutz und höhere Gehälter. Nach monatelangem Arbeitskampf wurden diese Ziele erreicht: Erzieherinnen und Erzieher erhalten nun im Schnitt rund 120 Euro mehr im Monat sowie einen tarifvertraglich festgelegten Anspruch auf Durchführung einer individuellen Gefährdungsbeurteilung.

Praxisübung

Sammeln und werten Sie Zeitungsberichte über aktuell laufende Tarifverhandlungen aus.

Die Betriebsvereinbarung

Nicht selten schließen auch Arbeitgeber und Betriebsrat einen Vertrag, der nähere Bestimmungen über Inhalt, Abschluss und Beendigung von Arbeitsverhältnissen trifft sowie betriebliche und betriebsverfassungsrechtliche Fragen regelt. Eine solche Betriebsvereinbarung ist nur gültig, wenn sie in schriftlicher Form abgefasst ist, und gilt für alle Mitarbeiterinnen und Mitarbeiter unabhängig davon, ob sie in einer Gewerkschaft organisiert sind.

Das Gesetz

Gibt weder der Arbeitsvertrag selbst noch ein geltender Tarifvertrag Auskunft über etwaige arbeitsrechtliche Ansprüche, kommen gesetzliche Grundlagen, häufig in Form des Arbeitsschutzrechtes, in Betracht, wie:

- Mutterschutzgesetz
- Jugendarbeitsschutzgesetz
- Kündigungsschutzgesetz
- Arbeitsstättenverordnung
- Arbeitssicherheitsgesetz
- Bundesurlaubsgesetz
- Arbeitszeitgesetz.

Darüber hinaus finden sich arbeitsrechtliche Bestimmungen im Grundgesetz (GG), im Bürgerlichen Gesetzbuch (BGB), im Handelsgesetzbuch (HGB) und in der Gewerbeordnung (GewO).

Die betriebliche Übung

Gewährt der Arbeitgeber über einen längeren Zeitraum hinweg – in der Regel drei Jahre – ohne jeden Vorbehalt eine Leistung, beispielsweise eine Weihnachtsgratifikation, ist der Arbeitsvertrag durch die sogenannte betriebliche Übung um einen Anspruch auf die Leistung stillschweigend geändert worden. Arbeitnehmerinnen und Arbeitnehmer haben also auch in Zukunft aus dem Gesichtspunkt der betrieblichen Übung einen Anspruch auf diese Leistung. Aus betrieblicher Übung können sich über die bereits genannte Weihnachtsgratifikation hinaus insbesondere Ansprüche ergeben auf Zusatzurlaub, Urlaubsgeld, Prämien etc.

15.2 Formen von Arbeitsverhältnissen

Der Normalfall eines Arbeitsverhältnisses ist der auf unbestimmte Zeit abgeschlossene Arbeitsvertrag. Darüber hinaus gibt es aber auch eine Reihe von Sonderformen, wie:

- Das befristete Arbeitsverhältnis mit und ohne Sachgrund
- Das Probearbeitsverhältnis
- Das Aushilfsarbeitsverhältnis
- Das Teilzeitarbeitsverhältnis
- Das Job-Sharing-Arbeitsverhältnis.

Für befristete und Teilzeitarbeitverhältnisse ist das Teilzeit- und Befristungsgesetz einschlägig.

15.3 Begründung des Arbeitsverhältnisses

Der Arbeitsvertrag wird geschlossen durch Angebot und Annahme desselben. Ist der Arbeitnehmer minderjährig, gelten die Vorschriften des Minderjährigenrechtes, insbesondere zur beschränkten Geschäftsfähigkeit (siehe Kapitel 8). Das bedeutet: Zum wirksamen Abschluss eines Arbeits- oder Ausbildungsverhältnisses benötigen Minderjährige die Zustimmung ihrer gesetzlichen Vertreter.

Ein Arbeitsvertrag – das Bürgerliche Gesetzbuch spricht in den §§ 611 ff auch vom »Dienstverhältnis« – kann formfrei, also auch mündlich geschlossen werden:

Wer gegen Bezahlung eine Leistung für einen anderen erbringt, hat mit ihm einen Arbeitsvertrag geschlossen, unabhängig davon, ob ein Schriftstück vorliegt. Allerdings ist es zu Beweiszwecken selbstverständlich ratsam, die Schriftform zu wählen. Ohnehin muss der Arbeitgeber nach § 2 NachweisG die wesentlichen Arbeitsbedingungen unverzüglich niederschreiben und dem Arbeitnehmer aushändigen.

Verstößt der Arbeitsvertrag gegen ein gesetzliches Verbot oder gegen die guten Sitten, ist er – wie jeder andere Vertrag auch – nichtig.

Bei jeder Einstellung ist das Mitbestimmungsrecht des Betriebsrates nach § 99 Betriebsverfassungsgesetz (BetrVG) zu beachten. Hat die Einrichtung mehr als 20 wahlberechtigte Beschäftigte und ist ein Betriebsrat vorhanden, muss der Arbeitgeber vor jeder beabsichtigten Einstellung den Betriebsrat hiervon in Kenntnis setzen und seine Zustimmung einholen. Verweigert dieser die Zustimmung, kann der Arbeitgeber beim Arbeitsgericht die Ersetzung der Zustimmung beantragen.

15.4 Pflichten bei Einstellungsverhandlungen

In der Regel führt in einer Kindertageseinrichtung die jeweilige Leitung, entweder allein oder gemeinsam mit einem Trägervertreter, Einstellungsgespräche. Hierbei sind die Anforderungen des Allgemeinen Gleichbehandlungsgesetzes (AGG) streng zu beachten, anderenfalls macht sich der Arbeitgeber schadensersatzpflichtig. Das AGG – häufig auch Antidiskriminierungsgesetz genannt – ist seit dem 18. August 2006 in Kraft und enthält zahlreiche Diskriminierungsverbote. Danach ist es unzulässig, Arbeitnehmerinnen und Arbeitnehmer wegen ihres Alters, ihres Geschlechtes, ihrer sexuellen Orientierung, Religion oder Weltanschauung, Rasse oder Herkunft zu benachteiligen.

Die Pflichten des Arbeitgebers

Der Arbeitgeber darf nach ständiger höchstrichterlicher Rechtsprechung im Einstellungsgespräch nur nach solchen Tatsachen fragen, die im Hinblick auf das angestrebte Arbeitsverhältnis für ihn von »berechtigtem, billigenswertem und schutzwürdigem Interesse« sind. Das sind Fragen, die einen konkreten Bezug zum Arbeitsplatz haben. Alle anderen Fragen sind sogenannte »Intimbefragungen« und stets unzulässig, da sie einen Verstoß gegen Artikel 1 und 2 Grundgesetz darstellen, die den Schutz der Privatsphäre und des Intimbereiches garantieren. Generell unzulässig sind Fragen nach

- einer bestehenden Schwangerschaft
- einer bestehenden Schwerbehinderung (Ausnahme: In der Stellenanzeige wurde gerade die besondere Bevorzugung Schwerbehinderter angekündigt)
- Zugehörigkeit zu einer Religion (Ausnahme: konfessionelle Trägerschaft)
- der Privatsphäre der Bewerber (z. B. »Haben Sie einen festen Freund?«, »Ist eine Hochzeit geplant?«, »Wie verbringen Sie Ihre Freizeit?«, »Verstehen Sie sich mit Ihren Eltern?«, »Wie verhüten Sie?«)
- einer Gewerkschaftszugehörigkeit.

Weiterhin unterliegt der Arbeitgeber der Pflicht, die Bewerberinnen und Bewerber zu unterrichten, sofern der vakante Arbeitsplatz überdurchschnittliche Anforderungen in fachlicher oder gesundheitlicher Hinsicht stellt. Keinesfalls darf er falsche Vorstellungen von einem bestimmten Karriereverlauf wecken.

Lädt der Arbeitgeber zum Vorstellungsgespräch ein, ist er zum Ersatz der damit verbundenen Kosten verpflichtet – und zwar auch dann, wenn die Bewerberin bzw. der Bewerber letztlich nicht eingestellt wird.

Die Pflichten der Arbeitnehmerin bzw. des Arbeitnehmers

Grundsätzlich sind die Bewerberinnen und Bewerber bei Einstellungsverhandlungen verpflichtet, wahrheitsgemäße Angaben zu machen. Im Rahmen der Tätigkeit in einer Kindertageseinrichtungen kann beispielsweise auch die Frage nach einer HIV-Infektion gestellt werden, da der enge Kontakt der pädagogischen Fachkräfte zu den Kindern diesbezüglich ein erhöhtes Interesse rechtfertigt.

Wann aber ist eine Lüge erlaubt? Nach herrschender Meinung ist eine falsche Antwort nur dann eine sogenannte arglistige Täuschung, die zur Kündigung berechtigen würde, wenn die Frage zulässig war. Im Umkehrschluss bedeutet dies: Auf unzulässige Fragen dürfen Sie immer falsch antworten.

15.5 Pflichten aus dem Arbeitsverhältnis

Die Pflichten der Arbeitnehmerin bzw. des Arbeitnehmers

Die Arbeitnehmerinnen und Arbeitnehmer haben folgende Pflichten aus dem Arbeitsvertrag:

- Arbeitspflicht: Die Pflicht, die vereinbarte Arbeitsleistung persönlich zu erbringen
- Gehorsamspflicht: Den Weisungen des Arbeitgebers ist Folge zu leisten, außerdem sind die Betriebsordnung und die Bestimmungen des Unfallschutzes einzuhalten
- Treue- und Sorgfaltspflicht: Übertragene Aufgaben (Aufsichtspflicht über Kinder!) müssen sorgfältig erledigt, mit Werkzeug, Maschinen und sonstigem Eigentum des Arbeitgebers muss sorgfältig umgegangen werden
- Wettbewerbsverbot
- Schweigepflicht.

Innerhalb des arbeitsvertraglichen Rahmens bestimmt der Arbeitgeber Art, Ort und Umfang der Arbeitsleistung nach seinem ihm zustehenden sogenannten Direktionsrecht. Verletzen Arbeitnehmerinnen oder Arbeitnehmer vorsätzlich ihre Pflichten aus dem Arbeitsvertrag, kann der Arbeitgeber die Lohnzahlung verweigern und ist zur Kündigung berechtigt.

Die Pflichten des Arbeitgebers

Die Pflichten der Arbeitnehmerinnen und Arbeitnehmer korrespondieren mit den Pflichten des Arbeitgebers:

- Vergütungspflicht
- Beschäftigungspflicht: Der Arbeitnehmer muss mit den vertraglich vereinbarten Aufgaben beschäftigt werden
- Fürsorgepflicht: Einhaltung der gesetzlichen Bestimmungen zu Schutzgesetzen und Arbeitszeitgesetz, Erhaltung eines erträglichen Betriebsklimas, Einsicht in die Personalakte etc.
- Pflicht zur Ausstellung eines Zeugnisses.

Verletzt der Arbeitgeber seine Pflichten aus dem Arbeitsvertrag, macht er sich schadensersatzpflichtig.

15.6 Der Erholungsurlaub

Die gesetzliche Grundlage für Erholungsurlaub ist das Bundesurlaubsgesetz (BUrlG). Nach § 3 BUrlG beträgt der Erholungsurlaub 24 Werktage. Werktage sind alle Tage, die nicht Sonn- oder Feiertage sind.

Nach einem jüngst ergangenen Urteil des Bundesarbeitsgerichtes ist eine tarifvertragliche Regelung, der zufolge jüngere Arbeitnehmerinnen und Arbeitnehmer im öffentlichen Dienst weniger Urlaubanspruch haben als ältere, altersdiskriminierend (BAG, Urt. vom 20. 03. 2012 – 9 AZR 529/10). Allen Arbeitnehmerinnen und Arbeitnehmern ist unabhängig von ihrem Alter derselbe Urlaubsanspruch zu gewähren.

15.7 Die Beendigung des Arbeitsverhältnisses

Die große Mehrheit der Arbeitsverhältnisse wird auf unbestimmte Zeit abgeschlossen und kann durch Kündigung einer Vertragspartei beendet werden. Man unterscheidet zwei Arten der Kündigung: die außerordentliche (fristlose) und die ordentliche (fristgemäße) Kündigung.

Die ordentliche Kündigung

Eine fristgemäße Kündigung kann jederzeit ohne Angabe von Gründen erfolgen. Es ist lediglich erforderlich, dass die bestehende Kündigungsfrist eingehalten wird. Damit wird das Arbeitsverhältnis nicht sofort, sondern erst mit Ablauf dieser Frist beendet. In der Zeit bis zur Beendigung des Arbeitsverhältnisses ist der Arbeitgeber verpflichtet, den Arbeitnehmer für Stellensuche und Vorstellungsgespräche eine angemessene Zeit freizustellen, wenn er dies verlangt (§ 629 BGB).

Arbeitnehmerinnen und Arbeitnehmer können gem. § 622 Abs. 1 BGB unter Einhaltung einer Frist von vier Wochen zum 15. oder zum Ende des Monats kündigen.

Will der Arbeitgeber kündigen, gelten für ihn die verlängerten Kündigungsfristen des § 622 Absatz 2 BGB. Dort heißt es:

»Für eine Kündigung durch den Arbeitgeber beträgt die Kündigungsfrist, wenn das Arbeitsverhältnis in dem Betrieb oder Unternehmen
1. zwei Jahre bestanden hat, einen Monat zum Ende eines Kalendermonats
2. fünf Jahre bestanden hat, zwei Monate zum Ende eines Kalendermonats
3. acht Jahre bestanden hat, drei Monate zum Ende eines Kalendermonats
4. zehn Jahre bestanden hat, vier Monate zum Ende eines Kalendermonats
5. zwölf Jahre bestanden hat, fünf Monate zum Ende eines Kalendermonats
6. 15 Jahre bestanden hat, sechs Monate zum Ende eines Kalendermonats
7. 20 Jahre bestanden hat, sieben Monate zum Ende eines Kalendermonats.
Bei der Berechnung der Beschäftigungsdauer werden Zeiten, die vor der Vollendung des 25. Lebensjahres des Arbeitnehmers liegen, nicht berücksichtigt.«

§ 622 Abs. 4 BGB gestattet abweichende Regelungen für den öffentlichen Dienst. Diese sind nach § 34 TVöD:
»(1) Bis zum Ende des sechsten Monats seit Beginn des Arbeitsverhältnisses beträgt die Kündigungsfrist zwei Wochen zum Monatsschluss. Im Übrigen beträgt die Kündigungsfrist bei einer Beschäftigungszeit
bis zu einem Jahr einen Monat zum Monatsschluss,
von mehr als einem Jahr 6 Wochen,
von mindestens 5 Jahren 3 Monate,
von mindestens 8 Jahren 4 Monate,
von mindestens 10 Jahren 5 Monate,
von mindestens 12 Jahren 6 Monate
zum Schluss eines Kalendervierteljahres.
(2) Arbeitsverhältnisse von Beschäftigten, die das 40. Lebensjahr vollendet haben und für die die Regelungen des Tarifgebiets West Anwendung finden, können nach einer Beschäftigungszeit von mehr als 15 Jahren durch den Arbeitgeber nur aus einem wichtigen Grund gekündigt werden. Soweit Beschäftigte nach den bis zum 30. September 2005 geltenden Tarifregelungen unkündbar waren, verbleibt es dabei.«

Für einzelne Arbeitsverhältnisse gelten Sonderregelungen:
- Schwerbehinderte: Bei ihnen beträgt die Kündigungsfrist mindestens vier Wochen (§ 86 SGB IX)
- Ausbildungsverhältnis: Während der Probezeit kann jederzeit ohne Einhaltung einer Kündigungsfrist gekündigt werden (§ 15 Absatz 1 BBiG)

- Probearbeitsverhältnis: Verkürzung der Kündigungsfrist auf bis zu zwei Wochen (§ 622 Absatz 3 BGB)
- Aushilfsarbeitsverhältnis: Dauert das Aushilfsarbeitsverhältnis nicht länger als drei Monate, können die gesetzlichen Mindestkündigungsfristen unterschritten werden (§ 622 Absatz 5 Nr. 1 BGB).

Die Kündigung bedarf der Schriftform (§ 623 BGB). Unabhängig davon, welche Seite kündigt, ist die Kündigungserklärung eine sogenannte einseitige empfangsbedürftige. Das bedeutet: Die andere Seite braucht mit ihr nicht einverstanden zu sein (einseitig wirksam), die Kündigung muss aber wirksam zugegangen sein. Und das heißt wiederum: Die andere Vertragspartei muss die Möglichkeit haben, von der Kündigung Kenntnis zu erlangen (empfangsbedürftig). Die Kündigungserklärung braucht das Wort »kündigen« nicht zu enthalten, es muss sich aber aus ihr klar entnehmen lassen, dass das Arbeitsverhältnis beendet werden soll. Auch muss der Erklärung zu entnehmen sein, zu welchem Zeitpunkt die Kündigung wirksam werden soll. Ist ein konkretes Datum nicht angegeben, reicht unter Umständen auch der Passus: »zum nächstmöglichen Termin«.

Eine ordentliche Kündigung bedarf keines Grundes. Eine Ausnahme hiervon bildet nur § 15 Abs. 3 Berufsbildungsgesetz (BBiG), nach dem eine Kündigung eines Berufsausbildungsverhältnisses nach der Probezeit zu ihrer Wirksamkeit eines Grundes bedarf.

Die außerordentliche Kündigung

Die außerordentliche Kündigung ist in den Fällen zulässig, in denen die Einhaltung der Kündigungsfrist unzumutbar ist und hierfür ein wichtiger Grund vorliegt. Aus diesem muss sich unter Berücksichtigung aller Umstände des Einzelfalles und unter Abwägung der Interessen beider Vertragsteile ergeben, dass die normale Beendigung des Arbeits- oder Berufsausbildungsverhältnisses nicht zugemutet werden kann (§ 626 Abs. 1 BGB).

Die Rechtsprechung hat als wichtige Gründe anerkannt:
- Androhung künftiger Krankheiten
- Beharrliche Arbeitsverweigerung
- Tätlichkeiten oder erhebliche Ehrverletzungen gegenüber dem Arbeitgeber
- Nebentätigkeit während ärztlich attestierter Arbeitsunfähigkeit
- Unpünktlichkeiten im Wiederholungsfall

- Sachbeschädigung oder Vermögensdelikte zum Nachteil des Arbeitgebers
- Unerlaubte private Telefonate
- Unerlaubte private Internetnutzung
- Handlungen, die die Heilung während der Arbeitsunfähigkeit beeinträchtigen etc.

Nach § 626 Abs. 2 BGB muss die außerordentliche Kündigung innerhalb von zwei Wochen nach sicherer Kenntnis der maßgebenden Kündigungstatsachen durch den Arbeitgeber erfolgen. Die Zwei-Wochen-Frist ist eine sogenannte Ausschlussfrist: Wird sie versäumt, ist die außerordentliche Kündigung wegen dieses Sachverhaltes nicht mehr möglich, denn der Gesetzgeber geht dann davon aus, dass das Verhalten wohl nicht unzumutbar war.

Die Änderungskündigung

Eine Änderungskündigung ist zunächst einmal eine ganz normale ordentliche Kündigung, verbunden mit dem Angebot eines neuen Arbeitsverhältnisses. Die Arbeitnehmerin bzw. der Arbeitnehmer hat drei Möglichkeiten, einer Änderungskündigung zu begegnen:

- Den neuen Vertrag annehmen
- Den neuen Vertrag unter dem Vorbehalt annehmen, dass die Änderung sozial gerechtfertigt ist
- Den neuen Vertrag nicht annehmen. Die Wirkung der ordentlichen Kündigung tritt ein.

Der Aufhebungsvertrag

Vereinbaren beide Arbeitsvertragsparteien einvernehmlich das Ausscheiden einer Mitarbeiterin oder eines Mitarbeiters außerhalb der gesetzlichen bzw. tarifvertraglichen Kündigungsfristen, schließen sie einen Aufhebungsvertrag. Der Arbeitnehmer gilt damit als ungekündigt. Diese Verfahrensweise empfiehlt sich nur dann, wenn sofort im Anschluss ein neuer Arbeitsplatz angetreten werden kann. Ist dies nicht der Fall, wird die Agentur für Arbeit eine Sperrfrist von drei Monaten für den Bezug von Arbeitslosengeld verhängen, wenn das Arbeitsverhältnis ohne wichtigen Grund gelöst worden ist (§ 159 SGB III).

15.8 Kündigungsschutz

Der allgemeine Kündigungsschutz

Der allgemeine Kündigungsschutz ist im Kündigungsschutzgesetz (KSchG) festgelegt. Das KSchG soll Arbeitnehmerinnen und Arbeitnehmer vor einer ordentlichen Kündigung schützen. In personeller Hinsicht ist es anwendbar, wenn der Betrieb regelmäßig mehr als zehn Arbeitnehmerinnen und Arbeitnehmer beschäftigt. Teilzeitbeschäftigte mit nicht mehr als 20 Wochenstunden werden dabei mit 0,5, diejenigen mit nicht mehr als 30 Wochenstunden mit 0,75 berechnet.

Ist das KSchG anwendbar, ist eine ordentliche Kündigung nur dann rechtswirksam, wenn sie sozial gerechtfertigt ist. Die soziale Rechtfertigung kann sich aus folgenden Gründen ergeben:

- Personenbedingte Gründe (z. B. Erkrankung mit Negativprognose)
- Verhaltensbedingte Gründe (z. B. Pflichtverletzungen)
- Betriebsbedingte Gründe (z. B. Schließung einer Gruppe).

In der Regel ist eine verhaltensbedingte Kündigung nur dann gerechtfertigt, wenn der Arbeitgeber mit einer vorausgegangenen Abmahnung die Gelegenheit gegeben hat, das Verhalten zu ändern.

Hält ein Arbeitnehmer die Kündigung für sozialwidrig, kann er Kündigungsschutzklage beim Arbeitsgericht erheben. § 4 KSchG normiert für die Kündigungsschutzklage eine Frist von drei Wochen ab Zugang der Kündigung. Geht die Klage verspätet ein, ist die Kündigung wirksam.

Der besondere Kündigungsschutz

Während der allgemeine Kündigungsschutz für alle Arbeitnehmerinnen und Arbeitnehmer gilt, besteht für bestimmte Personengruppen darüber hinaus auch noch ein besonderer Kündigungsschutz. Die wichtigsten Normen sind hier:

- § 9 Mutterschutzgesetz (MuSchG)
- § 85 SGB IX
- § 18 Bundeselterngeld- und Elternzeitgesetz (BEEG).

Dabei verbietet der besondere Kündigungsschutz entweder jegliche Kündigung, gleichgültig ob ordentlich oder außerordentlich, oder er macht die Kündigung von der Zustimmung der Aufsichtsbehörde abhängig.

15.9 Zeugnis

Bei Beendigung des Arbeitsverhältnisses hat jeder Arbeitnehmer gegen seinen Arbeitgeber einen Anspruch auf Erteilung eines qualifizierten schriftlichen Arbeitszeugnisses, das Art und Dauer der Beschäftigung sowie Leistung und Führung beurteilt. Wie dieses Zeugnis konkret abzufassen ist, steht im Ermessen des Ausstellers. Er ist in Wortwahl und Satzbau frei und hat einen großen Beurteilungsspielraum. Das Zeugnis muss allerdings zwei Grundsätzen entsprechen:

- Grundsatz der Zeugniswahrheit
- Grundsatz der wohlwollenden Beurteilung durch den Arbeitgeber.

Das bedeutet: Die Pflicht zur Wahrheit hat zwar bei der Ausstellung eines Zeugnisses absoluten Vorrang, doch soll das unter Beachtung des Wahrheitsgebotes ausgestellte Zeugnis auch von einem verständigen Wohlwollen gegenüber der Mitarbeiterin bzw. dem Mitarbeiter getragen sein.

15.10 Arbeitnehmerrechte im Betrieb

Die Rechte, die Arbeitnehmerinnen und Arbeitnehmer in einem Betrieb haben, werden umfassend im Betriebsverfassungsgesetz normiert. Das Betriebsverfassungsgesetz ist anwendbar, wenn im konkreten Betrieb mindestens fünf Arbeitnehmerinnen bzw. Arbeitnehmer beschäftigt sind und gewährt ihnen das Recht auf innerbetriebliche Mitbestimmung. Dieses umfasst das

- Informations- und Anhörungsrecht in allen sie persönlich betreffenden Angelegenheiten
- Beschwerderecht, falls sie sich ungerecht behandelt fühlen
- Recht auf Einsichtnahme in die Personalakte.

Der Betriebsrat

Neben diesem Recht auf innerbetriebliche Mitbestimmung stehen dem gewählten Betriebsrat weitere diverse Mitbestimmungsrechte zu:

- Mitbestimmung in sozialen Angelegenheiten wie Arbeitszeit, Urlaubsplanung, Sozialplan bei betriebsbedingten Kündigungen etc. Kommt eine Einigung nicht zustande, entscheidet eine eingerichtete Einigungsstelle.

- Eingeschränkte Mitbestimmung in personellen Angelegenheiten wie Einstellungen, Entlassungen, Versetzungen. Hier darf der Betriebsrat nur aus schwerwiegenden Gründen seine Zustimmung verweigern.
- Mitwirkung in wirtschaftlichen Angelegenheiten wie beispielsweise Stilllegungen, Rationalisierungen etc. Hier hat der Betriebsrat kein Gestaltungsrecht, er kann also eine unternehmerische Entscheidung nicht verhindern, jedoch muss er informiert und angehört werden.

Der Betriebsrat wacht über die Einhaltung von Arbeitnehmerschutzgesetzen und hält regelmäßige Sprechstunden ab. Er informiert über seine Tätigkeiten in regelmäßigen vierteljährlichen Betriebsversammlungen.

Zusätzlich zum Betriebsrat sieht das Betriebsverfassungsgesetz auch die Einrichtung einer Jugendvertretung vor. Da Jugendliche im Betrieb andere Problemlagen haben, vertritt dieses Organ deren Interessen im Betrieb. Die Jugendvertretung bringt ihre Anliegen über den Betriebsrat vor und kann an allen Sitzungen des Betriebsrates mitwirken.

Der Personalrat

In den Bereichen, in denen der Staat der Arbeitgeber ist, gilt jedoch nicht das Betriebsverfassungsgesetz, sondern das Personalvertretungsgesetz. Was dort der Betriebsrat, ist hier der Personalrat. Den Betriebsversammlungen korrespondieren die Personalversammlungen. Allerdings gibt es auch Unterschiede: Bei Streitigkeiten entscheidet nicht das Arbeits-, sondern das Verwaltungsgericht, und die Mitwirkungsrechte sind nicht so weitgehend gefasst wie im Betriebsverfassungsgesetz. Dies hat seine Ursache darin, dass die Entscheidungsprozesse bei einem öffentlichen Arbeitgeber bereits demokratisch kontrolliert sind. Gewählt werden die Personalvertretungen nach den Vorschriften des jeweiligen Landespersonalvertretungsgesetzes.

Praxisübung

Recherchieren Sie im Internet nach dem Landespersonalvertretungsgesetz Ihres Bundeslandes: Welche Regelungen trifft das Gesetz zu Wählbarkeit, Wahlberechtigung, Stimmabgabe und Wahlverfahren?

Die Mitarbeitervertretung

Ein weiteres Organ der innerbetrieblichen Mitbestimmung ist die Mitarbeitervertretung (MAV). Mitarbeitervertretungen sind betriebliche Interessenvertretungen nach kirchlichem Arbeitsrecht.

Als eigenes Betriebsverfassungsrecht der Kirchen hat das kirchliche Mitarbeitervertretungsrecht verschiedene Rechtsgrundlagen: Für den Bereich der katholischen Kirche hat die Bischofskonferenz auf ihrer Vollversammlung am 24. Januar 1977 eine Rahmenordnung für eine Mitarbeitervertretungsordnung (MAVO) im kirchlichen und karitativen Dienst beschlossen, die in den Folgejahren immer wieder novelliert und angepasst wurde. In der EKD gilt das Kirchengesetz über Mitarbeitervertretungen in der Evangelischen Kirche in Deutschland vom 6. November 1992 (Mitarbeitervertretungsgesetz – MVG).

15.11 Die Schweigepflicht

Zu den Hauptpflichten eines jeden Arbeitsvertrages gehört die Schweigepflicht. Im besonders datensensiblen Bereich des Sozialrechtes normieren darüber hinaus aber auch noch einmal verschiedene Gesetze den sogenannten Sozialdatenschutz in Abhängigkeit vom Träger:

- Träger, die auch Sozialleistungsträger nach § 35 Absatz 1 SGB I sind, unterliegen dem bundesgesetzlichen Sozialdatenschutz.
- Dieser bundesgesetzliche Sozialdatenschutz wird ergänzt von den Bestimmungen des kirchlichen Datenschutzes, soweit es sich um einen kirchlichen Träger handelt. So hat die Evangelische Kirche Deutschlands ein Kirchengesetz über den Sozialdatenschutz (DSG-EKD) erlassen; in den katholischen Bistümern sind sogenannte »Anordnungen über den kirchlichen Datenschutz« ergangen.
- Für freie Träger gilt: Zwar sind sie nicht Sozialleistungsträger im Sinne von § 35 I SGB I; für sie ergibt sich die Pflicht zur Geheimhaltung aber als vertragliche Nebenpflicht des Kindergartenvertrages im Sinne der §§ 241 Absatz 2, 242 BGB.

Die Folgen eines Verstoßes gegen die Geheimhaltungspflicht hängen wiederum davon ab, welcher Berufsgruppe der Täter angehört:

- Verletzen Erzieherinnen/Erzieher und Kinderpflegerinnen/Kinderpfleger die Datenschutzbestimmungen des SGB, begehen sie eine Ordnungswidrigkeit, die nach § 85 Absatz 3 SGB X mit einer Geldbuße bis zu 250.000 Euro bestraft wird.
- Etwas anderes gilt für staatlich anerkannte Sozialarbeiterinnen/Sozialarbeiter oder Sozialpädagoginnen/Sozialpädagogen, da sie ausdrücklich von § 203 Absatz 1 Nr. 5 StGB genannt werden. Diese begehen eine Straftat und können auch mit einer Freiheitsstrafe belegt werden.

Darüber hinaus können sich für eine Erzieherin bzw. einen Erzieher im Einzelfall auch arbeitsvertragliche Schweigepflichten aufgrund einiger tarifvertraglicher Bestimmungen ergeben – beispielsweise aus:

- § 3 Abs. 1 TVöD
- § 5 Arbeitsvertragsrichtlinie (AVR) Caritas
- § 3 Arbeitsvertragsrichtlinie (AVR) Diakonie.

Bei Verstoß gegen diese arbeitsrechtlichen Bestimmungen drohen arbeitsrechtliche Konsequenzen wie Abmahnung und Kündigung.

15.12 Datenschutz

Mit dem Thema Schweigepflicht ist das Stichwort Datenschutz eng verbunden. Unsere Verfassung garantiert den Datenschutz durch das in Art. 2 Abs. 1 i.V.m. Art. 1 Abs. 1 GG festgeschriebene Grundrecht auf informationelle Selbstbestimmung. Danach hat jeder Mensch das Recht, grundsätzlich selbst über die Offenbarung und Verwendung seiner persönlichen Daten bestimmen zu können. Einschränkungen dieses Rechtes sind nur im überwiegenden Allgemeininteresse zulässig und bedürfen dann einer gesetzlichen Grundlage wie dem Bundesdatenschutzgesetz sowie den Datenschutzgesetzen der Länder. Darüber hinaus hat das Bundesverfassungsgericht in seinem Urteil vom 15. Dezember 1983 (»Volkszählungsurteil«) vier Grundsätze entwickelt, die beim Umgang mit Daten stets beachtet werden müssen:

- Grundsatz der Ersterhebung: Sozialdaten sind immer beim Betroffenen zu erheben, Ausnahmen hiervon nur mit Einwilligung oder ausdrücklicher Erlaubnis des Gesetzes.

- Daten dürfen nur erhoben werden, wenn dies für die konkrete Aufgabenerfüllung erforderlich ist.
- Zweckbindungsprinzip: Daten dürfen nur zu dem Zweck verwendet werden, zu dem sie erhoben wurden. Eine anderweitige Verwendung bedarf der Einwilligung oder einer ausdrücklichen gesetzlichen Grundlage.
- Transparenzgebot: Der konkrete Umgang mit den Informationen ist für den Betroffenen nachvollziehbar. Wenn Einwilligungen eingeholt werden, müssen diese sich auf klar erkennbare Situationen beziehen.

Über diese allgemeinen Grundsätze hinaus besteht in der Jugendhilfe außerdem der besondere bereichsspezifische Sozialdatenschutz nach § 35 I SGB I sowie den §§ 67–85 a SGB X. Weiterhin sind in der Jugendhilfe noch die §§ 61–68 SGB VIII zu beachten.

Das Sozialdatum

Datum im Sinne des Grundgesetzes und des Bundesdatenschutzgesetzes sind alle »Daten, die eine Person beschreiben oder Aussagen zu dieser Person machen«. Der Begriff des Sozialdatums ist spezieller gefasst und in § 67 Absatz 1 SGB X wie folgt definiert:

Sozialdaten sind Einzelangaben über persönliche und sachliche Verhältnisse einer bestimmten oder bestimmbaren Person (Betroffener), die von einer in § 35 des Ersten Buches genannten Stelle im Hinblick auf ihre Aufgaben nach diesem Gesetzbuch erhoben, verarbeitet oder genutzt werden.

Für die Praxis einer Kindertageseinrichtung ergeben sich daraus fünf Konsequenzen:
- Sozialdaten sind alle personenbezogenen Angaben, die im Zusammenhang mit der Erziehung des Kindes in der Einrichtung erhoben und verwendet werden (Namen, Adressen, Telefonnummern, Sorgerechtsregelung, Bewertungen, Prognosen etc.).
- Auch Vernetzungsdaten, also Daten, die Sie durch Gespräche mit Ihren Vernetzungspartnern wie ASD oder Schule erhalten haben, sind Sozialdaten.
- »Betroffener« im Sinne des SGB ist nicht nur das konkrete Kind, sondern seine gesamte Familie und eventuelle Dritte.

- Es ist für die Frage, wann ein Datum unter den Datenschutz fällt, völlig unerheblich, ob das Datum schriftlich oder lediglich mündlich übermittelt wurde.
- Auch Videoaufnahmen und Fotos vom Kindergartengeschehen fallen unter den Sozialdatenschutz.

Das Betriebs- und Geschäftsgeheimnis

Betriebs- und Geschäftsgeheimnisse einer Kindertageseinrichtung sind genauso wie Sozialdaten zu schützen (§ 35 I SGB I).

Betriebs- und Geschäftsgeheimnisse sind in § 67 SGB X definiert als »alle betriebs- oder geschäftsbezogenen Daten, die Geheimnischarakter haben«.

Der Umgang mit den Daten

Datenschutz bedeutet, die Daten korrekt zu erheben, zu pflegen, zu nutzen und zu übermitteln.

Die Datenerhebung

Die Datenerhebung in der Kinder- und Jugendhilfe ist in § 62 SGB VIII geregelt. Im Absatz 1 heißt es dort: »Sozialdaten dürfen nur erhoben werden, soweit ihre Kenntnis zur Erfüllung der jeweiligen Aufgabe erforderlich ist.«

Was also ist die jeweilige Aufgabe einer Kindertageseinrichtung? Die Aufgabe besteht in der Erziehung, Bildung und Betreuung der anvertrauten Kinder. Daten, die für diese Aufgabe nicht erforderlich sind, dürfen auch nicht erhoben werden. Die verbreitet geübte Praxis, Daten auf Vorrat zu erheben (sog. Vorratsdatenspeicherung), weil man sie vielleicht in Zukunft einmal brauchen könnte, ist rechtswidrig und hat zu unterbleiben.

Die Datenpflege

Auch innerhalb des Organisationsbereiches des Leistungsträgers besteht nach § 35 Absatz 1 Satz 2 SGB I die Verpflichtung, sicherzustellen, dass die Sozialdaten nur Befugten zugänglich sind oder nur an diese weitergegeben werden. Die Daten sind also stets so zu sichern, dass unbefugte Dritte keinen Zugriff darauf haben.

Zur ordnungsgemäßen Pflege der Daten gehört auch die rechtzeitige Löschung, sobald sich ihr Zweck erfüllt hat. Der Zweck hat sich erfüllt, wenn ein Kind die

Einrichtung endgültig verlässt, oder der Zeitraum, für den die Einwilligung gegeben wurde (i. d. R. das erste Schuljahr), abgelaufen ist. Die Daten des Kindes sind dann zu löschen, entweder indem sie vernichtet oder an die Eltern herausgegeben werden.

Die Datennutzung

In § 67 Abs. 7 SGB X wird die Datennutzung folgendermaßen definiert:

Nutzen ist jede Verwendung von Sozialdaten, soweit es sich nicht um Verarbeitung handelt, auch die Weitergabe innerhalb der verantwortlichen Stelle.

Bei der Nutzung von Daten muss streng darauf geachtet werden, dass die Daten nur für diejenigen Zwecke verwendet werden, für die sie erhoben wurden. Im internen Tätigkeitsbereich einer Einrichtung wie bei Teamsitzungen oder Supervisionen ist diese Situation problemlos gegeben. Auch ist die Nutzung der Daten bei der Anleitung von Praktikantinnen und Praktikanten zulässig. Die Anleitung steht zwar nicht direkt mit der Erfüllung des Erziehungsauftrages in Zusammenhang, ist aber doch derart mit ihm verbunden, dass in der täglichen Praxis keine Trennung möglich ist.

Die korrekte Datenübermittlung

Der schwierigste Aspekt des Datenschutzes ist die korrekte Übermittlung von Daten, also die Weitergabe von Sozialdaten der Einrichtung an Dritte – an einrichtungsfremde Personen oder Institutionen. Hier ist § 67 Abs. 6 Nr. 3 SGB X einschlägig. Eine solche Datenübermittlung ist ausschließlich dann zulässig, wenn der Betroffene eingewilligt hat oder eine gesetzliche Übermittlungsbefugnis vorliegt (§ 67 b SGB X).

Das SGB X zählt in den §§ 68–75 SGB X gesetzliche Übermittlungsbefugnisse auf. Die häufigste Form beschreibt § 69 Abs. 1 Nr. 1 SGB X: die Weiterleitung zur Erfüllung von gesetzlichen Aufgaben des Empfängers.

Wichtig zu wissen: Es muss sich beim Empfänger der Daten um eine Stelle handeln, die als Sozialleistungsträger nach § 35 SGB I tätig wird. Dies trifft beispielsweise für Jugendämter zu, nicht aber für Schulen. Ohne Einwilligung des Betroffenen kann also einer Schule kein Sozialdatum übermittelt werden.

Anvertraute Daten

Das Gesetz unterscheidet aber nicht nur »Nutzung« und »Übermittlung« von Daten, es nimmt auch noch einmal eine strenge Abgrenzung zur »Weitergabe« von Daten – entweder innerhalb der Einrichtung oder an Dritte – vor.

Worin liegt der Unterschied? Er ist in der besonderen Qualität dieser Daten begründet: Sie sind »anvertraut« und stellen einen wichtigen Sonderfall dar, den § 65 Abs. 1 Nr. 1 SGB VIII »Besonderer Vertrauensschutz in der persönlichen und erzieherischen Hilfe« wie folgt regelt: »Sozialdaten, die dem Mitarbeiter eines Trägers der öffentlichen Jugendhilfe zum Zwecke persönlicher und erzieherischer Hilfe anvertraut worden sind, dürfen von diesem nur weitergegeben werden mit Einwilligung dessen, der die Daten anvertraut hat.«

Es besteht also nur dann eine Befugnis zur Weitergabe, wenn eine Einwilligung des Betroffenen vorliegt; auf eine Übermittlungsbefugnis kommt es hier nicht an.

Anvertraut im Sinne des Gesetzes sind Daten nicht nur, wenn die Mitteilung unter dem Siegel der Verschwiegenheit erfolgt, sondern immer dann, wenn derjenige, der die Information preisgibt, von der Verschwiegenheit des Empfängers ausgeht und dies ausdrücklich signalisiert oder aus dem Zusammenhang erkennbar wird.

Auch Erkenntnisse, die nonverbal gewonnen wurden – beispielsweise durch gezieltes Beobachten von Kindern –, sind einem »Anvertrauen« im Gespräch gleichgestellt. Sie dürfen nicht weitergegeben werden. Dies gilt insbesondere auch für Teamsitzungen!

Dieses Verbot der Weitergabe durfte bislang nach § 34 StGB analog nur bei Vorliegen eines sogenannten rechtfertigenden Notstandes mit Gefahr für Leib oder Leben des Kindes übertreten werden. Nun normiert auch § 65 SGB VIII das Recht zur Weitergabe an die (internen und externen) Fachkräfte, wenn es der Abschätzung des Gefährdungsrisikos nach § 8 a SGB VIII dient.

Datenschutz und Öffentlichkeitsarbeit

Regelmäßig tauchen auch Datenschutzfragen im Rahmen der Öffentlichkeitsarbeit einer Kindertageseinrichtung auf. Sollen Bilder vom letzten Ausflug oder dem Martinsumzug veröffentlicht werden, um Interessierten einen lebendigen

Eindruck vom Kindergartenalltag zu vermitteln, ist stets zu fragen, ob die Kinder auf dem Foto als Mittelpunkt oder Beiwerk anzusehen sind.

Grundsätzlich dürfen Bildnisse nach § 22 Kunsturhebergesetz (KunstUrhG) nur mit Einwilligung des Abgebildeten veröffentlicht werden. Eine Ausnahme gilt nach § 23 Abs. I Nr. 2 und 3 KunstUrhG nur dann, wenn die Bilder die abgebildeten Personen nur als Beiwerk neben einer Landschaft oder sonstigen Örtlichkeit erscheinen lassen. Außerdem unterliegen danach auch Bilder von Aufzügen oder ähnlichen Vorgängen nicht der gesonderten Einwilligungspflicht.

Es kommt also darauf an, was auf dem Bild zu sehen ist: Im Regelfall wird bei Fotos einer Kindertageseinrichtung gelten, dass die abgebildeten Kinder nicht nur Beiwerk, sondern die Hauptakteure des Bildes sind. Es ist daher ratsam, auch in Zweifelsfällen eine Zustimmung einzuholen. Die Bilder vom Martinsumzug hingegen sind unter »Aufzüge« zu fassen und daher zustimmungsfrei.

Arbeitsvertrag, Tarifvertrag, Betriebsvereinbarung, Gesetz oder betriebliche Übung gestalten ein Arbeitsverhältnis in rechtlicher Hinsicht mit. Wie jeder andere Vertrag auch, kommt ein Arbeitsvertrag durch zwei übereinstimmende Willenserklärungen – Angebot und Annahme desselben – zustande.

Verhandeln Arbeitgeberverbände der einzelnen Wirtschaftszweige mit den entsprechenden Gewerkschaften, halten sie die Ergebnisse dieser Verhandlungen in einem Tarifvertrag fest. Ist der Tarifvertrag für »allgemeinverbindlich« nach § 5 Tarifvertragsgesetz erklärt worden, kommt es ausnahmsweise nicht darauf an, ob die einzelnen Arbeitnehmer Gewerkschaftsmitglieder sind oder nicht. Zu beachten ist, dass entgegen einer weit verbreiteten Ansicht die Tarifverträge des öffentlichen Dienstes und auch der TVöD selbst nicht »allgemeinverbindlich« im Sinne des § 5 Tarifvertragsgesetzes sind. Solange der jeweilige Tarifvertrag läuft, gilt für beide Seiten die sogenannte Friedenspflicht, das heißt Mittel des Arbeitskampfes (Streik, Aussperrung etc.) sind nicht erlaubt.

Der Normalfall eines Arbeitsverhältnisses ist der auf unbestimmte Zeit abgeschlossene Arbeitsvertrag. Darüber hinaus gibt es aber auch eine

Reihe von Sonderformen. Bei den Einstellungsverhandlungen sind die Anforderungen des Allgemeinen Gleichbehandlungsgesetzes (AGG) vom Arbeitgeber streng zu beachten, anderenfalls macht er sich schadensersatzpflichtig. Arbeitnehmer und Arbeitgeber haben aus dem Arbeitsverhältnis eine Reihe von Rechten und Pflichten, die einander korrespondieren.

Die große Mehrheit der Arbeitsverhältnisse wird auf unbestimmte Zeit abgeschlossen und kann durch Kündigung einer Vertragspartei beendet werden. Man unterscheidet zwei Arten der Kündigung: die außerordentliche (fristlose) und die ordentliche (fristgemäße) Kündigung. Der allgemeine Kündigungsschutz ist im Kündigungsschutzgesetz festgelegt. In personeller Hinsicht ist es anwendbar, wenn der Betrieb regelmäßig mehr als zehn Arbeitnehmerinnen bzw. Arbeitnehmer beschäftigt. Während der allgemeine Kündigungsschutz für alle Arbeitnehmer gilt, besteht für bestimmte Personengruppen darüber hinaus auch noch ein besonderer Kündigungsschutz.

Bei Beendigung des Arbeitsverhältnisses hat jeder Arbeitnehmer einen Anspruch auf Erteilung eines qualifizierten schriftlichen Arbeitszeugnisses, das Art und Dauer der Beschäftigung sowie Leistung und Führung beurteilt. Die Rechte, die Arbeitnehmerinnen und Arbeitnehmer in einem Betrieb haben, werden umfassend im Betriebsverfassungsgesetz normiert. Das Betriebsverfassungsgesetz ist anwendbar, wenn im konkreten Betrieb mindestens fünf Arbeitnehmer beschäftigt sind, und gewährt jedem das Recht auf innerbetriebliche Mitbestimmung. Darüber hinaus stehen dem gewählten Betriebsrat diverse Mitbestimmungsrechte zu.

In den Bereichen, in denen der Staat der Arbeitgeber ist, gilt jedoch nicht das Betriebsverfassungsgesetz, sondern das Personalvertretungsgesetz. Ein weiteres Organ der innerbetrieblichen Mitbestimmung ist die Mitarbeitervertretung (MAV). Mitarbeitervertretungen sind betriebliche Interessenvertretungen nach kirchlichem Arbeitsrecht.

Zu den Hauptpflichten eines jeden Arbeitsvertrages gehört die Schweigepflicht. Im besonders datensensiblen Bereich des Sozialrechtes normieren darüber hinaus aber auch noch einmal verschiedene Gesetze den sogenannten Sozialdatenschutz in Abhängigkeit vom Träger. Die Folgen eines Verstoßes gegen die Geheimhaltungspflicht hängen wiederum davon ab, welcher Berufsgruppe der Täter angehört. Über die vier vom Bundesverfassungsgericht entwickelten allgemeinen Grundsätze hinaus besteht in der Jugendhilfe der besondere bereichsspezifische Sozialdatenschutz nach § 35 I SGB I sowie den §§ 67–85 a SGB X. Weiterhin sind in der Jugendhilfe noch die §§ 61–68 SGB VIII zu beachten.

Weiterführende Links

www.arbeitsagentur.de
www.bagkae.de
www.beaonline.de
www.boefae.de
www.bveed.de
www.datenschutz.de
www.dbsh.de
www.dgb.de
www.erzieherin.de
www.erzieherin-online.de
www.gew.de
www.keg-bayern.de
www.verdi.de
www.weiterbildungsinitiative.de
www.zentralkoda.de

Die Altersgrenzen des Jugendschutzgesetzes

	0–5 Jahre	6–11 Jahre	12–13 Jahre
Alkohol	Das Kind darf in der Öffentlichkeit keine alkoholischen Getränke erhalten oder konsumieren. Dies gilt auch für branntweinhaltige Lebensmittel mit einem Gesamtalkoholgehalt von mehr als 1 %.		
Diskotheken und öffentliche Tanzveranstaltungen	Das Kind darf nur in Begleitung einer personensorgeberechtigten Person oder einer erziehungsberechtigten Person eine Diskothek besuchen. Dann zeitlich unbegrenzt. Ausnahme: Tanzveranstaltungen, die der Brauchtumspflege oder der künstlerischen Betätigung dienen oder von einem anerkannten Träger der Jugendhilfe organisiert werden. Dort darf sich das Kind ohne Begleitung einer personensorgeberechtigten oder erziehungsberechtigten Person bis 22:00 Uhr aufhalten.		
Filme	Das Kind darf in der Öffentlichkeit Filme erhalten oder sehen, die ab 0 Jahren freigegeben sind, oder es sich bei den Filmen um Informations-, Instruktions- und Lehrfilme handelt. Es darf in der Öffentlichkeit keine Filme sehen oder erhalten, die ab 6 Jahren, ab 12 Jahren, ab 16 Jahren oder ab 18 Jahren (»keine Jugendfreigabe«) freigegeben sind oder die keine Alterskennzeichnung aufweisen. Indizierte oder schwer jugendgefährdende Filme dürfen nicht öffentlich angepriesen, ausgestellt, gezeigt, dem Kind überlassen, verliehen oder verkauft werden.	Das Kind darf in der Öffentlichkeit Filme erhalten oder sehen, die ab 0 Jahren oder ab 6 Jahren freigegeben sind, oder es sich bei den Filmen um Informations-, Instruktions- und Lehrfilme handelt. Es darf in der Öffentlichkeit keine Filme sehen oder erhalten, die ab 12 Jahren, ab 16 Jahren oder ab 18 Jahren (»keine Jugendfreigabe«) freigegeben sind oder die keine Alterskennzeichnung aufweisen. Ausnahme: In Begleitung einer personenberechtigten Person darf das Kind in der Öffentlichkeit auch Filme sehen, die ab 12 Jahren freigegeben sind (sog. »Parental Guidance«). Indizierte oder schwer jugendgefährdende Filme dürfen nicht öffentlich angepriesen, ausgestellt, gezeigt, dem Kind überlassen, verliehen oder verkauft werden.	Das Kind darf in der Öffentlichkeit Filme erhalten oder sehen, die ab 0 Jahren, ab 6 Jahren oder ab 12 Jahren freigegeben sind, oder es sich bei den Filmen um Informations-, Instruktions- und Lehrfilme handelt. Es darf in der Öffentlichkeit keine Filme sehen oder erhalten, die ab 16 Jahren oder ab 18 Jahren (»keine Jugendfreigabe«) freigegeben sind oder die keine Alterskennzeichnung aufweisen. Indizierte oder schwer jugendgefährdende Filme dürfen nicht öffentlich angepriesen, ausgestellt, gezeigt, dem Kind überlassen, verliehen oder verkauft werden.
Gaststätten	Das (jugendliche) Kind darf sich ohne Begleitung einer personensorgeberechtigten oder erziehungsbeauftragt aufhalten, und auch nur dann, wenn es zum Essen oder für ein Getränk dort oder auf Reisen ist. In Begleitu tragten Person darf sich das Kind zeitlich unbeschränkt in Gaststätten aufhalten. Das gilt auch, wenn es an ein teilnimmt.		

14–15 Jahre	16–17 Jahre	Ab 18 Jahren
Das jugendliche Kind darf in der Öffentlichkeit alkoholische Getränke, die nicht branntweinhaltig sind, nur in Begleitung einer personensorgeberechtigten Person konsumieren.	Das jugendliche Kind darf in der Öffentlichkeit alkoholische Getränke, die nicht branntweinhaltig sind, auch ohne Begleitung einer personensorgeberechtigten Person konsumieren.	frei
Wie für die Altersgruppe 0 bis 13 Jahre beschrieben, allerdings bis 24:00 Uhr.	Ohne Begleitung einer personensorgeberechtigten oder erziehungsbeauftragten Person bis 24:00 Uhr. Mit Begleitung einer personensorgeberechtigten oder erziehungsbeauftragten Person zeitlich unbegrenzt.	frei
Das Kind darf in der Öffentlichkeit Filme erhalten oder sehen, die ab 0 Jahren, ab 6 Jahren oder ab 12 Jahren freigegeben sind, oder es sich bei den Filmen um Informations-, Instruktions- und Lehrfilme handelt. Es darf in der Öffentlichkeit keine Filme sehen oder erhalten, die ab 16 Jahren oder ab 18 Jahren (»keine Jugendfreigabe«) freigegeben sind oder die keine Alterskennzeichnung aufweisen. Indizierte oder schwer jugendgefährdende Filme dürfen nicht öffentlich angepriesen, ausgestellt, gezeigt, dem Kind überlassen, verliehen oder verkauft werden.	Das Kind darf in der Öffentlichkeit Filme erhalten oder sehen, die ab 0 Jahren, ab 6 Jahren, ab 12 Jahren oder ab 16 Jahren freigegeben sind, oder es sich bei den Filmen um Informations-, Instruktions- und Lehrfilme handelt. Es darf in der Öffentlichkeit keine Filme sehen oder erhalten, die ab 18 Jahren (»keine Jugendfreigabe«) freigegeben sind oder die keine Alterskennzeichnung aufweisen. Indizierte oder schwer jugendgefährdende Filme dürfen nicht öffentlich angepriesen, ausgestellt, gezeigt, dem Kind überlassen, verliehen oder verkauft werden.	frei
son nur zwischen 5:00 und 23:00 Uhr in Gaststätten er personensorgeberechtigten oder erziehungsbeauf-anstaltung eines anerkannten Trägers der Jugendhilfe	Das jugendliche Kind darf sich ohne Begleitung einer personensorgeberechtigten oder erziehungsbeauftragten Person nur zwischen 5:00 und 24:00 Uhr in Gaststätten aufhalten, und auch nur dann, wenn es zum Essen oder für ein Getränk dort oder auf Reisen ist. In Begleitung einer personensorgeberechtigten oder erziehungsbeauftragten Person darf sich das Kind zeitlich unbeschränkt in Gaststätten aufhalten. Das gilt auch, wenn es an einer Veranstaltung eines anerkannten Trägers der Jugendhilfe teilnimmt.	frei

	0–5 Jahre	6–11 Jahre	12–13 Jahre
Kino und öffentliche Filmvorführungen	Das Kind darf sich nicht im Kino (oder bei öffentlichen Filmvorführungen) aufhalten, es sei denn, es wird von einer personensorgeberechtigten oder erziehungsbeauftragten Person begleitet und der Film hat keine Altersbeschränkung bzw. ist ab 0 Jahren freigegeben.	Das Kind darf sich im Kino (oder bei öffentlichen Filmvorführungen) aufhalten, wenn die dort gezeigten Filme für seine Altersstufe freigegeben sind (entweder »ohne Altersbeschränkung« / »ab 0 Jahren« oder »ab 6 Jahren«) oder es sich um gekennzeichnete Informations-, Instruktions- oder Lehrfilme handelt. Ausnahme: In Begleitung einer personenberechtigten Person darf das Kind in der Öffentlichkeit auch Filme sehen, die ab 12 Jahren freigegeben sind (sog. »Parental Guidance«). Bei Filmen, deren Vorführung erst nach 20:00 Uhr beendet ist, muss das Kind von einer personensorgeberechtigten oder erziehungsbeauftragten Person begleitet werden.	Das Kind darf sich im Kino (oder bei öffentlichen Filmvorführungen) aufhalten, wenn die dort gezeigten Filme für seine Altersstufe freigegeben sind (entweder »ohne Altersbeschränkung« / »ab 0 Jahren«, »ab 6 Jahren« oder »ab 12 Jahren«) oder es sich um gekennzeichnete Informations-, Instruktions- oder Lehrfilme handelt. Bei Filmen, deren Vorführung erst nach 20:00 Uhr beendet ist, muss das Kind von einer personensorgeberechtigten oder erziehungsbeauftragten Person begleitet werden.
Konzerte	Für den Besuch von Konzerten sieht das Jugendschutzgesetz keine explizite Regelung vor. Je nach Art und Ort ... veranstaltungen sowie für die Abgabe von Alkohol und Tabak Anwendung. Wird die Veranstaltung vor allem ... Sie kann auch verbieten, dass Kinder und Jugendliche sich auf bestimmten Konzerten aufhalten (jugendgef... Veranstaltung Kinder und Jugendliche körperlich, geistig und seelisch gefährden kann. Wenn solche Gefahren ...		
Jugendgefährdende öffentliche Orte	Die Mitarbeiterinnen und Mitarbeiter der zuständigen Behörde können anordnen, dass das Kind einen juge... einer erziehungsberechtigten Person geben. Die Übergabe an eine erziehungsbeauftragte Person reicht in dies... Behörde das Kind in die Obhut des Jugendamtes geben.		
Rauchen und Tabakwaren	Das Kind darf in der Öffentlichkeit Tabakwaren jeglicher Art, unabhängig davon, ob sie zum Rauchen bestim... Verbot gilt ohne Ausnahme, auch bei elterlicher Begleitung und für den Erwerb von Tabakwaren im Auftrag ei...		
Videospiele	Dem Kind dürfen in der Öffentlichkeit nur Videospiele angeboten, verliehen, verkauft, überlassen oder anderweitig zugänglich gemacht werden, die ohne Altersbeschränkung bzw. ab 0 Jahren freigegeben sind, oder es sich bei den Videospielen um gekennzeichnete Informations-, Instruktions- und Lehrprogramme handelt. Das Kind darf in der Öffentlichkeit keine Videospiele erhalten, die ab 6 Jahren, ab 12 Jahren, ab 16 Jahren oder ab 18 Jahren (»keine Jugendfreigabe«) freigegeben sind oder keine Alterskennzeichnung aufweisen. In Spielhallen ist der Aufenthalt grundsätzlich nicht gestattet, es sei denn kurzfristig zur Abholung eines Erwachsenen.	Dem Kind dürfen in der Öffentlichkeit nur Videospiele angeboten, verliehen, verkauft, überlassen oder anderweitig zugänglich gemacht werden, die ohne Altersbeschränkung bzw. ab 0 Jahren oder ab 6 Jahren freigegeben sind, oder es sich bei den Videospielen um gekennzeichnete Informations-, Instruktions- und Lehrprogramme handelt. Das Kind darf in der Öffentlichkeit keine Videospiele erhalten, die ab 12 Jahren, ab 16 Jahren oder ab 18 Jahren (»keine Jugendfreigabe«) freigegeben sind oder keine Alterskennzeichnung aufweisen. In Spielhallen ist der Aufenthalt grundsätzlich nicht gestattet, es sei denn kurzfristig zur Abholung eines Erwachsenen.	Dem Kind dürfen in der Öffentlichkeit nur Videospiele angeboten, verliehen, verkauft überlassen oder anderweitig zugänglich gemacht werden, die ohne Altersbeschränkung bzw. ab 0 Jahren, ab 6 Jahren oder ab 12 Jahren freigegeben sind, oder es sich bei den Videospielen um gekennzeichnete Informations-, Instruktions- und Lehrprogramme handelt. Das Kind darf in der Öffentlichkeit keine Videospiele erhalten, die ab 16 Jahren oder ab 18 Jahre (»keine Jugendfreigabe«) freigegeben sind oder keine Alterskennzeichnung aufweisen. In Spielhallen ist der Aufenthalt grundsätzlich nicht gestattet, ... sei denn kurzfristig zur Abholung eines Erwachsenen.

Quelle: www.jugendschutzaktiv.de

14–15 Jahre	16–17 Jahre	Ab 18 Jahren
Das jugendliche Kind darf sich im Kino (oder bei öffentlichen Filmvorführungen) aufhalten, wenn die dort gezeigten Filme für seine Altersstufe freigegeben sind (entweder »ohne Altersbeschränkung« / »ab 0 Jahren«, »ab 6 Jahren« oder »ab 12 Jahren«) oder es sich um gekennzeichnete Informations-, Instruktions- oder Lehrfilme handelt. Bei Filmen, deren Vorführung erst nach 22:00 Uhr beendet ist, muss das Kind von einer personensorgeberechtigten oder erziehungsbeauftragten Person begleitet werden.	Das jugendliche Kind darf sich im Kino (oder bei öffentlichen Filmvorführungen) aufhalten, wenn die dort gezeigten Filme für seine Altersstufe freigegeben sind (entweder »ohne Altersbeschränkung« / »ab 0 Jahren«, »ab 6 Jahren«, »ab 12 Jahren« oder »ab 16 Jahren«) oder es sich um gekennzeichnete Informations-, Instruktions- oder Lehrfilme handelt. Bei Filmen, deren Vorführung erst nach 24:00 Uhr beendet ist, muss das Kind von einer personensorgeberechtigten oder erziehungsbeauftragten Person begleitet werden.	frei
zerts finden hier aber die Jugendschutz-Bestimmungen für Gaststätten, öffentliche Filmvorführungen, Tanz-dern besucht, kann die zuständige Behörde Auflagen erteilen, wie ein generelles Alkohol- und Rauchverbot. de Veranstaltungen). Sie kann Alters- und Zeitgrenzen vorgeben oder andere Auflagen anordnen, wenn eine lauf eines Konzertes auftreten, kann die Behörde anordnen, dass Minderjährige es verlassen müssen.		frei
ährdenden öffentlichen Ort verlässt oder können das Kind in die Obhut der personensorgeberechtigten oder nicht aus. Ist eine personensorgeberechtigte oder eine erziehungsberechtigte Person nicht erreichbar, darf die		frei
d oder nicht (z. B. Kautabak, Schnupftabak), nicht erwerben oder konsumieren, also auch nicht rauchen. Dieses achsenen Person.		frei
Dem jugendlichen Kind dürfen in der Öffentlichkeit nur Videospiele angeboten, verliehen, verkauft, überlassen oder anderweitig zugänglich gemacht werden, die ohne Altersbeschränkung bzw. ab 0 Jahren, ab 6 Jahren oder ab 12 Jahren freigegeben sind, oder es sich bei den Videospielen um gekennzeichnete Informations-, Instruktions- und Lehrprogramme handelt. Das jugendliche Kind darf in der Öffentlichkeit keine Videospiele erhalten, die ab 16 Jahren oder ab 18 Jahren (»keine Jugendfreigabe«) freigegeben sind oder keine Alterskennzeichnung aufweisen. In Spielhallen ist der Aufenthalt grundsätzlich nicht gestattet, es sei denn kurzfristig zur Abholung eines Erwachsenen.	Dem jugendlichen Kind dürfen in der Öffentlichkeit nur Videospiele angeboten, verliehen, verkauft, überlassen oder anderweitig zugänglich gemacht werden, die ohne Altersbeschränkung bzw. ab 0 Jahren, ab 6 Jahren, ab 12 Jahren oder ab 16 Jahren freigegeben sind, oder es sich bei den Videospielen um gekennzeichnete Informations-, Instruktions- und Lehrprogramme handelt. Das jugendliche Kind darf in der Öffentlichkeit keine Videospiele erhalten, die ab 18 Jahren (»keine Jugendfreigabe«) freigegeben sind oder keine Alterskennzeichnung aufweisen. In Spielhallen ist der Aufenthalt grundsätzlich nicht gestattet, es sei denn kurzfristig zur Abholung eines Erwachsenen.	frei

Sachregister

Quellen und Literaturempfehlungen

Andresen, S. u. a. (2010): Kinderrechte. bpb Aus Politik und Zeitgeschichte 38/2010.

Bertram, H. (2008): Mittelmaß für Kinder – Der UNICEF-Bericht zur Lage der Kinder in Deutschland. bpb Schriftenreihe 730, Bonn.

Betz, T., Gaiser, W., Pluto, L. (2010): Partizipation von Kindern und Jugendlichen. bpb Schriftenreihe 1128, Bonn.

BGB, Bürgerliches Gesetzbuch. Textsammlung, 67. Auflage. München 2011.

Blumöhr, F., Hübner, E., Maichel, A. (2007): Die politische Ordnung in Deutschland. Bayerische Landeszentrale für politische Bildungsarbeit, 12. Auflage. München.

Bock-Famulla, K., Hogrebe, N., Keinert, K. (2010): Finanzierung frühkindlicher Bildung und Betreuung – Konzeptionelle Grundlinien eines Finanzierungssystems für Kindertageseinrichtungen. In: DIW: Frühkindliche Bildung und Betreuung: Hintergründe, Instrumente und Bewertungen aus ökonomischer Sicht. Vierteljahreshefte zur Wirtschaftsforschung, 3/2010.

Böckenförde, E. W. (1991): Recht, Staat, Freiheit. Studien zur Rechtsphilosophie, Staatstheorie und Verfassungsgeschichte. Berlin.

Bühler-Niederberger, D. u. a. (2009): Ungleiche Kindheit. bpb Aus Politik und Zeitgeschichte 17/2009.

Bundesministerium für Arbeit und Soziales (2005): Lebenslagen in Deutschland – 2. Armuts- und Reichtumsbericht der Bundesregierung. Berlin.

Creifelds, C. (2011): Rechtswörterbuch, 20. Auflage. München.

Detjen, J. (2009): Verfassungswerte – Welche Werte bestimmen das Grundgesetz? Bonn.

Deutsches Jugendinstitut e.V. (2006): Jugend und Migration. DJI Bulletin Nr. 76, 3/2006. München.

Di Fabio, U. (2003): Der Schutz von Ehe und Familie: Verfassungsentscheidung für die vitale Gesellschaft. NJW 2003, S. 993-998.

Diller, A., Leu, H. R., Rauschenbach, Th. (Hrsg.) (2005): Der Streit ums Gütesiegel. Deutsches Jugendinstitut. München.

Farin, K. (2012): Jugend und Jugendkulturen. bpb magazin, Bonn.

GG, Grundgesetz für die Bundesrepublik Deutschland. bpb Schriftenreihe, Bonn 2009.

Hufen, F. (2009): Staatsrecht II, 2. Auflage. München.

Hurrelmann, K., Albert, M.: 14. Shell-Jugendstudie – Zusammenfassung und Hauptergebnisse in: SGB VIII – Online-Handbuch.

Kahlweit, C. (2006): Obhut tut not, SZ (238) 16.10.2006.

Kant, I. (1797): Metaphysik der Sitten. Leipzig.

Korte, K.-R. (2010): Wahlen in Deutschland. bpb Schriftenreihe, Bonn.

Lamprecht, R. (2011): Das Bundesverfassungsgericht – Geschichte und Entwicklung. bpb Schriftenreihe 1155, Bonn.

Langen, T. von (2011): Rechtsverhältnisse und Aufsichtspflichten in Kindertageseinrichtungen. Wiesbaden.

Langen, T. von (2012): Arbeitsrecht für Erzieherinnen in 100 Stichworten. Wiesbaden.

Liedloff, J. (1998): Auf der Suche nach dem verlorenen Glück – Gegen die Zerstörung unserer Glücksfähigkeit in der frühen Kindheit. München.

Lösche, P. u. a. (2006): Parteiensystem der Bundesrepublik Deutschland. bpb Informationen zur politischen Bildung Nr. 292, Bonn.

Maurer, H. (2010): Staatsrecht I, 6. Auflage. München.

Mrozynski, P. (2009): SGB VIII Kinder- und Jugendhilfe, 5. Auflage. München.

Münch, U. u. a. (2008): Föderalismus in Deutschland. bpb Informationen zur politischen Bildung Nr. 298, Bonn.

Organisation for Economic Cooperation and Development (OECD) (2004): Die Politik der frühkindlichen Betreuung, Bildung und Erziehung in der Bundesrepublik Deutschland. Ein Länderbericht der Organisation für wirtschaftliche Zusammenarbeit und Entwicklung, Berlin.

Ostendorf, H. u. a. (2010): Kriminalität und Strafrecht. bpb Informationen zur politischen Bildung Nr. 306, Bonn 2010.

pocket recht, Juristische Grundbegriffe. bpb Schriftenreihe pocket Nr. 7, Bonn 2009.

Prantl, H. (2009): Die nicht schuld sein wollen, SZ online vom 17.03.2009.

Rechenberg-Grab, K., Bardhan, J. (2012): Evaluation eröffnet neue Perspektiven. In: kindergarten heute 5/2012, S. 18 ff.

Recht von A-Z, Fachlexikon für Studium und Beruf. bpb Schriftenreihe 1054, Bonn 2010.

Regner, M., Schubert-Suffrian, F., Saggau, M. (2009): Partizipation in der Kita. 2. Auflage. Freiburg.

Säcker, H. (2007): Das Bundesverfassungsgericht. Bayerische Landeszentrale für Politische Bildungsarbeit, 7. Auflage. München.

Schmidt, M. (2011): Das politische System Deutschlands – Institutionen, Willensbildung, Politikfelder. bpb Schriftenreihe 1150, Bonn.

Schüttemeyer, S. u. a. (2007): Parlamentarische Demokratie. bpb Informationen zur politischen Bildung Nr. 295, Bonn.

Tietze, W., Schuster, K., Grenner, K., Rossbach, H.-G. (2005): Kindergarten-Einschätz-Skala, 3. Auflage. Weinheim.

Uhl, H. (Hrsg.) (2007): Grundwissen Politik. Stuttgart.

Vollmer, K. (2012): Fachwörterbuch für Erzieherinnen und pädagogische Fachkräfte. 10. Auflage. Freiburg.

Vorländer, H. (2009): Demokratie. bpb Informationen zur politischen Bildung Nr. 284, Bonn.

Wehling, H.-G. u. a. (2006): Kommunalpolitik. bpb Informationen zur politischen Bildung Nr. 242, Bonn.

Wiesner, R. (2011): SGB VIII Kinder und Jugendhilfe, 4. Auflage. München.

Wilke, J. u. a. (2010): Massenmedien. bpb Informationen zur politischen Bildung Nr. 309, Bonn.